Haus Tugendhat

Ludwig Mies van der Rohe

Haus Tugendhat

Ludwig Mies van der Rohe

Daniela Hammer-Tugendhat
Ivo Hammer
Wolf Tegethoff

Birkhäuser
Basel

Inhaltsverzeichnis

Daniela Hammer-Tugendhat,
Ivo Hammer,
Wolf Tegethoff

Vorwort

Die UNESCO erklärte 2001 das Haus Tugendhat in Brünn (CZ) zum Welterbe der Kultur als einen der bedeutendsten Bauten der Architektur der Moderne. Aufbauend auf der von Daniela Hammer-Tugendhat und Wolf Tegethoff herausgegebenen Monografie von 1998 (in englischer Sprache: 2000) beschreiben die drei Autoren private, historische, archtekturtheoretische, kunsthistorische und konservierungswissenschaftliche Aspekte dieses Hauses.

Einige Elemente sind neu hinzugekommen:

— Persönliche Erinnerungen von Irene Kalkofen (1909–2004), die in den dreißiger Jahren als Kinderfrau im Haus arbeitete.
— Weiteres, bisher unveröffentlichtes Bildmaterial aus dem Besitz der Familie, vor allem Schwarz-Weiß-Aufnahmen von Fritz Tugendhat.
— Daniela Hammer-Tugendhat stellt experimentelle Farbfotografien ihres Vaters vor, deren Erhaltung als sensationell bezeichnet werden darf. Fritz Tugendhat bedient sich komplizierter Farbverfahren wie Duxochrom und Pinatypie, eine in den frühen dreißiger Jahren von Privatleuten äußerst selten genutzte Technik.
— Wolf Tegethoff setzt sich in der Einleitung zu seinem Beitrag mit dem Verhältnis von Auftraggeber und Architekt auseinander und aktualisierte den Katalog zu den Möbeln.
— Ivo Hammer beschreibt die Geschichte des Hauses seit 1997, die konservierungswissenschaftliche Untersuchung des Hauses und die Darstellung der Ergebnisse dieser Untersuchung samt Glossar, außerdem Bemerkungen zur Methodik und Technik der Restaurierung von 2010–2012 einschließlich der Tätigkeit der internationalen Expertenkommission THICOM. Erstmals wird hier der Versuch unternommen, die Materalität eines Bauwerks der Klassischen Moderne zu analysieren und im ästhetischen Kontext zu interpretieren. Teil des Beitrags sind auch Fotos vom Haus Tugendhat nach Beendigung der Restaurierung. Für die Leser des Buches ist eine Internetseite zugänglich, mit Fotos und Dokumentationen zur konservierungswissenschaftlichen Untersuchung für Interessierte und Fachleute (www.angewandtekunst geschichte.net/forschung/haus-tugendhat).

Um den Umfang nicht zu sprengen, musste leider der Beitrag von Franz Schulze entfallen. Die Charta von Venedig ist nicht mehr abgedruckt, sie ist im Internet zugänglich,
z. B. www.icomos.de/pdf/Monumenta_I.pdf

Die Publikation erscheint gleichzeitig in englischer und deutscher Sprache. Der Verlag Barrister & Principal in Brünn veröffentlichte Ende 2013 auch eine Edition in tschechischer Sprache.

Die Autoren sind vielen Personen und Institutionen zu Dank verpflichtet, einige seien stellvertretend genannt:

Ruth Guggenheim-Tugendhat, Josef Zwi Guggenheim, Eduardo Tugendhat, Gotthart Wunberg (†), Monika Wagner und Agnes

Szökrön-Michl; Dieter Reifarth stellte mit seiner Crew (Maren Krüger, Filipp Goldscheider, Miroslav Danihel, Rainer Komers, Kurt Weber u.v.a.) einen Kinodokumentarfilm her, der ohne seine Koproduzenten und Förderer (Reinhard Brundig, Inge Classen, Marieanne Bergmann u.a.) nicht möglich gewesen wäre. Der Filmemacher stellte die hoch aufgelösten Scans der Fotos in diesem Buch her und begleitete die Publikation mit guten Ratschlägen; June Finfer überließ uns ihr Filmmaterial zum Interview mit Irene Kalkofen; Jong Soung Kimm/Seoul, ehemals Mitarbeiter im Atelier von Ludwig Mies van der Rohe in Chicago, stellte uns seine Fotos vom Haus Tugendhat vom September 2012 zur Verfügung; weitere Fotos verdanken wir dem Fundus von David Židlický/Brünn, Gerlind und Peter Zerweck/Nürnberg, Miroslav Ambroz und von Miloš Budík/Brünn. Wir danken dem Mies van der Rohe Archiv am Museum of Modern Art MoMA in New York, und hier insbesondere Barry Bergdoll und Paul Galloway für die Unterstützung bei der Recherche sowie den Enkeln Mies van der Rohes: Ulrike Schreiber, Dirk Lohan, Frank und Mark Herterich für ihr großzügiges Entgegenkommen bei der Nutzung der Bildrechte am Werk des Architekten.

Dank gebührt auch den Beteiligten an den internationalen konservierungswissenschaftlichen Untersuchungen CIC, den Sponsoren, namentlich Familie Heinz Dullinger/Salzburg, den Studierenden, den Naturwissenschaftlern, den Lehrenden; stellvertretend seien genannt: Karol Bayer, Jiří Novotný und Jakub Ďoubal (Universität Pardubice, Litomyšl), Josef Chybík, Hana Ryšavá und Vladimír Šlapeta (Technische Universität Brünn, FA), Gerti Maierbacher-Legl, Jan Schubert (†), Nicole Riedl (†), Ursula Schädler-Saub, Karin Petersen, Henrik Schulz, Erwin Stadlbauer (HAWK Hochschule für Angewandte Wissenschaft und Kunst, Hildesheim), Gabriela Krist, Martina Griesser-Stermscheg und Tanja Bayerová (Universität für angewandte Kunst Wien), Thomas Danzl (Hochschule für bildende Künste Dresden), Friederike Waentig (Fachhochschule Köln, CICS), Peter Szalay (Slowakische Akademie der Wissenschaften, Bratislava); Unterstützung für das Untersuchungsprojekt CIC gewährten das Präsidium der HAWK, Hildesheim (Johannes Kolb, Hubert Merkel, Martin Thren und Manfred Glombik), das Hornemann Institut (Angela Weyer, Barbara Hentschel), die Leitung der Universität für angewandte Kunst Wien (Gerald Bast, Barbara Putz-Plecko), das Museum der Stadt Brünn, die Messe Brünn (Kamil Trávníček) und schließlich die Stadt Brünn (Roman Onderka, Daniel Rychnovský und Robert Kotzian). Besonders wertvolle Unterstützung und großes inhaltliches Engagement gewährte uns Mojmír Jeřábek. Unterstützt und beraten haben auch Miroslav Ambroz/Brno, Friederike und Hans Deuerler, Rudolf Fischer, Sebastian Jacobi, Helmut Reuter und Mathias Winkler/MvdR-DFG-Projekt ZIKG München, Axel Werner (†)/Hannover, Jürgen Pursche/München, Josef Janeček und Jarmila Kutějová/Brünn, Ferdinand und Margit Trauttmansdorff/Prag. Bedankt seien auch die Kolleginnen und Kollegen der internationalen Expertenkommission für die Restaurierung des Hauses Tugendhat THICOM (Iveta Černá, Thomas Danzl, Wessel de Jonge, Alex Dill,

Petr Kroupa, Karel Ksandr, Arthur Rüegg, Vladimír Šlapeta, Miloš Solař, Josef Štulc, Ana Tostões, Ruggero Tropeano, Martin Zedníček), die Firmen, Restauratoren und Handwerker (stellvertretend genannt seien Michal Malásek, Ladislav Chládek, Michal Pech); ein besonderer Dank geht an Petr Dvořák/Brünn, der als Übersetzer, Organisator und Kommunikator unschätzbare Arbeit geleistet hat.

Wir danken dem Birkhäuser Verlag, namentlich Angela Gavran, Katharina Holas und der Übersetzerin Andrea Lyman, und wir danken Anouk Rehorek, Marie Artaker und Christian Schlager und dem ganzen studio VIE für das engagierte Buchdesign.

Mai 2020

Daniela Hammer-Tugendhat, Ivo Hammer, Wolf Tegethoff

2

Daniela Hammer-
Tugendhat

1
Haus Tugendhat,
Ernst Tugendhat an
der Eingangstür

1

Das Haus Tugendhat in Brünn ist das bedeutendste Privathaus, das Mies van der Rohe in seiner europäischen Zeit gebaut hat. Zudem ist es erhalten und durch schriftliche und visuelle Quellen so gut dokumentiert wie kaum ein anderer Bau dieser Zeit. Das Haus wird in den Beiträgen des vorliegenden Bandes von unterschiedlichen und teilweise ungewohnten Aspekten her beleuchtet.

Ich bin die jüngste Tochter der Bauherren Grete und Fritz Tugendhat. Lange habe ich gezögert, ein Buch über das Haus meiner Eltern herauszugeben. Zu eng schien mir das Fachliche mit dem Privaten verknüpft. Ich habe nie in diesem Hause gelebt, da ich erst nach der Emigration meiner Eltern geboren bin. Ich bin Kunsthistorikerin, aber nicht Architekturhistorikerin. Aber ich kann mit diesem Buch bisher unveröffentlichtes Material allgemein zugänglich machen.

Wolf Tegethoff, einer der besten Kenner der Architektur von Mies van der Rohe, konnte für das Buch-Projekt gewonnen werden. Wolf Tegethoff, der sich bereits in seiner Dissertation über die Villen- und Landschaftsprojekte von Mies van der Rohe intensiv mit dem Haus Tugendhat auseinandergesetzt hat, hat 1997 ein Forschungsprojekt des World Monument Fund im Rahmen von Voruntersuchungen für die Restaurierung des Hauses und seiner Einrichtung abgeschlossen. Im Laufe dieses Projektes hat er die annähernd 700 erhaltenen Pläne und Originalzeichnungen aus dem Atelier Mies van der Rohes, die heute größtenteils im Mies-Archiv im MoMA in New York und zum kleineren Teil im Archiv des Städtischen Museums Brünn liegen, erstmals vollständig aufgearbeitet. Sein Beitrag gibt einen fundierten Einblick in die Planungs- und Baugeschichte des Hauses und befasst sich zusätzlich mit dem Verhältnis von *Architekt und Bauherr*. Ausgehend von der zeitgenössischen Diskussion um die Bewohnbarkeit des Tugendhat-Hauses analysiert Tegethoff exemplarisch die Wohnkonzepte der Moderne.

Mein Mann Ivo Hammer, Konservator/Restaurator und Kunsthistoriker, beschäftigt sich mit der materiellen Substanz des Hauses und ihrer Erhaltung. Die Untersuchung der Materialien, ihrer Oberflächen und ihren historischen Veränderungen ist Voraussetzung sowohl für die quellenkritische kunsthistorische Interpretation als auch für die konservierende Restaurierung der noch vorhandenen Bausubstanz und der erhaltenen Einrichtung. Auch die Rekonstruktion fehlender Teile der Bausubstanz und Möbel muss auf der präzisen Kenntnis der originalen Substanz aufbauen. Ivo Hammer berichtet in zwei Teilen über die Geschichte des Hauses seit 1945, über Kriterien der Erhaltung, über die von ihm in internationaler Kooperation seit 2003 durchgeführten konservierungswissenschaftlichen Untersuchungen und über Aspekte der Restaurierung des Hauses. Mit Beginn der Restaurierung des Hauses Tugendhat 2010 wurde Ivo Hammer von der Stadt Brünn zum Vorsitzenden der internationalen Expertenkommission THICOM ernannt.

Die Quellen, die hier teilweise erstmals der Öffentlichkeit zugänglich gemacht werden, sind vor allem Originalfotos meines Vaters. Diese Fotografien ermöglichen einen anderen Blick auf das Haus in zweierlei Hinsicht. Erstens erfährt das Verhältnis von Architektur und Natur durch diese Fotos eine deutliche Korrektur. Die immer wieder publizierten Fotos des Hauses gehen auf Originale von de Sandalo zurück. Sie zeigen das Haus direkt nach Fertigstellung im Winter 1930/31. Dies berührt ein allgemeines Problem der Architekturfotografie. Üblicherweise werden fotografische Ansichten direkt nach Bauende hergestellt und zeigen daher purifizierte Architektur-Bilder. Im Falle des Tugendhat-Hauses wirkt sich dieser Umstand besonders krass aus. Mies hatte mit der Gartenarchitektin Grete Roder zusammen eine enge Verbindung von gebauter Architektur und Natur geplant, die durch intensiven Bewuchs von Pflanzen an der Fassade, im Garten und auf der Terrasse realisiert wurde. Diese Osmose zwischen innen und außen war eine der wesentlichen Intentionen bei der Konzeption des Hauses. Sichtbar wurde aber diese Konzeption erst, als die Pflanzen mit ihrem Wachstum der Planung nachgekommen waren. Erst auf den Fotos meines Vaters, die bis zum Jahr 1938 reichen, kann somit diese intendierte ästhetische Wirkung des Hauses nachvollzogen werden.

2

3

2
Haus Tugendhat, Gartenfront von Südosten

4
Herbert Tugendhat geht vom Kinderzimmer auf die Terrasse

5
Ernst Tugendhat auf einem Barcelona-Sessel

4

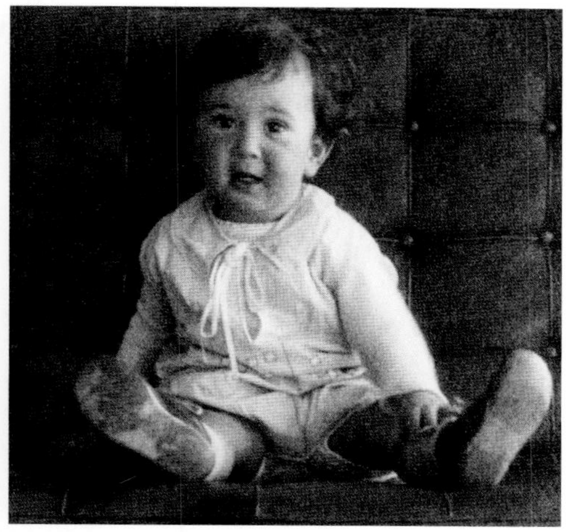

5

3
Haus Tugendhat, Gartenfront von Südosten

Zweitens geben die Fotos einen privaten Blick wieder. Es sind Fotografien, die anschaulich machen, wie die Familie in dem Haus gelebt hat. Architektur wird für Menschen gebaut, von Menschen bewohnt und benützt. Die von den Bewohnern losgelösten Architekturfotos vermitteln einen formalistischen, ästhetisierenden Blick. Architekturfotografie ist nicht einfach ‚objektives' Abbild von Architektur, sie ist immer auch Interpretation. Auch die perfekten, zum Teil retuschierten und handkolorierten Fotos von de Sandalo geben ein bestimmtes Bild von dieser Architektur: Das Haus wird zum Kunstwerk. Philip Johnson hat mit seiner 1947 im MoMA organisierten Ausstellung zum Werk Mies van der Rohes entscheidend zu einer purifizierten und formalistischen Rezeption beigetragen.[1] Dagegen hatte bereits 1947 der Architekt und Kulturtheoretiker Bernard Rudofsky Stellung genommen und für die Einbeziehung des privaten Alltagslebens zur Beurteilung moderner Architektur plädiert. In seinem anlässlich der Ausstellung erschienenen Artikel *Problems of Design: Packaging the Human Body* bemerkt er, dass diese Art der Architekturfotografie „the unpleasant suggestion that people live in houses" verdränge. Rudofksy schreibt weiter, dass auf diese Weise ein transzendentes *Bild* von architektonischen Innenräumen geschaffen werde, ohne menschliche Spuren, ja dass der Gedanke an Menschen hier gar nicht mehr auftauche. Er betont, dass es ihm nicht um eine Kritik an Mies van der Rohe gehe, sondern um eine bestimmte Form der Rezeption dieser Architektur, die vor allem durch Leute wie Philip Johnson mit seinem Paradigma des *International Style* forciert worden ist. Die Frage, die uns interessiert, so Rudovsky, ist: „[...] how did [the Tugendhats] fit into [the house's] immaculate beauty? Had they been reduced to perambulant exhibits of industrial merchandise? [...] or were they a sad profanation of their impeccable surroundings."[2] Die Fotos meines Vaters sind gleichsam die Antwort auf Rudofskys Frage: Sie zeigen, wie die Menschen in diesem Haus gelebt haben.

Es ist ein seltener Glücksfall, dass von einem so viel beachteten Bauwerk der Moderne Kommentare der Auftraggeber und Bewohner existieren. Dies ermöglicht einen anderen Blick auf eine der zentralen Fragen der modernen Architektur: auf die Frage ihrer Funktionalität. Kurz nach Fertigstellung des Hauses wurde in der Werkbundzeitschrift *Die Form* vom November 1931 eine Debatte über die Bewohnbarkeit des Hauses geführt, in der neben den Architekturkritikern Justus Bier, Walter Riezler, Roger Ginsburger und dem Architekten Ludwig Hilberseimer auch meine Eltern Stellung bezogen haben. In dieser Debatte wurden Grundfragen der modernen Architektur diskutiert. Meine Mutter hat sich zudem in der deutsch-tschechischen Architekturzeitschrift *Was gibt Ihnen der Architekt?* zu dem Verhältnis von Architekt und Bauherr geäußert. Diese Texte meiner Eltern werden im vorliegenden Band wieder abgedruckt. Eine der wichtigsten Quellen, auf die sich die Forschung häufig beruft, ist der Vortrag meiner Mutter, den diese anlässlich der internationalen Tagung zur Rekonstruktion des Hauses in Brünn am 17. Januar 1969 in tschechischer Sprache gehalten hat. Er ist auf Deutsch nur in gekürzter Fassung in der Bauwelt 36 vom September 1969 publiziert. Dieser Vortrag wird hier in der originalen Fassung in seiner vollen Länge wiedergegeben.

[1] Bereits in der Ausstellung *The International Style: Architecture since 1922* im MoMA 1932 haben Henry-Russell Hitchcock, Jr. und Philip Johnson mit in Schwarz-Weiß reproduzierten Fotos zu der auf Stil reduzierten Rezeption moderner Architektur beigetragen.

[2] Felicity Scott, Underneath Aesthetics and Utility: The Untransposable Fetish of Bernard Rudofsky, in: Assemblage 38 1998, Massachusetts Institute of Technology, S. 59–89.

6
Grete Tugendhat und František Kalivoda bei der Konferenz in Brünn am 17. Januar 1969

7
Konferenz in Brünn, 17. Januar 1969: (v. re. n. li.) Julius Posener, Daniela Tugendhat, Grete Tugendhat, Dirk Lohan (Enkel v. Mies v. d. R.)

8
Haus Tugendhat bei Nacht

6

7

Erstmals wird hier ein Auszug aus einem Interview in schriftlicher Form publiziert, das die Filmemacherin June Finfer aus Chicago mit Irene Kalkofen 2004 geführt hatte.[3] In ihrem Film *The Tugendhat House: Mies van der Rohe's Czech Masterpiece* wurden kleine Passagen aus dem vierstündigen Gespräch veröffentlicht. Irene Kalkofen lebte von 1931–38 als Kinderschwester im Haus; danach emigrierte sie aus politischer Überzeugung nach London, wo sie 2004 starb. Irene Kalkofen war die einzige noch lebende Person, die als Erwachsene in dem Haus gewohnt hatte, und über ‚authentische Erinnerung' an das Leben im Haus verfügte.

Hinzu kommen mündliche Quellen, Aussagen und Erinnerungen von Menschen, die in dem Haus gewohnt haben, insbesondere meiner Mutter, aber auch einige Erinnerungen meiner Schwester Hanna und meines Bruders Ernst, die bei der Emigration 1938 dreizehn beziehungsweise acht Jahren alt waren, sowie die Erzählungen von Irene Kalkofen. 1996 habe ich mit ihr mein Elternhaus besucht und ihre Erinnerungen notiert. Mein Beitrag ist also auch ein Stück *oral history* aus zweiter Hand. (Über Erinnerungen meines Vaters kann ich keine Aussagen machen, da ich bei seinem Tode noch ein Kind war.)

In einem Brief vom 15. Mai 1970 bot meine Mutter dem Architekten František Kalivoda, der vom tschechischen Architektenverband mit den Bemühungen um die Wiederherstellung der Villa beauftragt worden war und mit dem sie seit 1967 in einem regen Briefwechsel stand, ihre Mitarbeit an einem von ihm geplanten Buch über das Haus an. Kalivoda war begeistert von diesem Angebot. Meine Mutter ist im Dezember desselben Jahres tödlich verunglückt. Kurz danach starb Kalivoda. Das Buch kam nicht zustande.

[3] Ein großer Dank an June Finfer für die Erlaubnis der Publikation und an Maren Krüger für die Trankskription des Interviews.

8

3

Grete Tugendhat

Zum Bau des Hauses Tugendha

Vortrag, gehalten an der internationalen Konferenz zur Rekonstruktion des Hauses am 17. Januar 1969 im Haus der Kunst in Brünn[1]

Meine Damen und Herren!

Es ist mir eine ganz besondere Freude und Ehre, hier in meiner Heimatstadt ein paar Worte über die Entstehung unseres früheren Hauses sagen zu dürfen.

Man fragt mich immer, wie es dazu kam, daß wir als Brünner in Brno ein Haus von Mies van der Rohe bauen ließen.

Ich lebte die letzten Jahre vor meiner Heirat in Deutschland und kam in Berlin oft in das Haus, das Mies van der Rohe für den Kunsthändler Perls gebaut hatte, das aber damals von dem Kunsthistoriker Eduard Fuchs bewohnt wurde. Dieses Haus war noch konventionell gebaut, hatte aber durch drei große Glastüren im Wohnraum schon die Öffnung zum Garten und sehr eindrücklich war die Einteilung in die verschiedenen Lebens- und Wohnsphären. Dann beeindruckte mich die Weißenhofsiedlung sehr. Ich hatte mir immer ein modernes, weiträumiges Haus mit klaren, einfachen Formen gewünscht, und mein Mann hatte geradezu einen Horror vor den mit unzähligen Nippsachen und Deckchen vollgestopften Zimmern seiner Kindheit. Als wir uns entschlossen, ein Haus zu bauen, sagten wir uns daher bei Mies van der Rohe zu einer Unterredung an. Und vom ersten Augenblick unserer Begegnung an war beschlossen, daß er unser Haus bauen sollte, so sehr waren wir von seiner Persönlichkeit beeindruckt. Er hatte eine ruhige selbstbewußte Sicherheit, die sofort überzeugte. Vor allem aber hatten wir aus der Art wie er über sein Bauen sprach das Gefühl, einem wirklichen Künstler gegenüberzustehen. Er sagte z. B., man könne die idealen Maße eines Raumes nie berechnen, man müsse einen Raum fühlen, wenn man in ihm stehe und sich in ihm bewege. Dann, daß man ein Haus nie von der Fassade aus, sondern von innen her bauen müsse, daß Fenster in einem modernen Bau nicht mehr Löcher in einer Wand sein sollten, sondern zwischen Boden und Decke ausgespannte Fläche und als solche ein Bauelement! Dann legte er uns dar, wie wichtig gerade im modernen, sozusagen schmuck- und ornamentlosen Bauen die Verwendung von edlem Material sei und wie das bis dahin vernachlässigt worden war, z. B. auch von Le Corbusier. Als Sohn eines Steinmetzen war Mies von Kindheit an vertraut mit schönem Stein und liebte ihn besonders. Er ließ nachher im Atlasgebirge lange nach einem besonders schönen Onyxblock für die Onyxwand suchen und überwachte selbst genau das Zersägen und Aneinanderfügen der Platten, damit die Zeichnung des Steines richtig herauskomme. Als sich allerdings nachher zeigte, daß der Stein durchscheinend war und gewisse Stellen der Zeichnung auf der Rückseite rot leuchteten, wenn die untergehende Sonne auf die Vorderseite schien, war das auch für ihn eine freudige Überraschung. Mit derselben Liebe suchte er den Vert antique, der im Eßzimmer als Abstellplatte diente, und die Holzfurniere aus. Er fuhr eigens nach Paris, um genügend lange Furniere aus Makassarebenholz für die runde Eßzimmerwand zu finden, damit keine Teilung sichtbar sei und die Furniere wirklich vom Boden bis zur Decke reichten.

Bei dieser ersten Unterredung zeigte uns Mies all seine Entwürfe, die für die damalige Zeit so ungeheuer kühn waren, daß sie nie gebaut wurden. Dann besuchten wir mit Mies drei von ihm gebaute Häuser. Besonders das zuletzt gebaute eines Herrn Wolf in Guben gefiel uns sehr gut, es war ein sehr großzügiger Klinkerbau. Ursprünglich sollte unser Haus auch ein Klinkerbau werden, aber es stellte sich dann heraus, daß es in Brno keine schönen Klinker gab und auch keine Maurer, die sie tadellos hätten setzen können.

Nach dieser ersten Unterredung sahen wir uns in Brno verschiedene kürzlich gebaute Häuser besonders vom Architekten Ernst Wiesner an; unser Vergleich fiel entschieden zu Gunsten von Mies van der Rohe aus. Wir baten ihn, im September 1928 nach Brno zu kommen und sich das Grundstück anzusehen. Meine Eltern hatten mir den oberen Teil ihres Gartens von Parkstraße 22, der oben an die Schwarzfeldgasse grenzte, geschenkt. Natürlich war Mies von dieser Lage mit dem Blick auf Brno und den Spielberg entzückt. Diese Ansicht wurde durch den Durchblick zwischen Haus und Garage erhalten und betonte die Gliederung des Baukörpers. Es ist sehr schade, daß man ihn inzwischen zugemauert und dadurch auch die Proportionen des ganzen Baus gestört hat.

Wir verabredeten mit Mies, daß er baldmöglichst einen Plan entwerfen sollte, und zwar wünschten wir uns fünf Schlafzimmer, ein Eß- und ein Wohnzimmer, und stellten uns selbstverständlich ein viel kleineres und bescheideneres Haus vor. Wir hatten auch noch besondere Wünsche, die Mies alle berücksichtigte, z. B. wünschte ich mir einen direkten Zugang von meinem Zimmer zu den Kinderzimmern, dadurch entstand der kleine Durchgangsraum zwischen Eingangshalle und Terrasse. Mies versprach, daß der Bau dauernd von einem verläßlichen Bauführer aus seinem Berliner Büro überwacht werden würde, ohne daß uns daraus Mehrkosten entstünden. Gegen Ende des Jahres ließ uns Mies wissen, daß der Plan fertig sei, und voller Spannung betraten wir am frühen Silvesternachmittag sein Büro. Wir waren zur Silvesterfeier mit Freunden verabredet, aber statt dessen dauerte die Unterredung mit Mies bis ein Uhr früh. Wir sahen zunächst den Grundriß eines riesigen Raumes mit einer runden und einer rechteckigen freistehenden Wand. [Wir sahen sogleich, daß dieser Raum etwas Unerhörtes, nie Gesehenes war. *Handgeschriebene Notiz G.T.*] Dann fielen uns kleine Kreuzchen im Abstand von etwa fünf Metern auf. Wir fragten: „Was ist das?" Darauf Mies sehr selbstverständlich: „Das sind die Eisenstützen, die den ganzen Bau tragen." Damals war noch kein Privathaus als Eisengerüstbau errichtet worden, kein Wunder also, daß wir sehr überrascht waren. Der Plan gefiel uns aber sehr, wir baten Mies nur um drei Dinge, die er alle zusagte. Erstens, die Eisenstützen im oberen Stockwerk, also in den Schlafzimmern, sollten nicht, wie er geplant hatte, frei im Raum stehen, sondern in die Wände gelegt werden, weil wir Angst hatten, man würde sich in den kleinen Räumen an ihnen stoßen. Zweitens, das Badezimmer, das frei liegend zwischen unseren beiden Schlafzimmern geplant war, sodaß unsere Zimmer eigentlich einen ungetrennten Raum bildeten – so wie es später in der Wohnung auf der Berliner Bauausstellung verwirklicht war – sollte abgetrennt und durch einen kleinen Vorraum zugäng-

[1] Der Vortrag wurde auf Tschechisch gehalten. Eine gekürzte deutsche Fassung wurde in der Bauwelt 36, 1969 publiziert. Die tschechische Version in: Peter Lizon, Vila Tugendhat, Svetov mezník modernismu v Brne bzw. in englisch in: Ders. Villa Tugendhat in Brno: An International Landmark of Modernism, The University of Tennessee, College of Architecture and Planning, Knoxville 1996. Die beiden längeren Passagen, die in der Bauwelt nicht abgedruckt wurden, sind kursiv gesetzt. Die originale, alte Rechtschreibung wurde belassen.

lich werden. Drittens sollten alle Fenster einen ausreichenden Sonnenschutz bekommen, da wir Angst hatten, die Räume würden sonst im Sommer zu heiß sein. Auf diese Forderungen ging Mies, wie gesagt, ohne weiteres ein. Als hingegen mein Mann bei einer späteren Unterredung sich dagegen wandte, daß alle Türen vom Boden bis zur Decke reichen sollten, weil sogenannte Fachleute ihm eingeredet hatten, diese Türen würden sich werfen, entgegnete Mies: „Dann übernehme ich den Bau nicht." Hier war ein wesentliches Prinzip des Baues in Frage gestellt, und da ließ er nicht mit sich sprechen. Er empfand die von der Renaissance herkommenden Teilungen der Wände durch Fenster und Türen in einem modernen Bau als heterogen und daher lehnte er sie ab. Aus demselben Grund der Vermeidung von Teilungen reichten auch die eingebauten Schränke bis zur Decke, und Küche und Badezimmer waren nicht wie sonst üblich nur bis zur halben Wandhöhe, sondern ebenfalls bis zur Decke gekachelt. Übrigens hat sich keine der hohen Türen geworfen, wie man noch jetzt feststellen kann, wie überhaupt der ganze Bau technisch in jeder Einzelheit von Mies selbst durchdacht und ganz vollkommen war. Gleich zu Anfang des Baus stellte sich heraus, daß der steile Hang aus Rutschterrain bestand, es mußten daher Betonbrunnen gemacht werden, um auch die leiseste Erdbewegung, die ja sowohl für die großen Fenster wie für das Flachdach eine Katastrophe gewesen wäre, zu verhindern. Da mein Mann ein leidenschaftlicher Fotograf war, Filme drehte, bevor es Amateurfilmkameras gab und sie selbst entwickelte, legte er Wert auf eine tadellos trockene Dunkelkammer im Keller. Das Haus wurde sozusagen in eine isolierte Wanne gestellt, sodaß nie die geringste Feuchtigkeit im Keller war. Mit dem Bau wurde die Firma Gebrüder Artur und Moritz Eisler in Brno betraut, das Stahlskelett allerdings und die verchromten Hüllen der Träger mußte man aus Deutschland kommen lassen. Um den großen Raum nicht durch Heizkörper zu verunstalten, wurde eine Klimaanlage geschaffen, die man im Sommer als Luftkühlung benützen konnte. Obwohl man damals mit solchen Anlagen in Privathäusern noch keine Erfahrung hatte, funktionierte diese Luftheizung ganz ausgezeichnet, eine halbe Stunde, nachdem man sie einschaltete, war der ganze Raum warm; ich wundere mich sehr, warum man inzwischen die Heizung geändert und Heizkörper in den Raum gestellt hat. Ganz Brünn versicherte uns übrigens während des Baus, wir würden in dem Haus mit den großen Fenstern erfrieren. Tatsächlich war die Sonnenerwärmung durch die 10 mm dicken Spiegelglasscheiben so stark, daß wir an sonnigen Wintertagen auch bei sehr tiefen Temperaturen den unteren Raum nie heizen mußten und sogar die großen Fensterscheiben elektrisch versenken und dann wie im Freien sitzen konnten. Ebenso prophezeite man uns, daß sich das Flachdach für das Brünner Klima absolut nicht eigne, und tatsächlich war dies die einzige Sache, mit der wir am Anfang Schwierigkeiten hatten, aber nur weil Blei und Kupfer nebeneinander verwendet worden waren. Dadurch entstanden elektrische Ströme, die zu Undichtigkeiten führten. Als diese behoben waren, war das Dach ganz in Ordnung.

Ich habe weit vorgegriffen. Im Juni 1929 wurde mit dem Bau begonnen. Wir hatten zuerst einen Herrn Hirz als Bauleiter, der sich aber nicht sehr bewährte und daher bald von Herrn John abgelöst wurde, der in Brno blieb, bis der Bau beendet war.

Als Fußbodenbelag wurde weißes Linoleum gewählt. Mies van der Rohe wollte, daß der Fußboden als einheitliche Fläche wirkt, was bei Parkett nicht der Fall ist, und Weiß war die neutralste Farbe und wahrscheinlich nicht unpraktischer als ein anderes glattes Linoleum. Ich muß zugeben, daß es doch sehr schmutzempfindlich war und viel Pflege brauchte. Es wäre zu überlegen, ob man nicht, wenn das Haus als Repräsentationsraum für die Stadt wiederhergestellt wird, mit Zustimmung von Mies denselben Travertin nehmen könnte, den Mies für den Eingangsraum, die Treppen und die untere Terrasse gewählt hat. Ich habe in meinem jetzigen Haus in St. Gallen im Wohnraum einen Travertinboden, der sehr schön ist und in der Pflege das Praktischste, was man sich vorstellen kann.

Wir verstanden damals wohl nicht ganz, welch ungewöhnliches Ausmaß an Arbeit der Bau für Mies bedeutete, da er jede Einzelheit bis zu den Türklinken selbst neu entwarf. Es sind hier viele Dinge zum ersten Mal gemacht worden, die man heute ganz allgemein anwendet, ohne zu wissen, woher sie kommen.

Nach einem halben Jahr begannen wir sehr zu drängen, Mies möchte uns doch Zeichnungen für die Möbel schicken. Daraufhin bekamen wir schließlich eine Zeichnung des großen Raumes und als einziges Möbelstück sozusagen hatte Mies eine Plastik vor die Onyxwand gezeichnet. Sie sah aus wie eine Plastik von Maillol, wir haben uns aber später eine Plastik von Lehmbruck ausgesucht, die wir sehr geliebt haben und deren spurloses Verschwinden während der Nazizeit uns sehr geschmerzt hat.

Nun, mit der Zeit bekamen wir auch Zeichnungen für die Möbel, die wir alle genau nach den Miesschen Entwürfen anfertigen ließen. Für das runde Eßzimmer konstruierte Mies einen runden Tisch, der mit einem Metallfuß, der genau die Form der Eisenträger hatte, in den Boden eingelassen war. Die Tischplatte war aus schwarzem Birnbaumholz, und an ihrer Unterseite liefen Metallschienen, in die Leisten eingesetzt wurden, worauf man zur Vergrößerung des Tisches Kreissegmente legte, sodaß man den Tisch zweimal vergrößern konnte, und er dabei doch immer rund blieb, was wegen der runden Eßzimmerwand nötig war. An dem doppelt vergrößerten Tisch konnten 24 Personen sitzen, er wirkte außerordentlich festlich.

Die Sitzmöbel waren ausnahmslos aus verchromtem Stahl. Für das Eßzimmer hatten wir 24 von den Sesseln, die jetzt Brnostühle heißen und die mit weißem Pergament bespannt waren; vor der Onyxwand standen zwei jetzt so genannte Tugendhatsessel, die mit silbergrauem Rodierstoff und zwei Barcelonasessel, die mit smaragdgrünem Leder bespannt waren. Vor der großen Glaswand stand ein Liegestuhl, dessen Polster aus rubinrotem Samt war. Alle diese Farbzusammenstellungen probierte Mies van der Rohe an Ort und Stelle zusammen mit Frau Lilly Reich lange aus. Dazu gehörten natürlich auch Vorhänge und Teppiche: Vor der Onyxwand lag ein handgewebter Teppich aus heller Naturwolle, hinter der Onyxwand ein ebenfalls handgewebter Teppich aus brauner Naturwolle und in der Bibliothek und unter dem Flügel je ein Perser, die wir selbst ausgewählt haben. Sehr genau abgestimmt wurde auch das besondere Schwarz des Shantungvorhangs vor dem Wintergarten zum schwarzen Samtvorhang daneben und der silbergrauen Shantungseide der Frontwand. Zwischen Eingang und Bibliothek hing ein weißer Samtvorhang, sodaß man diesen Teil des Wohnraums ganz abschließen konnte und dann einen intimen Sitzraum hatte.

9
Ludwig Mies van der Rohe und ein weiterer Besucher (Hermann John?) vor dem Haus Tugendhat, ca. Februar 1931

10
Haus Tugendhat, Blick vom Garten

9

Auch die Möblierung der oberen Räume wurde mit derselben Sorgfalt entworfen. Um mein sonst sehr strenges Zimmer fraulicher zu gestalten, wurde der Boden dort mit einem großen weißen Schaffellteppich bedeckt und die Bezüge der Sessel dort waren aus kirschrotem Leder.

Wie jeder Bau dauerte auch dieser länger, als am Anfang vorgesehen worden war, immerhin konnten wir Anfang Dezember 1930 einziehen. Wir liebten das Haus vom ersten Augenblick an. Mein Mann richtete sich im Wintergarten ein richtiges Glashaus mit blühenden Pflanzen ein; der Blick durch das Grüne in den Schnee hinaus war wunderbar. Wenn wir allein waren, saßen wir meist in der Bibliothek, aber mit Freunden verbrachten wir den Abend auch gern vor der von hinten beleuchteten Glaswand, die an die runde Wand anschloß und die ein mildes schönes Licht gab. Noch mehr genossen wir das Haus im Frühjahr und Sommer. Wir lebten mit den Kindern, solange sie klein waren, ganz auf der großen Terrasse. Sie hatten dort ihr Planschbecken, einen von Polygonum überwachsenen und daher schattigen Sandkasten; sie fuhren mit ihren Rädern und kleinen Autos über die ganze Terrasse. In der Nacht war der Durchgang von der Straße zur Terrasse mit einem elektrischen Strahl verschlossen, damit wir ohne Angst die Schlafzimmertüren zur Terrasse offen haben konnten.

Mies kümmerte sich auch um die Gartenanlage zusammen mit der Brünner Gartenarchitektin Grete Roder. Der Garten gab einen wunderbaren Rahmen für das Haus ab. Ich glaube, daß man sich auch um seine Wiederinstandsetzung wird bemühen müssen. In den ersten Jahren kamen sehr viele Besucher aus dem Ausland, um das Haus zu sehen, besonders natürlich Architekten, unter ihnen Philip Johnson, der danach das Modell des Hauses baute, das noch jetzt im Museum of Modern Art in New York steht. Sehr schön und wahr fand ich, was damals Architekt Ludwig Hilberseimer sagte: „Von diesem Haus können einem Photographien gar keinen Eindruck vermitteln. Man muß sich in diesem Raum bewegen, sein Rhythmus ist wie Musik.“ Mit diesen Worten möchte ich schließen.

10

4

Daniela Hammer-Tugendhat

Leben im Haus Tugendhat

11

11
Fritz Tugendhat

12

12
Grete Tugendhat

Grete Tugendhat wurde 1903 in Brünn als Tochter einer großbürgerlichen jüdischen Industriellenfamilie geboren. Ihre Eltern, Marianne und Alfred Löw-Beer, gehörten zu einer Großfamilie, die wesentlich an der Industrialisierung der Tschechoslowakei beteiligt war. Sie betrieb mehrere Textil-, Zucker- und Zementfabriken, nicht nur in Brünn und im nahe gelegenen Svitávka, sondern auch in Sagan (Schlesien) und Österreich.

13

13
Brünn, Parkstraße (Sadová) 22, Haus von Alfred und Marianne Löw-Beer, Nordost-Fassade. Postkarte Anfang des 20. Jhdts.

14

14
Svitávka. Familie Löw-Beer auf der Terrasse

Meine Mutter wuchs in einer großzügig gebauten Jugendstilvilla auf. Nach einem abgebrochenen Studium der Nationalökonomie in Wien heiratete sie im Jahre 1922 den Industriellen Hans Weiss aus Sagan in Schlesien. So kam es, dass sie von 1922–1928 in Deutschland lebte. Hier wurde sie mit der zeitgenössischen Kunst und Architektur bekannt, auch mit den Werken von Mies van der Rohe. Sie verkehrte in dem Haus des Kunsthistorikers Eduard Fuchs in Berlin, das Mies 1911 für den Kunsthändler Perls gebaut hatte.

Nach ihrer Scheidung heiratete sie 1928 meinen Vater, Fritz Tugendhat. Er stammte aus einfacheren Verhältnissen, aber ebenfalls aus einer jüdischen Brünner Familie, die in der Textilindustrie tätig war. Meinen Vater, der ursprünglich Medizin studieren wollte, interessierte an der Wollstofffabrikation primär die technische Seite und das Entwerfen von ästhetisch befriedigenden Qualitätsstoffen, während er kaufmännisch weder interessiert noch besonders begabt war.

Im Sommer 1928 fand das erste Gespräch zwischen meinen Eltern und Mies statt. Im September desselben Jahres begutachtete Mies das Grundstück in Brünn. Danach hat er gleich mit der Planung begonnen. Den Auftrag für den Barcelona-Pavillon erhielt er am 1. Juli 1928; im Oktober hatte er den Plan für den Barcelona-Pavillon in den Grundzügen konzipiert. Es ist unrichtig, wie oft in der Literatur behauptet wird, dass der Barcelona-Pavillon zur Entscheidung meiner Eltern beitrug. In einem Brief an Nicholas Taylor von der Sunday Times vom 23. Mai 1970 hat meine Mutter ausdrücklich festgehalten, dass sie die Pläne für den Barcelona-Pavillon nicht gekannt hat. Die Planung am Haus Tugendhat hat sogar etwas früher begonnen, die intensive Planungsphase für den Barcelona-Pavillon war erst im Frühjahr 1929. Die Bauarbeiten am Haus Tugendhat wurden im Juni 1929 in Angriff genommen; im Dezember 1930 konnten meine Eltern mit den beiden Kindern Hanna und Ernst einziehen.

Die Eltern meiner Mutter hatten ihr zur Hochzeit den oberen Teil des Gartens oberhalb ihrer Jugendstil-Villa geschenkt; sie haben auch den Bau des Hauses finanziert. Der Garten bestand aus einer großen, gegen das Haus meiner Großeltern abfallenden Wiese, die mit Obstbäumen bepflanzt war.

15

15
Blick vom Haus Tugendhat auf den Spielberg

16

16
Blick vom Haus Tugendhat nach Südosten auf Brünn

19
Haus Tugendhat,
Gartenfront

Die Lage des Hauses am oberen Ende dieses langen Parks gegenüber vom Spielberg mit der Brünner Burg hatte Mies van der Rohe begeistert. Diese Lage bot die ideale Gelegenheit, die Konzeption der Öffnung des Raumes in die Natur zu verwirklichen. Die Verbindung von innen und außen, der Dialog zwischen Architektur und Natur bestimmen wesentlich die Struktur des Hauses. Mies van der Rohe hatte eng mit der Gartenarchitektin Grete Roder zusammengearbeitet. Die Wände des Hauses waren bewachsen, das Gestänge auf der Terrasse mit Polygonum überwuchert.

17
Haus Tugendhat, Gartenfront, Blick von Südosten

17

18
Haus Tugendhat,
Gartenfront von Südwesten

18

19

20

20
Haus Tugendhat,
Blick vom Garten in
den Wintergarten

21

21
Haus Tugendhat, Blick
vom Garten auf das Haus

Der Garten, weitgehend als Wiese belassen, bot ein kleines Spielparadies für die Kinder, die diesen Garten Sommer und Winter für ihre Aktivitäten nutzten. Im Winter konnten die Kinder bis zum Haus der Großeltern rodeln und Ski fahren. Die Vorstellung von Freiheit, die Mies so wichtig war, konnte hier – für diese kleine wohlhabende Familie – verwirklicht werden.

Die Kinder lebten weitgehend im Freien. Unter der großen Trauerweide wurde gelesen und gespielt. Im Sommer nahm die Familie das Mittagessen auf der unteren Terrasse ein. Die obere Terrasse war so geräumig, dass sie Platz bot für Sandkasten, Wasserschlauch, Planschbecken und Fahrradfahren. An heißen Sommertagen spendete das mit Polygonum überwachsene Gestänge Schatten.

22
Haus Tugendhat,
Blick vom Garten

22

23
Grete Tugendhat mit
den Kindern im Garten

24
Ernst Tugendhat vor
den Stufen im Garten

23

24

25

25
Im Garten

26

26
Die Trauerweide
im Garten

27

27
Blick in den Garten,
mit Grete Tugendhat

28

28
Gartentreppe

29
Gartenterrasse

30
Obere Terrasse mit Ernst Tugendhat und Renate Schwarz

31
Obere Terrasse

29

30

31

32
Obere Terrasse, mit Hanna, Ernst und Cousine Margret Löw-Beer

33
Obere Terrasse

32

33

34
Obere Terrasse mit Sandkasten

34

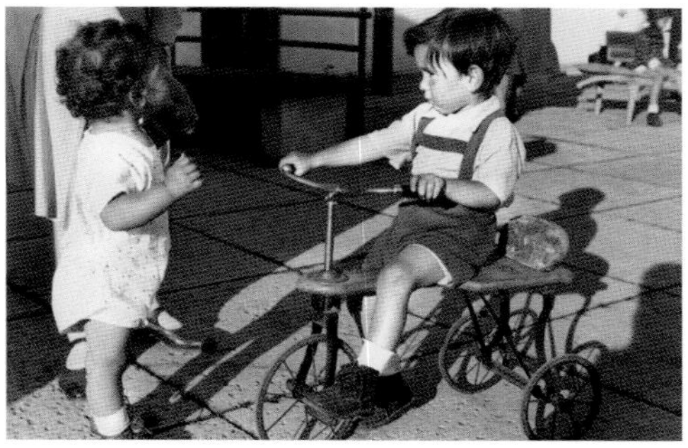

35

35
Obere Terrasse,
mit Ernst und Cousin
Frank Löw-Beer

37

36

36
Untere Terrasse,
Ernst am gesicherten
Geländer

37
Obere Terrasse, mit
Hanna, Cousine Doris
und Freundin Gretel

38

38
Obere Terrasse bei Regen

Zwei der großen Scheiben im Wohnraum konnten versenkt werden. Meine Eltern saßen oft, sogar im Winter, vor den offenen Fenstern. Nicht nur war das Haus zur Natur geöffnet, die Natur ihrerseits wurde ins Haus hereingenommen: An der Ostseite leitete ein üppig bewachsener Wintergarten vom Innenraum in die Natur. Die große Onyxwand – auch ein Stück Natur – figuriert als Bauelement im Haus.

39

40

40
Blick von Osten auf den Wintergarten

39
Ernst und Herbert im Wohnraum vor den großen Fenstern

Landschaft, Pflanzen und Blumen spielten eine zentrale Rolle im Haus. Mein Vater richtete den Wintergarten mit vielen blühenden Pflanzen ein. Meine Mutter sorgte sich darum, dass immer frische Blumen im Raum standen. Die Kinder halfen mitunter bei der täglichen Pflege der Pflanzen.

41

41
Wohnraum, Schreibtisch, Blick zum Wintergarten

42
Wohnraum, Schreibtisch

42

43
Wintergarten mit Ernst

43

44
Wintergarten mit Ernst

44

45
Wintergarten mit Grete Tugendhat

45

47

46

46
Hanna und Ernst im Wintergarten

47
Wintergarten

48

48
Glastisch im Wohnraum mit Forsythien

49

49
Wohnraum, Sitzgruppe vor der Onyxwand

50
Wohnraum, Blick vom Wintergarten in die Bibliothek, mit Spiegeleffekten

50

51
Wohnraum mit Blick auf Brünn, im Vordergrund die Chaiselongue

51

52
Onyxwand

52

Der Innenraum war als fließender Raum konzipiert, den man sich erst durch eigene Bewegung ganz erschließen konnte. Licht- und Spiegelreflexe durch die großen Scheiben und die Onyxwand ließen die Grenzen von Innen- und Außenraum verschwimmen. Sogar die Lampe auf dem Schreibtisch war mit Wasser gefüllt, um weitere Spiegeleffekte zu erzeugen. Der große Raum war nicht nur durch die Onyxwand und die gebogene Makassarebenholzwand in sich strukturiert, sondern zudem durch cremeweiße und schwarze Vorhänge aus Samt und Shantung-Seide in kleine Räume unterteilbar. Meine Eltern nutzten diese Vorhänge sehr häufig und konnten sich so immer wieder innerhalb des Gesamtraums absondern und abgrenzen. Meine Mutter erzählte mir, wie grundlegend dieses Raum- und Lebensgefühl war: Abgrenzung, Für-sich-Sein, aber immer in dem Gefühl der Zugehörigkeit zu einem größeren Ganzen. Abends saßen die Eltern meist in der Bibliothek, mit Freunden sehr oft vor der beleuchteten Milchglasscheibe, die ein mildes Licht bot. Die repräsentative Sitzgruppe vor der Onyxwand wurde seltener in Anspruch genommen; allerdings war dies auch ein beliebter Spielplatz für die Kinder.

53

53
Wohnraum, Schreibtisch und Bibliothek

54

54
Wohnraum, Bibliothek

55
Hanna und Ernst auf dem handgewebten Teppich vor der Onyxwand

55

Jedes Möbel, jedes Detail wurde wurde für dieses Haus eigens entworfen. Ich kann mich erinnern, wie ich meine Mutter nicht ohne Verwunderung fragte, ob sie dies nicht als einen gewissen Übergriff erlebt habe. Sie antwortete aus tiefster Überzeugung, dass alles, was Mies van der Rohe geplant habe, ihnen vollkommen entsprochen habe. Freilich gab es auch kleinere Differenzen, meine Mutter berichtete darüber in ihrem Vortrag.

Bei der Konstruktion der Möbel wie etwa dem Büfett aus Makassarebenholz, der weißlackierten Vitrine mit schwarzem Glas oder der Büchervitrine im Zimmer meines Vaters, wird der Skelettbau der Architektur paraphrasiert: Nach innen versetzte Stahlstützen tragen das Möbel. Die Möbel, wie die Schreibtische oder der Bridgetisch, sind von irreduzibler Einfachheit in der Form, verdanken ihre Wirkung der Perfektion in den Proportionen, der Kostbarkeit des Materials, der Schönheit der Oberflächen. Die Bedeutsamkeit, die früher durch das Ornament vermittelt wurde, ist hier gleichsam ins Material gewandert. Alle Möbel waren hervorragend verarbeitet; trotz der durch die Emigration bedingten mehrfachen Übersiedlungen und damit verbundenen Klimaschwankungen haben sich die Schiebetüren und Schubladen der Holzmöbel nicht verzogen.

56
Hanna und Ernst auf einem Tugenhat-Sessel in der Bibliothek

56

57

57
Wohnraum, Blick von der Bibliothek zum Eingang, mit Vitrine von Lilly Reich

58

58
Blick vom Eingang zum Wintergarten

Die einzigartige ästhetische Wirkung des Innenraums ist aber nicht allein das Werk Mies van der Rohes. Lilly Reich, Atelierpartnerin und Lebensgefährtin von Mies van der Rohe, war daran wesentlich beteiligt. Die Entwürfe für die weißlackierte Wohnzimmervitrine mit schwarzen Schiebeglastüren oder die Büchervitrine im väterlichen Schlafzimmer stammen von ihr. Der Schreibtisch im Zimmer meines Vaters ist fast ident mit dem Tisch, den Lilly Reich bereits 1927 für den Block von Mies in der Weißenhofsiedlung konzipierte. Meine Mutter erzählte mir, dass Mies und Lilly Reich stundenlang unterschiedliche Stoff- und Farbmuster im Raum ausprobiert hätten. Stoffe, Farben und materielle Oberflächen bestimmen wesentlich den Eindruck des Raumes. Vorhänge dienen als Raumteiler und tragen wie die gebogene Makassarebenholz- oder die Onyxwand zur Rhythmisierung des Raums bei. Das Textile war der Bereich von Lilly Reich, während sich Mies ursprünglich dafür nicht interessiert hatte. Ich würde sogar die These wagen, dass Lilly Reich bezüglich der Farben und Textilien, denen im Haus Tugendhat eine so eminente Bedeutung zukommt, federführend war.[1]

[1] Daniela Hammer-Tugendhat, Kann man/Frau/Kind im Haus Tugendhat leben?, in: Dörte Kuhlmann, Kari Jormakka (Hrsg.), Building gender. Architektur und Geschlecht, Wien 2002, S. 145–162; Sonja Günther, Lilly Reich 1985–1947. Innenarchitektin, Designerin, Ausstellungsgestalterin, Stuttgart 1988 (Werkkatalog); Christiane Lange, Ludwig Mies van der Rohe & Lilly Reich. Furniture and Interiors, Ostfildern 2006.

Neben Lilly Reich und der Gartenarchitektin Grete Roder war eine dritte Frau an der Ausstattung des Hauses beteiligt: Alen Müller-Hellwig, Textilkünstlerin aus Lübeck. Sie hat den hellen und dunklen Teppich aus handgesponnener Naturschafwolle gewebt, die vor beziehungsweise hinter der Onyxwand lagen. Es gibt eine bemerkenswerte Korrespondenz zwischen ihr und Lilly Reich, die von der Sorgfalt zeugen, mit der jedes Detail in diesem Haus verarbeitet worden ist. Alen Müller-Hellwig schickte Webproben an ihre Auftraggeberin Lilly Reich, die diese mit Änderungsvorschlägen kommentierte wie etwa: Das Muster ist sehr schön, aber vielleicht könnte der Ton doch etwas mehr ins Beige gehen, die Noppen größer und die Abstände zwischen ihnen um eine Nuance breiter sein. [2]

[2] Die Briefe liegen im Alen Müller Hellwig-Archiv; sie sind auszugsweise veröffentlicht in: Susanne Harth, Erinnerungen an eine Zeit des Aufbruchs – Alen Müller und ihr Weg in die Moderne, in: Jahrbuch des Museums für Kunst und Gewerbe Hamburg, Bd. 9/10, 1990/91, S. 195–232, hier S. 215 f. Ich danke Herrn Wilhelm Hornbostel herzlichst für den Hinweis auf diesen Aufsatz.

Mein Vater war tagsüber in der Tuchfabrik. Meine Mutter ging fast jeden Vormittag in das Büro der Liga für Menschenrechte, das seit 1933 Hilfe für die Flüchtlinge aus Deutschland organisierte. Sie gehörte zum Vorstand und ermöglichte den Emigranten auf einem von Moritz Eisler im Schreibwald zur Verfügung gestellten Grundstück den Bau von Wohnbaracken und den Anbau von Obst und Gemüse als Nahrungs- und Einnahmequelle.

59
Hanna und Ernst auf dem Wollteppich von Alen Müller-Hellwig

60
Hanna und Ernst auf dem Wollteppich im Wohnraum

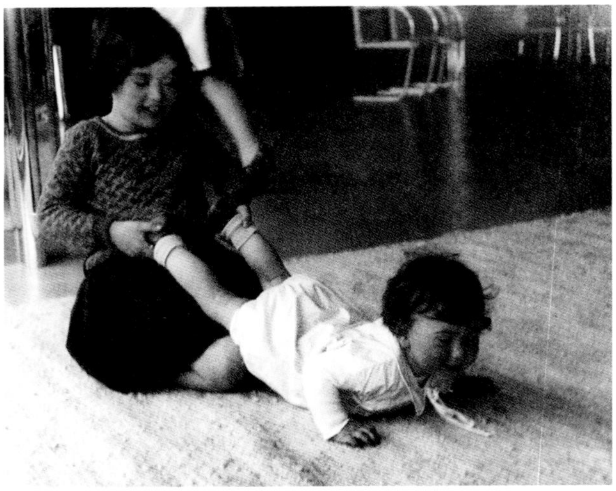

59

60

61
Esszimmertisch

61

62

62
Esszimmertisch zweifach vergrößert

63

63
Grete Tugendhat mit Ernst am Esszimmertisch

Zu Mittag kamen die Eltern nach Hause; gemeinsam mit den drei Kindern und der Kinderschwester Irene wurde am runden Esszimmertisch gegessen. Dieser Tisch hatte nur eine einzige Stahlstütze, die in den Boden versenkt war, er konnte zweimal vergrößert werden, ohne seine runde Form zu verlieren, so dass schließlich 24 Leute an diesem Tisch Platz hatten. Mein Vater hat später in unserem Haus in St. Gallen einen ähnlichen Tisch konstruieren lassen: Nur an runden Tischen ist die Kommunikation zwischen vielen Menschen gleichzeitig möglich. Nach dem gemeinsamen Mittagessen wurde oft Musik gehört und mit den Kindern getanzt. Mein Bruder Ernst erinnert sich daran, dass zur Strafe für ‚Vergehen' beim Mittagessen der Tanz an diesem Tag ausgesetzt wurde.

64

64
Ernst im Kinderzimmer

Abends waren die Eltern allein in dem großen Raum; die Kinder aßen mit der Kinderschwester im Zimmer von Hanna.

Meine Eltern lebten eher zurückgezogen. Zu Besuch kamen Mitglieder der Familie und wenige enge Freunde. Große Feste wurden selten veranstaltet. Einmal jährlich wurde zu Gunsten der Liga für Menschenrechte ein Bridgeturnier mit 80–100 Personen organisiert. Als Einlage spielten die Kinder einen auf das Bridgeturnier bezogenen Sketch, der von meinem Vater gedichtet worden war. Einmal erschien zum Beispiel ein von vier ‚Rössern' gezogener Streitwagen, auf dem mein Bruder Herbert stand und die Gäste begrüßte: „Fürchtet Euch nicht, liebe Leute, ich bin der Bridgegott von heute."

65
Die Kinder beim Kartenspiel im Wohnraum

65

66
Hanna, Ernst und Herbert als Pagen beim Bridgeturnier

66

67
Weihnachten im Wohnraum

67

Soweit ich weiß, waren die meisten Juden in Brünn, jedenfalls die aus dem Bekanntenkreis meiner Eltern, längst assimiliert, verkehrten jedoch nur untereinander. Die deutsche Minderheit war, was die gesellschaftlichen Beziehungen betrifft, in eine jüdische und eine nichtjüdische gespalten. Meine Eltern lernten zusammen mit einem Lehrer (Herr Parma) Tschechisch und dann – im Hinblick auf eine mögliche Emigration nach Israel – auch Neuhebräisch. Der älteste Sohn, Ernst, wurde auf eine tschechische Schule geschickt. Meine Eltern feierten keine jüdischen Feiertage, hingegen Weihnachten.

68

68
Schlafzimmer von Grete Tugendhat

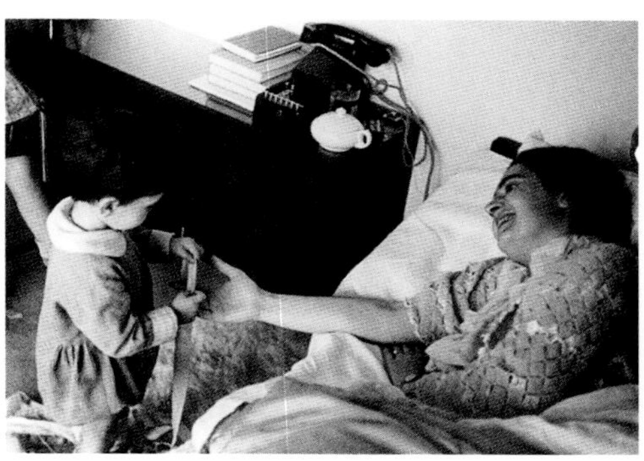

70

69

69
Grete Tugendhat und Ernst vor dem Spiegel im Schlafzimmer

70
Grete Tugendhat und Ernst im Schlafzimmer

71
Schlafzimmer von Fritz Tugendhat

71

72
Ernst auf dem Bett von Fritz Tugendhat

73
Grete Tugendhat, lesend im Zimmer ihres Mannes

72

73

74
Kinderzimmer

74

Im oberen Stockwerk liegen die beiden Zimmer der Eltern, die Kinderzimmer und das Zimmer für die Kinderschwester Irene, das als künftiges drittes Kinderzimmer geplant war. Das Zimmer meiner Mutter war der großbürgerlichen Wohntypologie entsprechend als reines Damenzimmer konzipiert. Neben Bett, Nachtkästchen, Tagesliege, weißem Lammfellteppich, Frisierbord mit Spiegel gab es nur einen kleinen Glastisch, daneben ein kirschrot bezogener Brno-Stuhl aus verchromtem Flachstahl, ein Einzelstück. Im Zimmer meiner Mutter hingen ihre liebsten Bilder: eine Ölskizze einer Frau mit aufgestütztem Kopf von Renoir, ein Bild mit einem ländlichen Sujet von Troyon und ein fälschlicherweise van Gogh zugeschriebenes Blumenbild. Meine Mutter, wenn sie nicht mit den Kindern beschäftigt war, verbrachte viel Zeit mit Lesen. Da Mies van der Rohe für das Zimmer der Dame bezeichnenderweise keinen Schreibtisch vorgesehen hatte, saß sie sehr oft im Zimmer meines Vaters oder, seltener, am großen Schreibtisch in der Bibliothek des großen Wohnraums. Die Räume weisen eine dezidierte geschlechtsspezifische Differenzierung auf: Im Unterschied zum Schlafzimmer meiner Mutter war das väterliche Pendant als asketischer Arbeitsraum konzipiert, obwohl mein Vater zu Hause nicht arbeitete; ebenso ist im Grundriss der Bereich hinter der Onyxwand mit dem großen Schreibtisch als Herrenzimmer bezeichnet. In der Praxis hat Grete Tugendhat diese geschlechtsspezifischen Zuschreibungen überschritten, ohne sie jedoch bewusst zu reflektieren. Sie war nicht berufstätig, weil dies für eine Frau aus ihrer Schicht in der damaligen Gesellschaft nicht üblich war; dennoch war sie sehr gebildet und hat sich intensiv insbesondere mit Kunst und Philosophie befasst.

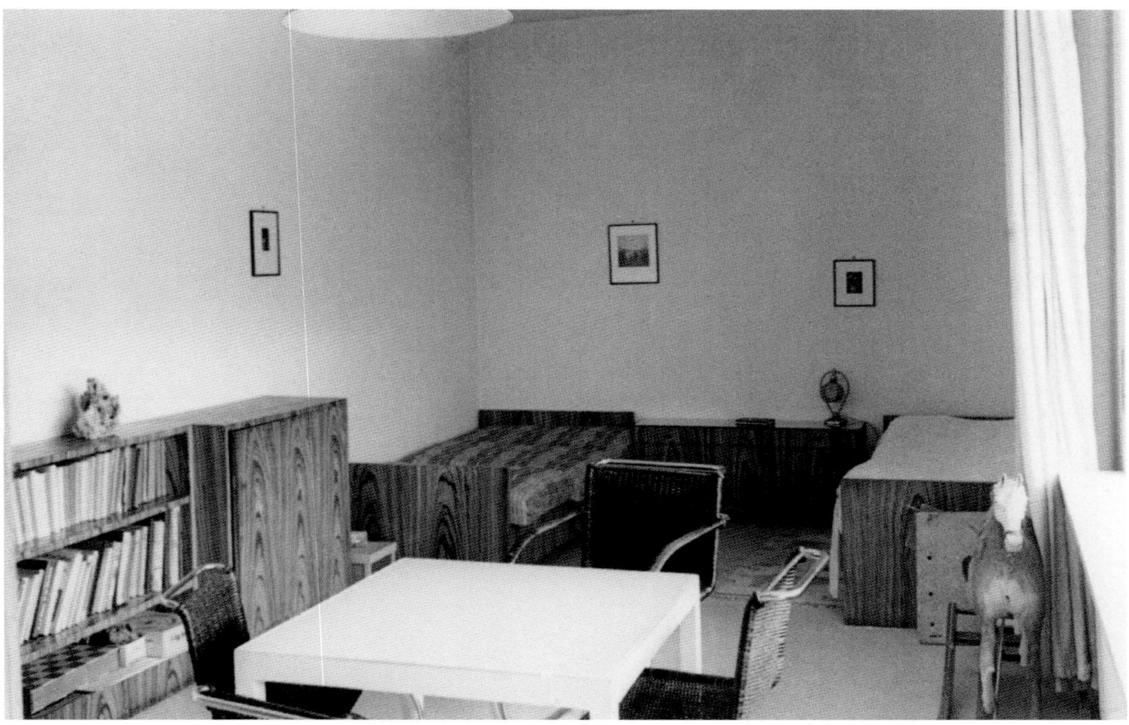

75

75
Zimmer von Hanna

76

76
Die Kinder spielend im Kinderzimmer

77

77
Grete Tugendhat mit den Buben im Kinderzimmer

Das Zimmer der beiden Buben Ernst und Herbert war mit Kindermöbeln möbliert, die nicht von Mies van der Rohe oder Lilly Reich stammten, im Gegensatz zum Zimmer der älteren Schwester Hanna. Der Tisch in ihrem Zimmer diente zum Spielen, Aufgaben machen und abends als gemeinsamer Esstisch, was wohl einen erheblichen Grad an Ordnung und Sauberkeit voraussetzt. Das Essen kam per Aufzug von der Küche. Das zweite Bett in dem Zimmer wurde von Irene Kalkofen in Anspruch genommen, wenn ihr Zimmer einem Hausgast zur Verfügung gestellt wurde.

Die Kinder verfügten über ein eigenes Badezimmer. Irene erzählte, dass sie besonders von der Unterteilung des Waschbeckens, dessen kleinerer Teil zum Zähneputzen diente, fasziniert gewesen sei.

Die Fliesen in Bad und Küche sowie der Waschtisch mit den Originalarmaturen wurden im Laufe der Renovierung Mitte der 80er Jahre demontiert.

78
Ernst im Badezimmer der Kinder

79
Badezimmer der Eltern

78

79

80

80
Küche

81

81
Zimmer der Kinder-
schwester Irene Kalkofen

In das Zimmer von Schwester Irene wurde das alte Klavier meiner Mutter gestellt. Irene erzählte mir von der Panik meiner Eltern bei der Ankündigung eines Besuchs von Mies. Es war klar: Das Klavier, ein Möbel, das von Mies nicht vorgesehen war, musste weg. Man beschloss, es im Keller zu verstecken, was aber auf Grund der schmalen Treppe mit großen Schwierigkeiten verbunden gewesen wäre. Zum Glück sagte Mies van der Rohe seinen Besuch ab.

82
Auto der Familie, mit Chauffeur Gustav Lössl

82

83
Eingangsbereich, bei einer Abreise

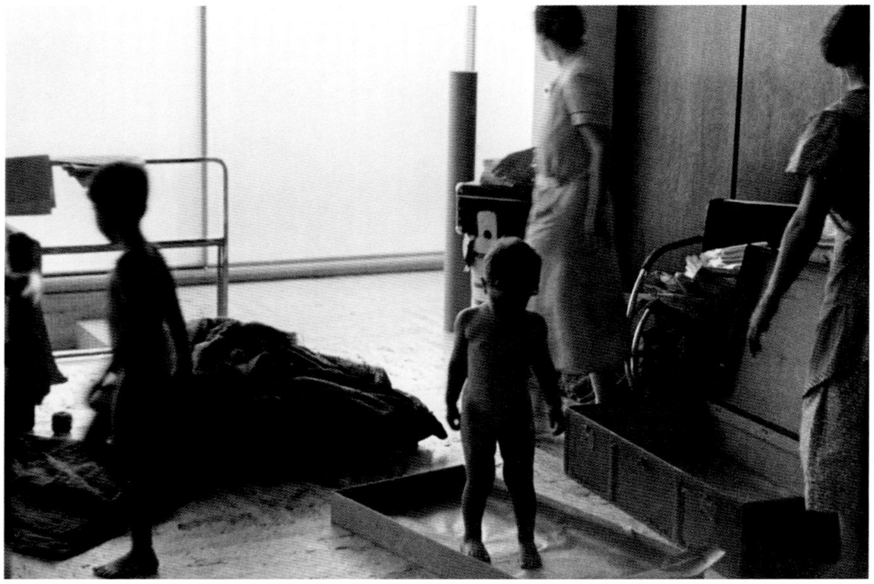

83

In dem Haus lebte ebenso viel Personal wie Familienmitglieder: Abgesehen von der Kinderschwester, die in die Familie integriert und bei allen Urlauben mit dabei war, war dies der Chauffeur Lössl mit seiner Frau, die in den Räumen neben der Garage wohnten, zwei Stubenmädchen, die sich zusammen ein Zimmer teilen mussten, und die Köchin.

Im Keller war neben der Waschküche und der Dunkelkammer ein ausgeklügeltes Air-Condition-System: eine Kombination von Heizung, Belüftung und Befeuchtung. Obwohl man damals mit solchen Anlagen in Privathäusern keine Erfahrung hatte, funktionierte sie einwandfrei. Meine Mutter hat später immer die trockene Luft in Heizzeiten bemängelt und von der guten Luft in ihrem Haus in Brünn geschwärmt. Mies van der Rohe war nicht nur ein Ästhet, sondern ein guter Ingenieur, dem die technischen Funktionen innerhalb des Hauses wichtig waren.

1938 emigrierte die Familie in die Schweiz, von dort im Januar 1941 nach Venezuela. Viele Mitglieder der Familie erkannten die Gefahr zu spät, wie die Mutter sowie die Schwester meines Vaters, die mit ihrem Mann Richard Schwarz und ihren beiden Kindern nach Theresienstadt und dann in ein Vernichtungslager verschickt und ermordet wurden. Der Vater meiner Mutter ist auf der Flucht unter ungeklärten Umständen umgekommen.

84

84
Renate Schwarz, die Lieblingscousine der Kinder. Ermordet von den Nazis.

85

85
Marie Tugendhat, Mutter von Fritz Tugendhat. Ermordet von den Nazis.

86

86
Kartenspiel der Kinder mit Renate und Tommy Schwarz

87

87
Alfred Löw-Beer, Vater von Grete Tugendhat

88

88
St. Gallen, Grete Tugendhat, Hanna und Ernst, ca. 1940

89

89
Caracas, Wohnung der Familie Tugendhat, mit Ruth und Daniela, ca. 1949

Einen Teil der Möbel nahmen die Eltern mit in die Emigration. In Caracas baute mein Vater eine Wolltuchfabrik auf. Meine Schwester Ruth (Guggenheim), die heute als Psychoanalytikerin in Zürich lebt, und ich wurden in Caracas geboren.

90
Haus der Familie Tugendhat in St. Gallen

90

91
Haus der Familie Tugendhat in St. Gallen

91

92
Haus der Familie Tugendhat in St. Gallen, Wohnraum

92

1950 sind meine Eltern mit ihren beiden kleinen Töchtern nach St. Gallen zurückgekehrt. 1957 ließen sie sich dort wieder ein Haus bauen, in dem wesentliche Bauideen vom Brünner Haus wiederaufgenommen wurden. Eines der grundlegenden Elemente des Hauses war die Durchlässigkeit von innen und außen. Das Haus war um einen Patio gebaut, eine große Fensterfront öffnete den Wohnraum nach draußen auf eine Wiese, auf der im Sommer die Kühe weideten. Im Innenraum bestimmten Pflanzen den Raumeindruck. Das Haus in St. Gallen, 28 Jahre nach dem Haus in Brno gebaut und verglichen damit ein einfacher Bau, stieß bei vielen Schweizern auf helles Entsetzen. Im St. Galler Heimatblatt wurde es als Mischung zwischen einem Schweinestall und einer indischen Moschee beschrieben. In der Schule riefen Kinder hinter mir her: Das ist die aus dem Schweinestall. Meine Mutter hat mir nie von solchen Reaktionen aus Brünn erzählt. Brünn war in der Zwischenkriegszeit ein kulturelles Zentrum mit einer hervorragenden Avangardearchitektur. Erinnert sei an Architekten wie Bohuslav Fuchs, Arnošt Wiesner, Otto Eisler, Jindřich Kumpošt und das großartige Messegelände. Das Tugendhat-Haus war dort keine singuläre Erscheinung. Es dürfte heute wenige Städte in Europa geben, die über eine solche Dichte an bedeutender Architektur aus den 20er und frühen 30er Jahren verfügen. Die moderne Architektur war in Brünn nicht wie in anderen Städten Angelegenheit einer kleinen Oberschicht, sondern wurde auch von weiten Kreisen der Mittelschicht getragen. Dies hing mit dem Aufschwung zusammen, den die 1918 neu gegründete Tschechoslowakei und insbesondere die Hauptstadt von Mähren in dieser Zeit erlebten.

Dass das Tugendhat-Haus in dieser Form realisiert werden konnte, ist nicht nur einem großen Architekten zu verdanken. Lilly Reich hat wesentlich zur Konzeption und Inneneinrichtung beigetragen und Grete Roder zur Gartenarchitektur. Ohne den hohen Standard des Brünner Handwerks wäre die bauliche Ausführung nicht derart präzise; die Möbel hätten in dieser Perfektion nicht gebaut werden können. Grete und Fritz Tugendhat waren kongeniale Bauherren, die Mies van der Rohe weitgehende Freiheit ließen, das Haus nach seinen Intentionen umzusetzen. Sie identifizierten sich mit dem künstlerischen Konzept. Das Haus stand in einer großbürgerlichen Kulturtradition in Deutschland und in der Tschechoslowakei, einer Kultur, die die Nationalsozialisten weitgehend zerstört haben.

93

93
Haus Tugendhat
im Winter

5

Daniela Hammer-Tugendhat

Fritz Tugendhat als Fotograf

94

94
Fritz Tugendhat fotografiert sich selbst und Ernst im Spiegel

[1] Monika Faber, Eine Auseinandersetzung mit der Villa: Fritz Tugendhat als Amateurphotograph, in: Ilsebill Barta, Wohnen in Mies van der Rohes Villa Tugendhat, fotografiert von Fritz Tugendhat 1930–1938, Museen des Mobiliendepots, Wien 2002, S. 11–14, hier S. 14.

Mein Vater war ein Amateurfilmer, er machte auch Experimente mit Farbfotos. Im Keller besaß er eine große Dunkelkammer, in der er zusammen mit dem Chauffeur seine Fotos und Filme entwickelte. Im Wohnraum befindet sich links neben dem Eingang eine Tür zu einem kleinen Raum, dessen Funktion erst meine Mutter bei der internationalen Konferenz zur Erhaltung des Hauses 1969 aufklären konnte. Hier stand die ‚Lokomotive', der 35-mm-Filmprojektor. Eine riesige Leinwand wurde vor die Glasfront gehängt und der Kinosaal war perfekt. Bei dem ersten Bridgeturnier in dem neu gebauten Haus fanden die Gäste den Zugang von der Stiege zum Wohnraum durch ein Seil versperrt. Mit versteckter Kamera filmte mein Vater die perplexe Reaktion der einzelnen Besucher, entwickelte im Laufe des Abends den Film, um ihn den erstaunten Gästen am Ende des Abends vorzuspielen. Am Ende des Films wurde gezeigt wie der als Türke vom ‚fliegenden Teppich' verkleidete Herbert elegant über das Hindernis flog – ein filmischer Trick. Der Lieblingsfilm der Kinder war allerdings ein älterer Film, den mein Vater noch als Junggeselle mit seinen Geschwistern gedreht hatte, eine Räuber- und Detektivgeschichte. Leider hat mein Vater vor der Emigration die Filme zum Umkopieren auf 16 mm ausgerechnet nach Berlin geschickt. Sie kamen nicht wieder zurück.

Fritz Tugendhat experimentierte auch mit Farbfotos, einer damals noch neuen und schwierigen Technik, die nur von wenigen Amateurfotografen genutzt wurde. Die Kunsthistorikerin und Spezialistin für die Geschichte der Fotografie Monika Faber hat diese Technik genauer beschrieben: Es sind *Pinatypien* und *Duxochromien*. Beide Techniken basieren darauf, dass drei unterschiedliche Negative (gelb, rot, blau) für dasselbe Bild hergestellt werden müssen, die dann jeweils ein farbiges Positiv ergeben, das ‚umgedruckt' wird. Drei solcher Schichten übereinander gedruckt ergeben das farbige Positiv. Das einfachere Verfahren, die Duxochromie, erfreute sich offensichtlich größerer Beliebtheit, seit die Firma Herzog in Hamburg 1929 die nötigen Chemikalien vertrieb. Die sich daraus ergebende spezifische Farbigkeit ist, wie Monika Faber schreibt „für den heutigen Betrachter sozusagen ‚datierbar' und wird ganz unwillkürlich mit der Bildproduktion weniger, dafür umso berühmterer Photographen verknüpft, etwa mit dem Amerikaner Paul Outerbridge. Dass sich private Aufnahmen in dieser Technik erhalten haben, ist eine sensationelle Ausnahme."[1] Im Unterschied zu den Schwarz-Weiß-Fotos richtete mein Vater sein Interesse bei den anspruchsvollen Farbfotografien auf inszenierte Stillleben. Charakteristisch ist die Verbindung von künstlerischem Anspruch und technischem Experiment, wenn er etwa beim Selbstporträt mit Stillleben die Agfastreifen zur Kontrolle der Farbechtheit einbaut. Lieblingsmotive sind Blumen und Pflanzen, die, wie er schrieb „sich wie Solitäre leuchtend von den Hintergründen abheben" und dazu beitrugen, den Raum wohnlich zu machen. Diese Fotos sind gleichsam sein künstlerischer Kommentar zum Haus.

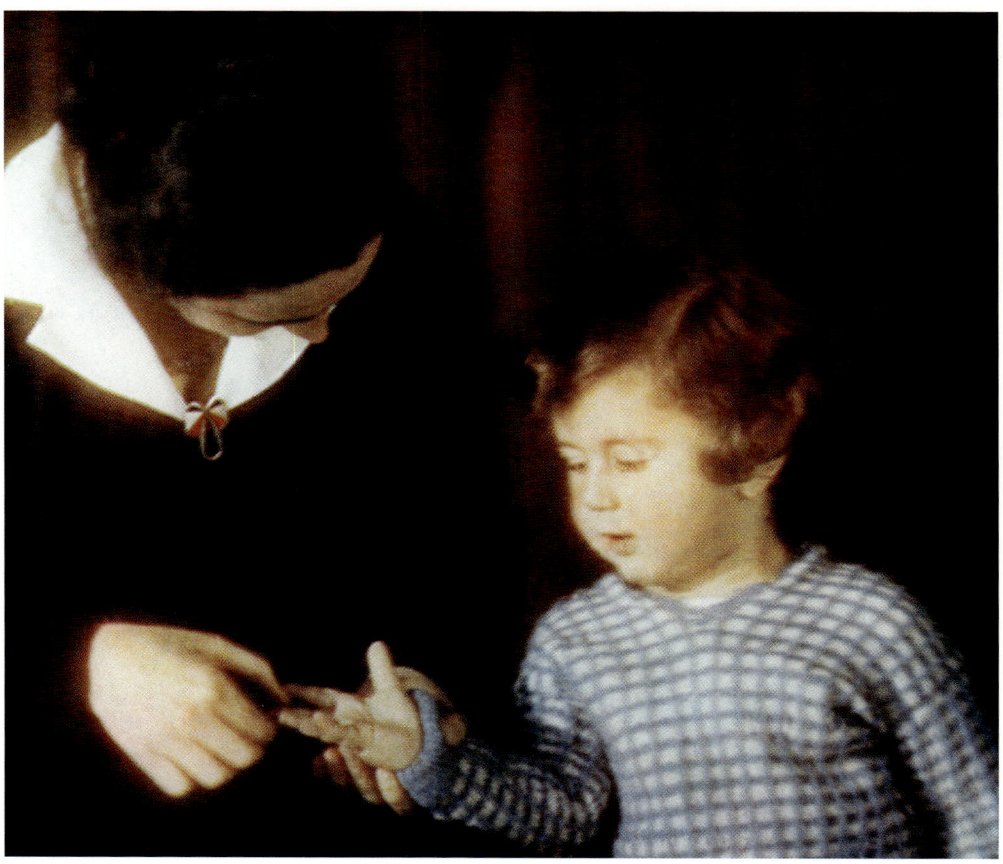

95

95
Grete Tugendhat und Herbert beim Fingerspiel

96
Hanna

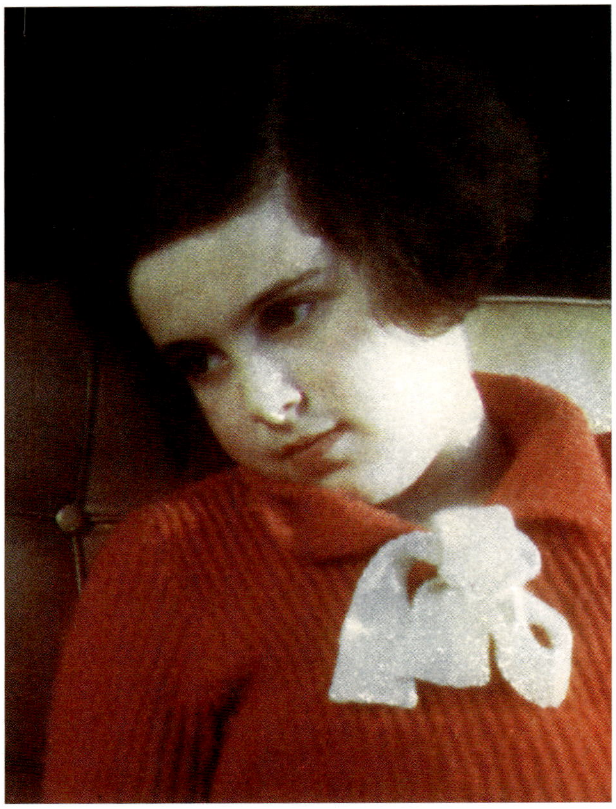

96

97
Grete Tugendhat bei der Lektüre auf der Chaiselongue

97

98

98
Grete Tugendhat

99
Selbstporträt von Fritz Tugendhat im Wohnraum mit Stillleben und Agfa-Kontrollstreifen

99

100
Stillleben im Wohnraum mit der Hand von Fritz Tugendhat

100

101
Obstkorb

101

102

102
Anemonen auf der weißen Bank vor der Onyxwand

103

103
Blumen auf dem Vert-antique-Stein an der halbrunden Wand aus Makassarebenholz

104
Kohlmarkt in Brünn

104

105
Haus Tugendhat
vom Garten gesehen

105

106

106
Wintergarten

107
Hanna mit ihrer Freundin
Gretel Dvořák im Kornfeld

107

108

108
Grete Tugendhat lesend mit Kindern unter der Trauerweide

6

Daniela Hammer-
Tugendhat

„Kann man im Haus Tugendhat wohnen?“

109
Haus Tugendhat,
Mies van der Rohe im
Wohnraum

109

Wenige Wochen nach der Vorstellung des Hauses in der Werkbundzeitschrift *Die Form* vom 15. September 1931 durch den Herausgeber Walter Riezler entbrannte eine Debatte um das Haus, die von dem Architekturkritiker Justus Bier mit seiner berühmt gewordenen Formulierung: „Kann man im Haus Tugendhat wohnen?" eingeleitet worden war. Zu diesem Streitgespräch zwischen den Architekturkritikern Walter Riezler und Justus Bier und dem Architekten Ludwig Hilberseimer nahmen auch meine Eltern Stellung. Parallel zu dieser Diskussion lief in der *Form* eine Grundsatzdiskussion über Ursachen und Ziele moderner Architektur, ebenfalls ausgehend vom Tugendhat-Haus. Geführt wurde dieses Gespräch von Riezler und dem marxistischen Architekturkritiker Roger Ginsburger.[1]

In dieser Debatte, die nicht zufällig ausgerechnet am Beispiel des Hauses Tugendhat geführt wurde, kristallisieren sich grundlegende Probleme des modernen Wohnbaus. Bier kritisierte die vermeintliche Übertragung der Baugedanken Mies van der Rohes von dem Repräsentationsbau des Barcelona-Pavillons auf ein Wohnhaus. Vor allem irritierte ihn die Verbindung unterschiedlicher Wohnfunktionen wie Essen, Arbeiten am Schreibtisch, Bibliothek und Sitzecke in einem einzigen Raum: *„Aber ist das Wohnen in diesem Einheitsraum nicht ebenso ein Paradewohnen wie in der Flucht der alten Gesellschaftsräume, mit starrer Fixierung aller Funktionen im Raum, mit einem gemaserten Paradeschreibtisch, der sich allenfalls benutzen lässt, wenn alles entflohen ist, mit einer so stilvollen Einheitlichkeit des Mobiliars, dass man nicht wagen dürfte, irgendein neues oder altes Stück in diese ‚fertigen' Räume hereinzutragen, mit Wänden, die kein Bild zu hängen gestatten, weil die Zeichnung des Marmors, die Maserung der Hölzer an die Stelle der Kunst getreten ist. Man wird Riezler zustimmen, dass man sich in diesen Räumen dem Eindruck ‚einer besonderen Geistigkeit sehr hohen Grades' nicht entziehen kann, wird aber zugleich fragen, ob die Bewohner die großartige Pathetik dieser Räume dauernd ertragen werden, ohne innerlich zu rebellieren. Ist dieser herrlich reine, aber zugleich in seiner Strenge und inneren Monumentalität als ständige Umgebung unerträgliche Stil des Hauses Tugendhat nicht im eigentlichsten Sinn ein Repräsentationsstil, für Empfangsräume wie bei dem Pavillon von Barcelona […] geeignet […] nicht aber für die Wohnräume, ohne die Bewohner zu einem Ausstellungswohnen zu zwingen, das ihr persönliches Leben erdrückt."* Riezler verteidigt im gleichen Heft die Bewohnbarkeit des Hauses. Einerseits betont er die Funktionalität des Hauses: dass die Verbindung von Ess- und Wohnraum keine unangenehmen Gerüche verursache und dass die einzelnen Raumteile durchaus durch Vorhänge ab-

[1] Justus Bier, Kann man im Haus Tugendhat wohnen?, in: Die Form, 15. Oktober 1931 6. Jg. Heft 10, S. 392 f; Antwort von Riezler ebenda S. 393 f; Zweckhaftigkeit und geistige Haltung. Eine Diskussion zwischen Roger Ginsburger und Walter Riezler, in: Die Form, 15. November 1931, 6. Jg. Heft 11, S. 431–437; Die Bewohner des Hauses Tugendhat äußern sich, in: ebenda S. 437–438; Die Stellungnahme von Ludwig Hilberseimer ebenda S. 438 f.

schließbar seien. Interessanter aber ist sein zweiter Argumentationsstrang, der auf die prinzipielle Einschätzung der Bedeutung und Funktion von moderner Architektur hinzielt. Riezler meint, dass die individuelle Behaglichkeit, der Wohnkomfort, wie sie insbesondere durch das englische Haus entwickelt worden waren, einem neuen, *geistigen* Bedürfnis gewichen seien: Riezler sieht einen neuen Geist, ja eine neue Menschheit im Entstehen. Ginsburger wiederum kritisierte außer der Tatsache des „unmoralischen Luxus", eben diese Wirkung der ‚Heiligkeit' des großen Raumes: *„Dies Staunen, dies Benommensein aber ist ein Gefühl genau derselben Art wie dasjenige, das uns beim Betreten einer Kirche oder eines Palastes erfasst. [...] Aber das Ziel ist dasselbe: den Eindruck des Reichtums geben, des Besonderen, des nie Erlebten. Es gibt ein sehr einfaches Kriterium für die Wohnlichkeit, d.h. den funktionellen Wert eines Wohnraumes. Man stellt sich vor, dass man in dem Raum leben muss, dass man müde nach Hause kommt und sich ganz unzeremoniös in einen Sessel setzt, mit überschlagenen Beinen, dass man Freunde empfängt, Grammofon spielt, alle Möbel in eine Ecke rückt und tanzt, dass man einen großen Tisch aufstellt und Ping-Pong spielt. Kann man das in diesem Raum, kann man überhaupt noch gehen darin und muss man nicht schreiten, kann man den Tisch aus dem Zentrum der halbkreisförmigen Essnische herausnehmen oder den Teppich vor der Onyxwand wegnehmen ohne eine Heiligtumsschändung zu begehen, ohne dass die Stimmung zerrissen ist? Nein, man kann es nicht. Ich gebe gerne zu, dass die Stoffe der Onyx- oder Edelholzwand erstaunlich schöne Dinge sind, so schön und aus demselben Grunde schön wie eine Felswand in den Alpen, aus deren Schichtungen und Furchen wir das Wirken der Naturgewalten herauslesen [...]. Aber man stellt sich solche Dinge nicht ins Zimmer, um sie immer wieder zu genießen, schon weil dieser Genuss sehr schnell abgestumpft wird und vor allem, weil man andere Dinge zu tun hat als Onyxwände und Edelholzfurniere zu betrachten."*[2]

Im Eindruck, den der große Raum auslöst, sind sich die unterschiedlichen Kritiker also offensichtlich ziemlich einig; uneinig sind sie sich in der Bewertung dieser Wirkung von ‚Geistigkeit' oder gar ‚Heiligkeit' in einem Wohnbau beziehungsweise der Konzeption des Wohnbaus als Kunstwerk.[3]

110

110
Wohnraum mit Torso von Wilhelm Lehmbruck

[2] Die Form 15.11.1931, S. 433.

[3] Die fließende Verbindung von gebautem Raum und Natur und die Vorstellung von Freiheit scheinen offensichtlich nur in einem Privathaus für die Elite oder in dem zweckfreien, als Kunstobjekt projektierten Repräsentationsbau des Barcelona-Pavillons möglich gewesen zu sein, nicht aber für alle Menschen der Gesellschaft zu verwirklichen. Städtebauliche Entwürfe aus der gleichen Zeit stehen dazu in einem auffallenden Gegensatz, wie z. B. die Planung des Alexanderplatzes durch die Verabsolutierung monumentaler Ordnung und der rigiden Abgrenzung der einzelnen Gebäudeblöcke. Vielleicht waren es diese Bauten, die einem Teil der Nationalsozialisten anfänglich durchaus imponierten. Zum Gegensatz zwischen Pavillon und Block siehe: Fritz Neumeyer, Block versus Pavilion, in: Franz Schulze (Hrsg.), Mies van der Rohe. Critical Essays, The Museum of Modern Art, New York 1989, S. 148–171. Neumeyer konstatiert diesen Gegensatz lediglich als zwei Möglichkeiten in dem Werk von Mies van der Rohe. Zum Verhältnis von Mies van der Rohe zum Nationalsozialismus siehe: Richard Pommer, Mies van der Rohe and the Political Ideology of the Modern Movement in Architecture, in: ebenda S. 96–147. Die Debatte um das ‚Geistige' in der Kunst war eine spezifisch deutsche, die im deutschen Idealismus wurzelte; dies wird auch in der Unmöglichkeit, diesen Begriff adäquat in andere Sprachen, etwa ins Englische, zu übersetzen, evident.

Zur Frage der Bewohnbarkeit des Hauses nahmen nun auch meine Eltern Stellung. Sie identifizierten sich mit der Architektur von Mies van der Rohe. Es war einer der seltenen Glücksfälle einer harmonischen Zusammenarbeit zwischen den Ideen eines Architekten und denen der Auftraggeber. Diese Koinzidenz hat auch der Architekturtheoretiker Julius Posener hervorgehoben, der meine Mutter auf der Tagung in Brno 1969 kennengelernt hatte. Mies van der Rohe hat später – und das hat meine Mutter sehr geschmerzt – die Legende in die Welt gesetzt, dass sich mein Vater anfänglich den Plänen widersetzt habe. Er habe sich insbesondere gegen die Möbel gewehrt, die ihm Mies van der Rohe buchstäblich aufgezwungen hätte.[4] Julius Posener schrieb in einem Brief an meine Mutter vom 16. 9. 1969, er könne sich diese Legende nur durch die „schnöde Haltung von Mies van der Rohe dem Bauherrn allgemein gegenüber" erklären. Posener schließt mit den Worten: „Bei aller Verehrung für den großen Architekten und Menschen!, der von uns gegangen ist: Vielleicht sind Sie bessere Bauherrn gewesen, als er verdient hat."[5] Die Stellungnahme meines Vaters in der *Form* ist ein sprechendes Zeugnis für seine Zustimmung.

In der deutsch-tschechischen Architekturzeitschrift *Was gibt Ihnen der Architekt?*[6] schrieb meine Mutter einen Artikel, *Architekt und Bauherr*, in dem sie die produktive Zusammenarbeit von Bauherrn und Architekt beschreibt, wobei sie die Notwendigkeit betont, dass Bauherr und Architekt das „gleiche Daseinsgrundgefühl" haben müssen, dass sie im Prinzipiellen, im Menschlichen, eine gemeinsame Basis haben müssten. Es wäre sicher lohnend, die Übereinstimmungen der Weltanschauung von Mies van der Rohe und meinen Eltern beziehungsweise die entsprechenden Quellen genauer zu analysieren. Meine Eltern, insbesondere meine Mutter, haben sich intensiv mit der Philosophie Heideggers beschäftigt. Die beiden engsten Freundinnen meiner Mutter waren Heidegger-Schülerinnen; über sie gelangte sie zu Heideggers Vorlesungen, noch bevor *Sein und Zeit* 1927 publiziert wurde. Bei Mies van der Rohe ist um 1926 eine Abkehr von der bedingungslosen Bejahung der Technik, Zweckhaftigkeit und Rationalisierung als Ziel der Architektur zu beobachten. Seine katholische Herkunft machte sich wieder bemerkbar; in seinen Vorträgen zitierte er Augustin und Thomas von Aquin.[7] Mies van der Rohe beschäftigte sich mit philosophischen Schriften, insbesondere mit dem katholischen Religionsphilosophen Romano Guardini, der seit 1923 an der Theologischen Fakultät der Universität Berlin lehrte und den Mies van der Rohe auch persönlich kennen gelernt hatte.[8] Guardini strebte eine Erneuerung des Glaubens nach dem Nietzscheanischen *Gott ist tot* an, ebenso eine Erneuerung des platonischen Denkens nach Kant.[9] Die Mächte des technischen Fortschritts sollten in ihre Grenzen verwiesen werden, um ‚dem Leben' seinen notwendigen Raum zu sichern. Guardini zielte auf ein neues „Einheitsbewusstsein", auf eine Totalität, die den neuzeitlichen Subjektivismus überwinden sollte, eine Ganzheit, die weder durch das Rationale noch durch das Intuitive allein begriffen werden könne. Mies van der Rohe hat in seinem Vortrag *Die Voraussetzungen baukünstlerischen Schaffens*, den er 1928 in der Staatlichen Kunstbibliothek Berlin hielt, Guardini teilweise wörtlich zitiert.[10] Die entscheidende Aufgabe für den Architekten ist nach Mies van der Rohe nicht praktischer, technischer oder formaler Art, sondern philosophischer Natur. Mies van der Rohe geht es um das Wesen der Baukunst, um das Geistige, um die Wahrheit. Was dieses ‚Geistige' sein soll, was unter ‚Wahrheit' verstanden werden soll, wird nie konkretisiert.

Diese Evokation einer Wahrheit, die sich in der Kunst offenbaren soll, findet sich ähnlich bei Heidegger. Sein Vortrag *Der Ursprung des Kunstwerks* wurde zwar erst 1935 gehalten. Die Übereinstimmungen im Grundsätzlichen sind aber, wie ich meine, frappant.[11] Für Heidegger ist „das Wesen der Kunst [...] das Sich-ins-Werk-Setzen der Wahrheit des Seienden."[12] „Im Dastehen des Tempels geschieht die Wahrheit. Dies meint nicht, hier werde etwas richtig dargestellt und wiedergegeben, sondern das Seiende im Ganzen wird in die

111
Weiblicher Torso von Wilhelm Lehmbruck, Blick zum Wintergarten

[4] Siehe dazu den Beitrag von Wolf Tegethoff in diesem Band.

[5] Zum Tode meiner Mutter 1970 schrieb mir Julius Posener u. a.: "Wir werden ihresgleichen nicht mehr sehen. Als ich ihr im vorigen Jahr in Brünn begegnete, empfand ich beides: dass sie eine Menschenart vertrat, die einer bestimmten Zeit angehört: sie wird selten; und dass sie einzig war. Sie, verehrtes Fräulein Tugendhat, schienen mir damals in starkem Maße die Tochter Ihrer Mutter zu sein. Vielleicht werden Sie das Wesen dieser herrlichen Frau in einer Zeit vertreten, wenn sie eine Legende sein wird. Für uns, die Überlebenden, wäre das ein Trost. Dass sie Ihnen so plötzlich entrissen wurde, schmerzt mich tief: sie hätte die Erfüllung ihres Herzenswunsches erleben dürfen, das Haus wieder in seiner ursprünglichen Gestalt zu sehen."

[6] Herausgegeben von der Architekten-Interessengemeinschaft, Brünn 1934, S. 10 f.

[7] Mies van der Rohe hat sich selbst auf Thomas von Aquin bezogen. Von seinem Assistenten Hirz wurde bestätigt, dass er viel Thomas von Aquin gelesen habe. Siehe dazu: Franz Schulze, Mies van der Rohe. Leben und Werk, Berlin 1986, S. 180, Anm 43.

[8] Zu Mies van der Rohes weltanschaulichen Grundlagen siehe: Fritz Neumeyer, Mies van der Rohe. Das kunstlose Wort. Gedanken zur Baukunst, Berlin 1986. Neumeyer hat die Bibliothek von Mies van der Rohe studiert und gibt eine sehr genaue Analyse von dessen ideologischen Grundlagen. Dort sind auch alle Vorträge sowie unpublizierte Notizen von Mies van der Rohe veröffentlicht.

[9] Neumeyer ebenda S. 254.

[10] Der Vortragstext ist abgedruckt bei Neumeyer ebenda S. 362–365.

[11] Ich hatte vor vielen Jahren ein Gespräch mit Franz Verspohl, der damals an einer Studie arbeitete, die sich u. a. mit der Villa Tugendhat befasste und leider nicht veröffentlicht ist. Er wusste nichts vom philosophischen Interesse meiner Mutter. Unabhängig davon erkannte er einen Zusammenhang zwischen der Konzeption des Hauses und der Philosophie Heideggers.

[12] Martin Heidegger, Der Ursprung des Kunstwerks, Stuttgart 1992, S. 30.

[13] Ebenda S. 54.

[14] Ebenda S. 55.

[15] Die Antrittsrede ist abgedruckt bei Neumeyer 1986 (zit. Anm. 8) S. 380–381.

[16] Heidegger 1992 (zit. Anm. 12) S. 35.

[17] Siehe u. a.: Mies van der Rohe in America. An Interview with James Ingo Freed, conducted by Franz Schulze, in: Schulze 1989 (Anm. 3) S. 172–199, insbesondere S. 194.

Unverborgenheit gebracht und in ihr gehalten."[13] Ähnlich hat für Mies van der Rohe der Begriff *Bauen* eine metaphysische Qualität und verweist auf Wahrheit. Schönheit ist für beide Resultat von Wahrheit. Heidegger schreibt: „Das ins Werk gefügte Scheinen ist das Schöne. Schönheit ist eine Weise, wie Wahrheit als Unverborgenheit west."[14] Der Schlusssatz in Mies van der Rohes Antrittsrede im Armour Institute of Technology in Chicago 1938 lautet mit Berufung auf Augustinus: „Das Schöne ist der Glanz des Wahren."[15] Mein Vater beschreibt seine Empfindung des großen Wohnraums ebenfalls als Erfahrung von ‚Wahrheit': „Das ist Schönheit – das ist Wahrheit. Wahrheit – man kann verschiedene Anschauungen haben, aber jeder, der diese Räume sieht, wird früher oder später zu der Erkenntnis kommen, dass hier wahre Kunst ist." Sehr verwandt ist auch die Konzeption des Künstlers bei Heidegger und Mies van der Rohe. Der Künstler wird nicht als individuelles Genie aufgefasst, sondern als Mittler, durch den sich gleichsam die ‚objektive Wahrheit' kundtut. Bei Heidegger lesen wir: „In der großen Kunst – und allein von ihr soll die Rede sein – bleibt der Künstler dem Werk gegenüber etwas Gleichgültiges, fast wie ein im Schaffen sich selbst vernichtender Durchgang für den Hervorgang des Werkes."[16] Jede Zeit soll „ihre Wahrheit" haben. Für Mies van der Rohe war es eine moralische Frage, in der Architektur „den Zeitgeist" zu repräsentieren.[17] Angesichts der künstlerischen und philosophischen Kontroversen der Zeit, ganz zu schweigen von den weltanschaulichen und politischen Antagonismen, kann diese Sehnsucht nach der einen Wahrheit einer Zeit nicht nur illusionär, sondern in ihrem Totalitätsanspruch auch höchst prekär erscheinen.

Mir erscheint dieses Haus wie ein Kleid, wie die Architektur gewordene Verfasstheit meiner Eltern, so wie ich sie, mit allen Ambivalenzen, erlebt und wahrgenommen habe: Das bewundernswerte Streben nach ‚Geistigkeit' und ‚Wahrheit', das aber zugleich auch eine große Strenge und einen fast unmenschlich hohen Anspruch impliziert.

Die Frage von Justus Bier „Kann man im Haus Tugendhat wohnen?" lässt sich vielleicht so beantworten: Meine Eltern konnten es.

111

7

Grete und Fritz Tugendhat

Die Bewohner des Hauses Tugendhat äußern sich

112
Mies van der Rohe und Grete Tugendhat im Wohnraum ca. 1931

113
Faksimile aus: Die Form, 6. Jahr, Heft 11, 15. Nov. 1931, S. 437

114
Faksimile aus: Die Form, 6. Jahr, Heft 11, 15. Nov. 1931, S. 438

Geehrte Redaktion,

Herr Riezler sagt in seiner Antwort auf die Frage: „Kann man im Haus Tugendhat wohnen?", dass eigentlich die Bewohner dazu Stellung nehmen müssten. Es ist mir wirklich ein Bedürfnis, dies zu tun.

Ich will vorausschicken, dass auch ich der Ansicht bin, dass ein Privathaus nicht der beste und richtigste Ort zur Gestaltung der Miesschen Raumideen ist, und zwar schon deshalb nicht, weil echte Kunst – und die ist im Miesschen Bauen intendiert – im Gegensatz zum Kunstgewerbe nie für den einzelnen geschaffen worden ist oder werden kann. Das hat aber mit der Frage, ob man in unserem Haus wohnen kann, nicht viel zu tun. Denn wenn Herr Bier meint, man sollte Mies Aufgaben stellen, die seine „für die höchsten Aufgaben der Baukunst gerüstete Kraft an der richtigen Stelle einsetzen, dort, wo dem Geist ein Haus zu bauen ist, nicht, wo die Notdurft des Wohnens, Schlafens, Essens eine stillere, gedämpftere Sprache verlangt", so ist gerade dies der Sinn der Miesschen Arbeit, gegenüber der Notdurft den primär geistigen Sinn des Lebens jedes einzelnen von uns wieder in sein Recht einzusetzen – wieweit das für alle in ihrem Heim und nicht „dort, wo dem Geist ein Haus zu bauen ist", richtig und möglich ist, ist eine soziale Frage, die Herr Mies nicht lösen kann.

Der Kernpunkt der Kritik des Herrn Bier scheint mir die Behauptung, dass die Pathetik dieser Räume zu einem Ausstellungswohnen zwingt und persönliches Leben erdrückt. Ob es an der „Abstumpfung" liegt – wie Herr Riezler meint – oder nicht – jedenfalls habe ich die Räume nie als pathetisch empfunden, wohl aber als streng und groß – jedoch in einem Sinn, der nicht erdrückt, sondern befreit.

Diese Strenge verbietet ein nur auf „Ausruhen" und Sich-Gehen-lassen gerichtetes Die-Zeit-Verbringen – und gerade dieses Zwingen zu etwas anderem hat der vom Beruf ermüdete und dabei leergelassene Mensch heute nötig und empfindet es als Befreiung. Denn wie man in diesem Raum jede Blume ganz anders sieht als sonst und auch jedes Kunstwerk stärker spricht – (z. B. eine vor der Onyxwand stehende Plastik) –, so heben sich auch der Mensch für sich und die anderen klarer aus seiner Umwelt heraus. Es ist auch absolut nicht so, wie Herr Bier meint – dass die Räume ganz fertig sind und man sich ängstlich hüten müsste, irgend etwas zu verändern –, solange man nicht die Gliederung des

Ganzen stört, sind Änderungen, wie es sich gezeigt hat, wohl möglich. Der Rhythmus des Raumes ist so stark, dass kleine Veränderungen unwesentlich bleiben. Was nun diesen Rhythmus anbelangt, so kann ich Herrn Riezler nicht zustimmen, dass er „seine Lösung erst im Einswerden mit dem Allraum der Natur findet" – so wichtig auch die Verbundenheit von drinnen und draußen ist, so ist der Raum doch ganz geschlossen und ruht in sich –, die Glaswand wirkt in diesem Sinn vollkommen als Begrenzung. Wenn es anders wäre, glaube ich selbst, dass man ein Gefühl der Unruhe und Ungeborgenheit hätte. So aber hat der Raum – gerade durch seinen Rhythmus – eine ganz besondere Ruhe, wie sie ein geschlossenes Zimmer gar nicht haben kann.

Was das Praktische anbelangt, so haben wir uns auch während der Planung Sorgen gemacht, ob die Abtrennung des Esszimmers genügen wird. Tatsächlich war vom Speisendunst noch nie etwas zu bemerken. Der Samtvorhang schließt den Essraum genügend ab, so dass auch die Geräusche des Auf- und Abdeckens nicht störend sind.

Was nun die Isolierungsmöglichkeit betrifft, so muss ich zugeben, dass diese Frage definitiv erst später beantwortet werden kann, wenn die Kinder erwachsen sein werden – vorläufig konnten wir bei Besuchen und auch größeren Gesellschaften feststellen, dass es sehr gut möglich ist, die einzelnen Gruppen in ausreichender Weise trennen zu können, so dass eine gegenseitige Störung das gewohnte Maß nicht überschreitet.

Wir rechnen allerdings für später damit, dass die oberen Zimmer – die schon von vornherein nicht als ausgesprochene Schlafräume eingerichtet sind – teilweise auch als Wohnzimmer dienen werden.

Wir wohnen sehr gern in diesem Haus, so gern, dass wir uns nur schwer zu einer Reise entschließen können und uns befreit fühlen, wenn wir aus engen Zimmern wieder in unsere weiten, beruhigenden Räume kommen.

Grete Tugendhat

Geehrte Redaktion,

„Kann man im Hause Tugendhat wohnen?" Diese Frage, ob überhaupt berechtigt oder nicht, kann wirklich nur von den Bewohnern beantwortet werden.

Herr B. geht von der falschen Voraussetzung aus, dass wir „einem" Architekten einfach „einen" Bauauftrag gegeben haben, und da konnte Herr Mies van der Rohe dann „das Prototyp eines Wohnhauses" in vollster Freiheit schaffen.

Es war aber so: Wir sahen unter vielen anderen Abbildungen auch solche von Bauprojekten des Architekten Mies van der Rohe – und da wir eine unbestimmte Vorstellung von Licht, Luft, Klarheit und Wahrheit hatten – gingen wir zu Herrn Mies – und übergaben ihm nach kurzer Bekanntschaft die Aufgabe. Eine Aufgabe, die hinsichtlich der Wohntechnik genau umrissen war.

Nun sind unsere Wünsche in einem solchen Maße erfüllt worden, dass ich oft glaube, dieses Haus schon vor der Erschaffung durch den Baumeister gesehen zu haben – und doch ist dieses Haus eine „reine Lösung". – Darin sehe ich die größte Kunst des Architekten.

Herr Bier, der vermutlich das Haus nur von einigen flachen Fotografien kennt – die nur einen ganz unzulänglichen Begriff des Werkes geben können, Herr B. spricht nur von dem großen Hauptraum – ohne zu bedenken, dass dieser doch ein Teil des Hausorganismus ist. Es wird die mangelhafte Differenzierung dieses Hauptraumes kritisiert, das „Nur-Offensein" gegen den Freiraum, das Fehlen eines abgeschlossenen Arbeitsraumes, und es wird von „Paradewohnen und Ausstellungswohnen" gesprochen.

Besonders die letztgenannte Behauptung ist erstaunlich und von Grund aus neu für die Bewohner.

Die einzelnen „Plätze" des Hauptraumes sind durch schwere Vorhänge hinreichend in „geschlossene Räume" zu verwandeln – ebenso gelingt es – zumindest in der Bibliothek, sich gegen den Freiraum Natur vollkommen abzuschließen, wenn das Bedürfnis hierzu bestehen sollte – allerdings ziehe ich den weiten Horizont bei geistiger Konzentration dem einengenden Druck naher Wände vor. Einzelne Gesellschaftsgruppen stören sich nicht mehr als in den zimmergeteilten alten Häusern. Sollte ein geschlossenes Arbeitszimmer für den „Herrn des Hauses" wirklich ein Bedürfnis sein? Ich wenigstens legte großen Wert darauf, kein Arbeitszimmer in diesem „Zuhause" zu haben – meine Arbeitsstätte lasse ich, ebenso wie den Berufsmenschen, draußen –, gewiss ein Luxus. Im übrigen kann das „Schlafzimmer des Herrn" ebensogut als Arbeitszimmer benutzt werden, ohne dass man in den Verdacht „eingeschränkter Lebensführung" kommen müsste.

Dass das Haus in technischer Hinsicht alles besitzt, was der moderne Mensch nur wünschen kann, das darf ich nach fast einjährigem Wohnen hier mit voller Gewissheit bejahen. Im Winter ist das Haus leichter zu heizen als ein Haus mit dicken Mauern und doppelten Kleinfenstern. – Die Sonne scheint infolge der vom Fußboden bis zur Decke reichenden Glaswand und wegen der hohen Lage des Hauses tief in den Raum hinein. Bei klarem Frostwetter kann man bei herabgelassenen Scheiben in der warmen Sonne sitzen und auf schneebedeckte Landschaft schauen, wie in Davos. Im Sommer sorgen Sonnenplachen und elektrische Luftkühlung für angenehme Temperatur.

Speisegerüche aus der halbrunden Speisenische sind nie aufgetreten – wenn gelüftet werden soll, dann geschieht dies in wenigen Sekunden durch Verschwindenlassen der Glaswand. Abends werden die Glaswände durch leichte Seidenvorhänge verdeckt, welche das Spiegeln verhindern.

Es ist richtig, man kann in dem Hauptraum keine Bilder aufhängen, ebensowenig kann man wagen, irgendein die stilvolle Einheitlichkeit des Mobiliars störendes Stück hineinzutragen – wird aber deswegen „das persönliche Leben erdrückt"? Die unvergleichliche Zeichnung des Marmors, die natürliche Maserung des Holzes sind nicht an die Stelle der Kunst getreten, sie treten in der Kunst auf, im Raum, der hier Kunst ist. Übrigens darf die „Kunst" durch eine edle Lehmbruck-Plastik in ungewohnter Weise zur Geltung kommen – und auch das persönliche Leben – in freierer Weise als je. Und wenn ich die Blätter und Blüten betrachte, die wie Solitäre von gemäßen Hintergründen sich leuchtend abheben, wenn ich diese Räume und alles, was darin ist, auf mich als Ganzes einwirken lasse, dann empfinde ich deutlich: Das ist Schönheit – das ist Wahrheit. Wahrheit – man kann verschiedene Anschauungen haben, aber jeder, der diese Räume sieht, wird früher oder später zu der Erkenntnis kommen, dass hier wahre Kunst ist.

Dies danken wir Herrn Mies van der Rohe.

Fritz Tugendhat

115
Mies van der Rohe
auf einem Tugendhat-
Sessel im Wohnraum
ca. 1931

115

116
Mies van der Rohe im
Schlafzimmer von Grete
Tugendhat ca. 1931

117
Grete Tugendhat mit
Ernst und Mies van
der Rohe in Hannas
Zimmer ca. 1931

119
Mies von der Rohe und
Besucher (Hermann
John?) im Garten
des Hauses Tugendhat
ca. 1931

117

116

118
Mies van der Rohe im Zimmer von Fritz Tugendhat ca. 1931

118

119

8

Grete Tugendhat

120
Faksimile aus: Architekten-Interessengemeinschaft/Zájmové Sdruzení Architektu (Hrsg.), Was gibt Ihnen/Co Poskytuie ARCHITEKT?, Brno 1934, S. 10

121
Faksimile aus: Architekten-Interessengemeinschaft/Zájmové Sdruzení Architektu (Hrsg.), Was gibt Ihnen/Co Poskytuie ARCHITEKT?, Brno 1934, S. 11

Slovo stavebníka a stavebního podnikatele.
Bauherr und Bauunternehmer sprechen.

Grete Tugendhat:
Architekt und Bauherr.

120

Architekt a stavitel.

121

122
Faksimile aus: Architekten-Interessengemeinschaft/Zájmové Sdruzení Architektu (Hrsg.), Was gibt Ihnen/Co Poskytuie ARCHITEKT?, Brno 1934, S. 12

123
Faksimile aus: Architekten-Interessengemeinschaft/Zájmové Sdruzení Architektu (Hrsg.), Was gibt Ihnen/Co Poskytuie ARCHITEKT?, Brno 1934, S. 13

Arch. Z. I. Norbert Troller:
Material und Ornament.

PORTÁLY ZE ŽELEZA Z NEREZ. OCELE Z BRONZU
Tmeluprosté světlíky, střechy atd. rolety, sluneční plachty, nůžkové mříže
VÝTAHY • POKLADNY
STROJÍRNA - MASCHINENFABRIK
Ant. Bílek, Brno, Stará 23
PORTALE aus Eisen, nichtrost. Stahl, Bronze.
Kittlose Oberlichten u. Dächer, Rollladen, Sonnenplachen, Scherengitter
AUFZÜGE • KASSEN

122

ZIMNÍ ZAHRADA T. V BRNĚ
WINTERGARTEN T. IN BRÜNN
PROJEKTANT: arch. J. HAAS, BRNO
O. de MARTIN,
BRNO, Dornych 37. Telefon 15.408
BÍLOVICE nad Svitavou. Telefon 6.

Obklady stěn - Dlažby - Dřevokamenné podlahy patent „Dermas" - Parkety - Mezistěny - Zušlechtěnou omítku a umělý kámen „Korit" - Lehké stavební desky „Helios"
Založeno 1897 Gegründet
LICHTENSTERN
BRNO, Stavební 4
Wandverkleidungen - Pflasterungen - Steinholzböden Patent „Dermas" - Parketten - Zwischenwände - Edelputz und Kunststein „Korit" - Leichtbauplatten „Helios"

Stavební a umělecké klempířství
Bau- und Kunstspenglerei
FRANTIŠEK POTMĚŠIL
BRNO, Františkánská 4, telefon 17.820

Windfix
UCPÁVKY PROTI PRŮVANU do oken a dveří.
VELKÁ ÚSPORA OTOPU.
JIŘÍ LAKENBACHER, Mikulov na Moravě
LUFTZUG-VERSCHLIESSER für Fenster und Türen.
GROSSE HEIZERSPARNIS.
G. LAKENBACHER, Nikolsburg, Mähren

123

Die meisten Architekten betrachten den Bauherrn als leider heute noch notwendiges Übel. Er ist der Laie, der sich in alles hineinmischt, ihnen ihre Pläne zerstört, sie nichts Neues versuchen lässt usw. Aber bestand nicht zu allen Zeiten diese Bindung der schöpferischen Freiheit nicht nur durch Stoff und Technik, sondern auch durch den Menschen, für den geschaffen wurde? Entsteht nicht Kunst allererst in dieser Wechselwirkung? In früheren Zeiten – Renaissance und Barock z. B., waren auch die freien Künste, Malerei und Plastik, in sehr starkem Maß von ihrem Auftraggeber abhängig. – Wenn dieser Zustand in jedem Einzelfall auch mit vielen Nachteilen verbunden war, so ist er wahrscheinlich immer noch besser als das heutige „In der Luft-Schweben" dieser Künste, das sich daraus ergibt, dass die Frage nach dem „für wen" des Schaffens entweder überhaupt nicht gestellt wird oder unbeantwortbar ist. Ein großer Teil der Architekten ist überdies der Überzeugung, dass es Architektur als Kunst heute nicht mehr gibt oder geben sollte, dass das Praktische auch schon das Schöne sei, dass sich die richtigen Raumverhältnisse und Anordnungen rechnerisch ein für allemal festlegen lassen und alles andere nur eine Frage der Technik sei. In diesem Falle allerdings hätte der Bauherr nichts mehr zu sagen – aber auch der Architekt würde überflüssig.

Im Gegensatz dazu glaube ich, dass die Wohnbedürfnisse der Menschen, sowohl in praktischer wie in ästhetischer Hinsicht, nicht nur von der sozialen Lebensform, sondern auch von der Individualität und Lebensauffassung des Einzelnen bedingt sind und somit immer verschieden sein werden. Und dass andererseits auch das Schöne – im Hausbau wie anderswo – niemals errechenbar ist, sondern immer neuer schöpferischer Leistung entspringen muss. (In diesem Zusammenhang möchte ich hier nur kurz darauf hinweisen, dass die Psychoanalyse behauptet, dass die Vorliebe der Menschen entweder für enge und geschlossene Räume, oder für möglichst offene, der Natur zugewandte, sich auf Erlebnisse bei der Geburt und in der unmittelbar darauf folgenden Zeit gründet.)

Aus dem Vorhergesagten ergeben sich zwei wesentliche Punkte: individuelles Wohnbedürfnis und künstlerische Leistung, die beide, wie mir scheint, als zwangsläufige Komponenten der Zusammenarbeit zwischen Bauherrn und Architekten auch dann bestehen bleiben, wenn der Bauherr nicht mehr ein Einzelner, sondern eine Gemeinschaft ist. Soll diese Zusammenarbeit fruchtbar sein, so ist gegenseitiges Vertrauen u. Sachlichkeit bei der Arbeit ohne persönliche Eitelkeit und Empfindlichkeit nötig. Nichts ist fataler, als wenn der Architekt von vornherein fürchtet, der Bauherr störe ihm wegen kleinlicher Einzelwünsche die Einheitlichkeit des Projektes, der Bauherr hingegen besorgt ist, dem Architekten sei es nur um die Unantastbarkeit seines Planes zu tun und er wolle seinen individuellen Wünschen keine Rechnung tragen. Damit vertrauensvolle Zusammenarbeit und gegenseitiges Nachgeben an der richtigen Stelle möglich sind, ist das Allerwesentlichste in jedem einzelnen Falle die Wahl des für den betreffenden Bauherrn geeigneten Architekten. Es ist unbedingt wichtig, dass Bauherr und Architekt das gleiche Daseinsgrundgefühl haben, dass sie im Prinzipiellen, im Menschlichen, eine gemeinsame Basis haben. Mann kann nicht einen Menschen, der seiner Natur nach enge, vollgefüllte Räume liebt, der einen horror vacui hat, bestimmen, sich in weiten, freien Räumen wohl zu fühlen, man kann Menschen, die ihr Gesicht immer dem Licht entziehen, nicht zwingen, gern in Räumen zu leben, wo das vor lauter hereinflutender Sonne nicht mehr möglich ist.

Ist aber die Übereinstimmung im Großen da, wird der Architekt den Bauherrn sehr wohl und zu dessen eigenen Vorteil bestimmen können, der neuen Wohnform zuliebe, alte Gewohnheiten und Traditionen aufzugeben, ohne ihm aber etwas aufzuoktroyieren, was seiner Grundhaltung widerspricht. Wenn der Architekt gewählt ist, hat sich vor allem Planen schon die Möglichkeit oder Unmöglichkeit einer fruchtbaren Zusammenarbeit entschieden.

Es ist nun notwendig, dass der Bauherr dem Architekten alle seine Wünsche und Bedürfnisse, was Wohnstandard, Umfang, Kosten usw. betrifft, bis ins Einzelne darlegt und der Architekt diese wirklich berücksichtigt und auf diesen Angaben seinen Plan aufbaut. Es wird fast immer möglich sein, sie im Wesentlichen zu erfüllen, wenn es auch mehr Anstrengung und Erfindungsgabe erfordert, als wenn der Architekt einen Allerweltsplan macht, der ihm für alle Menschen geeignet erscheint. Gerade dadurch, dass die Bedingungen und Anforderungen immer andere sind und der Architekt gezwungen wird, immer neue Lösungen zu finden, bleibt er fruchtbarer Künstler und wird nicht zum langweiligen Routinier.

Besteht der Plan und ist der Bauherr im Großen damit einverstanden, wird er gut tun, im Einzelnen nicht zu viel zu ändern, da der Laie oft wirklich nicht beurteilen kann, wie eine ihm geringfügig erscheinende Veränderung die Einheitlichkeit des Baues gefährdet. Wenn alle diese Voraussetzungen zutreffen, wird meiner Überzeugung nach die Zusammenarbeit zwischen Bauherrn und Architekten wirklich fruchtbar sein können, eine Zusammenarbeit, bei der beide Teile gewinnen, die vor allem dem Werk zum wirklichen Vorteil gereichen wird.

Grete Tugendhat

9

Irene Kalkofen

Irene Kalkofen
erinnert sich

124
Irene Kalkofen mit Ernst

124

Irene Kalkofen erinnert sich[1]

My name is Irene Kalkofen. Ernst *(Tugendhat)* did call me *Schwester*. I was born in Berlin on the 15th of July 1909. I also went to school in Berlin, and when I finished school I had to do one-year household, where I learned how to wash and how to clean. And I hated it, because I don't like housework very much. I wanted always to be a doctor, but of course that was quite out of the question. So I thought I would be a nurse. And as I like children, I thought I would be a children's nurse.

In spring 1928 I came to her *(Grete Weiss)* and of course I was very much taken with her, because she was such a beautiful woman, and her child *(Hanna)* was such a beautiful child. But she said: „if you want to stay with us you will have to come with us to Czechoslovakia, because I shall go back and get married there." And I thought, „Oh, this is the first step into the world." I wanted always to see the world, so I start with Czechoslovakia!

I also got to know of course Fritz Tugendhat then, but he was very difficult to get to know, because he hardly ever talked. He was very withdrawn.

I had only a German passport, I was a Reichsdeutsche, and the Czechs only gave me a permit to work for one year. So when they *(Familie Tugendhat)* went after the seaside holiday in September 1928 to Czechoslovakia, I had a permit to stay until September 1929. They tried very hard to get a prolongation but the Czechs refused it. So in 1929 I had to leave.

After only three month Mrs. Tugendhat wrote to me „I have just found out that I am pregnant. We will try everything to get you back." But they did not succeed, so I felt this was the finish and I did not keep in touch anymore.

(eines Tages, vielleicht ein Jahr später, erhielt Irene einen Brief aus Brünn)

Mrs. Tugendhat wrote, „we have now made acquaintance with a minister and he can get us a permit." And they did! That was at the end of January *(1931)*, and I think on the 13th of February I was already on the way to Brno.

Luckily this minister, I never met him, I do not know who he was, he got a permit every year for me and that lasted until 1938, when the family *(Tugendhat)* decided it was better to leave as soon as possible.

During the last years Mrs. Tugendhat always worked for the *Liga für Menschenrechte* and they had plenty of Jewish refugees coming.

In the evening, that was in March when Schuschnigg said goodbye, straight away, Frau Tugendhat said „let's get up and pack the suitcases for the boys." So I packed the suitcases and mother *(Grete Tugendhat)* went the very next day to Switzerland, to St Gallen.

(Irene blieb noch drei Wochen in Brünn und wartete auf die Ankunft ihres

[1] Auszug aus einem vierstündigen Interview mit June Finfer, Chicago, 2004. Transkription, Kompilation und Zwischentexte: Maren Krüger. Archiv Daniela Hammer-Tugendhat. Das Interview wird hier in der Originalsprache dokumentiert. Siehe auch die Filme von June Finfer, The Tugendhat House. Mies van der Rohe's Czech Masterpiece, Lost and Found Productions, Chicago/IL 2004 und von Dieter Reifarth, Haus Tugendhat, Pandora Film, Deutschland 2013.

Besuchervisums für die Schweiz. Es war nur für 6 Wochen gültig)

I went by train to St Gallen and I had to wait in Vienna to change trains. There I could see how happy the Austrians were, that they were at last combined with Herr Führer. It was so depressing. And afterwards they always said they were victims of Hitler. They were no victims, they were very happy to be with him there.

(Nach 6 Wochen musste Irene die Schweiz verlassen und sie ging zurück nach Brünn, um eine Arbeit zu finden. Hannas Vater ((Hans Weiss)), der seit 1934 in London lebte, gab in der Zeitung eine Anzeige für Irene auf. Mit Erfolg! Im July 1938 begann Irene für eine deutsche Familie in der Nähe von London zu arbeiten)

There was this little boy, he was not quite a year old. I liked him too, but nothing to compare with Ernst, Herbie and Hanna.

There was never any dispute; they *(Hanna, Ernst and Herbert)* had what they wanted, more than they wanted. The boys had to share a big rocking horse, but Ernst was not so keen on that. Herbie liked that horse, it had real skin and he used to brush it and talk to it. Hanna liked books and she always read to Ernst, he liked to listen.

They *(Grete und Fritz Tugendhat)* treated me sometimes like the older daughter, or the older sister of Hanna. They were very, very kind to me and I loved the mother *(Grete)*, and I liked the father *(Fritz)* very much. We had also a good understanding, because I did not have a very good childhood and I knew about the difficulties you can have as a child. I never forgot that.

I knew the house from the wooden model, but it was just built while I was in Berlin from September 1929 until beginning of February 1931. I came back *(nach Brünn)* when they had just moved in, I think three weeks or so. It was fantastic! I felt so happy there and I loved the style altogether. I loved this modern furniture, I mean, it is clean and beautiful. When you came home *(Haus Tugendhat)* whether you came from a luxury hotel *(am Semmering)* or from the Jägerwirt *(auf der Turracher Höhe)* this house… I felt liberated, so to speak. It was very, very nice.

Oh, I had a nice room; like Hanna's room, the same type of furniture. In my room there was the big built-in cupboard, and next to it was a built-in wash-basin, with big mirror, light and everything. When I went and saw the house later, it was all gone. Also the bathroom had changed; when I was there, there were mirrors all over the bathroom. And in the garderobe when you come in, it was a big wall of mirrors. It looked so vulgar. I have never been in a bordello, but I thought that must be like in a bordello.

(Es war nicht geplant, dass ein Klavier in Irenes Zimmer steht. Grete Tugendhat lernte darauf Klavierspielen. Sie brachten das Klavier in dieses Zimmer, weil es ihnen für das Klavier ein geeigneter Platz schien)

Mies was supposed to come once. What to do with the piano? He must not see that because he will be offended. It would have gone into the cellar, into the basement, but luckily he called off his visit. But it was a great to-do!

Mies did not want any shutters *(sun blinds)*, it would have spoiled *(…)*. But she *(Grete)* insisted on it, and it was absolutely necessary. When the windows were down in spring, it was wonderful. We were like in the garden already.

When people passed there *(Haus Tugendhat)*, once I remember, they said, „Is this a fire engine station?“ But never any bad remarks.

For Mies van der Rohe it was an exceptional accident, that he met such rich people *(Grete's Eltern)* who could realize his dream. He was lucky, and that *(Haus Tugendhat)* was the result.

They gave them *(Grete and Fritz)* the piece of land on the top, because it was their garden. They were millionaires; they had sugar factories, textile factories, coale… Money was no object to them.

In a way, it was a very simple house *(Haus Tugendhat)*; there was only father's bedroom, mother's bedroom, baby's room, Hanna's room, and my room. Upstairs were radiators, but in the big room, you could have in summer cold air coming in and in winter warm air. In the beginning the chairs *(Brno Chairs)* always tipped over, when somebody leaned forward to speak to someone next to him.

On the terrace in front, we had all sorts of flowers, from spring to autumn. We cut these flowers, and Frau Tugendhat and I made all the vases. That was very nice.

The figure we had was Lehmbruck, she had such a beautiful back. I didn't like her bosom very much, but her back was beautiful.

When we had visitors, we never had more than one, because they *(Grete und Fritz)* lived very withdrawn, they *(Besucher)* lived in my room. In Hanna's room there was like a daybed, and then I slept in Hanna's room. When one of the children was ill, it was isolated in my room. I stayed in one oft he children's rooms, because Mrs. Tugendhat was very much afraid of the children being ill.

They *(Familie Tugendhat)* had very few friends coming. There was a Dr. Stern, he was, I think, their solicitor, but otherwise hardly anybody. Sometimes visitors, relatives, the grandfather *(Alfred Löw-Beer)*, and the grandmother *(Marianne Löw-Beer)*, she came nearly every day. She *(Grete)* was very, very much attached to her mother.

In the morning, when the chauffeur brought the car out in front, ready to go with Herr Tugendhat to the factory, and mother (Grete) was still asleep in the back, the children came into the front terrace on their little bicycles, so we did not disturb the mother.

The children loved him *(Chauffeur Gustav Lössl)*. Herr Tugendhat taught him also to help him in the darkroom. The Chauffeur was married, but his wife never came to the house. She had nothing to do with us. I was very good friends with him, but I think he turned Nazi.

I went into the darkroom sometimes, to look what kind of new photos we had. There *(Keller)* was the big room, where they dried the laundry, and in the little room there was the sewing machine and where they ironed cloth.

We *(Grete, Fritz, Hanna, Ernst, Herbert and Irene)* were eating together lunch, the children and

I also, at the big round table. But when visitors came, as long as a child was still very small in a highchair, then it ate upstairs with me. I ate also my supper upstairs. But the last two years they invited me also for supper.

The cook had a single room next to the kitchen, the two parlor maids had a double room and also a bathroom; all on the same level as the kitchen.

We never went into the kitchen; the cook would have been offended. Only when the cook was ill, mother *(Grete)* made the meal and I the sweets, the afters.

After lunch, mother *(Grete)* always went and had a rest upstairs. But the children and I went into the library, and there they had a portable gramophone. Father *(Fritz)* had very nice records of the earlier musicals, American musicals. Mother was very strict, she only liked classical music. But father also liked some good light music, and so do I. We danced, we made a little circle, and then we danced every day.

I went and sat in Mr. Tugendhat's bedroom and could read the daily papers there. Sometimes I was treated like the oldest child, I think. It was, of course very nice for me.

They *(Familie Tugendhat)* had a very big party once a year; they arranged a bridge tourney. All sorts of people came and they had to pay entrance. The chauffeur was trained to take photos already. *(When)* they *(Gäste)* went down the stairs he took photos of them, and then he went quickly down and developed them, while the party was going on. Ernst and Herbie got some uniforms, like lift boys; with little caps, buttons and long trousers, both of them. They were given the photos and they sold the photos to the guests. This money was for the refugees, for the Liga für Menschenrechte.

There was a big debate in all the architecture numbers *(FORM)*. Grete Tugendhat and also Fritz Tugendhat answered. Of course, they were very happy to live there, and they enjoyed it!

(Irene arbeitete als Sprechstundenhilfe für einen Arzt in England. Eines Tages fiel ihr eine Zeitschrift aus der Schweiz in die Hände)

He *(der Kunsthistoriker Sembach?)* wrote an article and he never saw the house, but he knew it from books; he wrote that this famous wall is made of marble. This I could not stand! I was thinking and thinking about it, it didn't give me peace. So I wrote to him, that I liked his article very much, it was of special interest to me, because I lived in that house. „But you made a mistake; this wall was onyx! And especially when the sun was shining on it, it was so beautiful." He wrote back to me and explained why he had made a mistake: „But there is at least one good positive thing; we have heard about you. I *(Sembach?)* and also my friend Ludwig Gläser would love to hear from you."

I always wanted to go and see the house again. Then Ernst *(Tugendhat)* was at some Institute in Vienna for a number of years and we went over the day by train to Brno. From Brno we took a taxi, we got out and over there was the house; it was like old times! The house was so unchanged in the front and it made a very deep impression on me. We could not see the top rooms, you could only see the big room downstairs. The onyx wall was still there; thank goodness! Ah, it *(die Onyxwand)* was wonderful! When the sun was down it came in full and beautiful...beautiful! The big beautiful tree, weeping willow, is gone and other trees had grown up which I never saw before.

We could go skiing in the garden, when the children were small, because it is such a hill going down to the grandparents' *(Löw-Beer)* house. All the old memories came back; I thought of the family and of the children when they were small. I felt very sorry when I came in and it was so disfigured.

It must have been very sad for Frau Tugendhat, when she went back in the 1960s to see this house. She saw all the alterations, it must have been very sad. Because she also had a happy time in this house as long as it lasted. In a way I lived even longer in the house than Mrs. Tugendhat herself; she left in March *(1938)* and I left in July. I lived still these months in the house, until I got this job in England.

I had such wonderful happy times there and it is beautiful. When I was in Berlin, I went into the National Gallery, and there were also these Barcelona Chairs; I felt a little bit like home. Home is for me, of course, Brno.

There are lots of people who will just say, „of course, it *(Haus Tugendhat)* should be a museum." It is not a good idea! I don't like strange people tramping about in there. I still consider it part of my house, too. They said once it should be a meeting place for architects, this is a good idea!

125

125
Irene Kalkofen mit Hanna und Ernst

Telefonat von Ivo Hammer mit Irene Kalkofen (94) am 28. Oktober 2003[2]

IH *(Ivo Hammer)*, IK *(Irene Kalkhofen)*

IH: Liebe Irene ich begrüße Dich! Wie geht es Dir?

IK: Gut, Gut geht es mir! Ich lebe. Ich habe keine Schmerzen, und keine Sorgen. Bin etwas einsam. Meine Freunde sind alle schon tot. Aber ich habe keinen Grund, mich zu beklagen. Ich lebe von meinen Erinnerungen.

IH: Irene, wie hat die Farbe der Fassade auf Dich gewirkt?

IK: Es war keine Farbe. Es war ein – Natürliches – ich weiß es nicht. Es wirkte nicht als Farbe. Es war ein modernes getünchtes Haus. Es wirkte wie ein Material. Es war ein modernes helles Haus.

IH: War es weiß?

IK: Nein, nicht weiß. Es war nicht weiß. Es war eine helle natürliche Farbe. Gemäßigt.

IH: Was Du gesagt hast, entspricht unserem Eindruck.

IK: Ich bin immer wieder überrascht, wenn sich jemand an mich erinnert. Ich habe viele Fotos. Von jeder Aufnahme von Fritz Tugendhat habe ich einen Abzug bekommen.

IH: Welchen Eindruck von der Farbe hast Du innen gehabt?

IK: Naturfarbe. Nicht dass es aufgefallen wäre. Es gehörte ins Bild des Hauses. Es hatte alles miteinander harmonisiert.

IH: Vielen Dank!

IK: Man lebt, und tut sein Bestes.

IH: Irene, vielen Dank, Du hast uns sehr geholfen!

IK: Wenn Ihr wieder in London seid, kommt mich besuchen! Gesundheit! Auf Wiedersehen!

[2] Das Telefongespräch fand in deutscher Sprache statt; dokumentiert durch HAWK Hochschule für Angewandte Wissenschaft und Kunst, Hildesheim/ Christine Hitzler (siehe Anhang).

10

Wolf Tegethoff

Die „Villa“ Ein Wohnh Moderne in seiner Zeit

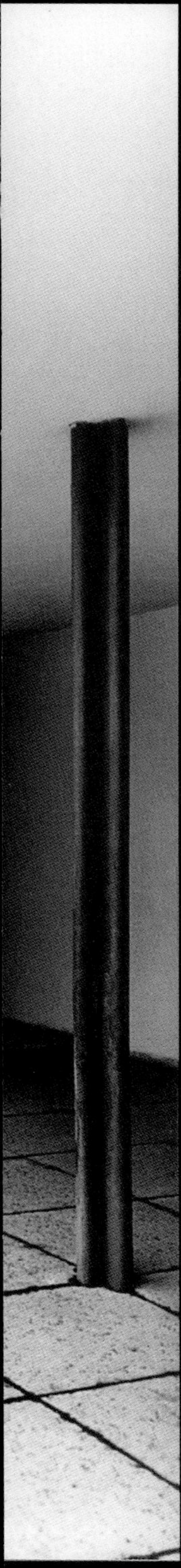

„Die Probleme der Neuen Wohnung wurzeln in der veränderten materiellen, sozialen und geistigen Struktur unserer Zeit; nur von hier aus sind diese Probleme zu begreifen. [...] Das Problem der Rationalisierung und Typisierung ist nur ein Teilproblem. Rationalisierung und Typisierung sind nur Mittel, dürfen niemals Ziel sein. Das Problem der Neuen Wohnung ist im Grunde ein geistiges Problem und der Kampf um die Neue Wohnung nur ein Glied in dem großen Kampf um neue Lebensformen."
(1927)

„Baukunst ist nicht Gegenstand geistreicher Spekulation, sie ist in Wahrheit nur als Lebensvorgang zu begreifen, sie ist der Ausdruck dafür, wie sich der Mensch gegenüber der Umwelt behauptet und wie er sie zu meistern versteht. Die Kenntnis der Zeit, ihrer Aufgaben und Mittel sind notwendige Voraussetzungen baukünstlerischen Schaffens, Baukunst ist immer der räumliche Ausdruck geistiger Entscheidung."
(1928)

„Die Wohnung unserer Zeit gibt es noch nicht. Die veränderten Lebensverhältnisse aber fordern ihre Realisierung. Voraussetzung dieser Realisierung ist das klare Herausarbeiten der wirklichen Wohnbedürfnisse. Die heute bestehende Diskrepanz zwischen wirklichem Wohnbedürfnis und falschem Wohnanspruch, zwischen notwendigem Bedarf und unzulänglichem Angebot zu überwinden ist eine brennende wirtschaftliche Forderung und eine Voraussetzung für den kulturellen Aufbau ..."
(1931)

Ludwig Mies van der Rohe[1]

[1] Zitate nach: Werkbund-Ausstellung *„Die Wohnung"*, Stuttgart 1927, 23. Juli–9. Okt. Amtlicher Katalog, Vorwort von Ludwig Mies van der Rohe, S. 5; ders.: [„Baukunst in der Wende der Zeit"], Innendekoration XXXIX, 6, Juni 1928, S. 262; ders.: „Die Wohnung unserer Zeit", Der Deutsche Tischlermeister XXXVII, 30, 23. Juni 1931, S. 1038. Zu den Schriften Mies van der Rohes und ihrem geistesgeschichtlichen Kontext s. Fritz Neumeyer, Mies van der Rohe: Das kunstlose Wort – Gedanken zur Baukunst, Berlin 1986.

[2] Peter Blake an Mies, Postkarte aus Brünn, 25.11.1965 (Mies Papers, Library of Congress, Washington, D.C.).

[3] Zur Neudatierung von Haus Riehl siehe zuletzt Thomas Steigenberger, „Mies van der Rohe – ein Schüler Bruno Pauls?" in Johannes Cramer, Dorothée Sack (Hrsg.), Mies van der Rohe: Frühe Bauten. Probleme der Erhaltung – Probleme der Bewertung, Petersberg 2004, S. 151–162, insbes. S. 157.

„Dear Mies, how things have changed in Brno! And how the Tugendhat House has changed! But it is still beautiful, and huge, and a great joy to the [crippled] children who now use the large living area for their exercises."[2]

Das Haus Tugendhat in Brünn zählt unbestritten zu den Meisterwerken Ludwig Mies van der Rohes und zu den wichtigsten Projekten seiner Berliner Schaffensphase. Manch einer wie der amerikanische Architekt und Designer George Nelson oder der Vicomte de Noailles mag darin gar den eigentlichen Höhepunkt einer zwanzigjährigen Entwicklung erkennen, die mit dem Haus Riehl in Potsdam-Neubabelsberg, dem Erstlingswerk von 1908/09,[3] ihren Anfang nahm und zwei Jahrzehnte später in den Plänen für Haus Tugendhat zur vollendeten Ausprägung gelangte. In seinem Dankesbrief für die Einführung bei Fritz und Grete Tugendhat schrieb der französische Graf und bedeutende Förderer der Moderne im September 1933 an Mies: *„Ich habe diesem Besuch schon seit langem mit größter Vorfreude entgegengesehen und sollte, was in vergleichbaren Situationen nur äußerst selten einzutreten pflegt, das Haus noch schöner vorfinden, als ich es erwartet hatte. Ich muss Ihnen frei heraus gestehen, dass dies das erste moderne Wohnhaus ist, das ich rückhaltlos bewundere."*[4] Diese Einstellung schienen 1932 auch Philip Johnson und Henry-Russell Hitchcock zu teilen, als sie im Katalog von *Modern Architecture: International Exhibition* am New Yorker Museum of Modern Art, wie auch in der die Ausstellung begleitenden, epochemachenden Programmschrift *The International Style* dem Haus Tugendhat neben oder noch vor dem fast gleichzeitig konzipierten Barcelona-Pavillon eine prominente Stellung einräumten. Anders hingegen Mies selbst, der im Rückblick bemerkte, dass das Haus seinen Ruf wohl in erster Linie den verwendeten kostbaren Materialien und seiner großzügigen Eleganz verdanke, wogegen moderne Bauten damals vor allem durch ihre nüchterne Funktionalität hervorzustechen pflegten. Persönlich halte er das Haus Tugendhat für kaum wichtiger als andere, weit früher von ihm entworfene Bauten.[5]

Diese Einschätzung war indes allem Anschein nach nicht immer von ihm geteilt worden. Auf der der modernen, dekorativen und industriellen Kunst und Architektur gewidmeten Mailänder Triennale 1933 hatte man Mies (wie auch Walter Gropius und Erich Mendelsohn) einen Ehrenplatz zuerkannt. Der von ihm beschickte Raum zeigte neben vier Tafeln zum Barcelona-Pavillon immerhin zwei Hauptansichten des Tugendhat-Hauses. Der Wohnhausblock auf der Stuttgarter Werkbundausstellung von 1927 war dagegen ebenso wie die Projekte Adam (Berlin, 1928), Württembergische Girozentrale (Stuttgart, 1928), Alexanderplatz (Berlin, 1929/30) und Landhaus in Backstein (1924, hier fälschlich noch auf 1922 datiert) nur mit einer Abbildung oder Zeichnung vertreten, wogegen andere, auch jüngst erst fertig gestellte Bauten überhaupt nicht der Erwähnung wert erachtet wurden.[6] Unverkennbar ist jedoch, dass sich der Barcelona-Pavillon, den man doch aufgrund seiner wohnraumartigen Innendisposition durchaus noch als Vorstufe zu den gleichzeitig oder nur wenig später entstandenen Wohnhausprojekten begreifen könnte, in den Vorstellungen seines Schöpfers nun zunehmend in den Vordergrund zu drängen begann, was dann schließlich auch bei Philip Johnson ein Umdenken auslösen sollte. In Johnsons kanonischer Mies-Monografie von 1947 wird der Pavillon schließlich zum ultimativen Kulminationspunkt von Mies van der Rohes europäischem Œuvre, zu einem Meilenstein der Moderne schlechthin, worin sich der Autor nun mit vielen Verehrern einig weiß.[7] Zwar wird hier auch dem Haus Tugendhat angemessener Respekt gezollt, doch ist die latente Relativierung kaum noch übersehbar.

Dabei verdankte sich die Kenntnis beider Bauten zumeist keineswegs der unmittelbaren Anschauung, sondern weitestgehend, wenn nicht gar ausschließlich einem jeweils exzellenten Bestand an fotografischen Aufnahmen, für den einerseits das Brünner Atelier de Sandalo (Tugendhat) und anderseits Karl Niemann und Sasha Stone vom Berliner Bild-Bericht (Barcelona-Pavillon) verantwortlich zeichneten. Zwar war damals Brünn, anders als Barcelona, vergleichsweise gut an das europäische Verkehrsnetzt angebunden, doch zeigte sich das private Wohnhaus mit seiner betont hermetisch geschlossenen Straßenfront natürlich nicht für jeden Interessierten frei zugänglich. Johnson immerhin hatte das Haus laut eigener Aussage kurz nach Fertigstellung in Begleitung von Mies besucht, nicht aber die Ausstellung in Barcelona, wo der Pavillon schon Anfang 1930 wieder abgetragen worden war. Spätestens ab 1938 lag jedoch auch Brünn mit dem Haus Tugendhat für ein halbes Jahrhundert außerhalb der Reichweite westlicher Architekturenthusiasten, was dem Schicksal des Pavillons mitunter durchaus nahe kam, indem das Haus selbst zunehmend in Vergessenheit geriet. Bei grundsätzlich ähnlichen Rezeptionsbedingungen drängt sich daher der Verdacht auf, dass äußere Faktoren die sich abzeichnende Neugewichtung entschieden mitbestimmt haben. Für Mies selbst mag die partiell negative Presseresonanz auf das Haus Tugendhat eine Rolle gespielt und ihn am Ende zu der Überzeugung geführt haben, dass ein großzügig bemessenes und luxuriös ausgestattetes Privatwohnhaus vielleicht doch nicht die angemessene Antwort auf die *„dringendsten Forderungen der Zeit"* abzugeben versprach. Dabei hatte die in den Jahren der Weltwirtschaftskrise weit verbreitete Sorge um die *„Wohnung für das Existenzminimum"*, die sich in der Kritik an der von Mies verantworteten Abteilung *„Die Wohnung unserer Zeit"* auf der Berliner Bauausstellung 1931 vehement Gehör verschaffte, zweifellos ihre Berechtigung. Unter den neuen Machthabern ab 1933 sollte sie allerdings eine deutliche Akzentverschiebung erfahren, in dem nun ohne Rücksicht auf die nach wie vor angespannte Haushaltslage den öffentlichen Repräsentationsbauten absolute Priorität eingeräumt wurde. Dass Mies zumindest zeitweise große Hoffnungen hegte, mit einem der zahlreichen prestigeträchtigen Staatsaufträge bedacht zu werden, ist nicht nur durch seine bereitwillige Beteiligung am Wettbewerb

[4] *„Je me promettais depuis longtemps une grande joie de cette maison, et, chose bien rare dans un cas pareil, je l'ai trouvée encore plus belle que je ne m'y attendais. Je puis dire très franchement que c'est la première maison moderne que j'admire entièrement."* Charles de Noailles an Mies, 24.09.1933 (Mies Papers, Library of Congress, Washington, D.C .; dt. Übersetzung WT). Nelson betont mit noch größerer Nachdrücklichkeit: *„Mies' work [culminates] in the Tugendhat House, which in one stroke crystallized the ideas and aims of designers the world over."* George Nelson, „Architects of Europe Today: 7 – Van der Rohe, Germany," Pencil Points XVI, Nr. 9, September 1935, S. 453–460, Zitat S. 453.

[5] *„Of my European work, the Tugendhat House [...] is considered outstanding, but I think only because it was the first modern house to use rich materials, to have great elegance. At that time modern buildings were still austerely functional. I personally don't consider the Tugendhat House more important than other works that I designed considerably earlier."* Mies in einem Interview vom Dezember 1964: Katharine Kuh, „Mies van der Rohe: Modern Classicist," Saturday Review XXXXVIII, Nr. 4, 23.01.1965, S. 22/23 u. 61, hier S. 22.

[6] „Liste der in Mailand ausgestellten Projekte", Anlage zum Brief von Mies an das Direktorium der Triennale di Milano vom 19.04.1933 (Mies Papers, Library of Congress, Washington, D.C.). Man vermisst beispielsweise das Haus Wolf in Guben (1926–28), die wie das Haus Tugendhat ebenfalls erst 1930 fertiggestellten Krefelder Häuser Lange und Esters und das Haus auf der Berliner Bauausstellung 1931.

[7] *„The culminating achievement of Mies's European career was the German Pavilion for the International Exposition at Barcelona in 1929. The Barcelona Pavilion has been acclaimed by critics and architects alike as one of the milestones of modern architecture."* Philip Johnson, Mies van der Rohe, New York 1947 (u. spätere Aufl.), S. 58.

für die deutsche Abteilung an der Brüsseler Weltausstellung 1935 belegt.[8] Zum gegenwärtigen Zeitpunkt, George Nelson schreibt im Rückblick auf sein Interview mit Mies im Sommer 1934, befände sich Mies im Aufwind und eine offizielle Berufung sei damit letztlich nur mehr eine Frage der Zeit.[9] Gewiss lieferte hierzu der auch von konservativen Kritikern nahezu einmütig geschätzte Deutsche Pavillon von 1929 die ungleich bessere Eintrittskarte als die großbürgerliche Luxusvilla eines noch zudem jüdischen Auftraggebers. Antisemitische Äußerungen oder Klischeevorstellungen sind bei Mies in nicht einem einzigen Falle belegt. Desungeachtet fällt auf, dass er in einem Brief an den nationalsozialistischen Oberbürgermeister der Stadt Mannheim vom März 1934, der im Hinblick auf einen zur internen Ausschreibung vorgesehenen Ideenwettbewerb um eine Auflistung seiner bisherigen Bauten gebeten hatte, das Tugendhat-Haus peinlich verschweigt.[10]

Spätestens hier ist die Frage nach dem Verhältnis von Architekt und Auftraggeber aufzuwerfen. Die freundschaftlichen Beziehungen, die Mies zu vielen seiner früheren Bauherren unterhielt, sind vielfach belegt und scheinen auch die Tugendhats mit eingeschlossen zu haben, wie die gelegentlichen Besuche in Brünn bestätigen, auf die Nelson im gleichen Kontext verweist.[11] Die jetzt erstmals publizierten Aufnahmen Fritz Tugendhats sind bei einem dieser Anlässe entstanden. Symptomatisch erscheint dabei allerdings hier schon die aus der Natur der Sache bedingte Abwesenheit des Hausherrn hinter der Kamera. Zwischen Mies und Grete Tugendhat mag sich über die Jahre hinweg – und möglicherweise durch die gemeinsamen philosophischen Interessen gefördert – in der Tat eine gewisse freundschaftliche Verbundenheit entwickelt haben, die allerdings offenbar, wie noch zu zeigen sein wird, den notorisch schweigsamen, grüblerischen und in sich gekehrten Fritz Tugendhat ausschloss. Hinzu kam, dass Grete Löw-Beer als treibender Kraft und spiritus rector die Initiative bei der Wahl des Architekten oblag, während ihrem zukünftigen Gatten und Haushaltsvorstand die undankbare Aufgabe übertragen blieb, Pläne und Kosten in einem auch für durchaus gut situierte Kreise überschaubaren Rahmen zu halten. An dieser Stelle ließen sich weitere, bislang übersehene Quelle anführen, die frühere Vermutungen bestätigen und dennoch zugleich auch wieder relativieren: Howard Dearstyne hatte das Haus Tugendhat in den frühen dreißiger Jahren besucht und wurde als amerikanischer Bauhaus-Schüler und früher Mies-Adept von Grete Tugendhat herzlich empfangen. Auf seine Frage hin, wie denn all dies zustande gekommen sei und wie sie und ihr Mann auf Mies van der Rohe als Architekten verfallen wären, hätte sie ihm geantwortet: Mies sei halt der Ruf eines soliden Baumeisters vorausgeeilt. Da sie im Plänelesen nicht geübt wären, hätten sie nicht die leiseste Vorahnung davon gehabt, welche Art von Haus sie schließlich zu gewärtigen hatten. Als es schließlich vor ihnen stand und ihnen klar wurde, was sie sich eingehandelt hatten, seien sie zunächst überrascht und bestürzt gewesen. Nach einigen anfänglichen Anpassungsschwierigkeiten begännen sie aber allmählich, diese Art des Lebens zu genießen.[12] Um einige Nuancen reicher, die Grete Tugendhat aus Diskretion dem jungen Architekturstudenten Dearstyne wohl vorenthalten hatte, liest sich Mies' eigene Version in der kolportierten Umsetzung durch George Nelson: *„In jenem Jahr [1928] kam eine junge Dame in Mies van der Rohes Büro, sagte, dass sie zu heiraten beabsichtige und sich in der Tschechoslowakei niederlassen werde, wo ihre Familie ihr als Hochzeitsgeschenk ein Haus errichten wolle. Der Grund, weshalb sie zu Mies kam, war, dass jemand aus ihrer Verwandtschaft ein von ihm gebautes Haus besitze und sie genau so eines auch haben wolle. Was ihr damit vorschwebte, war eine harmlose neoklassizistische Villa – Mies van der Rohes erster Auftrag, der ihm im Rückblick zutiefst peinlich war. Das Ansinnen, dieses Haus nachzubauen, mag ihn hart getroffen haben, doch biss er sich auf die Lippen und antwortete, dass er ihr mit dem größten Vergnügen zu Diensten sein werde. Zwei Jahre später zogen die junge Dame und ihr Mann in ihr neues Heim – das Haus Tugendhat.“*[13]

Von eher unwesentlichen Einzelheiten abgesehen, entspricht diese Darstellung im Großen und Ganzen den historischen Tatsachen: Das Bezugsobjekt ist, wie noch zu zeigen sein wird, das 1911/12 erbaute, von Mies durchaus geschätzte und 1928 um einen Galerieanbau erweiterte Haus Perls, dessen zwischenzeitlicher Eigentümer, Eduard Fuchs, mit Grete Löw-Beer, zukünftige Frau Tugendhat, zwar offenkundig bekannt, jedoch keinesfalls verwandt war. Otto Kolb schließlich, der Mies erst in späteren Jahren begegnet war, zitiert ihn dazu wörtlich: *„1929/30 erhielt ich den Auftrag, das Tugendhat-Haus zu bauen. Tugendhat war ein reicher Industrieller aus Brünn. Nicht er, sondern die Frau des Bauherrn hatte sich für mich als Architekten entschieden, beeindruckt von meinem Wohnblock auf der Weißenhofsiedlung (und dem Kontrast zu ihrem früheren Mädchenzimmer voller Kleinkram, Stickereien und Figürchen). Als die Frage der geplanten Onyx-Wand aufkam, sprach mich der Bauherr persönlich an, um diese teuerste aller Wände durch etwas Billigeres zu ersetzen. Ich sagte ihm daraufhin: ‚Sehen Sie, Herr Tugendhat, manche Leute können heute Geld haben oder Onyx-Aschenbecher, aber niemand hat eine Onyx-Wand.‘ Daraufhin wurde die Wand gebaut. Ich habe einen drei Meter hohen Onyx-Block aus dem Atlasgebirge gefunden, der uns zugleich die Bauhöhe vorgab, etwa in der Farbe junger Mädchenhaare, honiggelb mit weißen Strähnen.“*[14]

Soweit, so gut, wäre da nicht ein weiteres Statement Mies van der Rohes aus dem Jahre 1959, das sich in einzelnen Details mit späteren Aussagen Grete Tugendhats deckt, zugleich aber das gerade erst mühsam rekonstruierte Handlungsnetz wieder aus dem Lot zu bringen droht: *„Herr Tugendhat suchte mich auf. Zunächst einmal war ihm das Haus als Mitgift versprochen. Er war ein bedächtiger Mann und er war krank. Er traute nicht einem einzelnen Arzt, er verfügte über deren drei. Er hatte sich verschiedene Häuser angesehen, suchte einen Architekten und entschied sich aus unerfindlichen Überlegungen heraus für mich. Ihm stand ein Haus vor Augen, das ich in sehr jungen Jahren, als ich so etwa zwanzig war, geplant hatte. Es war ohne Frage solide gebaut, was er zu schätzen wusste. Er erwartete etwas*

[8] Die Unterlagen zu diesem am 3. Juli 1934 eingereichte Wettbewerbsbeitrag befinden sich heute im Nachlass des Architekten (Mies Archive, Museum of Modern Art, New York). Der Reichsbank-Wettbewerb vom Frühjahr 1933, zu dem Mies ebenfalls geladen war und einen Vorschlag vorlegte, kann m. E. noch nicht als „ideologiekonform“ gewertet werden, zumal die architekturpolitischen Richtungskämpfe damals gerade erst begonnen hatten und in ihrem Ausgang noch keineswegs entschieden waren.

[9] Nelson 1935 (zit. Anm. 4), hier S. 459.

[10] Mies an den Oberbürgermeister der Stadt Mannheim, 17.03.1934 (Mies Papers, Library of Congress, Washington, D.C.). Die Aufstellung listet in dieser Reihenfolge: *„5 kleine Fotos Reichsbank Wettbewerb (Zeichnungen), 1 Foto Golfclub Krefeld (Zeichnung), 6 Fotos Projekte Bürohäuser, 6 Fotos Repräsentationspavillon des Deutschen Reiches/Barcelona, 1 Foto Wohnhaus Stuttgart [Apartmentblock in der Weißenhofsiedlung], 2 Fotos Ausstellungshaus auf der Bauausstellung, 2 Fotos Haus Lange in Krefeld, 2 Fotos und eine Zeichnung Haus Kröller, Den Haag 1912, 1 Heft der Zeitschrift ‚Der Baumeister‘ November 1931, 6 Blatt Handzeichnungen ‚Haus am Wannsee‘ [Haus Gericke 1931].“*

[11] Vgl. Nelson 1935 (zit. Anm. 4), S. 454f, der sich bei der Aussage *„All his clients are still his friends“* auf einen namentlich nicht genannten Mitarbeiter Mies van der Rohes beruft. Zu den personellen Vernetzungen zwischen den einzelnen Auftraggebern, die im gesellschaftlichen Umfeld der Riehls ihren Ausgang nahmen, s. insbes. Fritz Neumeier, „Der Erstling von Mies: Ein Wiedereintritt in die Atmosphäre vom ‚Klösterli‘,“ in Terence Riley, Barry Bergdoll (Hrsg.), Mies in Berlin, München, London, New York 2001, S. 309–317.

[12] Howard Dearstyne, „Miesian Space Concept in Domestic Architecture," Four Great Makers of Modern Architecture: Gropius, Le Corbusier, Mies van der Rohe, Wright. A verbatim record of a symposium held at the School of Architecture from March to May 1961, vervielfältigtes Typoskript, New York (Columbia University) 1963, Reprint: New York (Da Capo Press) 1970, S. 129–140, hier S. 130.

[13] Nelson 1935 (zit. Anm. 4), S. 454 (dt. Übersetzung WT).

[14] Otto Kolb, „Erinnerungen an Mies van der Rohe," in Der Vorbildliche Architekt: Mies van der Rohes Architekturunterricht 1930–1958 am Bauhaus und in Chicago, Ausst.-Kat. Berlin (Bauhaus-Archiv) 1986, S. 53–55, Zitat S. 54.

[15] Interview mit Mies van der Rohe, Architectural Association Journal, Juli/August 1959 (dt. Übersetzung WT).

ähnliches, kam vorbei und suchte das Gespräch mit mir. Ich fuhr [nach Brünn] und prüfte die Lage vor Ort. Ich konzipierte das Haus. Ich erinnere mich, dass es Heiligabend war, als er den Entwurf sah. Er wäre mir fast gestorben! Aber seine Frau interessierte sich für Kunst, sie hatte einige Bilder von Van Gogh. Sie meinte, ‚Lass uns darüber nachdenken.' Tugendhat hätte sie am liebsten in die Wüste geschickt.

Indes, am Neujahrsabend kam er neuerlich vorbei und ließ mich wissen, dass er darüber nachgedacht habe und dass ich weitermachen solle. Wir hatten unsere gelegentlichen Auseinandersetzungen, aber das mag dahingestellt bleiben. Er äußerte Bedenken gegen diesen offenen Raum, meinte, dies erzeuge zu viel Unruhe, Menschen würden sich dort aufhalten, während er in der Bibliothek seinen großen Gedanken nachhänge. Er war ein Geschäftsmann, soweit ich weiß. Ich entgegnete: ‚Nun denn; lass es uns ausprobieren und wenn es Ihnen nicht gefällt, können wir die einzelnen Raumbereiche durch hölzerne Zwischenwände abschließen. Er saß in seiner Bibliothek, während wir uns [vorne] in normaler Lautstärke unterhielten. Er hörte nichts. Später sagte er mir, ‚Nun denn, ich lasse mich auf alles ein, mit Ausnahme der Möblierung.' Ich erwiderte, dass dies aber nun wirklich schade sei, entschied mich allerdings, die Möbel von Berlin aus nach Brünn senden zu lassen. Ich wies meinen Bauleiter an, das Ganze bis kurz vor dem Mittagessen zurückzuhalten, um [Herrn Tugendhat] dann davon in Kenntnis zu setzen, dass sie mit den Möbeln im Hause seien. ‚Er wird außer sich sein, aber damit müssen Sie rechnen.' Noch bevor er sie gesehen hatte verlangte er, dass wir sie wieder entfernen sollten. Nach dem Mittagessen hatte er sich allerdings damit abgefunden."[15]

Unzweifelhaft war es die damals noch nicht verehelichte Grete Löw-Beer, die über die Vermittlung von Ernst Fuchs den ersten Kontakt zu Mies van der Rohe gesucht hatte und der damit auch die eigentliche Initiative bei der Auftragsvergabe zugesprochen werden muss. Die seinen eigenen früheren Aussagen widersprechende Darstellung Mies van der Rohes, die Fritz Tugendhat die alleinige Entscheidungskompetenz zuzusprechen sucht, mag einem männerfixierten Zeitgeist geschuldet sein, entspricht aber offensichtlich nicht den historischen Tatsachen. Ungleich schwerer wiegt die polemische Herabwürdigung des Bauherrn, der hier gleichsam als willfähriger Trottel vorgeführt wird, den man mit billigen Taschenspielertricks erst mühsam zu seinem Glück verhelfen müsse. Allein dies schon belegt die offensichtliche Fremdheit, die Mies dem schweigsamen, ungeselligen Bauherrn gegenüber empfunden haben muss. Fritz Tugendhat war nach Aussage seiner Tochter gewiss nicht zum Geschäftsmann berufen, noch scheint ihn diese durch äußere Umstände aufgezwungene Rolle jemals ausgefüllt zu haben. Seine wahre Leidenschaft galt der Fotografie, bei der er sich allerdings als einfühlsame, ästhetisch hoch sensible Persönlichkeit offenbarte. Dass dies auch eine grundsätzliche innere Offenheit gegenüber den neueren, ihm bis dato noch gänzlich unbekannten architektonischen Bestrebungen mit einschloss, darf unterstellt werden. Mit der Entscheidung, Mies bei der Umsetzung seiner Pläne mehr oder weniger freie Hand zu lassen, sind sowohl Fritz als auch Grete Tugendhat ein außerordentlich großes Wagnis eingegangen, gab es doch bislang kein vergleichbares Gebäude, das ihnen über den Ausgang des Unternehmens einen Anhalt hätte geben können. Allein dafür schon hätte Fritz Tugendhat gewiss mehr verdient als eine späte abschätzige Bemerkung seines Architekten.

Sommer 1938: Zeitgeschichte als Epilog

Im Frühjahr 1938 hatten Hitlers Truppen, von weiten Teilen der einheimischen Bevölkerung jubelnd begrüßt, den „Anschluss" Österreichs an das Deutsche Reich vollzogen. Die in den Friedensverträgen von Versailles und Saint-Germain-en-Laye dekretierte Neuordnung Europas war erstmals ernsthaft in Frage gestellt. Für das Regime bedeutete dies den entscheidenden Testfall, an dem sich der Widerstandswille der einstigen Siegermächte ermessen ließ. Die Reaktion blieb aus, kapitulierte kleinlaut vor dem politisch instrumentalisierten „Volkswillen", der die Vereinigung lautstark gefordert hatte.

Auch in der jungen Tschechoslowakischen Republik, wie Österreich aus der 1918 zusammengebrochenen Donaumonarchie hervorgegangen, gärte es nun allenthalben. Die westlichen, tschechisch dominierten Landesteile mit den Kernbereichen Böhmens und Mährens zählten zu den hochindustrialisierten Regionen Europas. Bei vergleichsweise kleinem Binnenmarkt waren sie in großem Maße vom Export abhängig. Nach einer kurzen Blütephase in der zweiten Hälfte der zwanziger Jahre war daher das Land von der Weltwirtschaftskrise ungleich härter und anhaltender betroffen als andere Industrienationen. Die bei allen äußeren Gegensätzen engen Handelsbeziehungen zum Deutschen Reich, das nach 1933 eine strikte Autarkiepolitik betrieb, verhinderten einen raschen Wiederaufschwung in den mittleren dreißiger Jahren, was die Integrationskraft des jungen Staates weiter unterminierte. Als letztlich fatal erwies sich jedoch das anfangs bewusst ignorierte Nationalitätenproblem, wobei der slowakische, agrarisch geprägte Ostteil des Staates hier außer Acht bleiben darf. Die eigentliche Sprengkraft entwickelte sich in den von hoher Arbeitslosigkeit betroffenen westlichen und nördlichen Randgebieten Böhmens und Mährens, deren mehrheitlich deutschsprachige Bevölkerung sich bei einem Anteil von 22,5 Prozent an der Gesamtbevölkerung (1930) in den demokratischen Institutionen der Republik nur unzureichend vertreten sah. Bestärkt durch die Ereignisse vom 13. März 1938 in Österreich, dem Datum des „Anschlusses", und ungeachtet einer nunmehr weitreichenden Konzessionsbereitschaft der Prager Regierung, plädierte die Sudetendeutsche Partei unter ihrem Führer Konrad Henlein nun offen für die Abtrennung der deutschen Siedlungsgebiete und ihre Angliederung an das Reich. Die von der nationalsozialistischen Propaganda geschürte „Sudetenkrise" ließ in den Monaten bis zum Münchner Abkommen vom 30. September 1938 die Gefahr einer gewaltsamen Lösung des Konflikts zunehmend wahrscheinlicher erscheinen.

Zumal in der jüdischen Bevölkerungsgruppe, die sich traditionell dem deutschen Kulturkreis zugehörig fühlte, wuchs die Unruhe von Tag zu Tag. Brünn hatte sich neben Prag zu einem Zentrum der Emigration aus Deutschland entwickelt. Nach dem März 1938 folgte eine neue Flüchtlingswelle aus Österreich und dem nahen Wien. An Informationen aus erster Hand über die antisemitischen Ausschreitungen und wachsenden bürokratischen Schikanen im Reich herrschte somit kaum Mangel. Das Ausmaß der Verfolgung lag offen zutage und ließ an den wahren Zielen des Nationalsozialismus keinen Zweifel mehr bestehen. Für die Juden in der Tschechoslowakei erwies sich die Lage als zunehmend prekär, da im Falle eines deutschen Einmarsches ihre persönliche Sicherheit unmittelbar gefährdet war.

Wie viele ihrer jüdischen Mitbürger nahmen die Tugendhats aktiv Anteil am Schicksal der zahlreichen politisch und rassistisch verfolgten Flüchtlinge in Brünn. Grete Tugendhat engagierte sich im örtlichen Vorstand der Liga für Menschenrechte, einer bereits 1898 unter dem Eindruck der Dreyfus-Affäre entstandenen internationalen Hilfsorganisation, die in Brünn ein Zweigbüro unterhielt. Wohltätigkeitsveranstaltungen zur Unterstützung der zumeist mittellosen Emigranten suchten die größte Not zu lindern. Daniela Hammer-Tugendhat beschreibt ein solches gesellschaftliches Ereignis im Hause ihrer Eltern, das in ruhigeren Zeiten nur selten Besucher außerhalb des engsten Familien- und Freundeskreises gesehen hatte.

Der Gedanke an Flucht und Auswanderung wird im Krisenjahr 1938 viele Juden in der Tschechoslowakei bewegt haben. Auf Drängen seiner Frau nutzte Fritz Tugendhat seine geschäftlichen Verbindungen, den Umzug der Familie in die Schweiz vorzubereiten. Hanna, Gretes Tochter aus erster Ehe, wurde im März 1938 zu ihrem Vater Hans Weiss nach England in Sicherheit gebracht, der bereits 1934 aus Deutschland emigriert war (Abb. 126). Kurz darauf verließ auch Grete Tugendhat mit den beiden Söhnen Brünn. Sie bezogen zunächst einmal in Lugano Quartier, wo wenige Tage später, am 1. April 1938, Irene Kalkofen zu ihnen stieß, die als Kinderschwester sieben Jahre hindurch das Leben mit ihnen im Haus geteilt hatte. Ihre Ausreise erfolgte aus freiem Entschluss, doch bekam sie als Nichtjüdin keinen Flüchtlings-Status zugebilligt und musste die Schweiz nach Ablauf von sechs Wochen wieder verlassen. Bis zu ihrer endgültigen Emigration nach England im Juli 1938 kehrte sie daher für kurze Zeit in das Haus in der Schwarzfeldgasse zurück. Fritz Tugendhat war noch in Brünn geblieben, um die geschäftlichen Angelegenheiten zu regeln. Wie die Abwicklung einer Firma in diesen Tagen vonstattenging, wo für den jüdischen Inhaber allenfalls wenig oder nichts zur Verhandlung anstand, darf aus vergleichbaren und nicht nur deutschen Fällen geschlossen werden. Immerhin ist es seinem Ausharren zu verdanken, dass wenigstens ein kleiner Teil der ursprünglichen Möblierung des Hauses gerettet werden konnte und sich heute noch im Besitz seiner Kinder befindet. Einige Monate später – ob vor oder nach der Annexion der sudetendeutschen Gebiete Anfang Oktober, ist nicht mehr zu eruieren – folgte auch Fritz Tugendhat seiner Familie ins Schweizer Exil, dem sich drei Jahre später die abermalige Flucht nach Venezuela anschließen sollte.

Irene Kalkofen verstarb 2004 in London. Sie war, abgesehen von dem 1938 gerade erst einmal achtjährigen Sohn Ernst, die letzte Augenzeugin, die noch eine persönliche Erinnerung mit dem Haus an der Schwarzfeldgasse verband (Abb. 127).[16]

Im August 1938 kehrte auch Ludwig Mies van der Rohe, der Architekt des Tugendhat-Hauses, Deutschland für immer den Rücken. Anders als bei seinen ehemaligen Auftraggebern verlief allerdings seine Abreise nach Chicago, wo er am Armour Institute, dem heutigen Illinois Institute of Technology (IIT), die Leitung der Architekturabteilung übernehmen sollte, unter entschieden undramatischeren Vorzeichen, wie immer er selbst die Begleitumstände empfunden haben mochte. Seine Frau Ada, von der er seit den frühen zwanziger Jahren getrennt lebte, blieb mit den drei gemeinsamen, inzwischen erwachsenen Töchtern in Berlin zurück, auf deren Unterstützung sie nun weitgehend angewiesen war. Zurück blieb auch Lilly Reich, die langjährige Gefährtin und Mitarbeiterin Mies van der Rohes, die an der Innenausstattung des Tugendhat-Hauses einen gewichtigen Anteil gehabt hatte. Als selbständige Frau, die sich in einem von Männern beherrschten Metier die Anerkennung immer wieder erst mühsam erkämpfen musste, nicht ohne Härte im persönlichen Umgang, war sie Mies in der entscheidenden Phase des Aufstiegs und, mehr noch, in den schwierigen dreißiger Jahren eine unverzichtbare Stütze gewesen. Im Herbst 1939 sollte sie ihn in Chicago ein letztes Mal wiedersehen. Bereits auf der Rückfahrt nach Deutschland – Mies hatte sie angeblich mit keinem Wort zum Bleiben aufgefordert – wurde sie auf der „Bremen" vom Kriegsausbruch überrascht. Sie verstarb im Dezember 1947 mit 67 Jahren in Berlin.

Mies war kein Emigrant im strengen Sinne des Wortes, obgleich für ihn eine dauerhafte Rückkehr ins nationalsozialistische Deutschland wohl außer Frage gestanden haben dürfte. Die Entscheidung zur Übersiedlung war im Grunde schon gegen Ende seines ersten Aufenthaltes in den Vereinigten Staaten (August 1937 bis März 1938) gefallen, als die Verhandlungen mit dem Armour Institute in Chicago konkrete Gestalt annahmen. Die wenigen noch verbliebenen Monate in Berlin waren mit Behördengängen und der Regelung der dringlichsten persönlichen Angelegenheiten ausgefüllt. Sein Atelier in der Straße Am Karlsbad 24, unweit der Potsdamer Brücke und vom Ort der heutigen Neuen Nationalgalerie, dem einzigen verwirklichten Projekt Mies van der Rohes im Nachkriegsdeutschland, firmierte indes, von Lilly Reich gewissenhaft betreut, auch weiterhin unter seinem alten Briefkopf, ehe schließlich das gesamte Areal dem Luftkrieg zum Opfer fiel. Wie viele Künstler und Intellektuelle des bürgerlichen Lagers in der Weimarer Republik stand Mies der nationalsozialistischen Ideologie innerlich wohl distanziert gegenüber, was ihn jedoch nicht daran hindern sollte, auch mit den neuen Machthabern sein Auskommen zu suchen. Wahrscheinlich hatte er noch 1933 wie manch anderer der Illusion angehangen, dass es sich bei den Ausschreitungen und ersten Verhaftungswellen um unkontrollierte Auswüchse handele und sich die Zustände schon schrittweise wieder normalisieren würden. Von einer antisemitischen Einstellung ist, wie schon oben gesagt, nichts bekannt; sein zumeist gutes Verhältnis zu ehemaligen Auftraggebern schloss auch etliche jüdische Klienten mit ein, darunter Hugo Perls, Maximilian Kempner und Grete und Fritz Tugendhat. Im engsten,

[16] Die Angaben zur Familie Tugendhat basieren auf den persönlichen Erinnerungen Irene Kalkofens (Gespräch mit dem Autor am 27.2.1998 in London). Grete Tugendhat hat sich nur an einer Stelle über die Zeit nach 1933 geäußert. In einem Brief an František Kalivoda vom 1. Februar 1969 (Städt. Spielberg Museum, Brno, Nachlass Kalivoda) schreibt sie: *„Bei der Liga für Menschenrechte in Brünn war ich im Vorstand. Ich habe in den Jahren 1933 bis 1938 die Emigrantenberatung dort zusammen mit Herrn Dr. Schütz und Frau Stiassni gemacht [...] Mein Mann hat sich daran nicht beteiligt."* Zum Thema allgemein s. neuerdings Dora Müller, Drehscheibe Brünn – Prestupní Stanice Brno: Deutsche und österreichische Emigranten 1933–1939, Brno 1997, die allerdings ausschließlich die Situation der politischen Emigranten behandelt.

126

126
Hanna mit ihren Brüdern Herbert (Mitte) und Ernst vor ihrer Abreise nach England im März 1938

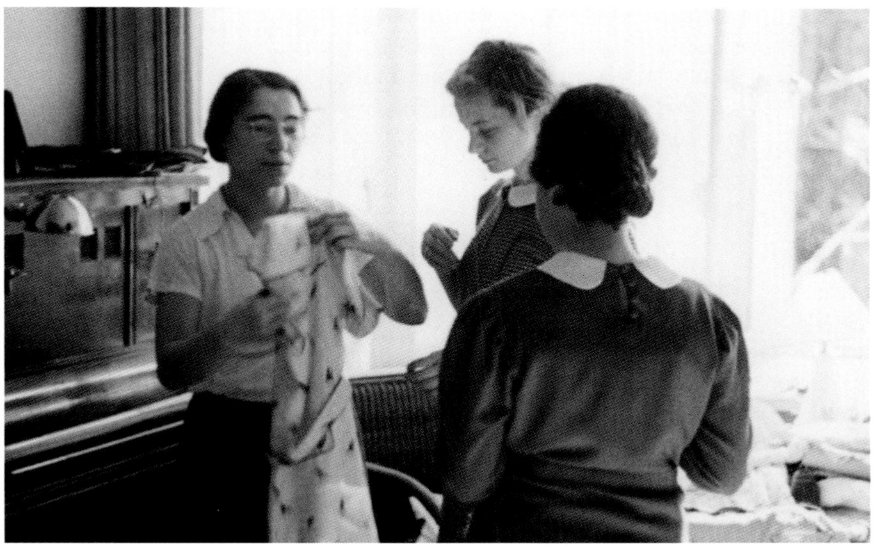

127

127
Irene Kalkofen in ihrem Zimmer im Haus Tugendhat (im Vordergrund in Rückansicht Grete Tugendhat, Person in der Mitte unbekannt)

128

128
Ludwig Mies van der Rohe, Aufnahme um 1930

persönlichen Umfeld dominierte indes das rheinländische Element, vertreten durch einige wenige Jugendfreunde, die es wie ihn aus der alten Heimat in die preußische Hauptstadt verschlagen hatte. Privat verkehrten Juden und Nichtjuden wie in fast allen europäischen Ländern weitgehend unter sich. Der jahrhundertealte Antisemitismus war tief in den Köpfen verwurzelt; die Folgen waren auch dort noch spürbar, wo man sich im geschäftlichen Umgang miteinander liberal und weltoffen zu geben pflegte.

Politisch vollkommen desinteressiert und nicht von rassistischer oder ideologischer Verfolgung bedroht, suchte Mies sich mit den Verhältnissen schlecht und recht zu arrangieren, ja gab sich sogar zeitweise der trügerischen Hoffnung hin, seine architektonischen Zielvorstellungen auch unter den neuen Machthabern unvermindert verwirklichen zu können. In Georg von Schnitzler, dem mächtigen Vorstandsmitglied des I.G.-Farben-Konzerns, und dessen Frau Lilly von Schnitzler-Mallinckrodt besaß er zudem gewichtige Fürsprecher, die über beste Kontakte zu den Spitzen von Partei und Wirtschaft verfügten. In dieser Hinsicht waren aber selbst von Schnitzlers Einflüssen deutliche Grenzen gesetzt. Als schließlich auch den wenigen noch verbliebenen Privataufträgen durch behördlichen Einspruch die Ausführung versagt blieb, während zugleich die laufenden Einkünfte aus den Möbelpatenten ab der Mitte der dreißiger Jahre mehr und mehr versiegten, schien die Zeit der Entscheidung gekommen. Und dennoch bedurfte es eines mehrfachen Anstoßes von außen, nachdem erste Stellenangebote aus den Vereinigten Staaten nicht zuletzt an der phlegmatischen Haltung Mies van der Rohes und seinen mangelnden Englischkenntnissen gescheitert waren. Erst auf nachdrückliches Zuraten von Seiten der engsten Freunde und ehemaligen Mitarbeiter gelang es, Mies endlich zum Handeln zu bewegen.

Die politische Grundeinstellung Mies van der Rohes lässt sich am Ende kaum treffender charakterisieren als mit den eigenen einleitenden Worten, die er 1930, drei Jahre vor der nationalsozialistischen Machtübernahme, seinem Vortrag auf der Wiener Werkbundtagung voranstellte: *„Die neue Zeit ist eine Tatsache, sie existiert ganz unabhängig davon, ob wir „ja“ oder „nein“ zu ihr sagen. Aber sie ist weder besser noch schlechter als irgendeine andere Zeit. Sie ist eine pure Gegebenheit und an sich wertindifferent.“* – Spricht hier der Stoiker in Mies oder doch nur ein politisch desengagierter Fatalist? Angesichts der tatsächlichen Verhältnisse unter dem Nationalsozialismus jedenfalls, der ja keineswegs dem übermächtigen Treiben eines jeder menschlichen Kontrolle entzogenen „Zeitgeistes“ entsprungen war, kann eine solche Einstellung im Rückblick nur mehr als naiv bezeichnet werden. In den Augen der damaligen Machthaber aber musste sie ihn im hohen Grade suspekt erscheinen lassen, da hier eine latente Verweigerungshaltung gegenüber „den gestaltenden Kräften der Geschichte“ angedeutet schien, die eine Mitwirkung an den „großen Aufgaben der völkischen Bewegung“ von vornherein ausschloss.

Die Frage nach der Korrumpierbarkeit des Menschen Mies van der Rohe, so ihm denn die insgeheim erhofften Staatsaufträge jemals zuteil geworden wären, ist desungeachtet müßig und unter historischen Gesichtspunkten per se unzulässig. Festzuhalten bleibt hier allein die Tatsache, dass Mies im Hinblick auf seine architektonischen Grundüberzeugungen keine Kompromisse einzugehen bereit war und daher zumindest in dieser Hinsicht Rückgrat bewies.[17]

Dem tschechoslowakischen Rumpfstaat, für dessen Fortbestand und Integrität die Unterzeichnermächte des Münchner Abkommens garantiert hatten, verblieben nur wenige Monate bis zum Ende. Das große Haus an der Schwarzfeldgasse stand inzwischen verwaist, wenn auch gewiss nicht völlig unbewohnt. Der Chauffeur und seine Frau, die ansonsten kaum in Erscheinung getreten waren, mochten geblieben sein; Fritz Tugendhat hatte ganz gegen seine Art zu ihm ein gewisses persönliches Verhältnis entwickelt und ihn an seiner privaten Leidenschaft, der Fotografie, bereitwillig teilnehmen lassen. Zudem liebten ihn die Kinder, für die er neben Irene Kalkofen, die gleichsam schon zur Familie gehörte, eine weitere wichtige Bezugsperson bedeutete, während man zum übrigen Hauspersonal eher Distanz hielt. Dass der Chauffeur sich trotz alledem offen zum Nationalsozialismus bekannte, wie Frau Kalkofen später noch erinnerte, mochte zwar schmerzen, konnte sich aber für den Fall eines deutschen Einmarsches als nützlich erweisen, um möglichen schlimmeren Schaden vom Hause abzuwenden. Ob Fritz Tugendhat in jenen einsamen Monaten vor seinem endgültigen Abschied aus Brünn einen Verkauf ernsthaft in Erwägung zog, bleibt ungewiss, zumal in diesen unsicheren Zeiten die Interessenten gewiss nicht Schlange gestanden haben dürften. Auch war im Sommer 1938 immer noch nicht alle Hoffnung aufgegeben, dass durch eine Intervention der Garantiemächte den Expansionsgelüsten des Dritten Reiches doch noch rechtzeitig ein Riegel vorgeschoben würde, was den Gedanken an eine spätere Rückkehr wachgehalten haben mag.[18]

Die Hoffnung sollte sich indes als trügerisch erweisen. Am 15. März 1939 wehten auch über Brünn die Hakenkreuzfahnen. Unter Bruch der Münchner Vereinbarungen wurde die „Rest-Tschechei“ als „Reichsprotektorat Böhmen und Mähren“ dem nationalsozialistischen Machtbereich einverleibt. Jüdisches Eigentum, zumal wenn die Besitzer im Ausland weilten, galt nun als herrenlos und verfiel dem Staat. Die Beschlagnahmung des Tugendhat-Hauses durch die Gestapo erfolgte am 4. Oktober 1939. Am 12. Januar 1942 wurde die Liegenschaft im Grundbuch der Stadt Brünn offiziell auf das Deutsche Reich übertragen. In der schwiegerelterlichen Villa Löw-Beer am unteren Ende des Grundstücks hatten SS-Mannschaften Quartier bezogen. Über Mies van der Rohes Idealkonzept eines Wohnhauses im Geiste der Moderne senkte sich der Schatten einer ganz anderen „neuen“ Zeit, wie sie zehn Jahre zuvor weder von ihm noch von den Auftraggebern vorhergesehen werden konnte.[19]

Berlin im Sommer 1928: Der Auftrag

Eduard Fuchs, „der Sammler und der Historiker“ (so der Titel eines in diesem Kontext häufig zitierten, für unsere Fragestellung jedoch vollkommen unergiebigen Aufsatzes von Walter Benjamin), führte in Zehlendorf, einem Villen-Vorort im Westen Berlins, ein offenes Haus. 1870 als Sohn eines mittelständischen Unternehmers in Göppingen geboren, hatte er sich schon früh für die Sache des Sozialismus engagiert. Mit Franz Mehring war er befreundet gewesen; freundschaftliche Beziehungen bestanden ferner zu Karl Liebknecht, Rosa Luxemburg und Clara Zetkin. Zur offiziellen Linie der KPD, der er seit ihrer Gründung 1919 angehörte, geriet er nach der „stalinistischen“ Wende zunehmend in Opposition, nachdem er noch Mitte der zwanziger Jahre zum engeren Berliner Führungskreis gerechnet werden durfte, ohne jedoch jemals ein regelrechtes Parteiamt bekleidet zu haben. Seinen Ruf als Kunstschriftsteller – trotz der häufig anzutreffenden Bezeichnung als „Kunsthistoriker“ hatte er außer einer gründlichen kaufmännischen Schulung und einer langjährigen journalistischen Praxis keinerlei akademische Ausbildung erfahren – verdankte er einer beachtlichen Reihe von Buchveröffentlichungen. Neben der schon kurz nach der Jahrhundertwende erschienenen *Karikatur der europäischen Völker* (Berlin 1901–03) waren es vor allem die mit Supplementen schließlich

[17] Neben der grundlegenden Biografie von Franz Schulze, Mies van der Rohe: Leben und Werk, Berlin 1986 (überarb. Neuaufl.: Franz Schulze, Edward Windhorst, Mies van der Rohe: A Critical Biography, Chicago 2012), ist für die hier betreffende Problematik insbesondere zu verweisen auf Elaine C. Hochman, Architects of Fortune: Mies van der Rohe and the Third Reich, New York 1989, sowie auf Richard Pommer, „Mies van der Rohe and the Political Ideology of the Modern Movement in Architecture“, in Franz Schulze (Hrsg.), Mies van der Rohe: Critical Essays, New York u. Cambridge, MA 1989, S. 96–145. Mies van der Rohes Schlusswort auf der Wiener Werkbund Tagung ist abgedruckt in Die Form V, 15, Aug. 1930, S. 406.

[18] Angaben nach Irene Kalkofen 1998 (zit. Anm. 16). Die Vermutung, dass der Chauffeur als Verwalter im Haus verblieben war und diese Funktion offenbar auch noch während der Okkupationszeit ausübte, wird durch die Aussage von Louis Schoberth bestätigt, der als deutscher Soldat im Herbst 1940 das Haus besuchte: *„Kurz vor dem Einmarsch der Deutschen hatte der Besitzer das Haus verlassen, aber der Hausmeister war geblieben. Dieser Mann wusste, welch Kostbarkeit er betreute. Wir haben uns rasch angefreundet, und ich durfte mich im Haus frei bewegen.“* (Louis Schoberth: „Zum Haus Tugendhat: Wirkung gegen die Zeit“, Baukunst und Werkform 1, 3, 1947, S. 16–21, Zitat S. 17).

[19] Die Angaben aus den Grundbüchern der Stadt Brünn sind entnommen Karel Menšík u. Jaroslav Vodička, Vila Tugendhat Brno, Brno 1986, nicht pag.; der Hinweis auf die Nutzung der Löw-Beerschen Villa als Quartier für SS-Mannschaften findet sich bei Müller 1997 (zit. Anm. 16), S. 114.

[20] Zu Eduard Fuchs s. Thomas Huonker, Revolution, Moral & Kunst: Eduard Fuchs, Leben und Werk, Zürich 1985 (phil. Diss. Zürich 1982); der Aufsatz von Walter Benjamin ist wiederabgedruckt in Walter Benjamin, Gesammelte Schriften, hrsg. v. Rolf Tiedemann u. Hermann Schwepphauser, Bd. 11, 2, Frankfurt 1977, S. 465–505.

6 Bände umfassende *Illustrierte Sittengeschichte vom Mittelalter bis zur Gegenwart* (München 1909–12) sowie die dreibändige *Geschichte der erotischen Kunst* (München 1908–26), die ihm schon bald einen hohen Bekanntheitsgrad verschafften und ihm als „Sitten-Fuchs" zu einer gewissen, wenn auch in den Augen der damaligen gutbürgerlichen Gesellschaft leicht anrüchigen Popularität verholfen hatten. Dass dies in erster Linie auf das in den beiden letztgenannten Werken versammelte Bildmaterial zurückzuführen war, kann indes die wissenschaftliche und kulturgeschichtliche Bedeutung seiner Arbeiten in keiner Weise schmälern, die bis heute Anerkennung verdienen. Hinter all dem stand der leidenschaftliche Sammler Fuchs, der in seinem Haus in der Zehlendorfer Hermannstraße 14 unter anderem ein Graphikkabinett von beträchtlichem Umfang unterhielt und sich dabei insbesondere als Daumier-Kenner einen Namen erworben hatte.[20]

Dieses Haus nun war ein frühes Werk von Ludwig Mies (den Geburtsnamen seiner Mutter mit dem Zusatz „van der" fügte er erst Anfang der zwanziger Jahre seinem eigentlichen bürgerlichen Namen hinzu). Erbaut worden war es im Laufe des Jahres 1911 für den späteren Kunsthändler Hugo Perls, auch er jüdischer Herkunft, der damals noch als Referendar im Auswärtigen Amt fungierte. Mies hatte sich soeben ein erstes Mal von Peter Behrens getrennt und sich als selbständiger Architekt zu behaupten versucht. Nach dem Haus Riehl in Babelsberg bei Potsdam (1908; möglicherweise nicht vor 1910 fertiggestellt) war dies sein zweiter privater Auftrag. Perls muss das Haus schon kurze Zeit später an Eduard Fuchs weiter veräußert haben und nicht erst in den zwanziger Jahren, wie in der Literatur immer wieder behauptet wird. Seiner Autobiografie zufolge bezogen er und seine Frau schon Anfang 1914 eine neue Mietwohnung im Zentrum Berlins, was einen Verkauf um die Jahreswende 1913/14 nahelegt. An gleicher Stelle findet sich auch der Hinweis, dass der Handel im Tausch gegen fünf Liebermann-Gemälde bestanden habe, deren Wiederverkaufsgewinn, wie Perls nicht ohne klammheimlichen Stolz berichtet, den damaligen Marktwert des Hauses deutlich überstiegen habe. Laut Fritz Neumeyer war Perls sowohl mit dem Philosophieprofessor und Nietzscheaner Alois Riehl wie auch mit dem damaligen SPD-Abgeordneten im preußischen Landtag Karl Liebknecht befreundet gewesen, womit das Grundmuster eines Geflechtes von persönlichen Beziehungen angedeutet ist, innerhalb dessen Mies van der Rohe zu seinen Auftraggebern fand und in das schließlich auch Grete Löw-Beer, geschiedene Weiss und spätere Frau Tugendhat, im Sommer 1928 hineinwachsen sollte.[21]

Riehl, Perls, Fuchs, Mies und – vermittelnd zwischen den beiden Letztgenannten – vielleicht der Kunsthistoriker Paul Westheim, der 1926 in dem von ihm herausgegebenen Kunstblatt einen Artikel über den Sammler Eduard Fuchs und sein Haus veröffentlichte und ein Jahr später einen ersten zusammenfassenden Bericht über die architektonische Entwicklung Mies van der Rohes verfasste: dies ist auch ein Beleg für die Enge der Kreise, denen die Berliner Moderne in jenen frühen Jahren ihren Rückhalt verdankte. Kontakte zwischen Fuchs und Mies reichten zumindest bis in die zweite Hälfte des Jahres 1925 zurück, als man Mies während einer lockeren Gesprächsrunde im Hause Fuchs den Planungsauftrag und schließlich auch die Ausführung des geplanten „Denkmals für die Gefallenen der Novemberrevolution" – kurz „Liebknecht-Luxemburg-Denkmal" – übertrug. Es wurde am 13. Juni 1926 enthüllt und vier Wochen später feierlich eingeweiht. Fuchs, durch seine persönliche Bekanntschaft mit Karl Liebknecht und Rosa Luxemburg in den Augen der kommunistischen Parteiführung nobilitiert und zudem als Kenner der zeitgenössischen Kunstszene ausgewiesen, dürfte hier in erster Linie als künstlerischer Berater gewirkt haben; über eine gelegentlich behauptete Funktion als Schatzmeister der KPD findet sich in der maßgeblichen Biografie nicht der geringste Hinweis. Mies dagegen hatte allein der Zufall zu diesem Auftrag verholfen, der ihm nach 1933 unter den neuen Machthabern noch mancherlei Schwierigkeiten eintragen sollte.[22]

Das Haus in Zehlendorf (Abb. 129) muss sich für die ständig anwachsenden Sammlungsbestände bald als zu klein erwiesen haben, so dass sich Fuchs mit dem Gedanken an einen Galerieanbau ein weiteres Mal an Mies van der Rohe wandte. Den erhaltenen, datierten Entwürfen zufolge fiel die Hauptplanungsphase in die Zeit zwischen Dezember 1927 und Februar 1928. Danach erfolgte eine abermalige Überarbeitung der Pläne, die Mitte Mai als Nachtragsgesuch eingereicht wurden. Der Anbau kann damit kaum vor dem Spätherbst des Jahres, wenn nicht gar erst im Frühjahr 1929 bezugsfertig gewesen sein, als das Brünner Projekt bereits konkret Gestalt anzunehmen begann. Für die Auftragserteilung dürfte er damit keine entscheidende Rolle mehr gespielt haben, obwohl er ohne Zweifel den Anlass geliefert hatte, der die Tugendhats mit Mies van der Rohe zusammenführte. Der neue, in Gesamtanlage und Raumaufteilung durchaus „moderne" Flügel fügt sich auf der der Hauptblickrichtung abgewandten Seite verhältnismäßig unauffällig an den blockhaft geschlossenen Altbau an, so dass die streng symmetrisch gegliederte Gartenfront mit der zentralen Loggia keine nennenswerte Beeinträchtigung erfährt. Auch in der Massendisposition und in den hochrechteckigen Fensterformaten sucht er sich den neoklassizistischen Proportionen des Wohnhauses unterzuordnen. Dies war wohl nicht zuletzt einer der Hauptgründe für die im Mai erfolgte Planänderung, die eine Angleichung in den Stockwerkshöhen zum Ziele hatte.[23]

Es bleibt demnach die Frage, welche anderen Bauten und Projekte Mies van der Rohes die Tugendhats in ihrer Wahl bestärkt haben könnten. In ihrem Vortrag von 1969 erwähnt Grete Tugendhat die Stuttgarter Weißenhof-Siedlung, die auf sie damals großen Eindruck gemacht habe, wobei aber offen bleibt, ob sie sich auf einen tatsächlichen Besuch bezieht oder lediglich Fotos oder Publikationen der Werkbundausstellung kannte (Abb. 130). Lebhaft in Erinnerung war ihr noch das Haus Wolf in Guben, das sie sich auf Anraten von Mies gemeinsam mit ihrem frisch angetrauten Ehemann angesehen

[21] Zum Bau und Verkauf des Hauses an Fuchs s. die Lebenserinnerungen von Hugo Perls, „Warum ist Kamilla schön" -Von Kunst, Künstlern und Kunsthandel, München 1962, S. 16, 62, u. 64; von weiterführendem Interesse auch für das Haus Tugendhat ist dabei die Aussage: *„Van der Rohe hatte scharfe Überzeugungen. Erinnere ich mich recht, so erklärte er seine Ansicht über die Entstehung eines Hauses ungefähr so: Der Architekt müsse die Menschen kennenlernen, die das künftige Haus zu bewohnen haben. Aus ihren Bedürfnissen ergibt sich bald alles wie von selbst.* [...] *Schon wurde von der Funktion der Teile des Hauses gesprochen; das etwas dogmatische Wort ‚Funktionalismus' gab es wohl noch nicht."* (S. 16).

[22] Zum „Liebknecht-Luxemburg-Denkmal" s. Rolf-Peter Baake u. Michael Nungesser, „Ich bin, ich war, ich werde sein! Drei Denkmäler der deutschen Arbeiterbewegung in den Zwanziger Jahren", in Wem gehört die Welt – Kunst und Gesellschaft in der Weimarer Republik. Ausst.-Kat. Berlin (Neue Gesellschaft für Bildende Kunst) 1977, S. 280–298. Die erwähnten Veröffentlichungen über Fuchs und Mies finden sich unter Paul Westheim, „Das Haus eines Sammlers: Die Sammlung Eduard Fuchs, Zehlendorf", *Das Kunstblatt X*, 1926, S. 106–113, bzw. ders., „Mies van der Rohe: Entwicklung eines Architekten", a. a. 0. XI, 2, Febr. 1927, S. 55–62.

[23] Zum Erweiterungsbau Fuchs haben sich im Nachlass des Architekten 39 Zeichnungen erhalten (MoMA 3232.26. 1-26.39), darunter zumindest zwei Pläne aus der ursprünglichen Erbauungszeit (MoMA 3232.26.33: dat. 6.10.11, gez. „Goebbels, Arch.", mit nachträglich eingetragenen Putzmaßen; MoMA 3232. 26.8: Einreicheplan, dat. „Sept. 1911"). Die Ausführungsentwürfe stammen, soweit datiert, vom Mai 1928 und sind als „Nachtrag" bezeichnet.

129
Ludwig Mies van der Rohe, Haus Fuchs in Berlin-Zehlendorf (1911 als Haus Perls), links im Bild der Galerieanbau von 1928

129

130
Weißenhofsiedlung in Stuttgart mit Apartmentblock von Mies van der Rohe (1927)

130

131
Ludwig Mies van der Rohe, Pavillon des Deutschen Reiches auf der Internationalen Ausstellung Barcelona 1929, Blick vom Büroanbau

131

132
Haus Tugendhat, Gartenansicht (Aufnahme Mitte der dreißiger Jahre)

hatte. Ort und Name zweier weiterer besichtigter Häuser waren ihr zunächst entfallen. Auf Nachfrage von František Kalivoda schließt sie in einem Brief vom Februar 1969 die beiden Krefelder Häuser ausdrücklich aus, *„weil diese gleichzeitig mit [dem] unseren gebaut wurden. Ich glaube, dass die Namen Mossler und Kemten sind.“* Ihr Besuch dürfte demnach dem 1922 vollendeten Haus Kempner in Berlin-Charlottenburg und dem 1924/25 errichteten Haus Mosler in Babelsberg (heute Potsdam-Neubabelsberg) gegolten haben, was schon aufgrund ihrer leichten Erreichbarkeit von Berlin-Zehlendorf aus nahe lag. Die beiden architektonisch recht konventionell gehaltenen Bankiersvillen zählten zu den lukrativen, doch wenig spektakulären Auftragsarbeiten aus der ersten Hälfte der zwanziger Jahre, an die Mies später nicht gerne erinnert werden wollte. Sie waren 1969 so gut wie vergessen, wodurch eine Verwechselung durch Grete Tugendhat so gut wie ausgeschlossen ist. Am Ende wird es also doch vor allem „jene neoklassizistische Villa von 1911“ gewesen sein, die, neben dem guten Zuraten von Ernst Fuchs, den Blick der Tugendhats auf Mies van der Rohe gelenkt hatte.[24]

Grete Löw-Beer (1903–1970) und Fritz Tugendhat (1895–1958) waren seit früher Jugend miteinander bekannt. Beide entstammten großbürgerlichen jüdischen Verhältnissen. Der Großvater und Firmengründer Hermann Tugendhat war 1864 aus dem oberschlesischen Bielitz, heute Bielsko-Biała, nach Brünn übersiedelt. Die jeweiligen Familienunternehmen besaßen ihren Schwerpunkt in der Textilbranche, der die Stadt im 19. Jahrhundert ihren Aufstieg zu einem der wichtigsten Industriezentren der Donaumonarchie verdankt hatte. Grete Löw-Beer und Fritz Tugendhat, der inzwischen die Geschäftsleitung der väterlichen Firma übernommen hatte, wurden am 30. Juni 1928 im Standesamt von Berlin-Wilmersdorf getraut. Kurz zuvor muss durch die Vermittlung von Eduard Fuchs bereits eine erste Begegnung mit Mies van der Rohe stattgefunden haben.[25]

Im September des Jahres reiste Mies ein erstes Mal nach Brünn, um den Bauplatz des zukünftigen Hauses in Augenschein zu nehmen. Vereinzelte Hinweise an anderer Stelle – zum Projekt selbst sind keinerlei schriftliche Unterlagen erhalten – lassen vermuten, dass sich sein Mitarbeiter Hermann John in den folgenden Monaten noch mehrfach dort aufhielt, was auf Vermessungsarbeiten hindeuten dürfte. Bis zur Jahreswende waren die Entwürfe immerhin so weit gediehen, um als Grundlage für ein entscheidendes Gespräch mit dem Bauherrn zu dienen.
Die Begegnung wurde auf den letzten Tag des Jahres 1928 angesetzt und fand im Berliner Atelier Mies van der Rohes statt. Sie zog sich, wie Grete Tugendhat später noch deutlich erinnerte, bis spät in den Silvesterabend hin und brachte einige wesentliche Änderungswünsche an den ursprünglichen Vorschlägen, die Mies auch anstandslos akzeptieren sollte. Hierauf wird im Folgenden noch einzugehen sein. Im April des Folgejahres wurden zwei Alternativprojekte zur Einleitung des Baugenehmigungsverfahrens vorbereitet, allem Anschein nach jedoch beide wieder verworfen. Diese Entscheidung dürfte nicht leichtgefallen sein, da sie wegen des damit zwangsläufig verzögerten Baubeginns die Fertigstellung des Hauses um mehr als ein halbes Jahr verzögern musste. Zur Ausführung kam schließlich ein drittes Projekt, das jedoch in allen konstruktiven Details auf dem zweiten Alternativentwurf basierte. Es ist daher nicht gänzlich auszuschließen, dass dieser doch zur Vorlage bei den örtlichen Baubehörden gedient hatte, zumal Einreichepläne für das Ausführungsprojekt sich weder in den Brünner Bauakten noch im New Yorker Nachlass des Architekten erhalten haben. Die Einweihung des notdürftig fertiggestellten Deutschen Pavillons in Barcelona (Abb. 131) am 27. Mai 1929 durch

[24] Das eingangs erstmals in vollem Wortlaut veröffentlichte Manuskript des Vortrags von Grete Tugendhat, den sie am 17. Januar 1969 in Brünn gehalten hatte und der zu unseren wichtigsten Quellen über das Haus Tugendhat zählt, befindet sich im Besitz von Daniela Hammer-Tugendhat, eine Fotokopie ist im Mies van der Rohe Archive des New Yorker Museum of Modern Art erhalten. Eine geringfügig gekürzte Version wurde publiziert unter Grete Tugendhat, „Zum Bau des Hauses Tugendhat“, Bauwelt LX, 36, 8.9.1969, S. 1246f.

[25] Angaben nach Menšík u. Vodička, 1986 (zit. Anm. 19) sowie nach den Erinnerungen Irene Kalkofens.

den spanischen König Alfons XIII., an der auch Mies teilgenommen hatte, sowie der große Zeitdruck in den Wochen davor, wird alle Kräfte des Berliner Ateliers beansprucht haben, so dass an eine Weiterbearbeitung der Brünner Pläne vor Ende Mai wohl kaum zu denken war. Zwar hatte Mies die Durchführung inzwischen seinem Mitarbeiter Friedrich Hirz übertragen, doch entsprach es nicht seinen Gepflogenheiten, bei einem derart wichtigen Projekt die endgültigen Entscheidungen aus der Hand zu geben. Offenkundig wurde im Juli mit den Ausschachtungsarbeiten begonnen. Ende Oktober, also kurz vor der Winterpause, standen große Teile des Stahlskeletts, doch waren weder Decken eingezogen, noch war mit der Ausfachung der Wände begonnen worden.[26]

Vorgaben und Vorentscheidungen: Der Bauplatz und die Struktur des Hauses

Das Schwarzfeldviertel im Nordosten der Brünner Altstadt, in unmittelbarer Nachbarschaft des noch unter Joseph II. angelegten „Augartens", wurde im Laufe des 19. Jahrhunderts erschlossen und entwickelte sich rasch zu einer bevorzugten Wohngegend des aufstrebenden städtischen Bürgertums. Hier in der Parkstraße am Ostrand des Augartens, hatten Marianne und Alfred Löw-Beer, die Eltern von Grete Tugendhat, kurz nach der Wende zum zwanzigsten Jahrhundert ihre im gemäßigten Wiener Sezessionsstil errichtete Villa bezogen (vgl. Abb. 13). Hinter dem Haus erstreckte sich ein weitläufiger Garten hangaufwärts bis zur Schwarzfeldgasse. Aus Anlass der bevorstehenden Heirat mit Fritz Tugendhat hatten die Löw-Beers ihrer Tochter den oberen Teil dieses Grundstücks als Bauplatz in Aussicht gestellt. Die Übertragung ist unter dem Datum des 15. März 1929 im städtischen Kataster vermerkt. Laut Schenkungsvertrag handelte es sich um eine Parzelle von 1968 Quadratmetern im Schätzwert von 59.040 tschechischen Kronen. Nach heutigen, in etwa das zehnfache betragenden Marktpreisen gerechnet – die Krone stand seit 1921 in einem festen Wechselkursverhältnis zum US-Dollar von 4 zu 1, was in etwa demjenigen der Mark (1931: 4,2 zu 1) entsprach – sind dafür rund 600.000 Euro oder 300 Euro für den Quadratmeter zu veranschlagen.[27] Die topografische Situation ähnelt vordergründig derjenigen, die Mies van der Rohe einige Jahre zuvor in Guben vorgefunden hatte. Während sich jedoch das Haus Wolf (1925–27; 1945 zerstört), das die Tugendhats auf Anraten von Mies im Sommer 1928 besichtigt hatten, unmittelbar auf dem Hügelrücken des rechten Neißeufers erhob, legte die durchgehende Hanglage des Grundstücks an der Schwarzfeldgasse eine andere Lösung nahe: Der tief in das Gelände eingeschnittene Baukörper erhebt sich nur talseitig zu seiner vollen Höhe (zwei Vollgeschosse über einem als Sockelzone fungierenden Kellergeschoss), erscheint aber von der Schwarzfeldgasse aus betrachtet, wo nur das Obergeschoss sichtbar wird, als langgestreckter, flacher Riegel (Abb. 153, vgl. Abb. 274). Probleme bereiteten die Bodenverhältnisse, die aufwendige Gründungsarbeiten erforderlich machten: Die von zahlreichen Wasseradern durchzogenen Ton- und Lehmschichten drohten nach starken und anhaltenden Regenfällen den Hang ins Rutschen zu bringen, so dass die Fundamente bis weit unter den Grundwasserspiegel abgesenkt werden mussten. Im vorderen Bereich der unteren Esszimmerterrasse war dies wohl aus Kostengründen unterblieben, woraufhin hier nach der Neuterrassierung des Gartens im Zuge der achtziger Jahre abgeschlossenen Restaurierungsmaßnahmen erhebliche Setzungsschäden auftraten.[28]

Die Ausrichtung des Baukörpers parallel zur Schwarzfeldgasse, von wo aus auch der Zugang erfolgt (Abb. 133), nutzt die natürlichen Gegebenheiten des Terrains. Auf eine Einfriedung gegen das schwiegerelterliche Grundstück wurde verzichtet, so dass der nach Südwesten abfallende Hang seine parkähnlichen Dimensionen bewahrte, während die Bebauung der unteren Parkstraße hinter dichtem, altem Baumbestand verborgen blieb. Über den Wipfeln weitet sich der Blick auf das Altstadtpanorama von Brünn mit Domhügel und Spielberg als den beiden beherrschenden Dominanten. Unmittelbar vor dem projektierten Bauplatz erhob sich eine mächtige Trauerweide, was Mies offenbar bei der Baumassengruppierung sorgsam berücksichtigte, und die daher einen integralen Bestandteil seines Ausgangskonzeptes darstellte. Sie fiel leider 1944 einem der wenigen Bombenangriffe auf Brünn zum Opfer.

Die Entscheidung zugunsten einer Stahlskelettkonstruktion scheint früh gefallen zu sein. Jedenfalls stand sie in der Erinnerung Grete Tugendhats vor dem erwähnten Gespräch am Silvesterabend 1928 bereits fest. Bei größeren Geschäfts- und Industriebauten schon im ausgehenden 19. Jahrhundert erfolgreich eingeführt, kam dieses Verfahren im Wohnhausbau erst spät und nur vereinzelt zur Anwendung, was nicht zuletzt, von den Kosten abgesehen, an dem erforderlichen hohen Planungsaufwand gelegen haben dürfte. Nicht anders verhält es sich mit der von Le Corbusier bevorzugten Eisenbetonrahmenkonstruktion, die ähnlich freie Grundrisslösungen gestattete. Ein signifikantes Vergleichsbeispiel hierfür aus dem Deutschland der frühen zwanziger Jahre ist Max Tauts Berliner Verwaltungsgebäude des Allgemeinen Deutschen Gewerkschaftsbundes (ADGB; errichtet 1919–24). Dagegen beruhte das von Mies im Frühjahr 1923 vorgestellte Projekt zu einem „Landhaus in Eisenbeton" (vgl. Abb. 170) auf einer Mischkonstruktion, bei der die Außenwände zum Teil noch tragende Funktion besitzen. In seinem späteren Oeuvre hat er nur mehr selten Eisenbeton verwendet. Die Ausnahme bilden die unmittelbar nach Kriegsende (1946–49) entstandenen Promontory Apartments in Chicago und das nach Castros Machtübernahme nicht mehr zur Ausführung gelangte Bacardi-Verwaltungsgebäude für Santiago de Cuba, ein Entwurf von 1957. In beiden Fällen hatte die jeweils vorherrschende Stahlknappheit – und nicht die ästhetische Entscheidung des Architekten – die Materialwahl bestimmt.

Seinen eigenen radikalen Forderungen aus den frühen zwanziger Jahren zum Trotz bewegte sich Mies in konstruktiver Hinsicht bei seinen vor 1928, dem Planungsbeginn des Tugendhat-Hauses, entstandenen Wohnhausbauten noch durchaus im Rahmen der Konvention. Beim Haus Wolf wie bei den Krefelder Häusern Lange und Esters (Abb. 134), mit deren Ausführung erst im Oktober 1928 begonnen worden war, handelt es sich um herkömmliche

[26] Grete Tugendhat (1969, Anm. 24); Wolf Tegethoff, Mies van der Rohe: Die Villen und Landhausprojekte, Krefeld u. Essen 1981, S. 90–98; zu den einzelnen Planungsphasen s. weiter unten.

[27] Angaben zur Grundstücksübertragung und zum damaligen Schätzwert im Grundbuch der Stadt Brünn, vgl. Menšík u. Vodička, 1986 (zit. Anm. 19)

[28] Zum Haus Wolf s. Tegethoff 1981 (zit. Anm. 26), S. 58f.; auf die schwierigen Bodenverhältnisse verweist bereits Grete Tugendhat 1969 (zit. Anm. 24).

133

133
Haus Tugendhat, Vorplatz, Blick zum Eingang

134

134
Ludwig Mies van der Rohe, Haus Esters in Krefeld (1927–30), Eingangssituation

Massivbauten in Ziegelbauweise, wobei allerdings, zumal bei den letztgenannten, bereits Eisenträger in großem Umfang Verwendung fanden. Wie in Krefeld war übrigens auch für Brünn zunächst eine Klinkerverblendung vorgesehen, wovon Mies jedoch bald wieder Abstand nahm – angeblich, weil vor Ort weder entsprechend geschulte Fachkräfte noch Material von ausreichender Qualität zur Verfügung standen, wofür sich allerdings etliche Gegenbeispiele anführen ließen, darunter an vielleicht prominentester Stelle die Messebauten von Bohuslav Fuchs aus dem Jahr 1928. Stahlskelettkonstruktionen finden sich bei Mies erstmals in den visionären Hochhausentwürfen von 1921/22, doch mussten weitere fünf Jahre vergehen, ehe er – im Rahmen der Stuttgarter Werkbundausstellung 1927 – von den damit gegebenen Möglichkeiten tatsächlich auch Gebrauch machen sollte. Sein Mietshausblock in der Mustersiedlung am Weißenhof (vgl. Abb. 130) mit seinen frei disponiblen Wohnungsgrundrissen bildete sozusagen den Prototyp, der im Haus Tugendhat wie im Deutschen Pavillon für die Internationale Ausstellung in Barcelona eine konsequente Weiterentwicklung erfuhr. Beide Projekte müssen dabei mehr oder weniger gleichzeitig entstanden sein. Die Hauptplanungsphase für Barcelona fällt auf die Jahreswende 1928/29 und war im Februar weitgehend abgeschlossen, was die Behauptung, der schon im Juli des Jahres eröffnete Pavillon habe dem Brünner Entwurf als Grundlage gedient, klar widerlegt. Beide gehen vielmehr im Kern auf den ebenfalls auf der Stuttgarter Ausstellung gezeigten „Glasraum" des „Vereins Deutscher Spiegelglas-Fabriken" zurück, dessen Raumdisposition sowohl dem Pavillon als auch dem Hauptwohnbereich des Tugendhat-Hauses zugrunde liegt (Abb. 135). Die im Falle des Pavillons erhaltenen Vorentwürfe sind jedoch auch für Brünn insofern aufschlussreich, als sie Licht auf die Vorgehensweise Mies van der Rohes werfen: Zwar lag dem Konzept des Pavillons vermutlich von Anfang an eine Skelettkonstruktion zugrunde, die aber zunächst noch keineswegs ausformuliert war und erst im Nachhinein einer bereits weit fortgeschrittenen Grundrisslösung angepasst wurde. Ähnlich zeigen auch die ansonsten durchaus ausgereiften Wettbewerbsentwürfe zum Haus Gericke von 1932, die in vieler Hinsicht eine Weiterentwicklung des Brünner Konzeptes beinhalten, noch kein systematisch durchgebildetes Stahlskelett, was die dienende und damit der Raumwirkung letztlich untergeordnete Rolle der Konstruktion im Planungsprozess bestätigt. Diese Aussage allerdings besitzt nur für das europäische Werk Mies van der Rohes Gültigkeit; wie in so vieler Beziehung sollte auch hier die Konfrontation mit den so vollkommen anderen Verhältnissen in Chicago einen grundsätzlichen Denkwandel herbeiführen.[29]

[29] Die erwähnten Vergleichsbauten sind, unter Einschluss des Barcelona-Pavillons, ausführlich behandelt in Tegethoff 1981 (zit. Anm. 26).

Beim Tugendhat-Haus fiel die Entscheidung schließlich zugunsten eines Stahlskeletts, das von der Berliner Firma Gossen geliefert wurde (Abb. 136). Das Rastermaß beträgt 4,90 mal 5,50 Meter, wobei die Breite des Stützenabstands im Wirtschaftstrakt auf 6 Meter gestreckt ist. Wie in Barcelona (6,96 × 7,70 m) weichen damit die „Joch"-Maße deutlich, für das bloße Auge allerdings kaum wahrnehmbar, vom quadratischen Grundmuster ab. Die Dehnung erfolgt jeweils gegenläufig zur Hauptrichtung des Raumes und ist allem Anschein nach weder konstruktiv noch durch Materialvorgaben

136
Haus Tugendhat, Montage des Eisenskeletts (Aufnahme vom 18. Okt. 1929)

135
Werkbundausstellung Stuttgart 1927, Musterraum des Vereins Deutscher Spiegelglas-Fabriken (Ludwig Mies van der Rohe mit Lilly Reich)

135

[30] Konservierungswissenschaftliche Untersuchung durch Ivo Hammer; anderslautende Angaben in den zeitgenössischen Quellen, die aber offenbar nur auf Augenschein beruhen: Max Eisler, „Mies van der Rohe/Eine Villa in Brünn", Die Bau- und Werkkunst VIII, 2, Febr. 1932, S. 25–30: *„draußen mit kupferfarbener Bronze verkleidet"*; im gleichen Sinne auch Schoberth 1947 (zit. Anm. 18), S. 20: *„Wo die Stützenreihe sich im Freien fortsetzt, besteht die Ummantelung aus Kupferblech."*

bedingt. Die Stützen selbst bestehen aus einfachen, zur Kreuzform vernieteten Winkeleisen, die in Brünn über die gesamte Höhe des Hauses durchlaufen. Die Decken ruhen auf ebenfalls angenieteten Doppel-T-Trägern, die auf der Ostseite geringfügig, auf der zum Garten gelegenen Südseite indes deutlich über die äußere Stützenstellung vorkragen. Mit Ausnahme der beiden vordersten Stützen der Esszimmerterrasse, die lediglich auf einfachen Betonfüßen stehen, erfolgte die Gründung durch sogenannte Caissons oder Senkbrunnen, in Röhren gegossene Betonpfeiler, die, wie erwähnt, bis unter den Grundwasserspiegel abgesenkt sind. Diagonalverstrebungen zwischen einzelnen Stützen im Kellerbereich dienen der zusätzlichen Aussteifung.

Das System erlaubt eine vollkommen offene Grundrisslösung, wie auch eine weitgehend unabhängige Gestaltung der einzelnen Stockwerke, innerhalb derer die Stützen die einzigen konstruktiven Fixpunkte bilden. Die Anordnung der Wände – sei es, dass sie dem äußeren Raumabschluss oder auch nur der Binnenraumgliederung dienen – ist somit praktisch an keinerlei statische Vorgaben geknüpft. Sie orientiert sich partiell (und unter Einbeziehung der Stützen, die dann unsichtbar in der Wand verborgen bleiben) an dem durch das Stahlskelett vorgegebenen Raster, ist aber grundsätzlich nicht an dieses gebunden, so dass einige Stützen frei im Raum stehen. Diese sind im Wohn- und Außenbereich mit jeweils vier U-förmigen Blechen ummantelt, die über einen verdeckten, äußerst präzise gearbeiteten Bajonettverschluss ineinander haken. Die Stützenverkleidungen im Inneren des Hauses erhielten wie schon in Barcelona eine Hochglanzverchromung, während die Messingblechverkleidung der äußeren Stützen laut Befund nur patiniert, also ursprünglich nicht grau gefasst war.[30] Im Kellergeschoss und in den Wirtschaftsräumen – die Stützen in Küche und Anrichte sind dabei versenkt genietet und weiß gestrichen (vgl. Abb. 253) – wurde auf eine Verkleidung verzichtet, wodurch nur hier das konstruktive Gerüst des Baus auch wirklich sichtbar zutage tritt. Dagegen erzeugt die stark spiegelnde Verchromung im Wohnbereich in Verbindung mit der kreuzförmigen, „fleischlosen" Grundform der Stützen einen insgesamt eher dematerialisierenden Effekt, der ihre statische Funktion weitestgehend negiert. „Die Kunst der Struktur" wurde für Mies erst in den amerikanischen Jahren zum Thema; hier hatte sich die Konstruktion noch ganz den räumlichen Effekten unterzuordnen.

136

a)
Keller

1.01
Vorraum

1.02
Mottenkammer (Pelztresor)

1.03
Dunkelkammer

1.04
Waschküche

1.06
Reservoir für Regenwasser,Lagerraum

1.08
Gemüsekeller

1.13
Raum unter der Gartentreppe

1.14
Maschinenraum der Fensterheber

1.15
Raum zum Wäschetrocknen und Bügeln

1.16
Kellertreppe

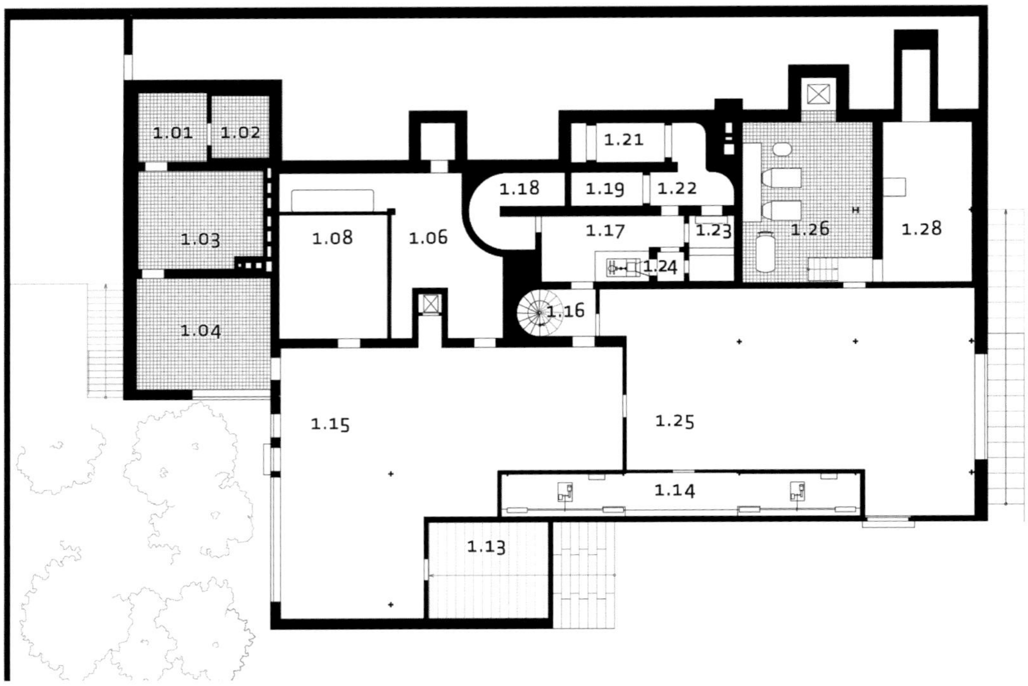

137

1.17
Steuerung und Motor der Klimaanlage

1.18
Raum unter der Treppe

1.19
Abluft

1.21
Kühlung und Befeuchtung der Luft

1.22
Mischkammer

1.23
Luftfilter

1.24
Luftheizung

1.25
Lager für Gartengeräte und Möbel

1.26
Heizung und Aschenaufzug

1.28
Kohlenkammer

b)
Hauptgeschoss

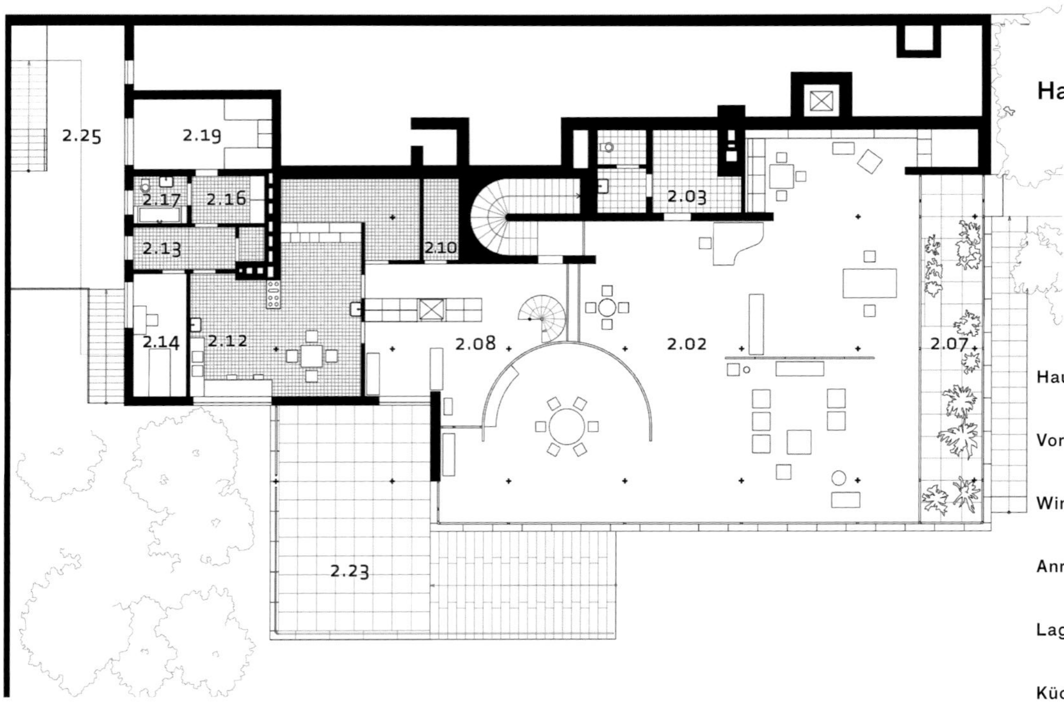

138

2.02
Hauptwohnraum

2.03
Vorführraum mit WC

2,07
Wintergarten

2,08
Anrichte

2.10
Lagerraum

2.12
Küche

2.13
Vorraum Personaltrakt

2.14
Zimmer der Köchin

2.16
Wäscheraum

2.17
Bad und WC

2.19
Zimmer der Stubenmädchen

2.23
Esszimmerterrasse mit Treppe

2.25
Wirtschaftshof

c) Obergeschoss

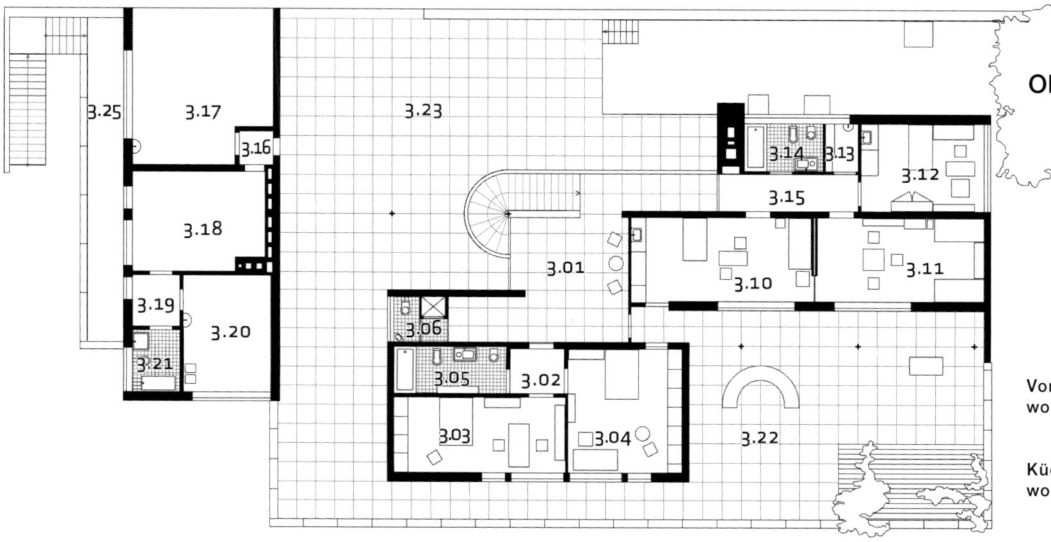

139

3.01
Eingangshalle mit Treppe zum Hauptwohnraum

3.02
Vorrraum

3.03
Schlafzimmer Fritz Tugendhat

3.04
Schlafzimmer Grete Tugendhat

3.05
Badezimmer der Eltern

3.06
Gäste-WC, Speiseaufzug

3.10
Zimmer von Ernst und Herbert

3.11
Zimmer von Hanna Weiss

3.12
Zimmer von Irene Kalkofen

3.13
Abstellraum

3.14
Bad und WC der Kinder und von Irene

3.15
Flur des Kindertrakts

3.16
Vorraum zur Garage und Fahrerwohnung

3.17
Garage

3.18
(Schlaf-)Zimmer der Fahrerwohnung

3.19
Vorraum der Fahrerwohnung

3.20
Küche der Fahrerwohnung

3.21
Bad und WC der Fahrerwohnung

3.22
Spielterrasse

3.23
Vorplatz

3.25
Galerie Fahrerwohnung

137–139
Haus Tugendhat, Grundrisse von Keller-, Haupt- und Obergeschoss, Publikationspläne, Umzeichnung durch das Atelier RAW, Brno

Das Haus: Anlage und Raumdisposition

Das Haus verfügt über zwei Vollgeschosse und ist durchgehend unterkellert. Der Zugang erfolgt von der Schwarzfeldgasse über einen Vorplatz unmittelbar ins Obergeschoss, das, abgesehen von der „halböffentlichen“ Eingangshalle, den Privaträumen der Bewohner vorbehalten ist (Abb. 139). In dem rechter Hand gelegenen und quer zur Hauptrichtung des Hauses orientierten Wirtschaftstrakt wurde auf dieser Ebene neben der Garage auch die Chauffeurswohnung untergebracht. Der Zugang liegt hier auf der abgewandten Westseite und wird über eine balkonartig auskragende Galerie erschlossen. Zum Vorplatz hin findet sich lediglich eine unauffällige Stahltür als Nebeneingang, über den man zugleich auch in die Garage gelangt (vgl. Abb. 164). Wohn- und Wirtschaftstrakt werden von einer gemeinsamen Dachplatte überfangen; dazwischen verbleibt ein breiter Durchgang zur vorderen Terrasse, der ursprünglich durch ein Geländer abgeteilt und zusätzlich durch eine Lichtschranke gesichert war.

Die Schlafzimmer der Eltern und Kinder mit den zugehörigen Bädern und Nebenräumen sind jeweils zu Blöcken zusammengefasst. Hintereinander gestaffelt und seitlich gegeneinander verschoben, werden die im Grundriss vollkommen eigenständigen Trakte nur durch die vorgelagerte Eingangshalle verklammert. Diese ist durch den Travertinboden und die raumhohe Milchglaswand als Übergangsbereich zwischen außen und innen gekennzeichnet, was noch deutlicher hervorgetreten wäre, wenn auch die obere Terrasse, wie zunächst vorgesehen, eine Eindeckung mit Travertin und nicht mit Kunststeinplatten erhalten hätte.[31] Dem entspricht die offenbar bewusst unterkühlte Atmosphäre der Halle, die allein durch die paneelierte, Palisander-furnierte Holzwand zum östlich angrenzenden Kindertrakt ein wenig gemildert wird (Abb. 140, vgl. Abb. 165). Das rechte Paneel ist dabei als Tür ausgebildet, was aufgrund der einheitlichen Proportionierung der Wandfelder zunächst kaum ins Auge fällt. Dahinter verbirgt sich ein kleiner Zwischenflur mit Ausgang zur Terrasse, der zugleich als Querverbindung zwischen den Eltern- und Kinderzimmern dient.[32] Damit stand den Bewohnern unter Umgehung des „halböffentlichen“ Eingangsbereichs ein zweites, internes Wegesystem zur Verfügung, das eine ungestörte Kommunikation zwischen den Privaträumen im Obergeschoss erlaubte. Ganz dem Familienleben vorbehalten war auch der größere Teil der Dachterrasse, der vor allem von den Kindern als Spielplatz genutzt wurde, für die Mies neben der pflanzenberankten Pergola eine Sandkiste (vgl. Abb. 34) und ein Planschbecken vorgesehen hatte.

Im Stockwerk darunter und dem Blick von der Straße aus gänzlich entzogen liegt das eigentliche

[31] Die Bezeichnung „Travertin“ findet sich u. a. auf den Plänen Brno 441/A 28 und 441/103 sowie MoMA 2.88.

[32] Mies hatte zunächst einen zur Eingangshalle hin offenen Verbindungskorridor zur Terrasse geplant. Die Abtrennung wurde offenbar erst auf Wunsch Grete Tugendhats vorgenommen: *„Wir hatten noch besondere Wünsche, die Mies alle berücksichtigte, zum Beispiel wünschte ich mir einen direkten Zugang von meinem Zimmer zu den Kinderzimmern. Dadurch entstand der Durchgangsraum zwischen Eingangshalle und Terrasse.“* Grete Tugendhat, 1969 (zit. Anm. 24).

140
Haus Tugendhat, Eingangshalle, Blick zur Haustür und zum Treppenabgang ins Hauptgeschoss

143
Haus Tugendhat, Hauptgeschoss, Blick von der Zwischentür am unteren Treppenabsatz

140

141

141
Haus Tugendhat, Essnische und Ausgang zur Esszimmerterrasse

142

142
Haus Tugendhat, Esszimmerterrasse mit Kübelpflanzen und Milchglasscheibe als Sichtschutz zum Wirtschaftstrakt

143

Hauptgeschoss mit dem zentralen Wohnbereich, der sich in seiner ganzen Frontbreite gegen den Garten hin öffnet (Abb. 138). Die Ostseite ist ebenfalls nahezu vollständig verglast, doch durch den sich über die Tiefe des Hauses erstreckenden Wintergarten zusätzlich abgeschirmt. Der Zugang von der oberen Eingangshalle über die im Halbkreis geführte Wendeltreppe (Abb. 140) mündet in der Nordwestecke des Raumes. Von hier aus bietet sich die beste Übersicht über die Aufteilung und Anordnung der einzelnen Funktionsbereiche, doch sind die Gesamtdimensionen von keiner Stelle aus wirklich zu erfassen und daher allein anhand eines Grundrisses zu ermessen: Hinter der gläsernen Zwischentür fällt der Blick über den Flügel und die große Glasvitrine hinweg auf den „Arbeitsplatz des Hausherrn", an den sich linker Hand und zunächst noch hinter dem Rücksprung verborgen die Bibliotheksnische anschließt (Abb. 143). Noch vor dem Flügel führt eine normalhohe, weiß gestrichene Tür zum „Projektionsraum" und zum Gäste-WC. Vor oder, vom Eingang aus betrachtet, eher hinter der freistehenden Onyx-Wand, die den Arbeitsplatz vom vorderen Teil des Wohnraums trennt, ist gerade noch eine Ecke der Sitzgruppe auszumachen. Wiederum weiter rechts öffnet sich zwischen Onyx-Wand und halbrund geschlossener Essnische durch die große Glasfront hindurch die Aussicht ins Freie. Der Raum zwischen Eingangsbereich und Essnische wird durch eine von hinten beleuchtbare Milchglasscheibe gegen die Anrichte hin abgeteilt, vor der ein Tischchen und vier Stühle zu einer weiteren Sitzgruppe zusammengestellt sind (vgl. Abb. 309). Die nicht mehr im Original erhaltene, heute unter Verwendung des wiederaufgefundenen Makassar-Furniers rekonstruierte Essnische ist zum Garten orientiert und daher vom Eingang aus nicht einsehbar. Die leicht U-förmig verlängerte Holzwand umschloss einen runden Tisch, der sich durch anschiebbare Kreissegmente zweifach erweitern ließ und im Bedarfsfalle bis zu 24 Personen Platz bot. Die fest im Boden eingelassene Mittelstütze hatte wie die Stützen des Stahlskeletts einen kreuzförmigen Querschnitt und war ebenfalls mit Chromblechen ummantelt (Abb. 141). Zwischen der Nische und der westlichen Außenwand befindet sich der Durchgang zur Anrichte; die Verbindungstür war wohl ursprünglich auch mit Milchglasscheiben verglast, da gleich davor der Ausgang zur Esszimmerterrasse liegt, die westlich an den Wohnbereich anschließt. Die Terrasse springt um die Breite der Freitreppe vor die Gartenfront vor (vgl. Abb. 161). Plattenbelag und Treppenstufen sind aus Travertin (heute erneuert), ebenso der bündig in die Außenwand eingelassene Spritzsockel, die Sohlbank der Fensterfront und die Brüstungsabdeckungen, Sockelleisten und äußeren Türstufen im Obergeschoss. Eine raumhohe Scheibe aus Milchglas in der Nordwand der unteren Terrasse belichtet die Anrichte. Gegenüber unliebsamen Einblicken von Westen und gegen das Fenster der benachbarten Küche schützt eine weitere Milchglasscheibe, deren Rahmen zwischen Decke, Wand und Terrassenboden verspannt ist (Abb. 142).

Anrichte und angrenzende Küche mit der dahinter gelegenen Speisekammer verklammern den Wohnbereich mit dem Wirtschaftstrakt. Hier befinden sich die Räume des übrigen Hauspersonals: ein Zimmer für die Köchin und ein weiteres für die beiden Dienstmädchen, dazwischen die Diele und ein als Schrankraum genutzter Flur. Wie die Chauffeurswohnung im Obergeschoss verfügen auch sie über ein eigenes gemeinsames Bad und einen separaten Zugang, der über eine Außentreppe an der Westseite des Gebäudes zu erreichen ist. Die Spindeltreppe in der Anrichte bildet die einzige interne Verbindung zum Kellergeschoss (Abb. 137), wo sich weitere Wirtschaftsräume befinden. Neben dem Geräteraum, der nahezu die gesamte vordere Fläche des Wohnbereichs einnimmt, zählen dazu Waschküche, Bügel- und Trockenkammer – letztere wie auch der Geräteraum mit direktem Ausgang zum Garten –, ein Obst- und ein Vorratskeller und schließlich sogar eine nicht mehr genau zu lokalisierende Dunkelkammer und ein mottensicherer Pelztresor. Obst- und Mottenkammer verfügten über ein natürliches Lüftungssystem in der Ostwand des Wirtschaftstrakts, was die merkwürdigen Lochreihen in Sockelhöhe des oberen Durchgangs erklärt (vgl. Abb. 164).

Auch die übrige technische Ausstattung des Hauses entsprach dem absolut neuesten Kenntnisstand der Zeit und übertraf in mancher Hinsicht selbst den gehoben heutigen Standard. Der Kohlenbunker der zentralen Heizungsanlage – er war wie die meisten Kellerräume bis unter die Decke weiß gefliest! – konnte über eine Rutsche im Sockel des Straßenzauns direkt vom Gehweg aus beschickt werden; ein Schlackenaufzug beförderte die unverbrennbaren Reste wieder nach oben. Während die geschlossenen Räume mit Radiatoren oder Heizrohren ausgestattet waren, verfügte der große Wohnbereich über eine zusätzliche Warmluftheizung, die an heißen Sommertagen auch zur Kühlung benutzt werden konnte. Der Ansaugschacht befindet sich unterhalb des Vorplatzes, wo das Niveau nach Osten zu um etwa anderthalb Meter abgesenkt ist. Ein kompliziertes Filtersystem reinigte und befeuchtete die angesaugte Luft, ehe sie zu den Auslässen im Wohnraum weitergeleitet wurde: Einer davon befindet sich gleich links hinter der Zwischentür vom Treppenhaus, der zweite über der Anrichte neben dem Ausgang zur Esszimmerterrasse, ein weiteres Auslassgitter vor der großen Glaswand. Zwei der riesigen Fenster zum Garten ließen sich hydraulisch im Boden versenken. Das gewaltige Gewicht der rund 15 Quadratmeter messenden Spiegelglasscheiben in den schweren Bronzerahmen – alle anderen Rahmenelemente bestehen aus einfachen Stahlprofilen – erforderte ein Höchstmaß an Präzision in Planung und Ausführung, da schon die leichteste Verkantung den Mechanismus unweigerlich blockiert hätte. Die Lichtschranke im Durchgang zum vorderen Teil der Dachterrasse, für damalige Verhältnisse gewiss eine unerhörte Neuerung, wurde bereits erwähnt. Ein elektrischer Speisenaufzug in der Anrichte versorgte die Räume im Obergeschoss, da die Kinder ihre Mahlzeiten mit dem Kindermädchen zumeist in ihren Zimmern einnahmen und nur zum gemeinsamen Mittagessen nach unten kamen. Die Sorgfalt der Bauausführung entsprach trotz einzelner notwendiger Nachbesserungen, die bei innovativen Bauten wohl letztlich nie zu vermeiden sind, den höchsten Qualitätsansprüchen und steht in krassem Gegensatz zur notorischen Schadensanfälligkeit vieler moderner Bauten jener Jahre. Man denke zum Vergleich nur an Le Corbusiers Villa Savoy, die schon vor Einzug der Besitzer eine Grunderneuerung erforderlich machte und bereits nach wenigen Jahren wegen Unbewohnbarkeit endgültig wieder aufgegeben werden musste. Türen und feste Ausstattungsteile im Tugendhat-Haus, soweit sie noch im Original erhalten sind, funktionieren in technischer Hinsicht immer noch einwandfrei.

Die verchromten Stützenummantelungen sind selbst nach über 80 Jahren noch nahezu makellos erhalten, während man bei der erst jüngst erfolgten Rekonstruktion des Barcelona-Pavillons bezeichnenderweise auf Edelstahl zurückgreifen musste, da alle Versuche einer Verchromung an der Größe der Teile gescheitert waren. Desungeachtet waren auch beim Haus Tugendhat gravierende Bauschäden zu beklagen, die jedoch zu einem nicht geringen Teil erst durch die Restaurierungskampagne der achtziger Jahre verursacht worden waren.

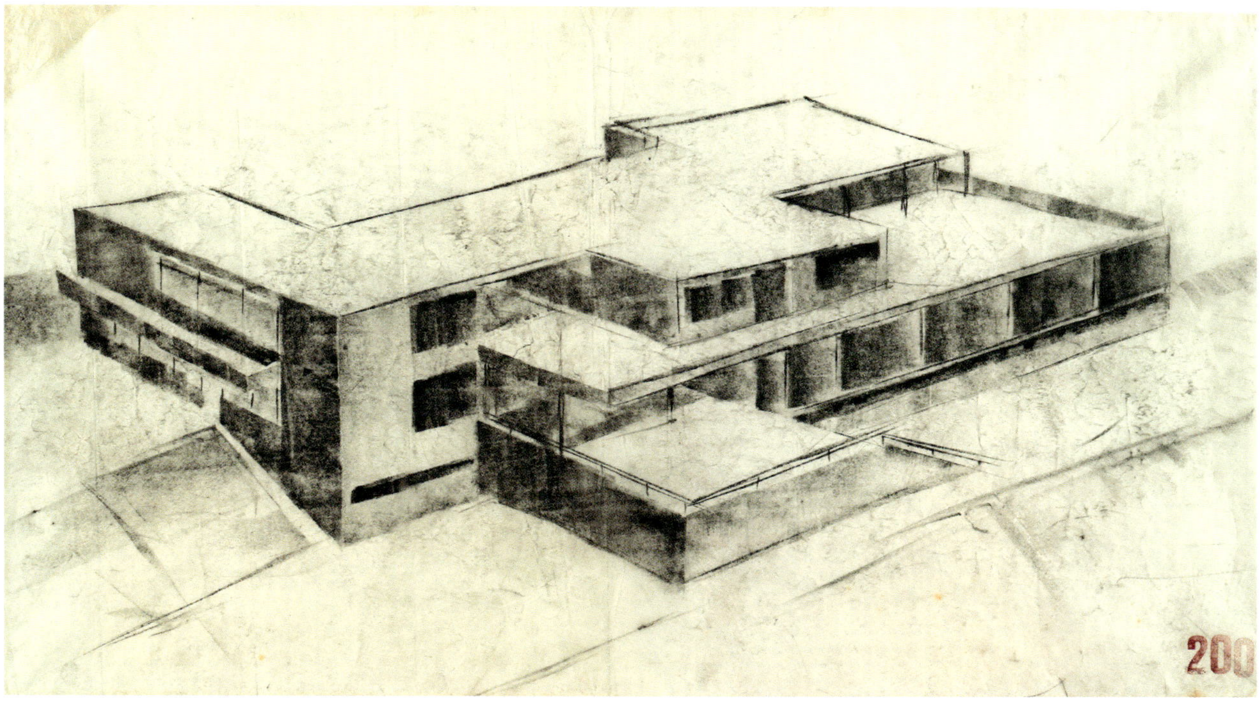

144

144
Haus Tugendhat, Vogelperspektive von Südwesten (Präsentationszeichnung vom April/Mai 1929)
The Mies van der Rohe Archive, gift of the architect. MI2.330. Digital image © (2014) The Museum of Modern Art/Scala, Florenz

145
Haus Tugendhat, Aufriss der Gartenfassade (Vorprojekt A, dat. 6. April 1929) The Mies van der Rohe Archive, Archive, gift of the architect. Acc. n.: MR2.334. Digital image © (2014) The Museum of Modern Art/Scala, Florenz

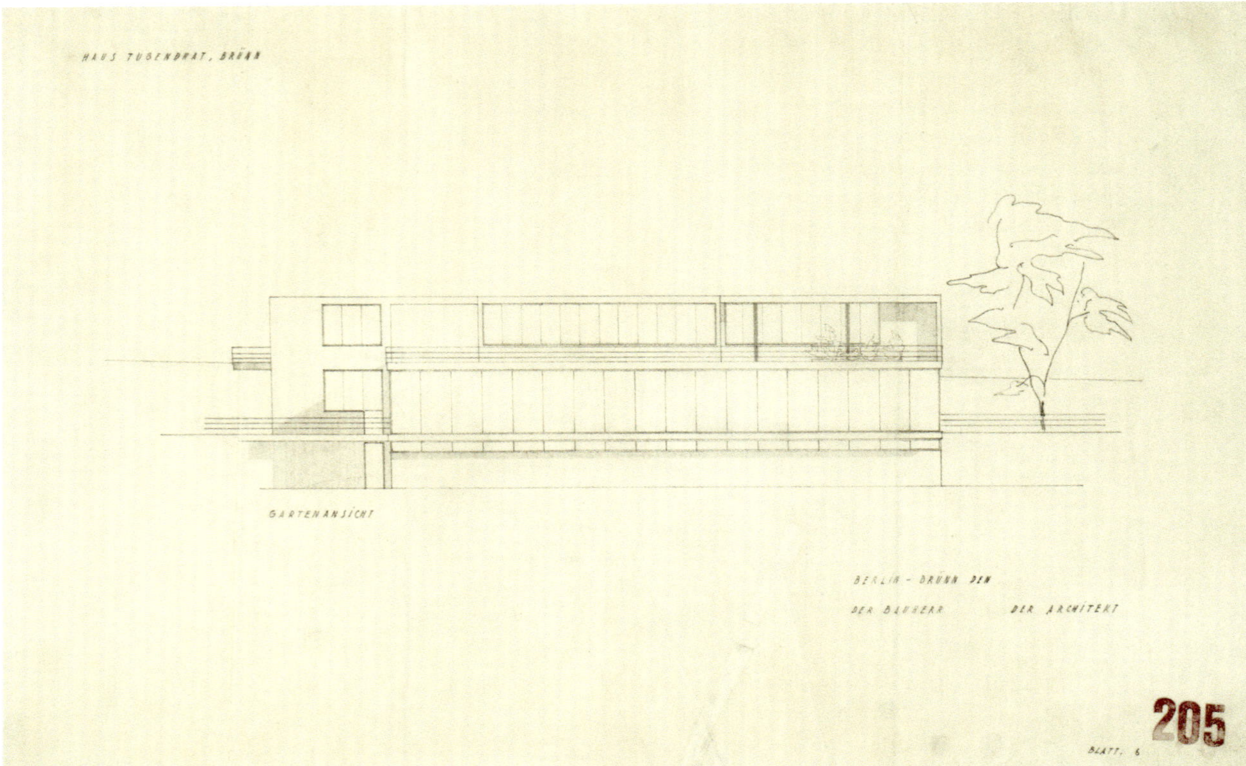

145

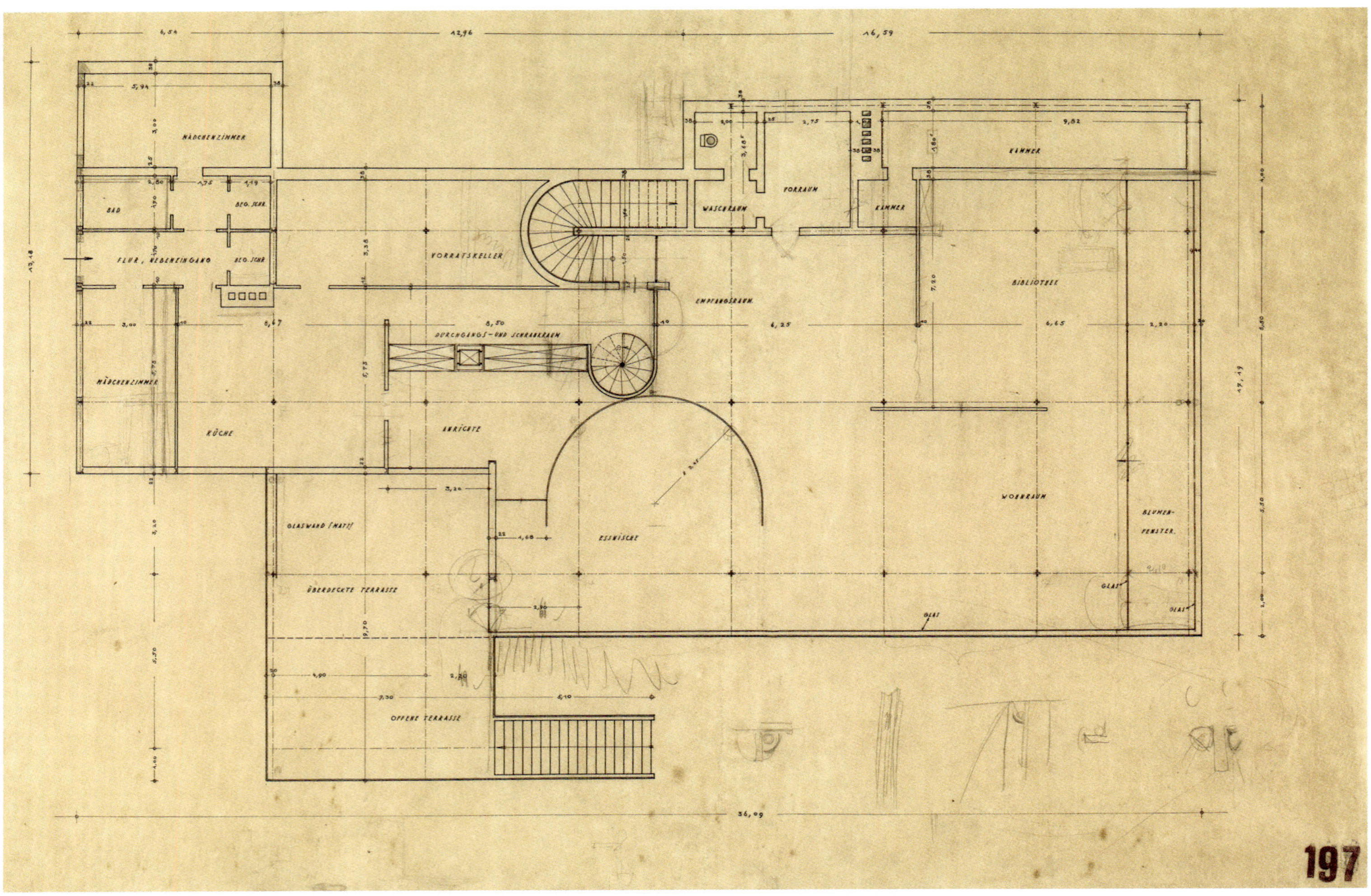

146

146
Haus Tugendhat, Grundriss des Hauptgeschosses (Vorprojekt B, mit anskizzierten Korrekturen, dat. 3. April 1929) The Mies van der Rohe Archive, gift of the architect. Acc. n.: MR2.325. Digital image © (2014) The Museum of Modern Art/Scala, Florenz

[33] Bandmitschnitt eines von Ludwig Glaeser geführten Interviews mit Friedrich Hirz vom 9. September 1974 (MoMA).

[34] Grete Tugendhat 1969 (zit. Anm. 24).

Von der Idee zur Ausführung: Die Planungs- und Baugeschichte

Aus der Frühphase der Planung, die zwischen dem ersten Besuch Mies van der Rohes in Brünn im September und der Besprechung am Silvesterabend 1928 anzusetzen ist, haben sich keinerlei Unterlagen erhalten. Mies pflegte Grundriss- und Massendisposition eines neuen Projekts zunächst in unzähligen, rasch hingeworfenen Bleistiftskizzen zu durchdenken. Dazu dienten ihm Stapel von billigem Durchschlagpapier, wie man sie zur Anfertigung von Schreibmaschinenkopien bis noch vor wenigen Jahren verwendete. Hunderte solcher Skizzen – für das Haus Hubbe und das Resor-House-Projekt (1935 bzw. 1937–39) sind sie in dieser Größenordnung bis heute erhalten – waren nach der Erinnerung seines Mitarbeiters Friedrich Hirz auch hier den ersten Reinzeichnungen vorausgegangen, ohne dass auch nur eine einzige davon auf uns gekommen wäre.[33] Die auf Arthur Drexler zurückgehende Zuordnung des freihändig in Kohle angelegten Grundrisses (MoMA 3232.2.1) zum Tugendhat-Projekt entbehrt der Vergleichsgrundlage. Gesamtanlage und Raumverteilung zeigen nicht die geringste Gemeinsamkeit; auch fehlt ein konkreter Hinweis auf die topografische Besonderheit der Hangsituation, wie sie für das Grundstück an der Schwarzfeldgasse charakteristisch ist. Zwei kleine Grundrisskizzen auf einfachem DIN A4-Papier (MoMA 3232.2.381 und 2.382) enthalten dagegen schon alle wesentlichen Elemente des endgültigen Ausführungsentwurfs und dürften daher zu Demonstrationszwecken erst post factum entstanden sein.

Entgegen meiner eigenen früheren Annahme können auch die großen Präsentationszeichnungen (Abb. 144, 147) nicht vor den auf den April 1929 datierten Einreicheplänen entstanden sein: Bei den in Kohle ausgeführten Ansichten, zwei davon in Vogelperspektive, handelt es sich teils um Varianten, teils um Alternativvorschläge, die bereits eine deutliche Weiterentwicklung im Sinne des Ausführungsprojekts erkennen lassen. Die den Bauherren am 31. Dezember 1928 unterbreiteten Entwürfe müssen somit ebenfalls als verschollen gelten, doch gibt der von Grete Tugendhat im Januar 1969 gehaltene Brünner Vortrag immerhin Einblick in den damaligen Stand der Planung[34]:

„Der [vorgelegte] Plan gefiel uns aber sehr, wir baten Mies nur um drei Dinge, die er alle zusagte. Erstens, die Eisenstützen im oberen Stockwerk, also in den Schlafzimmern, sollten nicht, wie er geplant hatte, frei im Raum stehen, sondern in die Wände gelegt werden, weil wir Angst hatten, man würde sich in den kleinen Räumen an ihnen stoßen. Zweitens, das Badezimmer, das freiliegend zwischen unseren beiden Schlafzimmern geplant war, so daß unsere Zimmer einen ungetrennten Raum bildeten – so wie es später in der Wohnung auf der Berliner Bauausstellung verwirklicht war –, sollte abgetrennt und durch einen kleinen Vorraum zugänglich werden. Drittens sollten alle Fenster einen ausreichenden Sonnenschutz bekommen, da wir Angst hatten, die Räume würden sonst im Sommer zu heiß sein.

Auf alle diese Forderungen ging Mies, wie gesagt, ohne weiteres ein. Als hingegen mein Mann bei einer späteren Unterredung sich dagegen wandte, daß alle Türen vom Boden bis zur Decke reichen sollten, weil sogenannte Fachleute ihm eingeredet hatten, diese Türen würden sich werfen, entgegnete Mies: ‚Dann baue ich nicht.' Hier war ein wesentliches Prinzip des Bauens in Frage gestellt, und da ließ er nicht mit sich sprechen."

Aus den Änderungswünschen der Auftraggeber darf geschlossen werden, dass wesentliche Elemente des Entwurfs zum damaligen Zeitpunkt bereits festgestanden haben: Vor allem betrifft dies das Stahlskelett und die Grunddisposition der Raumaufteilung mit den Schlafzimmern im Obergeschoss und den eigentlichen Wohnräumen im Hauptgeschoss darunter. Offenbar hatte Mies dabei zunächst auch für den Privatbereich der Familie eine großzügigere Anordnung ins Auge gefasst, was aber den Vorstellungen der Tugendhats widersprach, die hier eine intimere Lösung wünschten. Wie noch zu zeigen sein wird, war das Bedürfnis nach Abgrenzung Auslöser für weitere wichtige Änderungen, die uns im Folgenden noch näher beschäftigen werden.

Die frühesten überkommenen Entwürfe datieren von Anfang April 1929 und sind mit den für Einreichepläne üblichen Titulierungen versehen, wie sie nach erfolgter Gegenzeichnung durch Architekt und Auftraggeber zur Einleitung des Baugenehmigungsverfahrens erforderlich sind. Das Fehlen der Unterschriften besagt dabei an sich noch nichts, da es sich in sämtlichen Fällen um die im Atelier verbliebenen Mutterpausen handelt. Einzelne Exemplare sind von Hirz signiert, der damit als der verantwortliche Mitarbeiter Mies van der Rohes ausgewiesen ist. Die oben erwähnten Korrekturen am Grundriss des Obergeschosses haben hier bereits ihren Niederschlag gefunden. So sind die zuvor noch ineinander übergehenden Schlafzimmer von Grete und Fritz Tugendhat nun durch einen gemeinsamen Vorraum getrennt und die ursprünglich frei im Raum stehenden Stützen des Stahlskeletts in die Umfassungswände integriert.

Die erhaltenen Pläne aus dieser Phase lassen sich zwei Alternativentwürfen zuordnen, die in charakteristischen Punkten voneinander abweichen und die daher hier als Vorprojekt A und B bezeichnet werden, ohne dass damit schon eine eindeutige zeitliche Abfolge unterstellt werden soll. Ihre allem Anschein nach weitgehend parallele Ausarbeitung im Berliner Atelier ist ganz und gar ungewöhnlich und mag mit der zeitweiligen Abwesenheit oder Überbeanspruchung Mies van der Rohes zusammenhängen, für den in diesen Tagen die Fertigstellung des Barcelona-Pavillons absoluten Vorrang genossen haben muss. Hirz' Auftrag könnte darin bestanden haben, auf der Grundlage konkreter Vorgaben zwei alternative Projekte bis zur Entscheidungsreife vorzubereiten. Beiden gemeinsam ist neben der funktionalen Anordnung der Räume im Obergeschoss die Erschließung und Raumdisposition des zentralen Wohnbereichs, die mit geringen Abwandlungen auch dem Ausführungsentwurf zugrunde liegt. Dies bestätigt, dass Mies seinen Bau in der Tat vom Grundriss her, also von innen nach außen konzipierte, wie es ja nicht zuletzt einer zentralen Forderung der Moderne entsprach.

Nicht rundweg auszuschließen ist aber, dass auch der Ausführungsentwurf als gleichsam dritte Alternative noch im April 1929 dem Bauherrn zur Entscheidung vorgelegen hat. Dagegen sprechen allerdings die dahin abzielenden Korrekturen in einzelnen Blättern des zweiten Entwurfs (vgl. Abb. 149), die auf eine nachträgliche, spätere Planänderung schließen lassen. Mit den Aushubarbeiten scheint jedenfalls nicht vor Sommeranfang begonnen worden zu sein: Die erhaltene, jedoch leider ohne Eintrag verbliebene Bauzeittafel (Abb. 149) trägt das Datum des 22. Juli 1929. Zudem datieren die wahrscheinlich aus der ausführenden Baufirma Moritz und Artur Eisler stammenden und heute ebenfalls im Städtischen Spielberg-Museum aufbewahrten Lichtpausen der Fundament- und Konstruktionspläne überwiegend erst vom August des Jahres. Die durch den Planwechsel bedingte und dabei offenbar bewusst in Kauf genommene Verzögerung des Baubeginns um mehrere Monate unterstreicht, wie sehr noch kurz zuvor um eine optimale Lösung gerungen wurde.

Vorprojekt A besteht aus einem kompletten Plansatz von drei Grundrissen nebst den Aufrissen der Straßen- und Gartenfront (MoMA 3232.2.331–2.335; zwei davon mit Signatur von Hirz). Die angegebenen Datierungen zwischen dem 3. und 6. April 1929 sprächen für ein vergleichsweise früheres Planungsstadium. Doch sind die ebenfalls von Hirz gezeichneten Grundrisse des Alternativprojekts B fast auf den Tag genau (5. April) gleichzeitig entstanden.

Der Straßenfront fehlt der Kamin und damit der vertikale Akzent. Der zur Linken vorspringende Schlaftrakt der Kinder ist hier vollkommen geschlossen, da so das Fenster des zugehörigen Badezimmers zum Vorplatz hin orientiert werden konnte. Der Hauptzugang erfolgt axial von Norden über einem dem rückwärtigen Teil des Vestibüls rechts vorgelagerten Windfang, der die Stelle der heutigen Garderobe einnimmt. Der verglaste Eingang ist daher demonstrativ zur Straße orientiert und noch nicht durch die um das Treppenhaus halbrund auslaufende Vestibülwand verdeckt.

Das in voller Höhe und Breite verglaste Hauptgeschoss kragt auf der nach Süden orientierten Gartenseite etwa zwei Meter über die Sockelzone aus (Abb. 145). Ein unmittelbar unter dem Vorsprung verlaufendes schmales Fensterband belichtet die dahinter gelegenen Kellerräume. Es fehlt die vorgelagerte „Esszimmerterrasse“ und die Außentreppe, die einen direkten Zugang vom Wohnbereich zum Garten ermöglicht hätte. Eltern- und Kindertrakt im Obergeschoss öffnen sich gleichfalls in breiter Front nach Süden, wobei hier die Fenster nicht zum Boden reichen, sondern erst über einer Brüstung ansetzen. Sämtliche Fensterflächen sind vertikal unterteilt und folgen dabei einem einheitlichen Proportionsschema von etwa 1:2,2 (ungefähre Maße im Hauptgeschoss 1,5:3,4 m, im Obergeschoss und Wirtschaftstrakt 1:2,2 m; das Vestibül auf der Nordseite zeigt dagegen mit einem Scheibenformat von etwa 1:1,9 m geringfügig gedrungenere Proportionen). Die obere Terrasse schließt mit einem filigranen Geländer anstelle einer massiven Brüstung, was den Baukörper noch transparenter erscheinen lässt. Der Wirtschaftstrakt ist weiter nach Norden zurückversetzt und daher von entsprechen geringerer Gesamttiefe. Der Zugang zu den Personalräumen im Hauptgeschoss erfolgt von Süden über eine um Westseite und Gartenfront herumgeführte Galerie. Die Küche greift nicht in den Personalflügel über; sie liegt an der Westseite des Haupttrakts und empfängt auch von dort her ihr Licht.

Das Elternbad im Obergeschoss liegt zwischen den Schlafzimmern der Eheleute und wird mit diesen über einen gemeinsamen Vorraum erschlossen. Die beiden Kinderzimmer sind nur durch eine doppelte Schrankzeile abgeteilt, wobei zur Terrasse hin ein Durchgang verbleibt. Der Verbindungsflur zwischen Eltern- und Kindertrakt ist gegen das Vestibül hin ebenfalls offen und erlaubt von dort her einen freien Durchblick durch die äußere Glastür zur oberen Terrasse. Die Aufteilung im unteren Wohngeschoss entspricht im Großen und Ganzen der ausgeführten Lösung. Signifikante Abweichungen finden sich lediglich im südwestlichen Teil des Haupttraktes (Abb. 146): Seitlich der halbrunden Esszimmernische stößt der Durchgang zwischen Küche und Anrichte bis zur Gartenfront vor. Im Anschluss daran ist ein „Leutezimmer“ als Aufenthaltsraum für das Personal vorgesehen. Die Bibliothek, hier noch bezeichnenderweise als „Herrenzimmer“ deklariert, ist gegen den vorgelagerten „Empfangsraum“ hin durch eine einseitig freistehende Wand abgeschirmt.

Die beiden Kohlezeichnungen MoMA 3232.2.192 und 2.328 (Abb. 147), zwei Aufrisskizzen der Gartenfront und eine perspektivische Ansicht von Südwesten, sind ihrem Charakter nach reine Präsentationsblätter und daher innerhalb des Planungsprozesses von vergleichsweise geringerem Gewicht. Sie lassen sich im Prinzip dem Vorprojekt A zuordnen, müssen jedoch aufgrund einiger entscheidender Abweichungen als eine erste Variante bezeichnet werden. So ist anstelle des „Leutezimmers“ und des Durchgangs zwischen Anrichte und Küche nun eine überdeckte Außenterrasse getreten, die allerdings noch über keinen eigenen Treppenabgang zum Garten verfügt (MoMA 3232.2.192 deutet einen etwas schmaleren Freiplatz an, der nicht über die Breite des ehemaligen „Leutezimmers“ hinausgeht).

Der Planbestand zum zweiten, hier als Vorprojekt B bezeichneten Entwurf und seinen Varianten ist ungleich umfangreicher und umfasst nun erstmals auch Lichtpausen aus dem Brünner Baubüro (u. a. Brno 4411 A8 – AIO), was seine unzweifelhaft größere Nähe zum Ausführungsentwurf bestätigt. Die Grundrisse von Keller-, Haupt- und Obergeschoss (MoMA

147

147
Haus Tugendhat, perspektivische Ansicht von Südwesten (Präsentationszeichnung vom April 1929)
The Mies van der Rohe Archive, gift of the architect MR2.328. Digital image © (2014) The Museum of Modern Art/Scala, Florenz

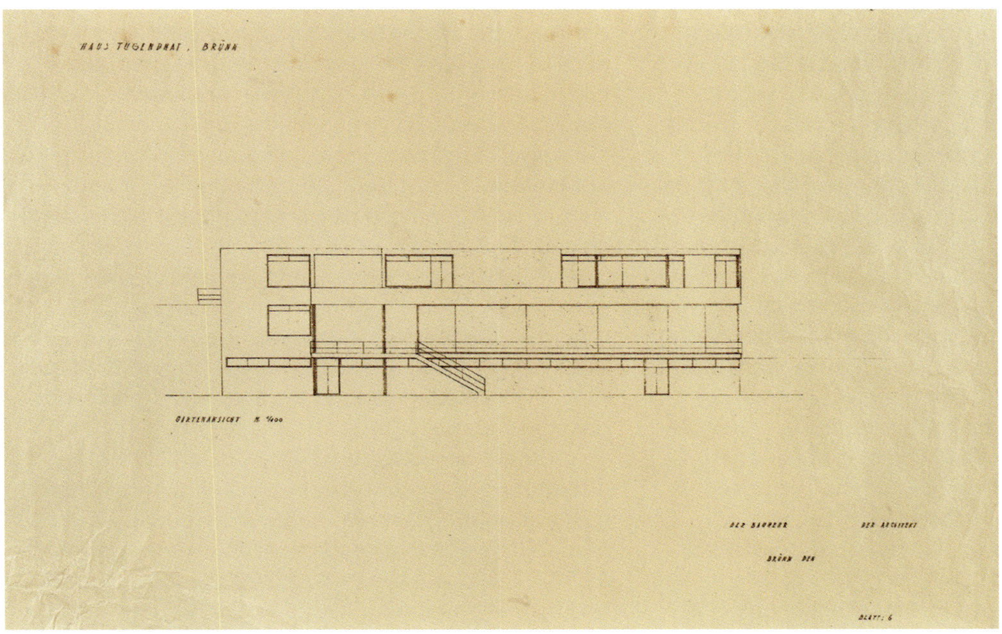

148

148
Haus Tugendhat, perspektivische Ansicht von Südwesten (Präsentationszeichnung vom April 1929)
The Mies van der Rohe Archive, gift of the architect. Acc. n.: MR2.8 Digital image © (2014) The Museum of Modern Art/Scala, Florenz

3232.2.337–2.339, nur letzterer ist signiert), tragen das Datum des 5. April 1929, während die zugehörigen und ebenfalls von Hirz verfertigten Aufrisse (MoMA 3232.2.7, 2.8 und 2.176) auf den 16. und 17. April datiert sind. Die Mittelstellung im Vergleich zum Ausführungsentwurf zeigt sich nicht zuletzt an den konstruktiven Grundelementen des Stahlskeletts, die praktisch unverändert übernommen werden. Unterschiede bestehen vor allem in der Raumdisposition des Obergeschosses, der lichten Höhe der Stockwerke sowie in der Außengestaltung der Gartenfront.

Eingangslösung und Raumeinteilung im Obergeschoss entsprechen mit wenigen Änderungen dem Vorschlag des Alternativprojekts. Das Bad im Elterntrakt wurde um 90 Grad gedreht und kommt nun zwischen Windfang und „Schlafzimmer des Herrn" mit der Schmalseite zur westlichen Außenwand zu liegen. Die Belichtung dürfte hier bereits über eine Dachlaterne vorgesehen sein, wie sie dann später auch ausgeführt werden sollte. Grete Tugendhats Zimmer bleibt zum Garten hin fensterlos und öffnet sich in ganzer Breite zur Terrasse nach Osten. Die Außenwand des rechten Kinderzimmers wurde um 1,80 Meter nach Westen verschoben, so dass ein schmaler Durchgang vom Zimmer des Kindermädchens zur Terrasse verbleibt (in der Lichtpause Brno 4411 104 ausgekreuzt). Auf der Straßenseite schließt der Schlaftrakt der Kinder gegen das Vestibül mit einem die Dachsilhouette überragenden Kaminblock ab, der jedoch nicht über die nördliche Außenwand vorspringt. Das Bad des Kindertraktes und die angrenzende Wäschekammer werden von Norden her über ein schmales, hochliegendes Fensterband belichtet. Der vollverglaste Hauseingang liegt wie zuvor noch seitlich versetzt hinter dem Vestibül und ist also auch hier zur Straße orientiert.

Die lichte Raumhöhe beträgt im Kellergeschoss 2,50, im Hauptgeschoss 3,50 und im Obergeschoss 3,00 Meter (Schnitt MoMA 3232.2.237 und zugehörige Lichtpause Abb. 149). Sie liegt demnach im Wohnbereich deutlich über dem heutigen Maß von 3,175 Meter während sie für die oberen Schlafräume unverändert beibehalten wurde.

Dem Wohnbereich ist an der Südwestecke eine teilweise überdeckte Terrasse vorgelagert, die 4,50 Meter über die Gartenfront auskragt und von vier Stützen im Raster des Stahlskeletts getragen wird (Abb. 148). Die drei äußeren Stützen stehen dabei vollkommen frei, die innere ist in die Außenwand der Sockelzone einbezogen. Über eine freitragend ausgebildete Treppe besteht ein direkter Zugang von der Terrasse zum Garten. Die Sockelzone liegt gegenüber dem Hauptgeschoss um 1,80 Meter zurückversetzt und springt auch auf der Westseite der Terrasse entsprechend ein. Ein unmittelbar unter der Auskragung über die gesamte Breite verlaufendes schmales Fensterband versorgt die Kellerräume mit Tageslicht. Waschküche und Geräteraum verfügen zudem über eigene Ausgänge zum Garten. Die Fenstereinteilung im Hauptgeschoss folgt der Stützenstellung im Inneren des Wohnraums und kommt damit der ausgeführten Lösung nahe. Ein außen dicht vor der Fensterfront verlaufendes Geländer bietet vor allem optischen Halt, ist aber ansonsten ohne erkennbare Funktion. Die obere Terrasse hat nun eine massiv gemauerte Brüstung erhalten, was die lagernde Wirkung der Baumassen stärker zum Tragen bringt.

Küche und Anrichte im Hauptgeschoss sind bis auf Höhe des Westflügels zurückgesetzt, um Platz für die Esszimmerterrasse zu schaffen. Der durch das Hinübergreifen der Küche in den Wirtschaftstrakt verlorengegangene Raum bedingt eine Verlängerung dieses Flügels nach Norden, so dass nun das „Mädchenzimmer" unter dem vorderen Teil der Garage zu liegen kommt, Davon abgesehen ist der hangseitige Teil des Hauses lediglich im Bereich des Heizungskellers an der Nordostecke unterkellert.

Eine erste Variante zum Vorprojekt B zeigen zwei nahezu identische, von Hirz gezeichnete und auf den 15. April 1929 datierte Querschnitte des Hauses (MoMA 3232.2.15 und 2.336). Zugehörig sind die zeitlich nicht näher spezifizierten Grundrisse MoMA 3232.2.324 bis 2.326, aber auch die erst vom 6. Juli des Jahres stammenden Fundamentpläne MoMA 3232.2.21 und 2.212. Verwandt, doch mit dem übrigen Befund nur schwer zu vereinbaren ist schließlich ein mit dem Namenskürzel von Hermann John und dem Datum des 4. April versehener Längsschnitt, der unzweifelhaft dem gleichen Kontext zugewiesen werden muss.

Die Änderung betrifft die Orientierung des Zimmers von Grete Tugendhat, das sich nun wieder zum Garten hin öffnet, während die Ostwand zur Terrasse fensterlos bleibt. Die Terrassentüren sämtlicher Schlafräume im Obergeschoss sind zudem gegen die Fenster durch gemauerte Pfeiler abgesetzt, in denen mitunter, doch keineswegs immer, die kreuzförmigen Stützen verlaufen, Der Durchgang vor der Schrankzeile zwischen den beiden Kinderzimmern ist nun durch eine Schiebetür abgeteilt. Ein Speisenaufzug bedient von der Anrichte aus alle Geschosse des Hauses. Die Raumhöhe fällt im Hauptgeschoss mit 3,40 Meter geringfügig niedriger aus.

Eine Reihe der zum Vorprojekt B und seiner Variante gehörenden Pläne enthält nachträgliche Korrekturen im Sinne des Ausführungsentwurfs (Abb. 149). Dies scheint die hier vertretene Ansicht zu bestätigen, dass Projekt B insgesamt als Zwischenstadium anzusehen ist, wogegen Projekt A wohl Mitte April schon wieder verworfen wurde. Dafür spricht auch der Umstand, dass der neuerliche Planwechsel ohne nennenswerte Eingriffe in das durch Projekt B vorgegebene Konstruktionssystem vonstattenging, das demnach zumal im Fundamentbereich fast unverändert übernommen werden konnte. Die Umarbeitung zum Ausführungsentwurf folgte daher möglicherweise erst nach Beginn der Ausschachtungsarbeiten, zumindest aber in einem bereits weit fortgeschrittenen Planungsstadium. immerhin verläuft auf den erwähnten Fundamentplänen vom 6. Juli 1929 die Fundierung für die Außenwand des Sockelgeschosses immer noch auf Höhe der vorderen Stützenreihe, womit ein Datum post quem für den endgültigen Planwechsel gegeben wäre. Korrekturen im angeführten Sinne finden sich unter anderem auf folgenden Zeichnungen und Plänen: Brno 441/ ohne Kennziffer (Verbreiterung der Gartentreppe einskizziert); MoMA 3232.2.324 und 2.237 nebst zugehöriger Lichtpause Abb. 149 (Sockelgeschoss bis auf Fluchtlinie Hauptgeschoss vorgezogen).

Die Konsequenzen dieser neuerlichen Überarbeitung des Ausgangskonzepts sind an der großen Kohlezeichnung ablesbar, die das Haus in Vogelperspektive aus südwestlicher Richtung zeigt (MoMA 3232.2.330, vgl. Abb. 144; 2.329 präsentiert eine kaum ernstzunehmende weitere Variante mit vollständig überdachter oberer Terrasse, die die beiden Kinderzimmer in dunkle Löcher verwandelt hätte). Das bis auf Höhe der Fensterfront vorgezogene Kellergeschoss wie auch der massive Unterbau der Esszimmerterrasse verleihen dem Baukörper jetzt ein blockhaft geschlossenes Erscheinungsbild, das in scharfem Kontrast zu der scheinbar schwerelosen Konstruktion der frühen Vorentwürfe steht. Noch allerdings verfügt das Kellergeschoss über ein durchgehendes Oberlichtband, was eine Vorrichtung zur Absenkung der riesigen Fensterflächen im oberen Hauptgeschoss ausschließt. Das früheste greifbare Zeugnis hierfür findet sich in einer auf den 13. August 1929 datierten Lichtpause (Abb. 149), ein Fundamentschnitt auf Höhe der südlichen Außenwand, der unter anderem den Schacht zur Aufnahme der 4,90 Meter breiten und 3,17 Meter hohen Scheibe wiedergibt.

Der endgültige Ausführungsentwurf kann demnach eindeutig erst kurz nach Beginn der Bauarbeiten im Juli entstanden sein und muss bis spätestens Mitte August in Brünn vorgelegen haben. Der zugehörige und darauf aufbauende Planbestand, der charakteristischerweise überwiegend Detailzeichnungen und keine vollständigen Sätze an Grund- und Aufrissen oder Schnitten mehr umfasst, weicht immer noch in einigen Einzelheiten von der schließlich verwirklichten Lösung ab. So hat die Bibliotheksnische nach wie vor nur die halbe Tiefenausdehnung. Nördlich daran angrenzend verläuft vor der äußeren Stützmauer noch ein schlauchartiger Raum, der um den Kamin herum vom „Projektionsraum" her erschlossen wird und wohl als Archiv oder Abstellkammer dienen sollte. Anstelle der späteren Leuchtwand zwischen „Empfangsraum" und Anrichte ist nur eine einfache Mattglasscheibe vorgesehen. Die freistehende Wand im Wohnbereich misst 6 statt 6,20 Meter in der Länge; ein falsch abgelegter Brief der Firma Köstner & Gottschalk vom 19. September 1929, der sich in den Abrechnungsunterlagen zum Barcelona-Pavillon befand, bestätigt aber, dass Mies damals schon eine Ausführung in Onyx ins Auge gefasst hatte[35]:

„Zu meinem Bedauern höre ich soeben, dass der Onyx doré Block, den ich mir in Wandsbek reservieren lassen wollte, damit Sie ihn besichtigen können, inzwischen verkauft worden ist. Er war, wie ich erst nachträglich erfuhr, bereits anderweitig für eine Arbeit angeboten. Ich habe aber angegeben, dass ein anderer grösserer Block bestellt wird und erhalte noch Nachricht. Da die Sache ja selbst noch nicht so dringend ist, und der Block an sich etwas schmal war, wird dies nicht schaden."

Dringlich war die Sache in der Tat noch nicht, zumal es offenkundig erst erheblicher Überzeugungsarbeit bedurfte, die ansonsten durchaus nicht kleinlichen Bauherren vom Sinn einer solch gewaltigen Ausgabe zu überzeugen: Die Kosten für den in etwa gleich großen Block in Barcelona (Abb. 150, vgl. Abb. 52) können mit annähernd 60.000 Mark veranschlagt werden, was damals ungefähr dem Gegenwert eines gehobenen Einfamilienhauses entsprach. Die zunächst zögerliche Haltung Fritz Tugendhats, für die wir allerdings nur das späte Wort Mies van der Rohes haben, scheint vor diesem Hintergrund durchaus verständlich[36]:

„Als die Frage der geplanten Onyx-Wand aufkam, sprach mich der Bauherr persönlich an, um diese teuerste aller Wände durch etwas Billigeres zu ersetzen. Ich sagte ihm daraufhin: ‚Sehen Sie, Herr Tugendhat, manche Leute können heute Geld haben oder Onyx-Aschenbecher, aber niemand hat eine Onyx-Wand.' Daraufhin wurde die Wand gebaut. Ich habe einen drei Meter hohen Onyx-Block aus dem Atlasgebirge gefunden, der uns zugleich die Bauhöhe vorgab, etwa in der Farbe junger Mädchenhaare, honiggelb mit weißen Strähnen."

[35] Köstner an Mies, 19. September 1929 (MoMA, Barcelona-Korrespondenz)

[36] Zit. n. Otto Kolb, Erinnerungen an Mies van der Rohe, Wermatswil (o. J.), S. 6. Zu den Kosten des Barcelona-Pavillons s. Tegethoff 1981 (zit. Anm. 26), S. 76.

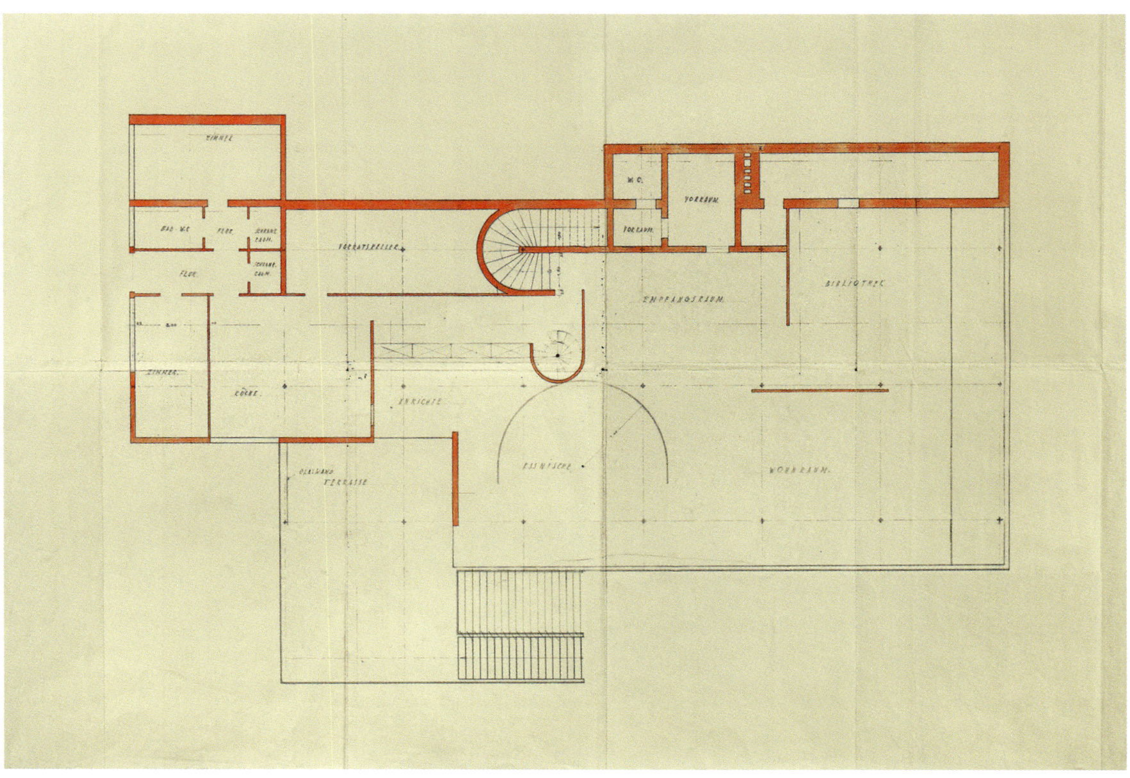

149

149
Haus Tugendhat, Grundriss des Hauptgeschosses (Vorprojekt B, Lichtpause mit Bleistiftkorrekturen, im Original dat. 5. April 1929) Brno, Muzeum Města Brna, Spilberk, Inv.-Nr. 441

Lange Zeit offen blieb die Anlage der westlichen Außentreppe am Wirtschaftstrakt, die zunächst gegenläufig parallel zur straßenseitigen Stützmauer geplant war. Auch die große Gartentreppe fällt anfangs kürzer und steiler aus, wobei sie zudem leicht in die Esszimmerterrasse einschneidet. Die beiden östlichen Fensterachsen des Vestibüls sollten oben schmale Lüftungsflügel aufweisen; die Südfenster des Wirtschaftstrakts sind noch dreiteilig angelegt, die an der Westseite mit Rolladenkästen ausgestattet, doch ohne Oberlichter. Schließlich zeigt eine auf den 30. März 1930 datierte Konstruktionszeichnung der Firma Alexander Herman in Berlin (MoMA 3232.2.268) zwei Alternativentwürfe für die Stützenummantelung, die im Prinzip der für Barcelona gewählten Lösung entsprechen: an den Kanten umgefalzte Winkelbleche, die durch aufgeschraubte Blechstreifen an den Stirnseiten mit der Stütze verbunden werden. Die Rundung der Kreuzarme ist mit Bleistift einskizziert, doch haben sich weder Profil- noch Montagezeichnungen erhalten.

Viele Entscheidungen müssen erst im Zuge der Ausführung gefallen sein – so auch der Entschluss, die Ostwand des Kindertraktes als Windschutz für die Terrasse bis zur Vorderkante des Dachüberstands vorzuziehen (vgl. Abb. 158). Dieses Detail, das im korrigierten Aufriss MoMA 3232.2.315 nur nachträglich und zaghaft durch einen dünnen Bleistiftstrich angedeutet ist, wird lediglich in den Bepflanzungs- und Publikationsplänen korrekt wiedergegeben, fehlt aber selbst in der veröffentlichten Ansicht der Südfassade, was auf einen Übertragungsfehler bei der Reinzeichnung zurückzuführen sein dürfte.

150
Ludwig Mies van der Rohe, Barcelona-Pavillon (1929), Kernbereich mit Onyxwand

150

[37] Tegethoff 1981 (zit. Anm. 26), S. 62f.

[38] Interview vom 9. September 1974 (zit. Anm. 33).

[39] Das Scheitern des Projekts Dexel zeigt einen besonders krassen Fall; vgl. Tegethoff 1981 (zit. Anm. 26), S. 52–54.

Die Ziele des Architekten: Mies van der Rohe und die Ästhetik der Transparenz

Der hier rekonstruierte Planungsverlauf unterstellt eine konsequente Entwicklungslinie vom Vorprojekt zum Ausführungsentwurf, die jedoch nicht notwendig auch der tatsächlichen Abfolge entsprochen haben muss. Dagegen wären nicht zuletzt die zeitlichen Überschneidungen bei den datierten Zeichnungen vorzubringen, die für eine unabhängige Weiterentwicklung der beiden Alternativentwürfe sprechen. Projekt B scheint dabei in der Planung etwas weiter gediehen zu sein, da bereits Anfang April erste Konstruktionszeichnungen vorgelegen haben (MoMA 3232.2.337–2.339, jeweils mit Angabe der Deckenträgerlagen in Tusche, die jedoch aufgrund des mit der Ausführung identischen Konstruktionssystems auch nachträglich noch erfolgt sein könnte). Andererseits ist nicht rundweg auszuschließen, dass die entsprechenden Berechnungen zu Projekt A frühzeitig ausgesondert wurden, da sich für sie im späteren Planungsverlauf keine weitere Verwendung mehr fand. Wo also liegen die Vorzüge und Schwächen der einzelnen Entwürfe, die die Entscheidungen im einen oder anderen Sinne beeinflusst haben mögen?

Projekt A weist vordergründig den schwerwiegenden Nachteil auf, dass das Hauptgeschoss weder über einen eigenen Außenbereich noch über einen direkten Zugang zum Garten verfügt. Dieser ist vielmehr nur auf dem Umweg durch den Wintergarten zu erreichen, was mit der durchaus repräsentativen Gesamtkonzeption nur schwer in Einklang zu bringen ist. Durch die Lage des sogenannten Leutezimmers nebst Durchgang zwischen Küche und Anrichte im unmittelbaren Anschluss an den Wohnbereich ist ferner das gesamte Gartenareal ständig den Blicken des Hauspersonals ausgesetzt, was im Ausführungsentwurf mit geradezu auffälliger Sorgfalt vermieden wurde. Offenbar fand auch die großzügige Verglasung der Schlafzimmer im Obergeschoss keine Zustimmung. Ähnliche Bedenken gegen eine allzu große Offenheit hatten zuvor schon bei den Häusern Lange und Esters in Krefeld eine Planänderung zur Folge gehabt, die schließlich in einer deutlich konventionelleren Lösung mündete.[37] Die zugehörige Variante zielt auf eine Beseitigung der angesprochenen Probleme, indem nun ein überdeckter Freiplatz anstelle des Leutezimmers tritt. Nach wie vor aber fehlt ein unmittelbarer Zugang zum Garten. Der Umstand, dass dieses Entwurfsstadium nur in zwei wohl als Präsentationszeichnungen zu deutenden Kohleskizzen überliefert ist, gibt Anlass zur Vermutung, dass zum Zeitpunkt ihrer Ausfertigung bereits das Alternativprojekt favorisiert wurde.

Vorprojekt B darf seinem Konkurrenten gegenüber in vieler Hinsicht als überlegen betrachtet werden. Nach rein formalästhetischen Kriterien übertrifft es sogar den Ausführungsentwurf, da durch das weit vorgezogene Hauptgeschoss und die beinahe schwebende Terrassenkonstruktion der Eindruck von Leichtigkeit und Transparenz insgesamt stärker zur Wirkung kommt. Am Ende dürften jedoch auch hier einige gewichtige Argumente gegen eine Verwirklichung gesprochen haben, wobei nicht zuletzt subjektive Beweggründe eine Rolle gespielt haben mögen: Die Übereinstimmungen mit Le Corbusiers im Vorjahr vollendeter Villa Stein-de Monzie in Garches (Abb. 151, vgl. Abb. 148), auf die Mies angeblich durch seinen Mitarbeiter Hirz hingewiesen wurde, sind in der Tat frappierend und könnten zu einer nochmaligen Überarbeitung der Gartenfassade Anlass gegeben haben.[38] Sie treten am ausgeführten Bau nicht gar so deutlich in Erscheinung, obgleich auch hier die Anregung durch Le Corbusier letztendlich kaum zu übersehen ist. Dem persönlichen Bedürfnis der Bauherren nach Wahrung der eigenen Privatsphäre trägt die stärkere Abschottung der Räumlichkeiten im Obergeschoss Rechnung. Der Eingang wird um 90 Grad gedreht und rückt hinter die gebogene Glaswand des Vestibüls. Der Durchblick von dort zur Dachterrasse entfällt; gestrichen wird auch der direkte Terrassenzugang vom Zimmer des Kindermädchens. Die Verglasung ganzer Außerwände ist zugunsten klar definierter Tür- und Fenstereinschnitte zurückgenommen, wodurch in den Schlafzimmern der Charakter herkömmlicher Raumzellen gewahrt bleibt. Die eingreifendste Veränderung aber, die Aufsockelung des gesamten unteren Wohnbereichs unter Einbeziehung der Esszimmerterrasse, folgte anscheinend rein pragmatischen Überlegungen: Die Absicht, zwei der großflächigen Gartenfenster versenkbar zu gestalten, bedingte eine entsprechende Unterkonstruktion des Hauptgeschosses und damit ein Vorziehen der Kellerwand bis auf Höhe der Fensterflucht. Die mit Kreuzen markierten Scheiben in MoMA 3232.2.190 zeigen den Stand der Planung zu dem Zeitpunkt, als der Gedanke offenbar erstmals Gestalt annahm. Weshalb auch die rückseitige Wand (oder Fensterscheibe?) der Esszimmerterrasse in gleicher Weise gekennzeichnet ist, bedarf noch einer Antwort.

All dies klingt logisch und im großen Ganzen durchaus nachvollziehbar, vermag indes am Ende nicht so recht zu überzeugen: Mies, durch andere, zunächst wichtigere Projekte in Anspruch genommen, überträgt einem engen Mitarbeiter die Ausarbeitung seiner vorläufigen Skizzen, vorsichtshalber in zwei alternativen Entwürfen. Dann, den Kopf endlich wieder frei für neue Aufgaben, folgt die Prüfung. Planungsfehler springen sogleich ins Auge – es fehlt der Zugang zum Garten! Änderungen werden vorgenommen, Varianten entwickelt, schließlich beide Projekte verworfen und auf Grundlage der konstruktiven Vorgaben – die Zeit drängt – ein drittes Konzept entwickelt. Die Auftraggeber sucht man zwischenzeitlich recht und schlecht zu vertrösten: Gewiss, die zugesagte Fertigstellung der Pläne verzögere sich, der Baubeginn verschiebe sich voraussichtlich auf Juli und bestehende Kontrakte mit den örtlichen Firmen seien bis dahin erst einmal zu sistieren. Was vielleicht unausgesprochen blieb, dem Bauherrn allerdings ziemlich bald deutlich geworden sein dürfte: Mit einer Fertigstellung des Rohbaus vor Wintereinbruch konnte demnach kaum mehr gerechnet werden. Im Klartext aber hieß dies, der Innenausbau ließe sich frühestens in den Sommermonaten des Folgejahres in Angriff nehmen, so dass an einen Einzug vor Ende des Jahres 1930 nicht mehr zu denken war. So sollte es dann in der Tat auch eintreten. Es wäre nicht das erste Mal gewesen, dass Mies seine Auftraggeber hätte aufsitzen lassen, und nicht alle unter ihnen waren willens und in der materiellen Lage, über seine Säumigkeit mit Großmut hinwegzusehen.[39] Dass die im Frühjahr 1929 anstehenden Entscheidungen, gegenüber denen die zitierten Diskussionspunkte der voraufgegangenen Silvesterbesprechung doch eher wie Quisquilien erscheinen mussten, so gänzlich ohne Beteiligung der Bauherren getroffen worden wären, ist zudem mehr als unwahrscheinlich. Indessen findet sich dafür in den ansonsten sehr präzisen Erinnerungen Grete Tugendhats kein einziger Hinweis.

Die konventionelle Raumstruktur der Schlafzimmer im Obergeschoss entsprach bekanntlich nicht den ursprünglichen Intentionen Mies van der Rohes, wie sich – von den Vorentwürfen abgesehen – nicht zuletzt an seinem Musterhaus auf der Berliner Bauausstellung von 1931 belegen lässt, auf das Grete Tugendhat in ihrem Vortrag von 1969 ja ausdrücklich Bezug nahm (Abb. 152). Einen vergleichbaren Ansatz verfolgte er in dem im darauffolgenden Jahr entstandenen Wettbewerbsprojekt zum Haus Gericke. Zwar zeigte er sich in dieser Frage durchaus kompromissbereit, doch hätte er wohl schwerlich von sich aus von der einmal projektierten Lösung wieder Abstand genommen. Es spricht somit alles für eine Intervention von Seiten Fritz Tugendhats, der in der entscheidenden Phase die Verhandlungen in Berlin geführt haben muss und der im Gegenzug die dadurch zwangsläufig eintretenden Verzögerungen billigend in Kauf zu nehmen bereit gewesen war. Grete Tugendhat, die damals schon wieder in Brünn weilte, wird aus der Ferne die Situation vielleicht nicht ganz so dramatisch gesehen haben, womit sich ihr späteres Hinweggehen über diese Angelegenheit erklärt.

Weiterhin gilt zu bedenken: Ungeachtet des Erfolgs von Barcelona, der Mies den erhofften internationalen Durchbruch verschaffte, war hier eine Chance geboten, die vielleicht so schnell nicht wiederkommen mochte. Nur ein einziges Mal zuvor, beim Kröller-Müller-Projekt von 1912, hatte ein Auftrag von ähnlich großer Bedeutung schon greifbar nahe gelegen, nur um am Ende dann doch am vernichtenden Schiedsspruch des Gutachters zu scheitern.[40] Dass Mies unter diesen Umständen die Verantwortung vertrauensvoll in die Hände eines Mitarbeiters legte, um schließlich vielleicht allenfalls noch korrigierend einzugreifen, ist daher mehr als unwahrscheinlich. War dies nicht die Aufgabe, von der er all die Jahre geträumt hatte, und damit zugleich auch der Bauherr, der Ort und die Mittel gegeben, seine Idealvorstellung von einem „Wohnhaus unserer Zeit“ nun endlich Wirklichkeit werden zu lassen? Dies alles legt die Vermutung nahe, dass Mies in keinem Stadium des Projektes die Kontrolle auch nur für einen Augenblick aus den Augen verlor.

Und schließlich Friedrich Hirz, neben Hermann John sein engster Mitarbeiter in den zwanziger Jahren: Sollte ihm tatsächlich der Lapsus unterlaufen sein, die fehlende Verbindung zwischen Wohngeschoss und Garten schlechterdings nicht bedacht zu haben? Würde Mies ihn dann noch, angesichts eines derart eklatanten Anfängerfehlers, mit der örtlichen Bauleitung in Brünn betraut haben? Beides klingt wenig überzeugend und legt den Schluss nahe, dass das Konzept einer strikten physischen Trennung von Innen und Außen zum festen Bestandteil des ursprünglichen Programms gehörte, wofür wiederum allein Mies als Urheber in Frage kommt.[41]

Das Prinzip der Abgrenzung wird schon in der Frontansicht thematisiert: Zur Schwarzfeldgasse hin, auch heute noch eine ausgesprochen ruhige und kaum befahrene Anliegerstraße, zeigt sich der Baukörper hermetisch verschlossen (Abb. 153, vgl. Abb. 132). Die Milchglaswand der Eingangshalle verwehrt jeden Einblick ins Innere und verstellt

[40] Zum Kröller-Müller-Projekt s. Schulze 1986 (zit. Anm. 17), S. 58–65.

[41] Laut Grete Tugendhat 1969 (zit. Anm. 24) kam es im weiteren Verlauf zu Unstimmigkeiten mit Hirz: *„Wir hatten zuerst einen Herrn Hitz [sic] als Bauleiter, der sich aber nicht sehr bewährte und daher bald von Herrn John abgelöst wurde, der in Brünn blieb, bis der Bau beendet war …“* Den Signaturen auf den erhaltenen Brünner Blaupausen nach zu schließen war Hirz jedoch noch bis mindestens Ende August 1929 vor Ort für den Bau zuständig, seinen eigenen Angaben in dem bereits oben erwähnten Interview (Anm. 33) zufolge sogar noch für ein volles ganzes Jahr. Eine Verwechslung der beiden Namen durch Grete Tugendhat liegt nahe.

153
Haus Tugendhat, Straßenansicht von Nordosten

151
Le Corbusier, Villa Stein-de Monzie in Garches (1926–28), Gartenfassade

151

152

152
Ludwig Mies van der Rohe, Musterhaus auf der Berliner Bauausstellung 1931, Schlaftrakt mit freistehendem Badezimmerblock, Nachtaufnahme

153

154
Haus Tugendhat, Vorplatz mit Durchblick zum Spielberg

154

155
Haus Tugendhat, Blick aus dem Wohnbereich mit Chaiselongue

156
Haus Tugendhat, Blick von der Altstadt

155

156

157
Blick von der Dachterrasse auf Brünn

157

158

158
Haus Tugendhat, Dachterrasse, Blick nach Osten

159

159
Haus Tugendhat, Dachterrasse, Blick nach Westen zum Elterntrakt

160

160
Haus Tugendhat, Durchgang vor dem Elterntrakt, Blick nach Osten

161
Haus Tugendhat,
Glasfront des Wohnbereichs von der
Esszimmerterrasse

161

162
Haus Tugendhat, Gartenansicht von Südosten

162

[42] Zit. n. Walter Riezler, „Das Haus Tugendhat in Brünn", Die Form VI, 9, Sept. 1931, S. 321–332, hier S. 328.

[43] Zum Thema des gerahmten Landschaftsprospekts bei Mies und seiner historischen Herleitung von Schinkel vgl. Wolf Tegethoff, „Zur Entwicklung der Raumauffassung im Werk Mies van der Rohes", Daidalos 13, Sept. 1984, S. 114–29, u. ders., „Landschaft als Prospekt – oder die ästhetische Aneignung des Außenraums bei Schinkel", in Kunstsplitter: Beiträge zur nordeuropäischen Kunstgeschichte (Festschrift Wolfgang J. Müller), Husum 1984, S. 120–129.

zugleich die Sicht auf die Haustür, die hinter der Rundung des Treppenhauses verborgen liegt. Zwischen den gestaffelt zurücktretenden Wänden des Obergeschosses und dem bis zur Grundstücksgrenze vorgezogenen Querriegel des Garagen- und Wirtschaftstrakts öffnet sich der – heute durch Baumbewuchs verdeckte – Ausblick auf den Spielberg, der sich jenseits der Brünner Altstadt erhebt. Das *„wie absichtsvoll eingerahmte Bild des Stadtschlosses"* (Riezler) gibt einen ersten Hinweis auf den ganz anders gearteten Charakter der Gartenfassade, deren großzügig verglaste Fensterfronten in scharfem Kontrast zur insgesamt eher abweisenden Wirkung der Eingangsseite stehen.[42] Der ursprünglich durch ein Geländer versperrte Durchgang war nicht passierbar, dient also lediglich der visuellen Verbindung. Die Rahmung wirkt als zusätzlich distanzierendes Element, so dass der Eindruck eines Bühnenprospekts entsteht, der deutlich gegen den Betrachterraum abgesetzt ist (Abb. 154).

Die bildhafte Ästhetisierung des Ausblicks ist ein zentrales Motiv im Werk Mies van der Rohes, das bereits in den frühen Landhausprojekten von 1923/24 anklingt und von da ab konsequent weiterentwickelt wird. Die Gesamtdisposition des Tugendhat-Hauses zeigt sich weitgehend dadurch bestimmt. Dies gilt zum einen für die Dachterrasse und die Ausrichtung der Räume im Obergeschoss, zum anderen für den zentralen Wohnbereich auf der unteren Raumebene, der sich in seiner ganzen Frontbreite nach Süden hin öffnet. Zwei der riesigen Panoramascheiben lassen sich zudem vollständig im Boden versenken; so dass die Hauptsitzgruppe vor der Onyx-Wand und der halbrund eingefasste Essplatz bei schönem Wetter wie Loggien genutzt werden können. Neben den rahmenden Fensterprofilen wirken hier die vorderen, frei im Raum stehenden Stützen als zusätzliche seitliche Einfassung des Gesichtsfeldes. Durch den erhöhten Standpunkt über dem nach Süden abfallenden Gartengelände schweift dabei der Blick über den Mittelgrund hinweg, um erst wieder durch die Stadtsilhouette am Horizont aufgefangen zu werden (Abb. 155).

Der Eindruck eines sich bruchlos nach außen fortsetzenden Raumkontinuums, wie dies noch Walter Riezler in seiner Besprechung des Tugendhat-Hauses unterstellt hatte, wird dadurch ausdrücklich vermieden. Der Betrachter steht nicht in, sondern vor der Landschaft oder, genauer gesagt, vor einem ins Bildhafte verfremdeten Landschaftsausschnitt, der ihm konfrontierend gegenübergestellt ist. Die strikte Trennung der Sphären entspricht einer im Theater seit langem geübten Praxis, und in der Tat bedient sich Mies bei ihrer räumlichen Inszenierung einer Reihe von Vorkehrungen, wie sie von der Bühnenarchitektur her bekannt sind. Auf der oberen offenen Dachterrasse ist die Ausrichtung weniger streng, doch ebenfalls auf frontale Prospektwirkung hin angelegt. Eine halbrunde Sitzbank, deren hohe Rückenlehne als Rankgerüst dient, gibt hier die Hauptblickrichtung vor, die durch die Ostwand des Elterntrakts und ein größeres, in späteren Aufnahmen vollständig überwuchertes Rankgerüst auf der gegenüberliegenden Südostecke der Terrasse seitlich begrenzt wird und sich erst unmittelbar vor der Terrassenbrüstung zum Panorama entfaltet (Abb. 156–160).[43]

Es spricht demnach einiges dafür, dass Mies zugunsten des angestrebten Effekts anfangs bewusst auf eine direkte Verbindung zum Garten verzichtet hatte und erst auf Drängen der Bauherren eine alternative Lösung ins Auge fasste. Besondere Bedeutung kommt dabei der Art der Wegführung zu, die unter funktionalen Gesichtspunkten betrachtet umständlich und unnötig lang erscheinen mag, als distanzierendes Element zwischen Innen- und Außenraum allerdings unverzichtbar ist: Der Ausgang

163

163
Haus Tugendhat, Gartenansicht von Süden

zur Esszimmerterrasse liegt an der Schmalseite des Wohnbereichs (Abb. 161), zwingt also erst einmal, den Blick vom Garten abzuwenden, um sodann auf der Terrasse die Richtung abermals um 180 Grad zu ändern. Der Weg über die große Freitreppe verläuft nun parallel zur Gartenfront und setzt sich anschließend auf dem gekiesten Parterre entlang der Sockelwand fort, da ein sich über die gesamte Breite des Hauses erstreckendes Staudenbeet das Parterre von der sich davor ausbreitenden Wiese trennt (Abb. 162). Erst jenseits der Südostecke des Hauses, wo ursprünglich eine Sitzbank die Achse abschließen sollte, geleitet ein Pfad in den eigentlichen Garten.

Der Verzicht auf eine axiale, geradlinige Erschließung zugunsten einer mäandrierenden Wegführung zwischen Innen und Außen ist ein Charakteristikum der Architektur Mies van der Rohes. Sie findet sich ansatzweise schon im Frühwerk – neben dem Haus Urbig von 1915 bis 1917 wäre hier vor allem das Projekt zum „Landhaus in Eisenbeton" (1923, vgl. Abb. 170) zu nennen – und gewinnt im Barcelona-Pavillon geradezu programmatische Bedeutung.[44] Sie steht vordergründig für eine dynamische Architekturauffassung, bei der sich das Bauwerk dem Benutzer erst in der Bewegung und von ständig wechselnden Standpunkten aus erschließt. Vor allem aber, und darin besteht der eigentliche Sinn, bewahrt der graduelle Übergang die Integrität und Eigenständigkeit des Innenraums, der, wie Grete Tugendhat nachdrücklich betonte, trotz weitgehender Transparenz eben nicht erst im „Allraum der Natur" (Riezler) seine wahre Lösung findet[45]:

„... so wichtig auch die Verbundenheit von drinnen und draußen ist, so ist der Raum doch ganz geschlossen und ruht in sich –, die Glaswand wirkt in diesem Sinn vollkommen als Begrenzung. Wenn es anders wäre, glaube ich selbst, daß man ein Gefühl der Unruhe und Ungeborgenheit hätte. So aber hat der Raum – gerade durch seinen Rhythmus – eine ganz besondere Ruhe, wie ein geschlossenes Zimmer sie gar nicht haben kann." Transparenz ist nicht zwangsläufig gleichbedeutend mit Offenheit auch in physischer Hinsicht, was den vermeintlichen Widerspruch aufklärt: Die Umgebung des Hauses wird durch die großen Glaswände zwar optisch mit einbezogen, bleibt aber räumlich ausgegrenzt. Die Trennung der Sphären ist strikt durchgehalten; ein Hinüberwechseln von der einen in die andere kann nur auf „Umwegen" erfolgen, wobei dann allerdings der ursprünglich gegebene Bezug wieder verloren geht. Eine ähnlich enge Blickverbindung von außen ins Innere des Hauses kommt nicht zustande; auch fehlt die Prospektwirkung, da hier die räumlich-plastischen Werte klar überwiegen. Vom Garten aus betrachtet, bewahrt der Baukörper daher einen eher geschlossenen Gesamteindruck, den selbst die riesigen Glasflächen nicht aufzubrechen vermögen (Abb. 162, 163).

[44] Vgl. Tegethoff 1981 (zit. Anm. 26), S. 87f.

[45] Riezler 1931 (zit. Anm. 42); Grete Tugendhat, „Die Bewohner des Hauses Tugendhat äußern sich" (Zuschrift an die Redaktion), Die Form VI, 11, Nov. 1931, S. 437–438.

164
Haus Tugendhat, Vorplatz mit Blick zum Wirtschaftstrakt

164

Das „Einzelhaus für die gehobene persönliche Existenz“: Eine überkommene Bauaufgabe im modernen Gewand?

„Gerade ein Haus wie das, dem wir diese Betrachtung widmen, beweist, daß es auch heute noch geistige Ideen gibt, die nach Gestaltung drängen. Damit ist nicht gesagt, daß gerade die hier vorliegende Aufgabe, die eines Einzelhauses für die gehobene persönliche Existenz, diejenige Aufgabe ist, an der sich die neuen geistigen Ideen am besten bewähren können. Vielleicht ist im Gegenteil diese Aufgabe noch etwas im Sinne der zu Ende gehenden Epoche gestellt. Aber das ist weniger wichtig als der hier gelungene Nachweis, daß es überhaupt möglich ist, sich von dem Ausgangspunkt des bisherigen, rein rationalen und zweckgebundenen modernen Bauens aus in das Reich des Geistes zu erheben.“ [46]

Das *„Einzelhaus für die gehobene persönliche Existenz“*, von dem hier die Rede ist, entspricht nach Lage, Größe und Ausstattung einem Gebäude, das im allgemeinen Sprachgebrauch gewöhnlich als „Villa“ bezeichnet wird. In zeitgenössischen tschechischen und österreichischen Veröffentlichungen heißt es dann auch schlicht und einfach die „Villa Tugendhat“. [47] In Deutschland dagegen war dieser Begriff seit den Anfängen der Reformbewegung im letzten Jahrzehnt des 19. Jahrhunderts negativ belegt und relativ bald durch das modischere Wort „Landhaus“ ersetzt worden, worin sich die damalige Begeisterung für das englische „country house“ niederschlug. Mit „Villa“ assoziierte man nun vor allem die protzigen Land- und Vorstadtresidenzen der ausgehenden Gründerzeit, die mit ihrem repräsentativen Anspruch in vieler Beziehung das Gegenbild zu einem modernen, bequemen Wohnhaus darstellten und noch dazu, wie man zu bemerken glaubte, jeden Bezug zu ihrer natürlichen Umgebung vermissen ließen.[48] Alfred Krupps „Villa Hügel“ in Essen und Richard Wagners „Villa Wahnfried“ galten als typische Vertreter dieser Gattung, gegen die die Reformer sich abzusetzen suchten. In den zwanziger Jahren hatte aber auch das „Landhaus“ schon ein ähnliches Schicksal ereilt. Die mit dem Begriff verbundenen Konnotationen der ländlichen Idylle, des Heimeligen und „Jugendstiligen“, kurzum der ganzen scheinbar heilen Welt des spätwilhelminischen Bürgertums, waren mit einem die Errungenschaften des technischen Zeitalters bejahenden, sozial verantwortlichen und der Zukunft zugewandten Bauen nicht mehr so recht in Einklang zu bringen. Dies erklärt die jetzt allgemein üblich gewordene Bezeichnung „Haus“ für Gebäude jeglicher Größenordnung und unterschiedlichen Anspruchs, die semantisch verbrämt, was idealiter zwar gewollt, doch faktisch weder damals noch heute gegeben war und ist: die kategoriale Gleichheit von Hütte und Palast. Riezlers umständlicher und fast schon wieder karikierender Umschreibung ist die Verlegenheit anzumerken, in den ihn diese Konvention im Angesicht des ganz und gar nicht konventionellen Tugendhat-Hauses gestürzt hatte.

Dieses „Haus“ nun sprengt in der Tat sämtliche gewohnten Maßstäbe auch eines größeren Einfamilienhauses. Geplant für eine vorerst noch vierköpfige Familie, verfügt es über eine Gesamtnutzfläche von annähernd 1250 Quadratmetern, wovon allein der zentrale Wohnbereich mit Wintergarten rund 280 Quadratmeter umfasst. Die wahren Größenverhältnisse werden dabei durch die Hanglage geschickt kaschiert, da der Hauptteil des Gebäudes von der Straße her kaum einzusehen ist. Dem Haus vorgelagert ist ein ausgedehnter Vorplatz (Abb. 164, vgl. Abb. 133); sein weiter zurückliegender, von der Dachplatte überfangener Teil kann bei entsprechenden gesellschaftlichen Anlässen als Vorfahrt genutzt werden. (Irene Kalkofen zufolge haben sich einige wenige Male Besucher tatsächlich bis unter das Dach vorfahren lassen.) Der von den Wohnräumen deutlich abgesetzte Wirtschaftstrakt erscheint hier als vollkommen eigenständiger Flügel, wie man dies allenfalls von sehr aufwendigen englischen Landhausbauten des 19. Jahrhunderts her kannte.

Die Anlage der Eingangshalle mit ihrem betont unpersönlichen Charakter orientiert sich ebenfalls an den damaligen gesellschaftlichen Gepflogenheiten, wie sie das aufstrebende Bürgertum des 19. Jahrhunderts von der adeligen Gesellschaft des Ancien Régime übernommen hatte. Zu bestimmter Tageszeit war es durchaus üblich, auch unangemeldet Besuche abzustatten. So pflegten etwa Anwälte und Ärzte, die sich „frisch“ in der Stadt niedergelassen hatten, durchreisende Geschäftsleute auf der Suche nach neuen Kontakten oder jüngst zugezogene Nachbarn sich bei den „besseren“ Familien des Viertels vorzustellen. Der Besucher wurde vom Personal empfangen, das von der Anrichte aus über einen direkten Zugang zum Treppenhaus verfügte. Er trug in gebotener Kürze sein Anliegen vor, übergab seine Visitenkarte, um dann je nach Verfügbarkeit und Laune der „Herrschaften“ hereingebeten oder auf ein späteres Mal vertröstet zu werden (was einer schroffen Ablehnung gleichgekommen wäre). Das „Hereingebetenwerdenmüssen“ erklärt die Zwischenstellung der Eingangshalle, die als geschlossener Raum dem Inneren des Hauses zuzurechnen ist, in ihrer formalen Ausgestaltung indes eindeutig als Übergangszone gekennzeichnet wird (Abb. 165, vgl. Abb. 140). Der Ablauf des Zeremoniells erfordert seine Zeit – je nachdem, wo sich Hausfrau oder Hausherr gerade aufhalten, oder ob es tunlich erscheint, „den Besuch ein wenig warten zu lassen“. Dafür, und nur dafür, stehen vor der Palisanderwand des Vestibüls zwei Sessel zur Verfügung (denn wer von den ständigen Bewohnern des Hauses sollte je auf den Gedanken verfallen, ausgerechnet hier einen Ruheplatz aufzusuchen). Das ein oder andere aktuelle Magazin auf dem zugehörigen Beistelltischchen mag dabei die Wartezeit verkürzt haben. Damit es währenddessen nicht zu unliebsamen oder gar peinlichen Begegnungen kommt, ist die innere Erschließung der Privaträume im Obergeschoss strikt von der Eingangshalle getrennt.

Die Bezeichnungen der Raumzonen im unteren Hauptgeschoss, wie sie auf einigen Grundrissen der Vorprojekte erscheinen (vgl. Abb. 149) – „Empfangszimmer“ für den Eingangsbereich, „Herrenzimmer“ für den Bereich um Arbeitsplatz und Bibliothek – entsprachen vermutlich nicht den Intentionen Mies van der Rohes. Sie zeigen aber, wie stark selbst die Vorstellungen seiner Planzeichner

[46] Riezler 1931 (zit. Anm. 42), S. 332.

[47] W[ilhelm] Bisom, „Villa arch. Mies van der Rohe“, Měsíc, Juni 1932, S. 2–7; Max Eisler 1932 (zit. Anm. 30).

[48] Ein zeitgenössischer Kommentar zu diesem terminologischen Bedeutungswandel findet sich beispielsweise bei Fritz Schumacher, „Bürgerliche Baukunst“, in Spemanns goldenes Buch vom Eigenen Heim: Eine Hauskunde für Jedermann, Berlin u. Stuttgart 1905, nicht pag., Abs. 12: *„Dadurch ist unwillkürlich die natürlichere und unbefangenere Gestaltung des Landhauses der Kern des Begriffs ‚Villa‘ geworden und die Villa immer mehr der Typus des eleganten Stadthauses. […] Man will auch in der Stadt freiliegen und dadurch ist schon von vornherein ein anderer Charakter in das hineingekommen, was heute dem Patrizierhause von einst entspricht. Es ist zur ‚Villa‘ geworden. […] Als typischen Unterschied kann man vor allem die Art hervorheben, wie sich das Haus zu seiner Umgebung öffnet.“*

165

166
Haus Tugendhat,
Korridor zum Kindertrakt,
Blick zum Vestibül

167
Haus Tugendhat,
„Fräuleinzimmer"
(Zimmer von Irene
Kalkofen)

166

167

168
Haus Tugendhat,
Schrankwand und Bett
im „Fräuleinzimmer"

168

165
Haus Tugendhat,
Vestibül

169

169
Haus Tugendhat,
Straßenansicht von
Nordwesten

noch in der Gedankenwelt des 19. Jahrhunderts befangen waren. Am Ende bleiben sie selbst für den Ausführungsentwurf in weiter Hinsicht prägend. Das Aufbrechen der einzelnen Raumzellen zugunsten eines locker und dennoch unverrückbar strukturierten Raumkontinuums bedeutete zweifellos eine der großen Leistungen in der Architektur des 20. Jahrhunderts. Dies darf indes nicht darüber hinwegtäuschen, dass hier die altgewohnte „Flucht von Gesellschaftsräumen", wenn auch in deutlich veränderter Gestalt, durchaus noch weiterlebt. Empfangszimmer, Arbeitszimmer, Bibliothek, Salon und Speisezimmer – das ganze gewohnte Raumprogramm eines großbürgerlichen Ambientes ist ja nach wie vor vorhanden, nur dass es sich hier nicht länger durch feste Wände und Türen, sondern ausschließlich durch die Möblierung definiert, die kaum weniger strengen Kompositionsgesetzen unterliegt.

Dass ein Gebäude dieser Größenordnung nicht ohne einen entsprechenden Aufwand an Personal zu bewirtschaften war, versteht sich beinahe von selbst. Ständig im Haus wohnten dabei neben dem Kindermädchen der (verheiratete) Chauffeur, eine Köchin und zwei Dienstmädchen, die ein gemeinsames Zimmer belegten. Der parkähnliche Garten wurde vom Gärtner der Schwiegereltern mitversorgt. Die Rangordnung innerhalb des Personals ist dabei an der Form der Unterbringung eindeutig ablesbar. Irene Kalkofen hatte in ihrer Funktion als Kindermädchen (und ausgebildete Kinderschwester) eine gewisse Sonderstellung inne. Ihr Zimmer lag als einziges im engeren Privatbereich der Familie, orientierte sich allerdings nach Osten und damit vom Garten weg, der von hier aus nicht eingesehen werden konnte. Zudem war es aufwendig mit von Mies van der Rohe entworfenen Möbeln ausgestattet, was bei allen anderen Personalräumen dem Anschein nach nicht zutraf. Es diente zugleich der Unterbringung von Logiergästen; in diesen offenbar recht seltenen Fällen schlief Frau Kalkofen im Zimmer von Hanna, das dazu mit einem zweiten Bett ausgestattet war (Abb. 167, 168, vgl. Abb. 75).[49]

Der Chauffeur verfügte mit seiner Ehefrau über eine separate Anliegerwohnung im Obergeschoss des Wirtschaftstraktes mit geräumiger Wohnküche, Schlafzimmer, Vorraum und Bad (vgl. Abb. 139). Er war demnach rangmäßig hoch eingestuft, was insofern verständlich ist, als der Beruf in jener Zeit noch erhebliche technische und handwerkliche Kenntnisse verlangte, da bei der verhältnismäßig großen Schadensanfälligkeit der Wagen ein erfahrener Automechaniker nur selten zur Hand war. Zudem bedingte das gemeinsame Reisen eine gewisse persönliche Nähe, wie sie bei den übrigen Hausangestellten so kaum gegeben war. Und schließlich war er neben dem Hausherrn der einzige Mann im Haus, der bei allen erdenklichen Notfällen einspringen musste und sich von daher als schwer ersetzlich erwies. Von allen Personalräumen verfügt lediglich die Wohnküche des Chauffeurs über ein Fenster zur Gartenseite, was sich vielleicht aus dem Umstand erklärt, dass von dort aus auch der vordere, zusätzlich durch eine Lichtschranke gesicherte Durchbruch zur oberen Terrasse überblickt werden kann, der ja vor unliebsamen Besuchern geschützt werden musste. Die Brüstung des vorspringenden Obergeschosses verwehrt aber selbst hier einen direkten Einblick in den eigentlichen Gartenbereich, der so in jeder Beziehung abgeschirmt bleibt.

Das Schlafzimmer der Chauffeurswohnung und die Zimmer der Köchin und der beiden Dienstmädchen sind demonstrativ zum Wirtschaftshof nach Westen orientiert (Abb. 169). Mit eigenem Bad und den entsprechenden Nebenräumen sind auch sie dennoch vergleichsweise großzügig ausgestattet. Gemessen am Standard der Zeit muss auch der separate Eingang über die westliche Außentreppe als

[49] Angaben nach Irene Kalkofen (Anm. 16).

fortschrittlich gewertet werden, da er ein Mindestmaß an Privatleben garantierte, wie es damals für das gemeine Hauspersonal durchaus noch nicht selbstverständlich war.

Desungeachtet bleibt die Tatsache bestehen, dass der Gesamtorganismus des Hauses einen Zustand perpetuiert, der noch weitgehend den großbürgerlichen Idealen und Umgangsformen des 19. Jahrhunderts verpflichtet ist. Diesem noch weitgehend aristokratisch geprägtem Weltbild hatten Krieg und nachfolgende Inflation in Deutschland die materielle Grundlage entzogen, zumindest aber war es durch die Ereignisse zutiefst erschüttert worden. Der Sturz der Monarchien und die politische Entmachtung des Adels beschleunigte den gesellschaftlichen Veränderungsprozess auch in den benachbarten Staaten Mitteleuropas. Innerhalb weniger Jahre hatten sich die Lebensgewohnheiten grundlegend gewandelt. Folge dieses Modernisierungsschubes war nicht zuletzt eine zunehmende Ausgrenzung der Privatsphäre aus dem öffentlichen Bereich, was in den radikal veränderten Wohnkonzepten der Avantgarde seinen unmittelbaren Niederschlag fand. Mies van der Rohes Entwurf verhält sich aber gerade in dieser Beziehung seltsam unentschieden: Indem er sowohl traditionellen Repräsentationsbedürfnissen Rechnung trägt, als auch dem Wunsch nach ungestörter Privatheit nachzukommen sucht, steht er gleichsam an der Schnittlinie zweier Epochen. Als eine unbestreitbar gelungene Synthese dieser diametral entgegengesetzten „Wohnansprüche" erfüllt das Tugendhat-Haus insofern nur bedingt die Forderung nach uneingeschränkter Modernität, auch wenn seine repräsentativen Funktionen im Alltag der Bewohner praktisch kaum zum Tragen kamen. Grete und Fritz Tugendhat waren sich ihrer sozialen Stellung zweifellos bewusst, ohne indes in ihrer inneren Einstellung den überkommenen Klischees einer großbürgerlichen Lebensführung anzuhängen. Ob jemals eine Visitenkarte in der Eingangshalle des Tugendhat-Hauses abgegeben wurde, mag bezweifelt werden. Große gesellschaftliche Veranstaltungen, auf die hin das Haus angelegt ist, entsprachen nicht den Neigungen seiner Bewohner; erst durch die „fund raising parties" zugunsten der Flüchtlinge des Nazi-Regimes fand es zu seiner wahren Bestimmung, und dies unter denkbar anderen Vorzeichen.[50]

Ungeachtet der Frage, wie die Tugendhats mit den architektonischen Vorgaben ihres Hauses umgegangen sind, bleibt aber die Tatsache bestehen, dass seine Gesamtdisposition noch in mancherlei Hinsicht an überkommene Repräsentationsformen des 19. Jahrhunderts angelehnt ist. Mies van der Rohes zentrale These, dass sich die Architektur vorbehaltlos den veränderten Zeitläuften anzupassen habe, scheint dazu in eklatantem Widerspruch zu stehen. Letztendlich aber offenbart sich darin ein der Moderne selbst immanenter Konflikt, wobei abstrakte, allgemein-gesellschaftliche Zielvorstellungen mit konkreten, individuell geprägten Wertmaßstäben kollidieren. Dass mit dem Jahr 1918 eine Epoche unwiederbringlich zu Ende gegangen war, steht außer Frage. Übersehen wird dabei allerdings nur allzu schnell der Umstand, dass mit der sie einst tragenden Gesellschaftsschicht zugleich auch wesentliche Strukturen der alten Ordnung unvermindert fortbestanden. Mies wie auch Grete und Fritz Tugendhat gehörten noch einer Generation an, die ihre entscheidende Prägung im Vorkriegseuropa der ausklingenden „Belle Époque" erfahren hatte und die sich damit zwischen den Zeiten bewegte. Dies mag – vielleicht – das äußerliche Festhalten an überkommenen Wohnkonzepten erklären, die mit der eigenen inneren Einstellung schon längst nicht mehr in Deckung zu bringen waren. Inwieweit dabei die jeweilige soziale Herkunft mit eine Rolle gespielt haben mag, muss dahingestellt bleiben. Festzuhalten aber ist der Umstand, dass im Haus Tugendhat der Konflikt nicht nur offen zutage liegt, sondern zugleich auch wieder auf einer höheren Ebene gelöst erscheint. Die Auftraggeber haben sich ihren eigenen Aussagen zufolge aus ganzer Überzeugung mit Mies van der Rohes Entwurf identifiziert. Dies spricht trotz aller notwendigen Vorbehalte für den Erfolg des Konzepts und verlagert zugleich das Gewicht auf das grundsätzliche Problem von Theorie und Praxis in der Moderne.[51]

„Daß Architektur als Kunst auch in unserer Zeit möglich sei": Die Auseinandersetzung um das Haus Tugendhat

Verglichen mit dem Barcelona-Pavillon oder Mies van der Rohes „Haus auf der Berliner Bauausstellung" von 1931, über die in den einschlägigen Zeitschriften eingehend berichtet wurde, fiel die Resonanz auf das Tugendhat-Haus in der deutschen Fachpresse bemerkenswert zurückhaltend aus. Abgesehen von vereinzelt und in der Regel kommentarlos veröffentlichten Abbildungen widmete ihm lediglich Walter Riezler im Werkbundorgan *Die Form* eine ausführliche Besprechung, die Justus Bier in der Folgenummer zu einer überaus kritischen Entgegnung veranlasste. Dass dabei mehr zur Diskussion stand als nur die divergierende Einschätzung der beiden Rezensenten, zeigt die anschließende Kontroverse zwischen Riezler und Roger Ginsburger, die schlaglichtartig die Situation der Moderne zu Beginn der dreißiger Jahre beleuchtet. Es ist dies einer der eher seltenen Konfliktmomente in der kurzen Geschichte des Neuen Bauens, der die inneren Widersprüche der nach außen hin auf Geschlossenheit bedachten Bewegung in aller Deutlichkeit zutage treten lässt.[52]

Rekapitulieren wir zunächst den Stand der Dinge: Zu Beginn der zwanziger Jahre hatte sich in den Zentren West- und Mitteleuropas eine Avantgarde formiert, die in radikaler Ablehnung der überkommenen Praxis ein ausschließlich an den Bedingungen von Zweck, Konstruktion und Material orientiertes Bauen propagierte. Zeitschriften und Ausstellungen sorgten für eine rasche Ausbreitung ihrer Ziele und Vorstellungen und förderten so die kongruierenden Tendenzen innerhalb der zunächst noch recht heterogenen Bewegung. Die weitverbreitete Wohnungsnot der Nachkriegsjahre und der allgemeine Überdruss an den sich in Stilzitaten erschöpfenden Bauten des Späthistorismus ließen die Forderung nach einem sachlichen, auf die Bedürfnisse des Menschen hin ausgerichteten Neuansatz

[50] Vgl. hierzu den Beitrag von Daniela Hammer-Tugendhat.

[51] Dies ist am Ende auch das Fazit von Eisler 1932 (zit. Anm. 30), S. 530: *„Deshalb ist auch die Frage nach seiner Wohnlichkeit […] unangebracht. Denn fürs erste ist sie doppelsinnig (der Fragesteller versteht unter ‚wohnlich' etwas Bürgerlich-Behagliches und bestreitet damit von allem Anfang jene Art der Wohnlichkeit, welche die Besitzer ebenso natürlich behaupten). Und ferner ist die Frage hier auch unwesentlich. Denn bei einem außerordentlichen Bauwerk wie diesem werden wir uns damit beizubringen dürfen, daß die Bewohner sich darin wohlfühlen."*

[52] Auf den Artikel von Riezler 1931 (zit. Anm. 42) folgten in der Reihenfolge ihres Erscheinens B. [Justus Bier], „Kann man im Haus Tugendhat wohnen?", Die Form VI, 10, Okt. 1931, S. 392f. (mit unmittelbar anschließendem Kommentar von Riezler, S. 393); Roger Ginsburger u. Walter Riezler, „Zweckhaftigkeit und geistige Haltung", a. a. O., 11, Nov. 1931, S. 431–437; Grete u. Fritz Tugendhat, „Die Bewohner des Hauses Tugendhat äußern sich", a. a. O., S. 437f. (mit abschließendem Kommentar von Ludwig Hilberseimer, S. 438f.).

[53] [Ludwig] Mies van der Rohe, „Bürohaus", G, 1, Juli 1923, S. 3.

[54] Ders., „Bauen", G, 2, Sept. 1923, S. 1.

[55] Ders. (1927, Anm. 1).

plausibel erscheinen. Formenreichtum und künstlerischer Ausdruckswille, die im Jugendstil der Jahrhundertwende noch einmal zu höchst individuellen Ergebnissen geführt hatten, waren nun nicht länger gefragt; an ihre Stelle traten die rationalen Planungsmethoden des Ingenieur-Architekten, der aus der Analyse der Funktionsabläufe, den konstruktiven Gegebenheiten und materiellen Eigenschaften der Baustoffe eine der Bauaufgabe jeweils angemessene Lösung zu entwickeln suchte. Schlagworte wie das der „Wohnmaschine", auf das auch Riezler rekurriert und das, wie er im Nachhinein eingestehen musste, einem aus dem Kontext gerissenen Zitat Le Corbusiers entnommen war, prägten die Vorstellungen von der künftigen Architektur. In den zahlreichen Manifesten und Kampfschriften der frühen Jahre fanden Anhänger und Gegner des Neuen Bauens weiterhin reichlich Nahrung. Mies van der Rohe, der erst relativ spät den Anschluss an die Berliner Avantgarde gefunden hatte, sollte schon bald zu ihren entschiedenen Wortführern zählen. Die einleitenden Sätze zur Veröffentlichung seines „Landhauses in Eisenbeton" (Abb. 170), die im September 1923 in der konstruktivistischen Zeitschrift G erschienen, spiegeln die radikale Stimmungslage der Zeit[53]:

„Wir kennen keine Form, sondern nur Bauprobleme. Die Form ist nicht das Ziel, sondern das Resultat unserer Arbeit. Es gibt keine Form an sich. [...] Form als Ziel ist Formalismus; und den lehnen wir ab. Ebensowenig erstreben wir einen Stil. Auch der Wille zum Stil ist formalistisch. Wir haben andere Sorgen. Es liegt uns gerade daran, die Bauerei von dem ästhetischen Spekulantentum zu befreien und Bauen wieder zu dem zu machen, was es allein sein sollte, nämlich BAUEN."

G Sept. 23 II

MATERIAL ZUR ELEMENTAREN GESTALTUNG

HERAUSGEBER: HANS RICHTER. REDAKTION DIES. HEFTES: GRÄFF, MIES v. d. ROHE, RICHTER. REDAKTION u. VERTRIEB: BERLIN-FRIEDENAU, Eschenstr. 7.

BAUEN

Wir kennen keine Form-, sondern nur Bauprobleme.
Die Form ist nicht das Ziel, sondern das Resultat unserer Arbeit.
Es gibt keine Form an sich.
Das wirklich Formvolle ist bedingt, mit der Aufgabe verwachsen, ja der elementarste Ausdruck ihrer Lösung.
Form als Ziel ist Formalismus; und den lehnen wir ab. Ebensowenig erstreben wir einen Stil.

Auch der Wille zum Stil ist formalistisch.
Wir haben andere Sorgen.
Es liegt uns gerade daran, die Bauerei von dem ästhetischen Spekulantentum zu befreien und Bauen wieder zu dem zu machen, was es allein sein sollte, nämlich

BAUEN

M. v. d. R.

FIAT

Bau und Plan von den Herren Senator Giovanni Agnelli, Guido Fornaca und Ingenieur Matheo Trucco, Turin.

EINFAHRBAHN UEBER DER FABRIK FIAT IN LINGOTTO.

170

1927 schien der Durchbruch erreicht. Im Rahmen einer Ausstellung des Deutschen Werkbunds und unter der „künstlerischen" Oberleitung Mies van der Rohes wurde in Stuttgart die Mustersiedlung „Am Weißenhof" errichtet, an der nahezu alle führenden Vertreter der nationalen und internationalen Moderne mit eigenen Bauten beteiligt waren (vgl. Abb. 130). Noch während der Laufzeit der Ausstellung verkündete der Titel eines von Walter Curt Behrendt verfassten Büchleins euphorisch den Sieg des neuen Baustils. Die unterdessen in vielen Städten Deutschlands entstehenden Siedlungen des sozialen Wohnungsbaus schienen seine These zu bestätigen. Die Prinzipien der Moderne fanden hier ihren nachhaltigen Niederschlag: optimale Grundrissplanung nach den Maßgaben engster finanzieller Vorgaben, rationale Durchgestaltung des Baustellenbetriebs bei Einsatz der neuesten bautechnischen Verfahren und Verzicht auf alles überflüssige Beiwerk, das nicht dem unmittelbaren Nutzen der Bewohner diente. Uniformität als Folge der Typisierung wurde dabei nolens volens in Kauf genommen, denn, so jedenfalls Mies noch 1924[54]:

„Die Forderungen der Zeit nach Sachlichkeit und Zweckdienlichkeit sind zu erfüllen. [...] Fragen allgemeiner Natur stehen im Mittelpunkt des Interesses. Der Einzelne verliert immer mehr an Bedeutung; sein Schicksal interessiert uns nicht mehr." Allerdings stand auch dieses Zitat zunächst in einem völlig anderen Sinnzusammenhang, und schon im Vorwort zum amtlichen Katalog der Stuttgarter Werkbund-Ausstellung von 1927 ließ Mies einschränkend verlauten[55]:

„Das Problem der Rationalisierung und Typisierung ist nur ein Teilproblem. Rationalisierung und Typisierung sind nur Mittel, dürfen niemals Ziel sein. Das Problem der Neuen Wohnung ist im Grunde ein geistiges Problem und der Kampf um die Neue Wohnung nur ein Glied in dem großen Kampf um neue Lebensformen."

Vor diesem Hintergrund ist die Diskussion um das Tugendhat-Haus zu sehen, wie sie, ausgelöst durch die Besprechung von Walter Riezler, im Herbst 1931 in der Werkbundzeitschrift Die Form entbrannte. In ihrem klaren Bekenntnis zum Neuen Bauen waren sich alle Beteiligten wohl weitgehend einig, nicht aber in der Frage nach den grundsätzlichen Zielen der Architektur, wo mit Riezler und Ginsburger eine idealistische und eine materialistische Sichtweise der Moderne unversöhnlich aufeinandertrafen. Ginsburger, der sich offen zum Marxismus bekannte, vertrat die streng funktionalistische Auffassung, dass ein Bauwerk allein seine intendierte Zweckbestimmung zu erfüllen habe, wobei durchaus auch den psychologischen Bedürfnissen nach Harmonie, Ruhe und Naturverbundenheit Rechnung getragen werden könne. Angesichts der sozialen Verhältnisse aber, so Ginsburger weiter, gelte jeder über den unmittelbaren Nutzwert hinausgehende Anspruch als „künstlerischer Luxus", der letztlich nur der Selbstdarstellung der Bewohner diene und daher als „unmoralisch" zu verwerfen sei:

170
Faksimile aus Hans Richter (Hrsg.), G II. Material zur elementaren Gestaltung, Berlin, Sept. 1923, S. 1

„Wir Marxisten ziehen nicht diese oder jene Form vor, weil sie neu oder weil sie eindrucksvoll ist. Wir versuchen wirtschaftlich und zweckmäßig zu arbeiten, um mit möglichst kleinem Aufwand möglichst große Leistung zu erzielen. Das schiefe Dach wäre uns ebenso angenehm wie das flache, wenn es ebenso nützlich und wirtschaftlich wäre. [...] Ziel ist uns, die Lebensbedürfnisse des Menschen so gut wie möglich zu befriedigen. Wir versuchen nicht an den Mann zu denken, der unsere Häuser oder Gegenstände daraufhin prüft, ob sie in ihm einen Eindruck hervorrufen, sondern an die Menschen, die sie benutzen werden."

Für Riezler hingegen liegt das Ziel der modernen Architektur erst in der *„Überwindung des Zweckhaft-Konstruktiven durch eine geistig-seelische Haltung"*. Dazu aber müsse sie in jenes *„freie Reich des Absoluten"* vordringen, *„in das wie alle große Kunst auch die Baukunst hineinreicht"*. Es geht ihm also, einfacher ausgedrückt, um die künstlerischen Aspekte der Architektur, die aus den rationalen Vorgaben von Zweck, Konstruktion und Material alleine nicht hinlänglich erklärt werden können. Was aber macht die Argumentation für ihn so schwierig, dass sie ihn für diesen im Grunde doch einfachen und allgemeinverständlichen Sachverhalt zu solch hochtrabenden Umschreibungen Zuflucht nehmen lässt? Im Hintergrund des Konflikts steht die vor allem im deutschen Idealismus vertretene These von der Autonomie des Kunstwerkes, das demnach erst in der Loslösung von jeder Zweckbindung zu seiner wahren ästhetischen Bestimmung gelange. Die Baukunst sah sich dadurch in eine gefährliche Schieflage gebracht, die ihr jahrhundertealtes Selbstverständnis in Frage zu stellen drohte: *„So hätte also das haus nichts mit kunst zu tun und wäre die architektur nicht unter die künste einzureihen? Es ist so. Nur ein ganz kleiner teil der architektur gehört der kunst an: das grabmal und das denkmal. Alles andere, alles, was einem zweck dient, ist aus dem reiche der kunst auszuschließen."* – so konstatierte bereits 1910 Adolf Loos in einem Artikel über „Architektur".[56]

[56] Aus einem Vortragsmanuskript von 1910, zit. n. Adolf Loos, Sämtliche Schriften, hrsg. v. Franz Glück, Wien u. München 1962, S. 302–318, Zit. S. 315.

171
Haus Tugendhat, Blick von der Bibliothek zur Onyxwand

171

172

172
Haus Tugendhat, Blick vom Wohnbereich zur Esszimmernische, im Bild rechts die Sitzgruppe vor der Leuchtwand

173

173
Haus Tugendhat, Sitzgruppe vor der Onyxwand mit Blick zum Wintergarten

Die von Loos gezogene Schlussfolgerung entspricht im Großen und Ganzen der Auffassung, wie sie die radikale Richtung innerhalb des Neuen Bauens vertrat und zu Anfang der zwanziger Jahre offenbar auch von Mies van der Rohe noch weitgehend geteilt wurde (*„Jede ästhetische Spekulation [...] lehnen wir ab“*). Dagegen aber rührte sich bald der alte Anspruch, dass Architektur über die rein pragmatischen Anforderungen des Tagesgeschäfts hinaus einem höheren Ziel verpflichtet sei, dass sie nicht nur ein Abbild der gegebenen sozialen und wirtschaftlichen Verhältnisse zu liefern habe, sondern Gegenbilder entwickeln und damit zu ihrer Überwindung beitragen müsse. Um den Mies des Jahres 1928 ein weiteres Mal zu Wort kommen zu lassen: *„Baukunst [...] ist der Ausdruck dafür, wie sich der Mensch gegenüber der Umwelt behauptet und wie er sie zu meistern versteht. [Sie] ist immer der räumliche Ausdruck geistiger Entscheidung.“*[57] Mies argumentiert also im Wesentlichen auf einer Ebene mit Walter Riezler, hütet sich aber, in direkte Opposition zur herrschenden funktionalistischen Auffassung zu treten. Während Riezler offen für eine Erhebung der Baukunst *„in das freie Reich des Absoluten“* plädiert und damit mehr oder weniger ausdrücklich den Autonomiestatus des Kunstwerks auch für die Architektur einfordert, versucht Mies ungleich vorsichtiger, den

[57] Mies van der Rohe 1928 (zit. Anm. 1).

künstlerischen Aspekten des Bauens wieder zu ihrem angestammten Recht zu verhelfen. Für Riezler, der damit im Grunde noch ganz in der Tradition des 19. Jahrhunderts steht, definiert sich die ästhetische Qualität eines Bauwerks im Widerstreit mit seinen funktionalen Ausgangsbedingungen, wird also transzendental begründet; für Mies dagegen bleibt sie trotz allem immanent und an die materiellen Voraussetzungen der Architektur gebunden.

Das konstruktive Skelett des Tugendhat-Hauses – um dies an einem konkreten Beispiel zu erläutern – hat für die räumliche Organisation innerhalb der einzelnen Geschosse keine unmittelbar konstitutive Bedeutung (Abb. 171). Es wird allerdings andererseits als Gestaltungselement keineswegs zur Gänze negiert, was aufgrund der verhältnismäßig dünnen Stahlprofile ja durchaus möglich gewesen wäre. Selbst im Obergeschoss, wo auf Wunsch der Auftraggeber die Stützen zumeist innerhalb der Wände verlaufen sollten, tritt es vor allem im Eingangsbereich an prominenter Stelle deutlich zutage. Jede raumdefinierende Wirkung der Skelettkonstruktion ist dabei jedoch sorgsam vermieden. Diese bleibt vielmehr ausschließlich den nicht tragenden Wand-Segmenten vorbehalten, die innerhalb des zentralen Wohnbereichs in einer Weise angeordnet sind, dass der Betrachter zwar Stützenreihen, aber keine Stützenfelder wahrzunehmen vermag. Die Wände und nicht etwa die Stützen, die durch ihren kreuzförmigen Querschnitt und die spiegelnde Verchromung der äußeren Blechummantelung beinahe wie entmaterialisiert erscheinen, bestimmen demnach Gliederung und Rhythmus des Raumes. Die Ablesbarkeit der Konstruktion als eine der Grundforderungen des Neuen Bauens war so zwar nach wie vor gewahrt, zugleich aber ihre dienende und untergeordnete Bedeutung unmissverständlich hervorgehoben. Wo der „Funktionalist" bereits den Schlussstrich unter die Gleichung zieht, beginnt laut Mies van der Rohe erst die Aufgabe des Architekten.

Nicht zuletzt verband sich damit für ihn auch eine Statusfrage. Mies kam aus handwerklichen, kleinbürgerlichen Verhältnissen und war in der tiefen deutschen Provinz aufgewachsen. Anders als viele seiner Mitstreiter und die weit überwiegende Mehrzahl seiner Auftraggeber besaß er keinerlei akademische Ausbildung, ja konnte nicht einmal den offiziellen Titel eines „Baumeisters" für sich in Anspruch nehmen. Spät und nicht ohne beträchtliche Anstrengungen hatte er sich auf autodidaktischem Wege einen gewissen Bildungsgrad angeeignet. Der in seinen Äußerungen immer wieder begegnende Hinweis auf die „geistigen Probleme" des Bauens, der letztlich nur den künstlerischen Anspruch der Architektur umschreibt, muss vor diesem Hintergrund gesehen werden. Was Mies van der Rohe als Architekten auszeichnete und über den Rang eines bloßen Bau-Handwerkers hinaushob, war die Fähigkeit des Künstlers, der intuitiv – Mies selbst hätte hier vielleicht lieber „intellektuell" gehört – den Puls der Zeit erfasst und ihm gestalterisch Ausdruck zu geben versteht. Mit diesem Ziel vor Augen musste sich die funktionalistische Reduktion des Bauens auf die pragmatische Formel Zweck, Material und Konstruktion am Ende als unzulänglich erweisen.

Justus Bier, der mit seiner Frage *„Kann man im Haus Tugendhat wohnen?"* die Diskussion erst in Gang gebracht hatte, steht dieser Einstellung im Grunde näher, als zunächst vermutet werden sollte. Dies zeigt sich allein schon in der Begriffswahl, die vielfach an die Diktion von Mies oder Riezler erinnert. So gilt ihm der Barcelona-Pavillon, der *„als ein Bau der Repräsentation nur die eine Aufgabe zu erfüllen hatte, der Geistigkeit des neuen Deutschlands einen würdigen architektonischen Ausdruck zu geben"*, geradezu als Meisterwerk des Architekten: *„Durch keine praktische Zwecksetzung beschwert"* sei er in seiner ganzen *„Reinheit"* der Beleg dafür, dass *„Architektur als Kunst auch in unserer Zeit möglich sei."* Woher also rührt seine harsche Ablehnung des Tugendhat-Hauses, das doch dem gleichzeitig konzipierten Pavillon in Barcelona in so vieler Beziehung verwandt erscheint? Viele der von Bier vorgebrachten praktischen Einwände, wie die seiner Ansicht nach ungenügende Trennung der Funktionsbereiche im unteren Wohngeschoss, konnten durch die im nachfolgenden Heft der *Form* veröffentlichten Stellungnahmen von Grete und Fritz Tugendhat entkräftet werden. Der eigentliche Kern seiner Kritik wird davon allerdings nur am Rande berührt, deckt sich aber in vieler Hinsicht mit der im vorhergehenden Kapitel behandelten Problematik. Bier beruft sich hier nicht zuletzt auf den von Mies selbst erhobenen Anspruch, dass es bei der Realisierung der *„Wohnung unserer Zeit"* vor allem zwischen *„wirklichem Wohnbedürfnis und falschem Wohnanspruch"* zu unterscheiden gelte. Genau dies sei im Haus Tugendhat nicht befolgt worden; man müsse sich daher fragen, *„ob die Bewohner die großartige Pathetik dieser Räume dauernd ertragen werden, ohne innerlich zu rebellieren."* Die aufwendige Möblierung und kostbare Ausstattung mit – trotz offener Grundrisslösung – *„starrer Fixierung aller Funktionen im Raum"* halte zu einem ähnlichen *„Paradewohnen"* an, wie es eine bereits überwunden geglaubte Zeit dereinst in einer *„Flucht von Gesellschaftsräumen"* zu zelebrieren pflegte (Abb. 172–174). Art und Umfang des betriebenen Aufwands legitimiert sich für Bier allein durch den Rang der jeweiligen Bauaufgabe. Was im Falle öffentlicher Gebäude oder repräsentativer Bauten wie dem Barcelona-Pavillon als angemessen anzusehen sei, müsse bei einem Privathaus völlig deplatziert wirken: Der *„in seiner Strenge und inneren Monumentalität als ständige Umgebung unerträgliche Stil des Hauses Tugendhat"*, so Bier, zwinge *„die Bewohner zu einem Ausstellungswohnen [...], das ihr persönliches Leben erdrückt". Man solle daher Mies besser mit Projekten betrauen, „die seine, für die höchsten Aufgaben der Baukunst' gerüstete Kraft an der richtigen Stelle einsetzen, dort wo dem Geist ein Haus zu bauen ist, nicht, wo die Notdurft des Wohnens, Schlafens, Essens eine stillere, gedämpftere Sprache verlangt."*

1931, inmitten der Weltwirtschaftskrise, da Millionen von Menschen nur mehr ums nackte Überleben kämpften, musste Riezlers Vorstellung von einem *„Haus des echten ‚Luxus'* [..., das] *höchst gesteigerten Bedürfnissen dient, also nicht für eine ‚sparsame', irgendwie eingeschränkte Lebensführung bestimmt ist"*, in der Tat als Provokation empfunden werden. Biers Unbehagen, das von manchem anderen geteilt wurde, scheint vor diesem Hintergrund verständlich. Und dennoch sollte dies nicht darüber hinwegtäuschen, dass der Konflikt tiefere Ursachen hatte, die letztlich in den heterogenen Wurzeln des Neuen Bauens selbst begründet lagen. Die ständige Suche nach einer höheren, *„geistigen"* Rechtfertigung für das eigene Tun und Handeln gilt zudem als ein spezifisch deutsches Phänomen, was die Diskussion für Außenstehende nur bedingt nachvollziehbar macht. Weder Le Corbusier noch Frank Lloyd Wright haben mit ihren Villenbauten in Frankreich und den Vereinigten Staaten einen auch nur annähernd vergleichbaren Richtungsstreit innerhalb des eigenen Lagers ausgelöst. Abstrahiert man indes von der metaphysischen Sprachebene auf den eigentlichen Kern des Problems, zeigt sich seine über den konkreten Einzelfall hinausreichende Relevanz. Die theoretischen Grundlagen der Moderne waren allesamt schon lange im zu Unrecht verachteten 19. Jahrhundert vorgedacht. *Artis sola domina necessitas*, Otto Wagners Leitspruch auf seiner eigenen, 1888 vollendeten Villa – um nicht wieder einmal Louis Sullivan mit seinem *form ever follows function* als vorgeblich einsamen Propheten der Moderne zu zitieren –, steht am Ende und nicht etwa am Beginn einer Auseinandersetzung um die Rolle der Zweckform in der Architektur. Die Anfänge reichen bis weit vor die Mitte des vorigen Jahrhunderts zurück und waren bereits in der philosophischen Ästhetik des 18. Jahrhunderts angelegt, die die Hypothese von der *„Autonomie der Kunst"* begründet hatte. Die endgültige Ausgrenzung der Kunst aus der Architektur durch Adolf Loos und die radikalen Funktionalisten der zwanziger Jahre zieht nur den Schlussstrich unter eine Diskussion, die die Theoretiker des Faches über Jahrzehnte hinweg beschäftigt, die Praxis indes um keinen Deut weitergebracht hatte. Sie blieb dann auch in erster Linie ein reines Lippenbekenntnis. Der architektonische Entwurfsprozess ist durchgängig von Entscheidungen rein formaler Art begleitet, die einer ausschließlich rationalen Erklärung nicht zugänglich sind; dies gilt in hohem Maße gerade für Adolf Loos und gilt nicht minder für einen erklärten Funktionalisten wie Hannes Meyer, den zweiten Direktor des Dessauer Bauhauses.

Die Zweckbindung ist ein konstitutiver Faktor der Architektur und dies nicht erst seit dem Beginn der Moderne. Sie liefert jedoch mitnichten schon die fertige Lösung für eine konkrete Bauaufgabe. Wie der Zweck im Einzelfall definiert wird, liegt immer in der individuellen Entscheidung des Architekten und seines Auftraggebers. Ähnlich verhält es sich mit den Materialeigenschaften und den durch die Konstruktion gestellten technischen Vorgaben, denen in angemessener Weise Ausdruck zu verleihen ist. Auch diese Forderung war im Prinzip nicht neu, wobei allerdings über das jeweils „Angemessene" die Meinungen zu allen Zeiten weit auseinandergingen. Was bedeutet daher „material- und konstruktionsgerecht" im Sinne der Moderne? Vermittelt eine chromglänzende Hülle die adäquate Vorstellung von der tragenden Funktion einer Stütze; ist sie in ihrer Aussage klarer und „ehrlicher" als eine anstuckierte Gipssäule, die dies gewiss ebenso gut und vielleicht sogar eindeutiger zum Ausdruck bringt? Wie verhält es sich mit den zahlreichen Eisenträgern, die unter den makellos glatten Rabitzdecken des Tugendhat-Hauses verborgen liegen? Ähnliche Fragen müssten an viele, wenn nicht gar die meisten Bauten der Moderne gestellt werden. Sie bestätigen am Ende nur die Diskrepanz von Theorie und Praxis und damit die faktische Unmöglichkeit, das eine aus dem anderen erschöpfend zu erklären. Der theoretische Widerstreit zwischen „Zweckform" und „Kunstform", der die Diskussion zu Beginn des Jahrhunderts geprägt hatte und der, wie gezeigt wurde, noch bis in die Auseinandersetzung um das Haus Tugendhat hineinwirkte, erweist sich demnach oft genug als Scheingefecht.[58] Er führt zumal dort zu keinem Ergebnis, wo Zweckbestimmung und formale Lösung einander wechselseitig durchdringen, was aber bei qualitativ hochstehenden Bauten nahezu immer der Fall ist. Wie alle Epochen vor ihr hat die Moderne Gutes und Schlechtes, anerkannte „Meisterwerke" – und dazu darf ungeachtet aller Kritik auch das Tugendhat-Haus gerechnet werden – und einfallslose Massenware zuwege gebracht. Vor dem

174

174
Haus Tugendhat, Blick zum Arbeitsplatz und zur Bibliotheksnische

175
Haus Tugendhat, Wintergarten

175

176
Haus Tugendhat, vorderer Wohnbereich, Nutzung als Gymnastikraum, 1978

176

Hintergrund der Stilarchitektur des 19. Jahrhunderts bleibt daher vor allem das offene und rückhaltlose Bekenntnis der Moderne zur Gegenwart, durch das sie sich in ihrem Selbstverständnis gegenüber früheren Zeiten unterscheidet.

Diesen Anspruch hat ein Bauwerk wie das Tugendhat-Haus bis auf den heutigen Tag bewahrt. Im Vergleich dazu erscheint die Diskussion des Jahres 1931 abgestanden und unfruchtbar. Im Abstand von mehr als achtzig Jahren vermag die pathetische Beschwörung „höherer geistiger Werte“ ebenso wenig mehr zu berühren, wie die ungleich berechtigtere Frage, ob denn einem äußerst luxuriösen Einzelhaus Vorbildcharakter für die dringenden Wohnungsprobleme der Gegenwart zuzusprechen sei (was unbestreitbar hier nicht die Aufgabe war). „Die Moderne“ ist heute bereits historisches Faktum; zu ihrer Rechtfertigung bedarf es daher keiner metaphysischen Begründung. Die Hoffnung aber, dass die aktuellen sozialen Probleme mit Hilfe der Architektur bewältigt werden könnten, hatte sich schon damals als Trugschluss erwiesen. Die vorausgegangenen Erläuterungen mögen das ein oder andere zum Verständnis des Tugenhat-Hauses beigetragen haben. Jedoch wird der Suche nach dem wahren und höheren Wesen der Moderne auch weiterhin nur wenig Erfolg beschieden sein – es sei denn, man gäbe sich mit dem Schiedsspruch Otto Wagners zufrieden, der schon 1898 zu dem keineswegs überraschenden Schluss gelangte[59]: *„Nicht Alles, was modern ist, ist schön, wohl aber muss unser Empfinden uns dahin weisen, dass wirklich Schönes heute nur modern sein kann.“*

1939–1945: Das Haus ohne Hüter

Louis Schoberth, dem wir die entscheidenden Hinweise über das Schicksal des Hauses während der Okkupationszeit verdanken, hatte im Deutschland der dreißiger Jahre Architektur studiert. An den eher traditionell orientierten Technischen Hochschulen war das Neue Bauen schon zuvor nicht sonderlich stark vertreten gewesen; nach 1933 verschwand es völlig aus den Lehrplänen. Während die wenigen progressiv eingestellten Professoren ihren Abschied nehmen mussten, wurde die ebenfalls gleichgeschaltete Fachpresse – einige Zeitschriften hatten schon während der Weltwirtschaftskrise ihr Erscheinen eingestellt oder einen Standortwechsel vollzogen – auf die „neue“ offizielle Parteilinie eingeschworen. Ausländische Publikationen waren für Studenten praktisch unzugänglich. Sofern ihr Bezug aufgrund der herrschenden Devisenbeschränkungen überhaupt noch aufrechterhalten werden konnte, verschwanden sie zumeist unrezipiert in den Magazinbereichen der Bibliotheken. Dennoch, das beste Versteck für Bücher ist bekanntlich ein gut gefülltes Regal, ließen sich anderthalb Jahrzehnte der Architekturentwicklung nicht ohne weiteres aus dem Gedächtnis der Fachwelt verbannen. Zudem waren ja die alten Literatur- und Zeitschriftenbestände der privaten Architekturbüros vom staatlich verordneten „Großreinemachen“ verschont geblieben. Mit ein wenig Mühe, und entsprechendes Interesse vorausgesetzt, konnte man sich daher auch in diesen Zeiten ein Bild davon verschaffen, was die großen Leistungen des Neuen Bauens in der Weimarer Republik ausgemacht hatte. Zu den wenigen der Moderne gegenüber aufgeschlossenen Architekturstudenten scheint damals auch Louis Schoberth gezählt zu haben – sei es dadurch, dass er sie als Schüler zum Teil noch bewusst selbst erlebt hatte oder dass sie ihm später insgeheim über seinen Lehrer Hans Schwippert nahegebracht worden war.

Als junger deutscher Soldat wurde Schoberth im Herbst 1940 mit seiner Einheit nach Brünn verlegt. Mies van der Rohe und das Tugendhat-Haus waren ihm offenbar von einer Veröffentlichung in der Schweizer Werkbund-Zeitschrift *Das Werk* her ein Begriff. Fachzeitschriften des deutschsprachigen Auslands wurden damals an vielen Lehrstühlen auch weiterhin gehalten, zumal anfangs ja durchaus noch nicht festzustehen schien, welche architektonische Marschrichtung die nationalsozialistischen Machthaber einzuschlagen gedachten. Schoberths Bericht über seine Streifzüge durch das moderne Brünn, die ihn schließlich auch zum Haus Tugendhat führen sollten, schildert den Zustand des Hauses zur Zeit der deutschen Okkupation im Oktober oder November 1940. Er gibt Aufschluss über die bereits damals vorgenommenen Veränderungen und korrigiert damit das Gerücht, dass das bewegliche Mobiliar des Hauses erst nach Abzug der Deutschen im Februar oder März 1945 von Anwohnern aus der näheren Umgebung geplündert worden sei. Nicht zuletzt aber unterstreicht er die erstaunlich hohe Aufgeschlossenheit, die man in Brünn der Moderne entgegengebracht hatte – und dies alles aus der Sicht eines deutschen Besatzungssoldaten, dessen Bericht hier auszugsweise im Wortlaut wiedergegeben wird[60]:

„Brünn besaß manche bauliche Schönheit, aus dem Barock, aber auch aus den letzten zwanzig Jahren. Das neue Wohnviertel am Berghang jenseits des Ausstellungsgeländes war herzerfrischend zu durchwandern. Neben mittelmäßigem und modischem, fanden sich dort gekonnte und wirklich gute Wohnhäuser; in der Innenstadt mehrere Geschäftsbauten und Cafés. Das neue Bauen war der staatlichen Ächtung nicht verfallen wie bei uns, sondern hatte sich eifrig geübt und entwickelt. Die Bauausführung machte durchweg einen soliden und qualitativ hochstehenden Eindruck, ähnlich wie die tschechischen Textil- und Ledererzeugnisse sich damals darboten.

Meine beharrlichen Streifzüge brachten mich nicht zum Ziel. Später erst führte mich der Zufall eines Tages über die Schwarzfeldstraße, die in leichter Biegung einen mit harmlosen älteren Villen besetzten Hang hinaufführt. Als in einiger Entfernung eine weiße Hausecke auftauchte, durchfuhr es mich wie ein Schlag: Der Bau von Mies van der Rohe! – Ich hatte mich nicht getäuscht.

Kurz vor dem Einmarsch der Deutschen hatte der Besitzer mit seiner Familie Haus und Land verlassen, aber der Hausmeister war geblieben. Der Mann wußte, welch Kostbarkeit er betreute. Wir haben uns rasch angefreundet, und ich durfte mich im Haus frei bewegen. Gleichzeitig erlaubten mir damals witzige [sic] Umstände, dem Kasernenhof tageweise zu entwischen. Es waren wunderbare Stunden, die ich damit verbrachte, dieses Meisterwerk möglichst restlos zu erfassen. Aus ersten Skizzen wurde allmählich ein vollständiges Aufmaß, ergänzt durch

[58] Eisler 1932 (zit. Anm. 30), S. 30 kommt explizit noch einmal auf diesen Gegensatz zu sprechen: *„Und darum ist selbst die Art, wie hier die Zweck- der Kunstform, ja die Bau- der Landschaftsform eigenwillig widersteht, für die Entwicklung der modernen Architektur weitaus wichtiger und fruchtbarer als die meisten reibungslosen Lösungen.“*

[59] Otto Wagner, Moderne Architektur, Vorwort zur 2. Aufl., Wien 1898.

[60] Schoberth 1947 (zit. Anm. 18), S. 17 u. (letzter Absatz) S. 21; dagegen František Kalivoda, „Haus Tugendhat: gestern – heute – morgen“, Bauwelt IX, 36, 8.9.1969, S. 1248 f.: … *„da aber [1945] war das Haus schon leer, das Mobiliar war, sofern nicht fest eingebaut, von Bewohnern der Umgebung weggestohlen worden, vermutlich in der kurzen Zeitspanne zwischen Auszug des deutschen Benutzers und der Ankunft der [russischen] Truppen.“* (S. 1248).

Fotos aus dem Besitz des Herrn Tugendhat und eigene Aufnahmen.

Als jüdisches Eigentum von der SS in ‚Verwaltung' genommen, war der Bau in großer Gefahr. Drei Möglichkeiten standen zur Wahl: Abbruch, Umbau zu einem Café und Umbau zu einem Kindersanatorium. Abbruch war das Wahrscheinlichere. Inzwischen hatte man bereits das bewegliche Inventar bis auf wenige Stücke und ebenso die halbrunde Wand aus Makassar-Ebenholz preiswert abgestoßen. Die große Onyxwand sollte demnächst an einen Friedhofssteinmetzen verhökert werden und die herrlich gearbeiteten Einbauschränke waren ebenfalls versprochen. Um ein Haar wäre es mir gelungen, dem SS-Verwalter Lehmbrucks Mädchen-Torso in Steinguß (1913/14), der immer neben der Onyxwand gestanden hatte, abzuhandeln und ‚det Jipsmodell' nach Deutschland zu retten."

[Es folgt eine vorwiegend auf die veröffentlichten Fotografien gestützte Beschreibung des ursprünglichen Zustandes des Hauses.]

„Professor Schwippert schrieb mir im November 1940 als Antwort auf meinen ersten Bericht: ‚... Mies weiß wie wenige um den Raum und um die Schönheit der Stoffe. Und es sind schon einige, die, wie ich, ihn für den Meister hielten. – Lassen wir also das Haus, noch ist der Mann. Was kann ihm besseres geschehen, als dies, daß einer mehr um ihn weiß! ...'"

Im Herbst 1940 waren demnach die gebogene, Makassar-furnierte Holzwand der Esszimmernische und ein Großteil der nach der Flucht der Bewohner noch im Haus verbliebenen Möbel bereits nicht mehr in situ vorhanden. Für die festen Einbauten im Obergeschoss hatte sich offenbar ebenfalls schon ein Interessent gefunden. Heute sind nur mehr die Palisander-furnierten Wandschränke in den Zimmern von Grete und Fritz Tugendhat im Original erhalten. Diejenigen in den Zimmern von Irene Kalkofen und Hanna, die wie die übrigen Ausstattungsteile hier in Zebrano ausgeführt waren, fehlen, ebenso die Schrankzeile im Zimmer der Söhne sowie Schuhschrank und Wäschetruhe im Vorraum der Eltern mit weißen Schleiflack-Oberflächen. Die kostbare Onyxwand war laut Schoberth auch zum Verkauf bestimmt, doch blieb ihr dieses Schicksal durch glückliche Umstände erspart; sie wäre heute kaum mehr zu ersetzen, da der Steinbruch im marokkanischen Atlasgebirge schon lange erschöpft ist.

Schoberth fand also bei seinem Besuch des Hauses im Herbst 1940 im Grunde nur mehr eine leere Hülle vor, der jedoch weitere schwerwiegende Eingriffe noch bevorstehen sollten. Vermutlich dürften diese erst nach dem (völkerrechtlich nichtigen) Grundbucheintrag vom 12. Januar 1942 erfolgt sein, mit dem das Eigentum am Haus Tugendhat offiziell auf das Deutsche Reich übergegangen war. Im Zuge der Auslagerung kriegswichtiger Produktionsbetriebe aus dem sogenannten „Altreich" verlegte man damals auch Teile der Hamburger Flugmotorenwerke nach Brünn, das vorerst noch außerhalb der Reichweite alliierter Fliegerangriffe lag. Das Haus an der Schwarzfeldgasse wurde einem ihrer leitenden Ingenieure zur Nutzung überlassen, was eine Reihe von Umbaumaßnahmen zur Folge hatte, die bereits im Zuge der in den achtziger Jahren durchgeführten Restaurierungskampagne wieder beseitigt werden konnten. So wurde wohl aus Sicherheitsgründen die Glaswand der Eingangshalle bis in Kopfhöhe vermauert und der Durchgang zur vorderen Terrasse durch eine massive Wand geschlossen. Als gegen Ende des Krieges die Front näher rückte, war auch Brünn vor Luftangriffen nicht mehr sicher. Bei der Bombardierung am 24. November 1944 gingen durch die Druckwellen der Einschläge nahezu sämtliche Spiegelglasscheiben zu Bruch. Im April 1945 wurde das verwaiste Haus von der Roten Armee requiriert und von einer Kavallerieeinheit angeblich auch zur Unterbring von Pferden benutzt. Dabei dürften, so dies denn zutraf, die Linoleumböden der Innenräume und der Travertin der Eingangshalle, Esszimmerterrasse und Gartentreppe beschädigt worden sein. Ob man allerdings damals, wie František Kalivoda behauptet, die Pferde tatsächlich über die gebogene und doch recht enge und steile Haupttreppe ins untere Hauptgeschoss hinabführte, ist mehr als zweifelhaft, zumal gerade hier der Travertin nur geringe Abnutzungsspuren erkennen lässt.[61]

Für das wechselvolle Schicksal des Hauses nach 1945 und die noch zur Zeit des kommunistischen Regimes in den achtziger Jahren erfolgten ersten Restaurierungsmaßnahmen sei hier auf den Beitrag von Ivo Hammer verwiesen. Nach der Wende von 1989 wurde das Haus Tugendhat von der Stadt Brünn in die Obhut des Städtischen Museums Spielberg gegeben und, nach eingehenden konservierungswissenschaftlichen Untersuchungen, in den letzten Jahren aufwendig wieder in seinen ursprünglichen Zustand zurückversetzt, wobei auch die ehemalige Innenausstattung in großen Teilen rekonstruiert werden konnte. Seit seiner Wiedereröffnung im Frühjahr 2012 steht das Haus zur Besichtigung offen. Damit ist nun aber auch eingetreten, wogegen Grete Tugendhat noch 1969 vehement Stellung bezogen hatte und was am Ende die gesamte Diskussion des Jahres 1931 obsolet erscheinen lässt: die nunmehr endgültige Musealisierung der Moderne.[62]

[61] Zum Schicksal des Hauses in den vierziger Jahren s. Jan Sapák, „Vila Tugendhat", Umění XXXV, 2, 1987, S. 167–169, ders., „Das Alltagsleben in der Villa Tugendhat", Werk, Bauen + Wohnen LXXV/XLII, 12, Dez. 1988, S. 15–23, ders., „Das Haus Tugendhat in Brünn", Bauforum XXII, 131, 1989, S. 13–25, ders., „Reconstruction of the Tugendhat House (Mies van der Rohe, 1930)", in First International DOCOMOMO Conference, Sept. 12–15, 1990: Conference Proceedings, Eindhoven 1991, S. 266–268. Die These, dass Willy Messerschmidt im Haus gewohnt habe, findet sich u. a. bei Schulze 1989 (zit. Anm. 17), S. 177, und Peter Lizon, Villa Tugendhat in Brno: An International Landmark of Modernism, Knoxville, TN 1996, S. 29, der allerdings den Vornamen verwechselt. Sie geht wohl letztlich auf Kalivoda 1969 (zit. Anm. 60) zurück, der indes vorsichtiger nur von einem deutschen „Industrieprominenten" spricht (S. 1248). Vgl. dagegen Sapák (1991), S. 266, sowie [Ducan Riedl], The Villa of the Tugendhats created by Ludwig Mies van der Rohe in Brno, Brno 1995, S. 47.

[62] Am 11. November 1968 schrieb Grete Tugendhat an František Kalivoda (Museum der Stadt Brünn, Spilberk, Nachlass Kalivoda): *„Ich glaube, dass auch Mies van der Rohe den Gedanken, das Haus als museales Objekt einfach stehen zu lassen, nicht fassen würde. Worauf kommt es denn an? Ich glaube darauf, das eigentlich Wichtige*

an diesem Haus [–] und das ist der grosse Wohnraum und die Klarheit des Aufbaus [–] wiederherzustellen. Die obern Zimmer haben sich nach unsern Bedürfnissen gerichtet – ich würde es nicht schlimm finden, wenn sie in der Einrichtung einem neuen Gebrauch zuliebe etwas geändert werden müssten. Ich fürchte, dass sie die Kosten der Wiederherstellung unterschätzen: unbedingt notwendig wäre die Wiederherstellung der Proportionen, der grossen Fenster, und eben des untern Raumes – ich glaube, dass sich dieser Raum dann für Architekten- und Künstlerkongresse, wie Sie es ursprünglich vorhatten, sehr gut eignen würde und oben könnten Räume für kleine Gruppen oder Schlafräume für ausländische Gäste sein. Die hohen Kosten für ein rein museales Objekt aufzubringen, wo es heute dort soviel Notwendiges zu bauen gibt, finde ich irgendwie unzumutbar und nicht zu verantworten. Ich fürchte auch, dass das leerstehende Haus tot wirken würde und kalt – dieses Haus ist so sehr es Kunst ist doch ein Rahmen – ein Rahmen für menschliches Leben wie jedes Haus. [...] Ich fürchte noch eines: wenn das Haus in dieser Form zum musealen Objekt würde, wäre der erste Gedanke der Betrachter nicht die Schönheit des Raumes, sondern: so also wohnen Kapitalisten. Nun ist es ja wahr, dass nur Kapitalisten sich so ein Wohnen leisten konnten, aber das war weder unsere Schuld noch gar die von Mies van der Rohe, und ich finde, man sollte gerade zeigen, dass dieses Haus auch einen andern Zweck durchaus richtig ausfüllen kann.“

Angesichts der in mancher Hinsicht immer noch frappierenden Aktualität von Mies van der Rohes Entwurf mag man dies mit Wehmut bedauern; vieles daran war zukunftsweisend und hat selbst heute noch Bestand. Bei alledem dürfen indes die zeitgebundenen Aspekte des Hauses nicht aus den Augen verloren werden, in denen sich die großbürgerliche Lebenshaltung einer zu Ende gehenden Ära noch ein letztes Mal verwirklichen konnte. Häuser vom repräsentativen Anspruch des Tugendhat-Hauses entstehen noch heute und werden zweifellos auch zukünftig gebaut werden, solange eine entsprechende Klientel über die erforderlichen finanziellen Mittel verfügt. Anders als damals sind sie indes nicht länger Ausdruck einer trotz allem gegenwärtigen Epoche, sondern zumeist nur Spiegelbild von Projektionen, welche eine Lebenshaltung evozieren, die für die Betroffenen selbst längst jegliche Verbindlichkeit verloren hat. Dies allerdings ist dem Haus Tugendhat und seinen Bewohnern auch im Rückblick wohl schwerlich vorzuhalten.

Ivo Hammer

11

Surface is Interface. Geschichte des Hauses Tugendhat 1938–1997 und Kriterien der Erhaltung[1]

177
Haus Tugendhat, Blick von Süden, 1959. In der noch erhaltenen Scheibe spiegelt sich die Trauerweide

178
Haus Tugendhat, Eingangshalle, teilweise vermauerte Glaswände, 1963

179
Haus Tugendhat, Blick von Norden, 1963: Der Rauchfang ist erhöht, der Durchblick zwischen Garage und Schlafzimmern und das Treppenhaus sind vermauert

177

178

179

Zur Geschichte des Hauses Tugendhat nach der Emigration seiner Besitzer

Am Abend des 11. März 1938 kapitulierte der österreichische Bundeskanzler Kurt Schuschnigg mit einem frommen Spruch vor den herannahenden deutschen Truppen. Noch in der Nacht begannen die Nazifaschisten ihr Pogrom gegen jüdische Mitbürger, Vertreter des gestürzten Regimes und bekannte NS-Gegner. Mit der Verhaftung von mehr als 70.000 österreichischen Patrioten, Männern und Frauen, von denen Widerstand zu erwarten war, bereiteten die Machthaber die von den Massen am Wiener Heldenplatz bejubelte „Vollzugsmeldung" Hitlers über „den Eintritt meiner Heimat in das Deutsche Reich" am 15. März 1938 und den „positiven" Ausgang der Volksabstimmung vom 10. April 1938, also den sogenannten Anschluss von Österreich, vor.[2]

Grete und Fritz Tugendhat wussten, was dies für die Tschechoslowakei und damit auch für deren jüdische Bevölkerung bedeutete. Sie kannten die wiederholten Drohungen Hitlers, durch offene Intervention die „deutschen Volksteile" in der Tschechoslowakei „zu schützen".[3] Am Tage der Annexion Österreichs durch die Hitlertruppen, am 12. März 1938, emigrierte die Familie Tugendhat.[4] Der Emigrationsweg führte die Familie nach St. Gallen, dann, im Januar 1941, nach Caracas/Venezuela.

Fritz Tugendhat hielt sich aus beruflichen Gründen auch nach der Emigration noch längere Zeitspannen in seinem Brünner Haus auf.[5]

[1] Der 1997 geschriebene Text wird hier (außer einigen Kürzungen, einigen wenigen sachlichen Korrekturen und zusätzlichen Abbildungen) unverändert abgedruckt.

[2] Siehe Ausstellungskatalog „Wien 1938", Historisches Museum der Stadt Wien, Rathaus, Volkshalle 11. März bis 30. Juni 1988; Felix Kreissler, Von der Revolution zur Annexion. Österreich 1918 bis 1938, Wien–Frankfurt–Zürich 1970. Schuschnigg verabschiedete sich „… *mit einem deutschen Wort und einem Herzenswunsch: Gott schütze Österreich"*.

[3] Deutsche Akademie der Wissenschaften zu Berlin (Hrsg.), Deutsche Geschichte in Daten, Berlin 1969, S. 741. Bedrich und Marketa Tugendhat (Heiratsurkunde von 1928) sprachen (außer Deutsch) auch Tschechisch und hatten die tschechoslowakische Staatsbürgerschaft. Sie wurde Ihnen nie entzogen. Ihre beiden Söhne Ernst und Herbert besuchten den tschechischen Kindergarten, der ältere die tschechische Schule am Glacis.

[4] Grete Tugendhat reiste zunächst allein mit ihren beiden Söhnen; ihre Tochter Hanna war schon vorher nach London in Sicherheit gebracht worden. Fritz Tugendhat betrieb in Kirchberg bei St. Gallen mit seinem Kompagnon Schiff eine kleine Tuchfabrik.

[5] Die letzten Aufenthalte von Fritz Tugendhat in Brünn: Mai bis Juli 1938, kurz vor 13.7. bis 14.8.1938, kurz vor 2.12. bis 31.12.1938 und 8.1. bis ca. 5.2.1939. Die Kinderschwester Irene Kalkofen (geb. 1909 in Berlin) folgte der Familie am 1. April 1938 in die Schweiz, erhielt aber nur ein Visum von 6 Wochen. Sie blieb noch vor Anfang Mai bis 2. Juli 1938 in Brünn und emigrierte aus antifaschistischen Gründen nach England (London), wo sie 2004 gestorben ist. Bei seinen Aufenthalten in Brünn im Winter 1938/39 (vor der Zerschlagung der Tschechoslowakei durch die Nazis am 15. März 1939) wohnte

Fritz Tugendhat im Haus seiner Schwiegereltern Alfred und Marianne Löw-Beer, weil sein eigenes Haus *„so öd und leer"* war, wie er an Irene Kalkofen schrieb (mündliche Mitteilung Irene Kalkofen).

[6] Dazu auch einige Bilder, Teppiche und andere Textilien, Geschirr, Besteck und Bücher.

[7] Bei der Abwicklung der Arbeiten halfen ihm das Stubenmädchen Thea Hebauer und der Fahrer Gustav Lössl (mündliche Mitteilung Irene Kalkofen).

[8] Siehe Ivo Hammer, Remarks to the principles and methods of the conservation and restoration of the villa Tugendhat in Brno, Manuskript vorgelegt bei der Sitzung von Vertretern der staatlichen Denkmalpflege, des Museums der Stadt Brünn und des Expertenkomitees am 3./4. März 1995 in Brünn. Siehe auch: Wolf Tegethoff, Tugendhat-House, Brno. Ludwig Mies van der Rohe, 1928–30. Report on the Current State of Buidling, unpubl. Ms. München 1997, 29–30 (gesponsert vom World Monument Fund über Vermittlung der FRIENDS of TUGENDHAT, Keith Collie). Jan Dvořák, Introduction, in: Peter Lizón, Villa Tugendhat in Brno: An International Landmark of Modernism, Knoxville/TN 1996, S. 13 f.

[9] Der runde Café-Tisch mit Rahmen aus verchromten Stahlrohren und schwarzer Glasplatte wurde ebenfalls mit in die Emigration genommen. Er ist auf einem in Caracas/Venezuela gedrehten Film (1942–1950) von Fritz Tugendhat zu sehen. Sein Verbleib ist unbekannt.

[10] Rahmen aus verchromten Stahlrohren und Polsterung aus weißlichem Kalbspergament. Siehe Ludwig Glaeser, Ludwig Mies van der Rohe: Furniture and Furniture Drawings from the Design Collection and the Mies van der Rohe Archive, New York 1977, S. 62 f. Die Stühle finden sich auf im Besitz von Daniela Hammer-Tugendhat befindlichen Fotos aus der venezolanischen Emigration (Caracas). Der Verbleib der Originale ist unbekannt. (Am 23.7.1993 war im Centre Pompidou ein Brno-Stuhl MR 50 aus der Sammlung Vegesack ausgestellt).

[11] Museum of Modern Art, New York; L. Glaeser 1977 (zit. Anm. 10), S. 54–59. Der Tugendhat-Stuhl von I. Kalkofen ist in einem Film von Fritz Tugendhat in Caracas zu sehen.

Im Herbst 1938 gelang es ihm, einige der beweglichen Möbel[6] außer Landes zu schaffen und mit in die Emigration zu nehmen.[7] Ein wesentlicher Teil dieser Möbel ist erhalten geblieben und im Besitz der Kinder beziehungsweise des MoMA. Sie sind, gemeinsam mit jenen Möbeln, die von Jan Dvořák in der Nachbarschaft des Hauses aufgefunden wurden und heute in der Mährischen Galerie stehen, wichtige Quellen für die ursprüngliche Technik, Form und Farbe der Oberflächen.[8] Es ist verständlich, dass bei der notwendigen Auswahl der Möbelstücke jene bevorzugt wurden, die mit dem täglichen Lebenszusammenhang am engsten verbunden waren: Fast die gesamte bewegliche Einrichtung des Schlafzimmers der Mutter, also das große Bett samt Matratzen, der Nachtkasten, das Frisierbord, der *Brno-Stuhl* aus verchromtem Flachstahl mit roter Lederpolsterung, ein Beistelltisch und der *Barcelona-Hocker,*[9] die Möbel des väterlichen Schlafzimmers (außer dem Bett), also das verglaste Buchregal, der Schreibtisch und der Nachtkasten und ein Perserteppich. Von den Möbeln des Wohnraums wurden nur einige *Brno-Stühle* des Essbereichs,[10] das Makassar-Buffet, drei *Tugendhat-Stühle* (zwei davon heute im MoMA[11]), die Beistelltische mit Glasfläche und der *Bridgetisch* aus dem Bibliotheksbereich mit in die Emigration genommen.

180

180
Haus Tugendhat, Terrasse. Übungen der Tanzschule Karla Hladká, ca. 1950

181

181
Haus Tugendhat, Gartentreppe mit Schülerinnen der Tanzschule Karla Hladká. Die Glasscheibe war trotz der Unterteilung immer noch versenkbar, ca. 1950

Nach der Okkupation der sogenannten Rest-Tschechoslowakei am 15. März 1939 erfolgte am 4. Oktober 1939 völkerrechtswidrig die formale Beschlagnahme des Hauses durch die GESTAPO, am 12. Januar 1942 wurde – ebenso völkerrechtswidrig und damit nichtig – das Großdeutsche Reich als Eigentümer im Grundbuch der Stadt Brünn eingetragen.[12] Am 27.02.1946 wurde das Haus unter staatliche Treuhandverwaltung gestellt; fünf Jahre später, am 31.10.1950, wurde ohne Zustimmung der rechtmäßigen Eigentümer das Eigentumsrecht des tschechoslowakischen kommunistischen Staates für die staatliche Anstalt für Heilgymnastik im Grundbuch eingetragen. Das Ehepaar Tugendhat, das im Jahr 1950 mit den beiden jüngsten Töchtern aus Venezuela in die Schweiz zurückgekehrt war, hatte am 8.9.1949 über den Prager Anwalt Dr. Sobotka beim Brünner Bezirksgericht den Antrag auf güterrechtliche Restitution gestellt. Sie erhielten am 19. 4.1950 lediglich die Antwort, dass der Prozess der Restitution abgebrochen worden sei.[13]

Bald nach Abzug der sowjetischen Truppen,[14] also noch 1945, übernahm die Professorin des Konservatoriums Karla Hladká das Haus für ihre private Rhythmikschule. Die Miete bestand in der Auflage, das Haus wieder nutzbar zu machen.[15]

[12] Karel Menšík, Jaroslav Vodička, Vila Tugendhat Brno, Brno 1986. Zur Geschichte des Hauses während der Zeit der deutschen Okkupation siehe den Beitrag von Wolf Tegethoff.

[13] Siehe den folgenden Beitrag von I. Hammer, Materiality...

[14] Die sowjetischen Truppen waren nach Jan Sapák (Das Alltagsleben in der Villa Tugendhat, in: Werk, Bauen + Wohnen LXXV/XLII, 12. Dez. 1988, S. 21) nur kurze Zeit in dem Haus: 28. April bis Mai 1945. In den von Grete Tugendhat (Haus Tugendhat, in: werk 8/1969, S. 511) kolportierten Gerüchten, die sich bis in die jüngste Darstellung von Dušan Riedl (The villa of the Tugenhats created by Ludwig Mies van der Rohe in Brno, Institute for the Protection of Monuments in Brno and Brno City Museum (eds.), Brno 1995) erhalten haben, ist von einem *„... Bombardement durch die Russen im Frühjahr 1945"* und *„...rumänischen Besatzungstruppen" die „...vor der Onyxwand"* große Feuer anzündeten, *...um ganze Ochsen daran zu braten"*, die Rede.

[15] Offenbar wurden – glücklicherweise – nur die notwendigsten Reparaturen ausgeführt und die Substanz des Hauses nicht angetastet. Die (von Osten) dritte große Spiegelglasscheibe war bei der Bombardierung durch die Alliierten am 20. November 1944 offenbar versenkt und blieb erhalten, sie wurde erst bei der Renovierung 1981–85 zerstört. Die NS-Okkupanten haben nach Sapák 1988, (zit. Anm. 14) S. 20 das Haus erst im Februar/März 1945 verlassen. Die Erneuerung der Fenster mit einem kleinteiligen Rahmenraster könnte vielleicht noch aus der Zeit der Okkupation stammen.

182

182
Haus Tugendhat 1959; das Vestibül als Wartezimmer

183

183
Haus Tugendhat, Wohnraum als Turnsaal, Blick vom Wintergarten nach Nordwesten 1959

Inhalt und Form der Nutzung des Hauses – zunächst als Tanzschule, dann ab 1950 als Teil eines Kinderspitals, des großen Raumes als Turnhalle für bewegungsgeschädigte Kinder – können im Rückblick als glücklicher Umstand und als äußerst substanzschonend bezeichnet werden. 1955 übertrug man die Räumlichkeiten der Abteilung für Physiotherapie und Rehabilitation des Fakultätskrankenhauses für Kinder. Am 30.12.1962 wurde das ‚Besitzrecht' für das Haus an die Kreisanstalt für Gesundheitsfürsorge in Brünn, zu der auch das Fakultätskrankenhaus gehörte, formal übertragen.

184

184
Haus Tugendhat, 1959, der große Wohnraum als Turnsaal der orthopädischen Rehabilitationsabteilung des Kinderspitals. Die Patientinnen scheinen sich an den Pfeilern des Hauses aufzurichten

185

185
Haus Tugendhat, 1959, der Wohnraum als Turnsaal

186
Haus Tugendhat, 1963, Südwestfassade, mit Bewuchs und Pflegespuren an der verputzten Fassade

186

187
Haus Tugendhat, 1969, ehemaliger Wohnraum, genutzt als Turnsaal. Blick durch den Wintergarten nach Nordwesten mit der Vermauerung von 1943

187

Bereits ein Jahr später, am 06.12.1963, erklärte die staatliche Behörde für Denkmalschutz das Haus Tugendhat zum Kulturdenkmal von Südmähren (Nr. 0098). Diesem Akt gingen seit den frühen sechziger Jahren laufende Bemühungen der Brünner Kulturöffentlichkeit um die Änderung der Nutzung des Hauses und um die Rekonstruktion des ursprünglichen Zustandes voraus.[16] František Kalivoda, Architekt und Beauftragter des Verbands der Architekten der CSSR für die Vorverhandlungen mit den zuständigen Ämtern mit dem Ziel der Umwandlung des Hauses in eine „Kulturstätte",[17] war eine der treibenden Kräfte. Er wurde unterstützt von namhaften Kollegen in Brünn, darunter auch Bohuslav Fuchs.[18]

[16] Brief von František Kalivoda an Grete Tugendhat vom 5.12.1967, Archiv Daniela Hammer-Tugendhat.

[17] *„Kulturstätte für Internationale Zusammenkünfte von Künstlern und Wissenschaftlern"* unter der Verwaltung der Stadt Brünn.

[18] Arch. Jan Dvořák wurde 1969, zusammen mit Kalivoda, vom Verband der Architekten der CSSR beauftragt, für eine kulturelle Nutzung und für die Renovierung von Haus Tugendhat zu sorgen (Brief von J. Dvořák an Keith Collie vom 2.8.1994). Auch eine Diplomarbeit der Baufakultät der Technischen Hochschule Brünn trug zur Erarbeitung von technischen Grundlagen für die Rekonstruktion bei: J. Vašáková, Vila Tugendhat (Diplomová práce, FA VUT, Brno 1967), siehe: Riedl 1995 (zit. Anm. 14), S. 53.

188

188
Haus Tugendhat, 1969, Straßenfassade, Blick von Norden; überlackierte Inschrift gegen die Okkupation

189

189
Haus Tugendhat, 1969, Gartentreppe

190

190
Konferenz in Brünn, Haus der Kunst am 17. Januar 1969: (v. li. n. re.) František Kalivoda, Dirk Lohan (Enkel von Mies v. d. R.), Daniela Tugendhat, Grete Tugendhat, Julius Posener

Begreiflicherweise war der Nutzer, das Kinderspital, mit diesen Plänen nicht einverstanden. Grete Tugendhat schrieb 1969:

Um das Interesse einer breiten Öffentlichkeit zu wecken, brachte F. Kalivoda im Dezember 1968 die große Westberliner Mies van der Rohe - Ausstellung nach Brünn, wo sie im Künstlerhaus gezeigt wurde. Auf den Plakaten hieß es: „Ausstellung Mies van der Rohe, des Schöpfers der Tugendhat-Villa." Die Kritik der Zeitungen und Zeitschriften des ganzen Landes waren durchwegs positiv, und alle verlangten die Wiederherstellung des Hauses. Am 17. Januar 1969 fand in Brünn ein Vortragsabend statt, auf dem nach F. Kalivoda und dem tschechischen Nationalkünstler Bohuslav Fuchs, Dirk Lohan, der Enkel von Mies van der Rohe, und ich das Wort ergriffen. Wir waren als Ehrengäste der Stadt Brünn für mehrere Tage eingeladen worden. Nach einem Empfang beim Bürgermeister vereinigte am gleichen Tag eine Arbeitssitzung alle Beteiligten, und es wurde beschlossen, dass das Kinderspital im kommenden August das Haus verlassen müsse, worauf dann sofort die Arbeit daran aufgenommen werden sollte.

Inzwischen wurde die Instandsetzung des großen Gartens vor dem Haus, der völlig verwildert ist, Frau Grete Roder übergeben, die ihn im Jahre 1929 zusammen mit Mies van der Rohe angelegt hatte. Die tschechischen Architekten mit F. Kalivoda an der Spitze haben sich in bewundernswerter Weise und mit erheblichen persönlichen Risiken für die Rekonstruktion eingesetzt, und man kann nur hoffen, dass ihre Bemühungen trotz den veränderten politischen Verhältnissen zum Ziele kommen."[19]

Unter den internationalen Gästen der Konferenz am 17. Januar 1969 befand sich auch der Berliner Architekturprofessor Julius Posener.[20]

[19] Grete Tugendhat (werk 8/969, S. 511). Im November 1967 besuchte Grete Tugendhat mit ihrer Tochter Daniela das Haus zum ersten Mal nach der Emigration. Grete Tugendhat gab bei der Konferenz am 17.01.1969, außer ihrem Vortrag, auch zusätzliche Informationen zu Protokoll und übergab an František Kalivoda zur Unterstützung der Restaurierung Kopien der Fotos von Fritz Tugendhat, die heute im Museum bzw. im Amt für Denkmalpflege deponiert sind. Es ist evident, dass Grete Tugendhat nicht das © an den Fotos übergeben hat.

[20] Julius Posener, Eine Reise nach Brünn, Bauwelt LX, 36, 8.9.1969, S. 1244 f.

In der Mährischen Galerie Brünn und im Ethnographischen Institut des Mährischen Museums in Brünn wurde im März/April 1970 eine Ausstellung mit Vorentwürfen für die Rekonstruktion des Hauses und die Rekultivierung des Gartens gezeigt. František Kalivoda organisierte mit Unterstützung der Stadt Brünn am 23/24. April 1970 eine zweite internationale Tagung mit namhaften Architekten des Landes, Grete Tugendhat und ihre Tochter Daniela waren wieder anwesend.[21]

[21] Vortragende: J. Grabmüller, V. Richter, V. Novotný, B. Fuchs, J. Pechar, E. Hruška, M. Podzemní, D. Riedl, Z. Kudělka, F. Haas, F. Kalivoda, J. Dvořák, M. Pistorius, J. Crhonek, J. Kroha. Außer Grete Tugendhat und ihrer Tochter Daniela waren unter Anderen auch Stephan Waetzold aus Berlin und Architekt Cornelis van Eesteren aus Amsterdam anwesend. Am 26. April 1970 veranstaltete die Zentrale der Staatlichen Denkmalpflege und des Naturschutzes in Brünn aus Anlaß der ordentlichen Sitzung des Beratungskomitees für die Rekonstruktion des Hauses Tugendhat in Brünn einen Diavortrag mit Fotos von Rudolf de Sandalo (aus dem MvdR-Archiv, Chicago) und von Josef Fiala, Prag (Zustand 1969, Farbdiapositive 6 × 6, 6 × 9) mit Kommentar von F. Kalivoda. Die Ausstellung in der Mährischen Galerie vom 25.–27. April 1970 zeigte, neben Originalfotos von 1930/31, Originalpläne von Mies v.d. Rohe (MvdR-Archiv, Chicago), Durchführungspläne von 1929/30 (Museum der Stadt Brünn), Pläne zur Restitution (Denkmalamt Brünn) und Pläne zur geodätischen Neuvermessung von 1969.

191

191
Haus Tugendhat, ca. 1972, Westteil, Blick vom Garten

192

192
Haus Tugendhat, ca. 1972. Die Bodenplatten der Gartenterrasse, die wahrscheinlich 1967 erneuert wurden, bestanden offenbar nicht aus Travertin, sondern aus Sandstein

193

193
Haus Tugendhat, ca. 1972, Wohnraum, als Turnsaal des Kinderspitals genutzt, Blick nach Nordwesten

194

194
Haus Tugendhat, Gartentreppe, Zustand 1980

195

195
Haus Tugendhat, ehemalige Küche, Schäden durch Infiltration von Wasser, Zustand 1980

Die Renovierung von 1981–1985

Nach den intensiven Bemühungen von 1969/70 vergingen noch mehr als zehn Jahre, bis das Kinderspital in ein anderes Objekt übersiedelte und mit der geplanten Renovierung des Hauses begonnen werden konnte. Der ursprüngliche Plan einer „Internationalen Kulturstätte" mutierte zu dem Beschluss der Stadtverwaltung, das Haus Tugendhat als Gästehaus für hochrangige Besucher der Stadt zu nutzen. Dies erwies sich für die historische Substanz des Hauses insofern als verhängnisvoll, als damit die üblichen sanitären Standards eines Hotels Planungsgrundlage wurden.

Das Projekt, das von der *Zentralstelle Brünn des Staatsinstituts für die Wiederherstellung von historischen Städten und Gebäuden* organisiert wurde, stand unter der Leitung von Dipl. Ing. Arch. Kamil Fuchs Csc und Dipl. Ing. Arch. Jarmila Kutêjová, außerdem Dipl. Ing. Josef Janáček und Dipl. Ing. Arch. Jarmila Ledinská.[22] An der Ausführung waren ausschließlich Firmen der CSSR beteiligt.[23]

[22] Sapák 1988 (zit. Anm.14). S. 23.

[23] Menšík/Vodička 1986, (zit. Anm. 12) nennen: Stavební podnik města Brna (Bauunternehmen der Stadt Brünn), Ústředí uměleckých řemesel Brno (Zentralstelle des Kunstgewerbes Brünn), Výrobní družstvo KOVO Brno (Produktionsgenossenschaft KOVO Brünn), Kodreta Myjava, Oblastní pódnik služeb Modra u Bratislavy (Regionalbetrieb der Dienstleistungen Modra bei Pressburg), Slovenský průmysl kamene Levice (Slovakische Steinindustrie Levice), Fatra Napajedla und andere.

196
Haus Tugendhat, Foyer, 2009, mit den Acryl-Glasscheiben von 1985

197
Haus Tugendhat, Eingangsbereich, Zustand nach Renovierung 1985. Ersatz der Verglasung mit geteilten Acryl-Glasscheiben

196

197

198
Haus Tugendhat, obere Terrasse, Blick nach Norden, nach Renovierung 1985

198

Die Projektanten konnten zum Teil sehr weitgehende Wünsche des Auftraggebers, der vor allem die Nutzung als repräsentatives Gästehaus im Auge hatte, verhindern, z. B. die Einrichtung eines Schwimmbeckens oder einer Sauna.[24]

Generell muss bei Aussagen über Einzelheiten dieser Renovierung eingeschränkt werden, dass eine detaillierte Publikation über die Arbeiten von 1981–85 lange nicht vorlag.[25] Außerdem fehlte eine präzise, die Oberflächen einschließende interdisziplinäre Untersuchung und Dokumentation von Materialien und Techniken, späteren Veränderungen und des Erhaltungszustandes des Hauses. Die vom Brünner Amt für Denkmalpflege, von Wolf Tegethoff und anderen geleisteten Vorarbeiten[26] mussten durch entsprechende Untersuchungen des Objekts, durch technische und restauratorische Expertisen im interdisziplinären Sinne vertieft werden.[27]

[24] Sapák 1988 (zit. Anm. 14) berichtet, daß Bohuslav Fuchs in den 60er Jahren im Parterre eine Snack-Bar einrichten wollte. Die folgenden Angaben stützen sich, neben eigenen Beobachtungen, auf Sapák 1988 (zit. Anm. 14; Jan Šapák, Das Haus Tugendhat in Brünn, in: Bauforum XXII/131, 1989, S. 13–25; Jan Šapák, Reconstruction of the Tugendhat House (Mies van der Rohe 1930), in: First International DOCOMOMO Conference, Sept. 12–15, 1990, Conference Proceedings, Eindhoven 1991, S. 266–268; Riedl 1995 (zit. Anm. 14); Tegethoff 1997 (zit. Anm. 8).

[25] Inzwischen publiziert: Dagmar Černoušková/Josef Janeček/Karel Ksandr/Pavel Zahradník, Nové poznatky ke stavební historii vily Tugendhat a k její obnově a rekonstrukci v letech 1981–1985, in: Průzkumy památek, Jhrg. XV, č. 1, 2008, S. 89–126; Josef Janeček, Restoration and Reconstruction of the Tugendhat House over the years 1881–1985, in: Iveta Černá/Ivo Hammer (Hrsg.), Materiality (Akten des internationalen Symposiums zur Erhaltung der Architektur des Neuen Bauens, Brno/Brünn 27.–29.04.2006), Museum der Stadt Brünn und Hornemann Institut der HAWK, Hildesheim 2008, S. 154–162.

199

199
Haus Tugendhat, Wohnraum, Blick nach Süden, nach Renovierung 1985, mit zeitgenössischer Möblierung

200

200
Haus Tugendhat, Wohnraum, Blick nach Südwesten, nach Renovierung 1985, mit zeitgenössischer Möblierung

201

201
Haus Tugendhat, Wohnraum, Essnische, Blick nach Nordwesten, nach Renovierung 1985, mit zeitgenössischer Möblierung

202

202
Haus Tugendhat, ehemaliges Zimmer der Tochter Hanna, Zustand nach Renovierung 1985

203

203
Haus Tugendhat, Badezimmer der Kinder, Zustand nach Renovierung 1985

204

204
Haus Tugendhat, Badezimmer der Eltern, Zustand nach Renovierung 1985

[26] Institute for the Protection of Monuments, Brno (Iveta Černá, Eva Buřilová), The Tugendhat Project. The restoration of the Villa and its utilization as a monument of modern architecture (Typoskript), Brünn, Februar 1995; Tegethoff 1997 (zit. Anm. 8).

[27] Im Einvernehmen mit dem Brünner Denkmalamt erstellte Ivo Hammer am 20.4.1997 ein Konzept für eine erste restauratorische Untersuchung: *Villa Tugendhat, Brno. Workshop for investigation/documentation June 20–23, 1997. Conception of performance.*

Die gründliche Auseinandersetzung mit Zielvorstellungen, Methoden und Ergebnissen dieser Renovierung war eine unverzichtbare Voraussetzung für die Kriterien der weiteren Konservierung/Restaurierung und Pflege der Villa Tugendhat.

Die bereits 1969 begonnene Rekonstruktion des Gartens entsprach offenbar dem ursprünglichen Plan. Wie Christiane Kruse berichtet, geht aus einem 1969 aufgenommenen Protokoll hervor, *„dass Frau Müller Roder selbst die Wiederherstellung der ursprünglichen Bruchsteinterrasse in flachen, behauenen Steinen empfahl, wie es ja nun tatsächlich gemacht worden ist. Diese Form sei schon 1930 bei der Anlage des Gartens geplant gewesen, und notgedrungen habe man den bereits gelieferten Bruchstein verwendet. [...] Von der dürftigen Bepflanzung abgesehen, ist die Terrasse somit wohl im Prinzip ‚richtig' rekonstruiert worden"*.[28] Hinzuzufügen wäre, dass damit zwar ein durch mündliche Überlieferung belegbarer Bauplan ex post realisiert, aber nicht ein konkreter historischer Zustand restauriert wurde.

Die statischen Schäden, die an der Südostecke des Hauptbaus in der Terrasse aufgetreten sind, könnten auch mit Erdbewegungen während der Rekonstruktion des Gartens zusammenhängen.[29]

Bauliche Veränderungen, die offenbar im wesentlichen aus der Zeit der Okkupation stammen, wurden auf die ursprünglichen Maße „rückgebaut", also entfernt: Die Erhöhung des Rauchfangs, die Vermauerung des Durchblicks zwischen Garage und Haupthaus, die Vermauerung der Treppenhauswand, die Veränderung der Traufzone des oberen Geschosses und die kleinteilige Verglasung. Zwei später geöffnete südliche Kellerfenster wurden wieder vermauert. Ins Auge springende Störfaktoren der Bauform waren damit beseitigt. Selbstverständlich wurde dabei auch die Isolierung und Wasserableitung des Dachs repariert. Auf die Rekonstruktion fehlender Teile wurde viel Mühe verwendet. Die rekonstruierte halbrunde Wand mit Furnier aus Makassar-Ebenholz hatte allerdings, wie bei diesem seltenen Holz nicht anders zu erwarten ist, nicht jenes Muster und jene Farbe der Maserung, die man aus den Fotos, aus den noch vorhanden Regaleinbauten und dem erhaltenen Bufett erschließen kann. Auch der Sockel war, wohl um die mangelnde Länge der Furniere auszugleichen, höher als ursprünglich und zudem in der Maserung horizontal verlaufend. Dennoch schien eine neuerliche Rekonstruktion nicht erstrebenswert. Den Regenwäldern sollte durch Ausbeutung seltener Hölzer nicht weiter Schaden zugefügt werden. Zudem war es sehr fraglich, ob auch heute, unter Bedingungen internationaler Kooperation, ein auch nur annähernd passendes Furnier in der genügenden Menge und Länge erhältlich wäre; schon Mies van der Rohe hatte Mühe, eine entsprechende Quelle in Paris zu finden.[30] In einigen Punkten musste man wohl akzeptieren, dass sich die Geschichte des Hauses und der historischen Erhaltungsbedingungen auch in Veränderungen manifestiert. Die historische Distanz des modernen Betrachters erfordert auch Akzeptanz von Spuren der Geschichte.

[28] Brief von Christiane Kruse, Berlin, an Daniela Hammer-Tugendhat vom 1.5.1993. Das Protokoll wurde ihr von Kamil Fuchs übermittelt.

[29] Protokoll des Treffens der Expertenkommission in Brünn am 14.1.97 (Denkmalamt, Museum, FVT-Škrabal, Hammer, Šapák, Tegethoff), verfasst von Nina Schneider. (Im Lauf der weiteren statischen Untersuchungen 2000 ff wurde klar, dass vor allem undichte Abflussrohre die Instabililtät des Baugrundes bewirkt haben).

[30] Erst später fand Miroslav Ambroz Teile der originalen Wand.

205
Hanna Lambek, die älteste Tochter von Grete Tugendhat, bei ihrem ersten Besuch des Hauses Tugendhat am 16.4.1990, 52 Jahre nach der Emigration, gemeinsam mit Daniela Hammer-Tugendhat und Matthias und Lukas

205

206

206
Daniela Hammer Tugendhat, Ruth Guggenheim-Tugendhat, Ernst Tugendhat am 4.10.1993 vor ihrem Elternhaus.

207

207
Sitzung im Haus Tugendhat am 4.10.1993 mit Vertretern der Familie Tugendhat (Ernst T., Daniela H.-T., Ruth G.-T., Ivo H.), des Stadtrats (Vizebürgermeister Zahradníček et al.) und des Fonds Vily Tugendhat (Jan Dvořák, Jindřich Škrabal, Jan Otava)

Ähnlich einschränken muss man auch die Kritik an der Rekonstruktion der großen Glaswände mit modernem Floatglas[31] mit einer Silikonfuge. Spiegelglas der für die originalen Metallrahmen notwendigen Größe schien seit den 80er Jahren nicht mehr erhältlich zu sein.[32] Warum allerdings die bis in die 80er Jahre erhaltene große Glasscheibe (die östliche der beiden versenkbaren) nicht belassen wurde, ist schwer verständlich.[33]

In manchen Rekonstruktionen war spürbar, dass die Beschränkungen nicht nur durch die Knappheit der finanziellen Mittel, wohl auch durch Mangel an politischem Willen, sondern auch durch fehlende internationale Kooperation zustande kamen. Der ursprüngliche Boden aus gelblich-weißem bzw. hellgrauem Korklinoleum, der wahrscheinlich nach dem Kriege in allen Räumen renoviert wurde, bestand nun aus einem weißen, nicht lichtbeständigen PVC,[34] das in Nähe der Fenster bald erhebliche Spuren der Verbräunung und Versprödung zeigte und das gegenüber dem samtigen Glanz von Linoleum, der anhand der originalen Fotos nachvollziehbar ist, eher flach und zugleich optisch aggressiv wirkte. Besonders störend erschien die Rekonstruktion der gebogenen Milchglasscheiben des Treppenhauses mit zweigeteilten Acryl-Scheiben[35] und die Rekonstruktion der hinterleuchteten Wand mittels zwei durch eine Silikonfuge verbundene Glasscheiben, bei denen wie im Treppenhaus der Milchglaseffekt durch weiße Farbe imitiert war. Die sorgfältige Materialauswahl ließ sich auch in einem technologisch hochentwickelten Land wie der CSSR nicht ohne grenzüberschreitende Zusammenarbeit bewältigen.

Das ursprünglich schwarze Birnbaum-Holz des Esszimmertisches[36] wurde in einer aufdringlichen Maserung rekonstruiert. Offenbar unter massivem Geldmangel litt die Herstellung der neuen Vorhänge, die in keinem Punkt den ursprünglichen Intentionen von Mies van der Rohe und Lilly Reich entsprachen.

Es muss aber festgehalten werden, dass mit den oben genannten Rekonstruktionen, auch wenn sie teilweise unbefriedigend waren, insgesamt kaum historische Substanz zerstört worden ist.

Weniger schonend war die Vorgehensweise in all jenen Bereichen, die mit den modernen Standards der Installationen eines Hotels verbunden waren. Bei der Herstellung neuer elektrische Leitungen, neuer Wasserleitungen und neuer Heizungsrohre wurden nicht nur die ursprünglichen Fliesen in der Küche, im Keller[37] und in den Sanitärräumen, die zum Teil noch gut erhalten waren oder jedenfalls hätten repariert werden können, abgeschlagen und erneuert, sondern auch die sanitäre Einrichtung, die Armaturen, die Warmwasser-Heizungsinstallationen und die Elektroschalter. So ist unter dem Aspekt der Adaption an technische und ästhetische Kriterien eines Neubaus und der Nutzung als Gästehotel die historische Substanz des bis 1981 insgesamt relativ gut erhaltenen Hauses Tugendhat bei dieser Renovierung in nicht unwichtigen Teilen vernichtet worden.

[31] Sapák 1989 (zit. Anm. 24), S. 24.

[32] Tegethoff 1997 (zit. Anm. 8), S. 11 f.

[33] Später wurde bekannt, dass diese Scheibe 1985 mutwillig zerstört wurde, siehe: Černoušková et al. 2008 (zit. Anm. 25), S. 89–126.

[34] Es soll nicht verkannt werden, daß die Sonderanfertigung dieses PVC-Bodenbelags in der CSSR mit erheblichen organisatorischen Schwierigkeiten verbunden war.

[35] Aufgedoppelt, der Milchglaseffekt wurde mit transparenter weißer Farbe auf den Innenseiten der Scheiben imitiert. Sie bestanden wahrscheinlich aus Acryl-Harz.

[36] Grete Tugendhat, Rede (1969).

[37] Nur die Fliesen im „Pelztresorraum" („Mottenkammer") sind erhalten geblieben.

Auch der Plattenbelag der Terrasse und die Stufen der Gartentreppe aus Travertin sind umfangreicher erneuert worden, als für die Wiederherstellung der Nutzungsfähigkeit unter denkmalpflegerischen Aspekten notwendig gewesen wäre.[38] Bei der Reparatur der Bücherregale der Bibliothek wurden für die bequeme Einfügung von Ergänzungen Teile des originalen Furniers weggeschnitten. Solche handwerklichen Methoden der Reparatur sind aber bis heute in allen Ländern zu finden. Die Hochschulausbildung von Restauratoren für Steinobjekte und für Möbel hat sich in Europa erst spät entwickelt, in Deutschland erst seit ca. 1988.[39]

Eine besondere Leistung bot aber die Auseinandersetzung mit technischen Einrichtungen. Die Hebevorrichtung für die Fenster wurde als technisches Denkmal ebenso restauriert wie (teilweise) die Klimaanlage, sogar die Motoren wurden nicht erneuert, sondern repariert. Hier mag die besondere, systemimmanente Beachtung und Wertschätzung technischer Leistungen Pate gestanden haben.

Ein wesentliches und für die äußere Erscheinung entscheidendes Kriterium für die Qualität einer Restaurierung ist der Umgang mit den originalen Oberflächen. Mit Ausnahme der verchromten (beziehungsweise vernickelten) Teile – wie die Verkleidungen der Stützen, Heizungsrohre, Lüftungsöffnungen, Beschläge von Türen und Fenstern und Vorhangschienen – und der Onyxwand gibt es heute keine sichtbare ursprüngliche Oberfläche.

Teilweise wurden die originalen Oberflächen stark beschädigt wie etwa bei den Travertinsteinen (Türschwellen, Plinthe des Treppenhauses, Abdeckung der Balustrade der oberen Terrassen, Boden der Eingangshalle, Treppenstiegen, Stoßleisten), die mit Winkelschleifern und einem vergilbenden Kitt überarbeitet wurden. Es sind dies handwerkliche Verfahrensweisen, die auch in anderen Ländern üblich waren, solange solche scheinbar einfachen Steinoberflächen nicht als Gegenstand der Arbeit von Restauratoren eingeschätzt wurden.

[38] Auch die handwerkliche Arbeit zeigt in diesem Bereich Mängel. Zum Beispiel wurden bei den Traufsteinen der Treppe die Tropfnasen vergessen und dann sekundär unzureichend eingeschnitten.

[39] Ivo Hammer, Zur Entwicklung der Hochschulausbildung von RestauratorInnen im deutschsprachigen Raum, in: 10 Jahre Studiengang Restaurierung, Festschrift der Fachhochschule Hildesheim/Holzminden, Fachbereich Kommunikationsgestaltung (Hrsg.), Hildesheim 1997, S. 6–8; European Meeting of the Institutions with Conservation Education at Academic Level. ENCoRE, Dresden, Hochschule für Bildende Künste Dresden, 8./9. November 1997.

208
Haus Tugendhat, Zustand nach der Möblierung mit handelsüblichen Kopien am 30.11.1995

208

209

209
Haus Tugendhat, Zustand nach der Möblierung mit handelsüblichen Kopien am 30.11.1995

Überwiegend sind aber die Oberflächen im Sinne handwerklicher Reparatur mit einer neuen Beschichtung versehen worden. Es spricht für das denkmalpflegerische Verantwortungsbewußtsein der Projektanten (und auch der Handwerker), dass bei der Erneuerung der Beschichtungen in der Regel die vorhandenen Beschichtungen belassen wurden. Historische Substanz wurde damit konserviert oder jedenfalls zunächst nicht gravierend beschädigt. Material und Oberflächenqualität der Beschichtungen entsprachen den Normen und einfachen Ansprüchen der Reparatur von gewöhnlichen Altbauten, die Farbtöne wurden nach dem Stand des Wissens ausgesucht. Die originalen Oberflächen der mit Furnier beschichteten Türen, Einbauschränke und Bücherregale (Rio Palisander, Zebrano, Makassar-Ebenholz) wurden, soweit dies damals ohne Untersuchung zu beurteilen war, glücklicherweise zurückhaltend, aber mit modernen handwerklichen Methoden und Materialien renoviert.

Restauratorische Voruntersuchungen der vorhandenen Materialien und Techniken als Basis der Rekonstruktion wurden nicht durchgeführt. Ob der Farbton des Anstrichs zum Beispiel der äußeren Metallteile (Zaun, Geländer, Garagen- und Kellertüren, Fensterrahmen, Rolladen und Markisen-Beschläge) ursprünglich und in jedem Teil „Berliner Grau"[40] war, war zu diesem Zeitpunkt fraglich, an Beschädigungen nachvollziehbar waren unterschiedlich viele Schichten.[41]

Bei der Reparatur der verputzten Fassaden wurde offensichtlich Zementmörtel verwendet und Kunstharzfarbe (*Binderfarbe*). Diese Materialien entsprachen zwar – bedauerlicherweise – international auch beim historischen Altbau bis heute üblichen Normen.[42] Sie haben aber für die historische Substanz zerstörende Wirkung, entsprechende Schäden waren an mehreren Stellen zu bemerken, besonders intensiv an der Flanke der Gartentreppe. Thermische Spannungen und Undurchlässigkeit für Wasser in flüssiger Form und deren Folgen führen zur beschleunigten Verwitterung der originalen Verputzoberfläche. Glücklicherweise wurden die Reste der ursprünglichen leicht gelblichen (Kalk-)Oberfläche nicht beseitigt, mehrere Reparaturanstriche aus der Zeit vor der Renovierung von 1981–85 boten eine Art Pufferzone zwischen der ursprünglichen Oberfläche und der *Binderfarbe*.[43]

[40] Sapák 1989 (zit. Anm. 24) S. 25.

[41] Im Außenbereich des Fensters des Zimmers der Tochter Hanna sind auf der roten Grundierung folgende Schichten festzustellen: weiß, dunkles blaugrau, helleres Blaugrau, Blaugrün, rezentes dunkleres Blaugrau. Zumindest ein Teil der ursprünglichen Oberfläche der Metallteile und ihre Polychromie sollte konserviert werden und als Maßstab für jene Teile dienen, deren Anstrich rekonstruiert werden muss. Der Rostschutz von polychromiertem Metall ist technisch möglich; für nähere Angaben siehe der folgende Beitrag: Ivo Hammer, Materiality …

[42] Ivo Hammer, Die malträtierte Haut. Anmerkungen zur Behandlung verputzter Architekturoberfläche in der Denkmalpflege, in: Beiträge zur Erhaltung von Kunstwerken 7, hrsg. vom Restauratoren Fachverband, Berlin 1997, S. 14–23.

[43] Der rezente weiße Anstrich der Innenräume besteht wahrscheinlich ebenfalls aus einer ‚mageren' Binderfarbe. Im Frühjahr 1986 fand in Brünn eine Ausstellung über die Renovierung statt, vorbereitet durch Iloš Crhonek und Jaroslav Drápal. Siehe auch Rostislav Švácha, Mies van der Rohe, in: Výtvarná kultura, Praha 1986.

Vom Gästehaus zum Museum (1986–1994)

Von 1986–1994 diente das Haus Tugendhat als repräsentativer Tagungsort für die in Stadt und Land herrschenden Kräfte und als Gästehaus.[44]

Einer der letzten Akte war die im Haus zwischen Václav Klaus und Vladimír Mečiar besiegelte Trennung von Tschechien und der Slowakei im August 1992.[45]

Das Haus war, außer für Gäste der Stadtverwaltung, nicht öffentlich zugänglich, es konnte nur in Ausnahmefällen besucht werden. Die Fachwelt, vor allem in Brünn selbst, gab aber die ursprünglichen Pläne nicht auf, das Haus öffentlich zugänglich zu machen beziehungsweise einer kulturellen Nutzung zuzuführen und den ursprünglichen Zustand in allen Teilen, auch der Einrichtung, zu rekonstruieren.

Ein Gruppe von Architekten in Brünn[46] gründete 1993 einen gemeinnützigen Verein, den Fond Vily Tugendhat (FVT). Im Statut des Vereins sind als Ziele die Durchführung der Rekonstruktion und der Betrieb des Hauses als Architekturzentrum[47] festgehalten. Am FVT nahmen sehr bald auch Mitglieder der Familie Tugendhat teil.[48] Bei einem Gespräch mit Bürgermeister Jiří Horák am 2. Juli 1993 gab Daniela Hammer-Tugendhat als Tochter von Grete und Fritz Tugendhat dem Willen ihrer Mutter Ausdruck, dass das Haus zur Gänze wiederhergestellt und erhalten wird und dass es öffentlich zugänglich gemacht wird.[49]

Die Aktivitäten des FVT waren für den ersten Erfolg sicherlich nicht ohne Bedeutung: Der Rat der Stadt Brünn beschloss am 16.09.1993 die Nutzung des Hauses Tugendhat für kulturelle Zwecke und die Fortführung der Rekonstruktion.[50]

Inzwischen hatte sich in London ein zweiter gemeinnütziger Verein gebildet, mit Namen „Friends of Tugendhat" (FRIENDS), der sich ebenfalls zum Ziel setzte, für die öffentliche Zugänglichkeit des Hauses und für die Finanzierung und Durchführung der Restaurierung zu wirken.[51]

In den folgenden Monaten bemühte sich der FVT, unterstützt durch Mitglieder der Familie Tugendhat und durch die FRIENDS,[52] in Verhandlungen mit der Stadtverwaltung um einen Mietvertrag für das Haus.[53] Der Rat der Stadt Brünn ging darauf nicht ein. Dennoch folgte am 20.1.1994 der entscheidende Beschluss: Das Haus Tugendhat soll in der Verwaltung des Museums der Stadt Brünn öffentlich zugänglich gemacht und denkmalpflegerisch instand gesetzt werden.[54]

Am 1. Juli 1994 eröffnete Bürgermeister Jiří Horák das Haus Tugendhat als Museum.[55]

210

210
Haus Tugendhat, Wohnraum 30.11.1995. Möblierung mit handelsüblichen Repliken und einer bronzierten Kopie des Torsos von Lehmbruck, rosafarbene Vorhänge von 2008

des Gesprächs; Prof. Dr. Karin Wilhelm, Graz; Dr. Irene Nierhaus, Graz.; Ivo Hammer. In einem Brief an F. Kalivoda am 24.11.1969 hatte sich Grete Tugendhat unter bestimmten (kostenneutralen) Bedingungen bereit erklärt, das Haus Tugendhat *„dem Staat ... zu schenken, wenn das Haus in den ursprünglichen Zustand gebracht würde, um daraus ... ein Zentrum der Architekten zu schaffen..."*. Diese Äußerung ist als Geste zum Schutz des Hauses zu verstehen, da die kommunistische Enteignung damals ohnehin als unabänderlich angesehen werden musste.

44 Unter den Gästen waren prominente Persönlichkeiten wie Helmut Zilk (Wiener Bürgermeister), Erhard Busek (österreichischer Vizekanzler), Otto von Habsburg und andere.

45 Horáková & Maurer (Hrsg), Bufet, Graz 1993, S. 67, mit einem Zeitungsfoto der Verhandler.

46 Ing. arch. Jiří Adam, Ing. Jan Otava und Ing. arch. Jindřich Škrabal, Registierung des Statuts am 6.6.1993. Ing. arch. Jan Dvořák trat einige Monate später in den FVT ein, und erwarb sich durch seine Rührigkeit besondere Verdienste um die Ziele des FVT.

47 Zunächst nicht als allgemein zugängliches Museum!

48 Eduardo Tugendhat, USA; Prof. Dr. Ernst Tugendhat, damals Santiago de Chile; Lic. Psych. Ruth Guggenheim-Tugendhat, Zürich; Prof. Dr. Daniela Hammer-Tugendhat, Wien.

49 Am 2.7.1993, Brief von D. Hammer-Tugendhat (DHT) an J. Horák am 6.7.93; Gedächtnisprotokoll DHT und der Autor. Weitere Teilnehmer: Ing. arch. Jan Dvořák als Dolmetscher und Organisator

50 Der FVT wurde allerdings nicht mit der Durchführung beauftragt (siehe Protokoll der 98. Sitzung des Rats der Stadt Brünn (RMB), Blatt 1758).

51 Registriert als gemeinnütziger Verein (Charity Trust) am 28.01.1994. Besonders hervorzuheben ist der unermüdliche und hohe Einsatz des Architekturfotografen Keith Collie und weiterer Trustees wie Eva Jiřičná, Ivan Margolius, Thomas Riedel und Timothy Joe Berner. Auch Mitglieder der Familie Tugendhat gehören zu den Trustees (D. Hammer-Tugendhat) bzw. zu den patrons.

52 In Gesprächen zwischen der Stadtverwaltung (unter anderen Vizebürgermeister Dr. Zahradníček), dem FVT, den FRIENDS und Mitgliedern der Familie Tugendhat in Brünn am 3./4.10.1993 wurden Möglichkeiten der Durchführung der Öffnung und Restaurierung des Hauses besprochen

53 3.11.1993: Übergabe des Vertragsentwurfs des FVT an den Rat der Stadt Brünn (RMB); 8.12.1993: Diskussion des RMB mit dem FVT über den Mietvertrag, Bildung einer 5er-Kommission; 2. Sitzung am 21.12.1993.

54 Dokument des Auftrags des RMB an den Vorsitzenden der Sektion Kultur vom 26.1.1994. Formelle Übergabe in die Verwaltung des Museums der Stadt Brünn und damit in die Obhut des Direktors Dr. Jiří Vaněk und der Kustodin Dr. Lenka Kudělková am 7. April 1994.

55 D. Hammer-Tugendhat nahm an der Eröffnung teil. Am 1.7.1994 wurde auch ein Kooperationsvertrag zwischen dem Museum der Stadt Brünn und den FRIENDS abgeschlossen.

Von der Renovierung zur Konservierung/Restaurierung

Die Bemühungen um die Projektierung und Finanzierung der weiteren Wiederherstellung des Hauses Tugendhat gingen auch nach der Öffnung des Hauses als Museum weiter. Entsprechende gemeinsame Verträge des FVT und der FRIENDS mit dem Museum kamen aber nicht zustande, weil Ziele, Kompetenzen, Organisationstruktur und Finanzgebarung in wesentlichen Punkten nicht genügend definiert waren. In einer Sitzung am 3./4. März 1995 im Haus Tugendhat, an der Vertreter der Stadt Brünn, des Museums der Stadt Brünn, des Denkmalamts, des FVT, der FRIENDS und der Familie Tugendhat[56] teilnahmen, wurde vereinbart, ein Koordinierungskomitee zu gründen, das gemeinsam alle weiteren Entscheidungen vorbereitet.[57] Die Vereinbarungen wurden aber nicht in die Tat umgesetzt.

[56] Teilnehmer: Dr. K. Hofmannová (Leiterin des Kulturamtes der Stadt Brünn); Dr. J. Vaněk, Dr. L. Kudělková, Dr. J. Bönisch, Dr. H. Vilímková (Museum der Stadt Brünn); Ing. I. Novák, Ing. Arch. I. Černá, Ing. Arch. L. Čechová, Dr. E. Buřilová (Denkmalamt Brünn); Ing. Arch. J. Dvořák, Ing. Arch. J. Škrabal (Fond Vily Tugendhat); Dr. D. Hammer-Tugendhat, Eduardo Tugendhat, Dr. I. Hammer (Vertreter der Familie Tugendhat); Prof. Arch. Dr. P. Lizón, (FRIENDS – USA); Ing. Arch. Eva Jiřičná, K. Collie M.A. (FRIENDS – UK); H. Gray, USA (Moderator); E. Burešová (Protokoll); Mag. J. Binai (Dolmetscher). Empfang bei Vizebürgermeister Ing. M. Šimonovsky.

[57] Vorgeschlagene Mitglieder: J. Vaněk, L. Kudělková, I. Černá (ex officio); J. Dvořák (FVT); E. Jiřičná (FRIENDS – UK); P. Lizón (FRIENDS – USA); D. Hammer-Tugendhat DHT(Familie); I. Hammer (Expertenkomitee. Die entsprechende Einladung des Museums an den Autor, als Experte mitzuwirken, erfolgte eineinhalb Jahre später, am 4.11.1996).

211

211
Haus Tugendhat, 1998, nordwestliche Fassade der Terrassen; Schäden durch statische Mängel und durch Salze infolge von Infiltration von Abwasser

Zwei Mitglieder des FVT[58] projektierten die 1995 von der Stadt Brünn finanzierte Rekonstruktion der Möbel des großen Wohnraums.[59] Das Ziel, die Attraktivität des Raumes für das breite Publikum zu erhöhen, wurde vielleicht erreicht. Aber die Qualität der Rekonstruktion der Möbel fand nicht einhellige Zustimmung, sie wurde nicht nur von Fachleuten, sondern auch von ehemaligen Bewohnern des Hauses Tugendhat[60] hinsichtlich der Ungenauigkeit der Kopie des originalen Designs, der Qualität der verwendeten Materialien und ihrer Farben kritisiert.[61] Aber rekonstruierte Möbel sind austauschbar. Die Frage war: was geschieht mit der erhaltenen historischen Bausubstanz?

In den Diskussionen während der gemeinsamen Sitzungen (und auch in der Kritik an den konkreten Maßnahmen 1981–85 beziehungsweise der Rekonstruktion der Möbel 1995/96) wurde immer wieder deutlich, dass unterschiedliche Vorstellungen existierten von dem, was unter denkmalpflegerischer Instandsetzung, unter Konservierung, unter vollständiger Renovierung, unter Rekonstruktion verstanden werden sollte.

Die einen waren bereit, vieles von den Eingriffen und unpräzisen Rekonstruktionen von 1981–85 zu akzeptieren und wünschten vor allem für das Design des Innenraums wirksame Maßnahmen, wie die Rekonstruktion der Glasscheiben, der Lampen und der Möbel.[62] Trotz vordergründiger Kritik an der Renovierung von 1981–85 sollte also dieser Kurs fortgesetzt werden, mehr noch: zur Steigerung der Attraktivität des Ortes für Besuchermassen wurde der Bau eines zusätzlichen Pavillons (Visitors Center) im Garten unterhalb des Hauses Tugendhat[63] und die Verlegung des Eingangs in das Haus Tugendhat für Besucher an die Ostseite vorgeschlagen.[64]

Die anderen kritisierten vor allem die fehlende Präzision der Rekonstruktion. Sie wünschten eine vollständige, möglichst perfekte Erneuerung und Wiederherstellung, welche die Ergebnisse der Renovierung von 1981–85 nur zum geringen Teil akzeptierte. Bereits 1991, unmittelbar nach den politischen Umwälzungen, stellte das Büro SURPMO, dessen Mitglieder bereits die Renovierung von 1981–85 durchgeführt hatten, eine Liste der Arbeiten für eine „vollständige Renovierung" zusammen, die 1995 auch Grundlage wurde für das „Tugendhat Project" genannte Konzept der physischen Wiederherstellung des Hauses Tugendhat, ausgearbeitet vom Denkmalamt von Brünn.[65]

Das Konzept sah vor: Wiederholung von bautechnischen Eingriffen und der Neubeschichtung der Oberflächen innen und außen von 1981–85,[66] Entfernung der 1981–85 rekonstruierten Teile und Rekonstruktion in Formen und Materialien, die dem ursprünglichen Design möglichst nahekommen,[67] weiterführende Reparatur oder Erneuerung von Haustechnik und Beschlägen, von Materialien und Oberflächen,[68] weitere Rekonstruktionen,[69] die Entfernung nicht ursprünglicher Zutaten[70] und schließlich die Rekonstruktion der beweglichen Einrichtung.[71]

Die Kritik an der Renovierung von 1981–85 wurde zumeist mit dem herrschenden politischen System in Verbindung gebracht, mit mangelnden materiellen, technischen und wissensmäßigen Ressourcen in der kommunistischen Tschechoslowakei.[72]

[58] Ing. Arch. Jan Dvořák, Prof. Arch. Dr. Peter Lizón. Die Projektanten nutzten die Möglichkeit des Vergleichs mit existierenden Originalmöbeln, z. B. mit dem „Bridgetisch" in der Bibliothek (Original bei Ruth Guggenheim-Tugendhat) nicht und verzichteten auch auf entsprechende Forschungen, z. B. im MoMA, New York.

[59] Vereinbarung zwischen Ing. Arch. V. Ambroz, Firma AMOS, Brünn (Vertretung von Firma ALIVAR, Italien); Dr. J. Vaněk, Dr. L. Kudělková, Dr. J. Čejka (Museum der Stadt Brünn); Ing. Arch. J. Dvořák (FVT); Prof. Arch. Dr. P. Lizón (USA) am 14.8.1995. Eröffnung der Neumöblierung des Wohnraums am 27.3.1997. Die Planung erfolgte ohne Konsultation des vereinbarten Koordinationskomitees.

[60] Besuch der Kinder von Grete und Fritz Tugendhat am 15.8.1996, darunter Ernst Tugendhat gemeinsam mit Irene Kalkofen, London (1909, Berlin – 2004, London), der ehemaligen Kinderschwester, der einzigen noch Lebenden, die als Erwachsene in dem Haus gelebt hat.

[61] Bericht Daniela Hammer-Tugendhat (DHT)/Ivo Hammer über die Sitzung im Haus Tugendhat am 23.9.1996; Brief von Arch. Albert Pfeiffer, KNOLL (USA) an DHT vom 1.11.1996.

[62] Peter Lizón, Miesian Revival: First Barcelona, now Tugendhat restored, in: Architecture 1986; AIA Resolution W-1 1991, eingebracht von P. Lizón; auch Jan Dvořák neigte zu dieser Auffassung.

[63] In einer Stilparaphrase des Barcelona-Pavillons; von einem Kritiker spöttisch „ice cream parlour" genannt.

[64] Das Projekt von Jan Dvořák und Peter Lizón wurde erstmals vorgetragen in einem Treffen des FVT mit dem Museum am 25. März 1994. Siehe auch P. Lizón, Villa Tugendhat Fund, Plan of Action, Brno, Sept. 1996 (Typoskript) und P. Lizón 1996 (zit. Anm. 8), S. 73.

[65] Specification of work and requirements for complete renovation of Villa Tugendhat, Brno, SURPMO 25.4.1991. Verfasser sind vielleicht Ing. Josef Janeček und Ing. arch. Jarmila Kutějová; Institute for the Protection of Monuments, Brno (I. Černá, E. Buřilová), The Tugendhat Project. The restoration of the Villa and its utilization as a monument of modern architecture (Typoskript.), Brünn, Februar 1995.

[66] Z. B. der Dachisolierung, Neuanstrich aller Oberflächen aus Metall, Holz, Verputz innen und außen mit modernen Materialien.

[67] Verglasungen von Wänden (Eingangshalle, Leuchtwand, Terrasse, Gartenstiege), Türen und Fenstern; teilweise Böden außen (Betonplatten, Travertin); Böden innen (Linoleum); Radiatoren; Boden und Wandfliesen von Küche und Sanitärräumen; Sanitäre Anlagen mit Armaturen; Decken- und Wandlampen; Tisch des Essbereichs. Im Konzept von 1991 von SURPMO sollte auch die halbrunde Wand des Essbereichs rekonstruiert werden *(„...to match shelving on the library...")*.

[68] Z. B. Klimaanlage/Ölfilter, Hebemechanismus der großen Scheiben, Aschenaufzug, Marquisen-, Fenster- und Türbeschläge; z. B. Travertin Wintergarten, Rolläden, Marquisen.

[69] Z. B. Geländer-Absperrung des Durchblicks zwischen Chauffeurwohnung und Haupthaus, Chromverkleidung Tischfuß Esszimmer, Wandbord des Essbereichs aus grünem Marmor „vert antique"; Einrichtung von Küche und Anrichte.

[70] Z. B. der Spiegelwand der Eingangshalle.

[71] Der Möbel, Vorhänge, Vasen und sonstigen Einrichtung.

[72] Menšik 1986 (zit. Anm. 12); Jan Sapák, Vila Tugendhat, Umění XXXV, 2, 1987, S. 167–169; Sapák 1988 (zit. Anm. 14), S. 15–23; Tim Clark, The villa's glory days, in: The Prague Post, 23.2.–1.3.1994, 8a; Institute for the Protection of Monuments, Brno 1995 (zit. Anm. 65).

Auch wenn man die Veränderungen berücksichtigt, die sich aus den Anforderungen der Nutzer ergeben hatten, mag diese Begründung zum Teil berechtigt sein. Aber eine zu weitgehende, intakte oder reparierbare originale Substanz zerstörende Renovierung historischer Architektur und die mangelnde Präzision der Rekonstruktion war kein spezifisches Problem der (damals) tschechoslowakischen Gesellschaft unter sozialistischen Vorzeichen. Die Diskussion zum Thema ‚Restaurieren oder Konservieren' ist in der Denkmalpflege seit John Ruskin (1849) virulent, sie verweist auf ein Problem globaler Dimension.[73] Auch jüngere Beispiele des Umgangs mit Architektur des Neuen Bauens[74] wie die Renovierung der Weißenhofsiedlung in Stuttgart (Renovierung 1981–86), der Wiener Werkbundsiedlung (Renovierung 1983–1985), der Werkbundsiedlung Neubühel, Zürich-Wollishofen (Renovierung 1985–1990) und Bruno Tauts Siedlung in der Grellstraße, Berlin (Fassadenrenovierung seit 1997) zeigten unterschiedliche Positionen und Ergebnisse.[75] Sie reichen von der aufwendigen *„Totalinstandsetzung"*,[76] vom Ersatz der Reste der originalen Substanz, *„originalähnliche Rekonstruktion"* genannt[77] bis zum schweizerischen *„Flicken als Strategie"*.[78] Der Unterschied zwischen einer „total" instandgesetzten (z. B. Tessenows Festspielhaus in Dresden Hellerau, 1911) und einer rekonstruierten historischen Architektur, auch wenn sie mit dem Anspruch auf ‚Originalähnlichkeit' durchgeführt wurde (z. B. die Stuttgarter Weißenhofsiedlung, 1927, oder das Alfelder Fagus-Werk von Walter Gropius, 1911–13), ist nicht eben groß: Es handelt sich um neuzeitliche Kopien, um Surrogate mit fragwürdigem, wenn nicht verlorenem historischem Wert. Die Argumente für den substanzvernichtenden Umgang mit historischer Architektur sind bekannt: technische bzw. funktionale Mängel bzw. nicht normgerechte Ausführung z. B. hinsichtlich der Schutzes gegen Infiltration von Wasser, der Schall- und Wärmedämmung. Sie stützen sich meist auf die Behauptung, dass die historische Substanz die Funktionsfähigkeit, also auch den Tauschwert beeinträchtige, dass eine Reparatur zu teuer, nicht „haltbar" oder überhaupt nicht möglich sei. Praktische Erfahrungen belegen aber, dass die Anpassung an moderne Nutzungen auch ohne große Zerstörungen möglich sind, dass Reparaturen oft nicht teurer, oft nachhaltiger, also auch langfristig kostengünstiger und bei Einsatz kompatibler Materialien[79] und entsprechender restauratorischer und/oder handwerklicher Arbeitstechnik auch machbar sind.[80]

Der Erhaltung der historischen Substanz des Neuen Bauens droht zusätzliche Gefahr: In internationalen Gremien wurden in den neunziger Jahren Jahren des 20. Jahrhunderts neue, von der Charta von Venedig von 1964 abweichende Kriterien für die Erhaltung von Bauten der Moderne formuliert, welche die Authentizität eines Baues der Moderne am „Konzept" und der „Form", also am Design festmachen, und nicht in erster Linie am Material, an der historischen Substanz. Ist es ein Mangel an historischer und kritischer Distanz, dass hier das alte historistische Konzept von der Restaurierung der Stilform, der *structure* im Sinne Viollet-le-Ducs (1865)[81] seine Urständ feiert? Die Stilform, die vermutete Denkweise des Architekten, die *structure* wird nun *Konzept*, *utopische Dimension* genannt. Mit dem eindimensionalen Ziel ihrer Rekonstruktion werden aber Geschichtsquellen, materielle Substrate der Geschichte verformt und zerstört. Aus der Erkenntnis, dass in der Baudenkmalpflege die Anpassung an technische oder gesellschaftliche Gebrauchswerte manche Kompromisse erfordert, kann doch nicht gefolgert werden, dass der praktizierte Respekt vor der historischen Substanz als „Fetischisierung toten Materials" abgetan werden muss.[82] Wo denn, wenn nicht in der Materie, sind die historischen, künstlerischen oder sonst kulturellen Werte des Denkmals vergegenständlicht (Werte, die jeweils im technologischen wie im ästhetischen Kontext zu erfassen sind) – es sei denn, man möchte auf konkrete Denkmale überhaupt verzichten und begnügt sich mit schriftlichen und bildlichen Dokumentationen, also der Repräsentation eines historisch bedingten Kenntnisstandes.

[73] Siehe z. B. Norbert Huse (Hrsg.) Denkmalpflege. Deutsche Texte aus drei Jahrhunderten, München 1984 (1996^2) und die darin zitierten Literaturangaben zu Ruskin, Stifter, Lübke, Morris, Dehio, Muthesius etc.

[74] Karin Kirsch, Die Weißenhofsiedlung, Stuttgart 1987; dies., Werkbundausstellung *Die Wohnung*, Stuttgart 1927. Die Weißenhofsiedlung, Stuttgart 1993; Adolf Krischanitz und Otto Kapfinger, Die Wiener Werkbundsiedlung. Dokumentation einer Erneuerung, Wien 1985; Ueli Marbach und Arthur Rüegg, Werkbundsiedlung Neubühl 1928–32. Ihre Entstehung und Erneuerung, Zürich 1990; Bruno Tauts Siedlung Grellstraße in Berlin (1927/28) trägt in wichtigen Teilen noch den ursprünglichen, offenbar seit der Bauzeit nie berührten weißlichen Fassadenverputz. Mit dem unrichtigen Argument, dass dieser Verputz nicht repariert werden könne, wurde 1997 mit der Erneuerung der Fassaden mit Kalkzementputz begonnen (Gutachten von Ivo Hammer 12/1997 für das Landesamt für Denkmalpflege, Berlin); siehe auch Karin Hirdina, Pathos der Sachlichkeit. Tendenzen materialistischer Ästhetik in den zwanziger Jahren, Berlin 1981, Abb. Siedlung Grellstraße.

[75] Ich beziehe mich im folgenden mehrfach auf den aufschlußreichen Beitrag von Hartwig Schmidt, Denkmalpflege und moderne Architektur. Zwischen Pinselrenovierung und Rekonstruktion, in: Restauro 2, März/April 1998, S. 114–119.

[76] Werner Durth (Hrsg.), Entwurf zur Moderne. Hellerau: Stand, Ort, Bestimmung, Stuttgart 1996, S. 7, Anm. 11, zitiert nach Schmidt 1998 (zit. Anm. 75), S. 119.

[77] Hermann Nägele, Die Restaurierung der Weißenhofsiedlung 1981–87, Stuttgart 1992, S. 128. Siehe auch: Helmut F. Reichwald, Zu den Oberflächen des Doppelhauses von Le Corbusier und Pierre Jeanneret in der Weissenhofsiedlung Stutgart, in: Cerna/Hammer 2008 (zit. Anm. 25), S. 58–66.

[78] Artur Rüegg und Ruggero Tropeano, Technische Probleme in der Denkmalpflege. Vier Züricher Beispiele des Neuen Bauens, in: Architektur-Jahrbuch 1996, hrsg. vom Deutschen Architektur-Museum Frankfurt/Main, München/New York 1996.

[79] Das häufig fallende Argument, daß die geeigneten am historischen Objekt verwendeten Materialien heute nicht mehr vorhanden sind, ist in der Regel falsch bzw. erübrigt die Überlegung, welche erhältlichen Materialien mit der historischen Technologie kompatibel wären.

[80] Zur Wiederherstellung von Ölfarben-Anstrichen: J. Christoph Bürkle und Ruggero Tropeano, Die Rotach-Häuser. Ein Prototyp des neuen Bauens in Zürich, Zürich 1994, S. 76; Hammer 1997 (zit. Anm. 42).

[81] Norbert Huse, Viollet-le-Duc, Katalog der Ausstellung Paris 1980; siehe auch Huse 1984 (1996^2) (zit. Anm. 73).

[82] Wessel Reinink, Altern und ewige Jugend – Restaurierung und Authentizität (dt.–engl.), in: Daidalos 56, Juni 1995 (Magie der Werkstoffe), S. 96–105. Auf einer Tagung von ICOMOS mit dem Thema *Konservierung der Moderne? Über den Umgang mit den Zeugnissen der Architekturgeschichte des 20. Jahrhunderts* vom 31.10.–2.11.1996 in Leipzig wurden ähnliche Thesen formuliert (siehe ICOMOS, Hefte des Deutschen Nationalkomitees, XXIV, München 1998).

Bieten Theorie und Praxis des Umgangs mit Bauten der Moderne in der Schweiz eine Alternative zur Zerstörung historischer Quellen? Den publizierten Beiträgen liegt eine gemeinsame Zielvorstellung zugrunde: *„So viel wie möglich von der originalen Substanz zu erhalten, auf die Anpassung der Bauten an heutige DIN-Normen zu verzichten und die geschädigten Bauteile zu reparieren statt auszutauschen“*.[83] Die Frage ist, was mit dem Begriff ‚Reparatur‘ gemeint ist. Dass unter dem Titel *„Pinselrenovation“* z. B. die Außenhaut eines Hauses der Werkbundsiedlung Neubühl „[...]*normal (sic!) saniert, Fenster und Türen jedoch nur gestrichen*[...]“ wurden, verweist auf eine Vorgehensweise, die eher von handwerklichen Regeln der Erneuerung bestimmt ist.[84]

Es ist nicht einzusehen, warum die Erhaltungskriterien bei Architektur des zwanzigsten Jahrhunderts anders sein sollen als jene bei älterer Architektur, warum die Charta von Venedig von 1964[85] und allgemeine Prinzipien der Konservierung/Restaurierung[86] nicht auch für Architektur des Neuen Bauens gelten sollen. Die Spannung zwischen technischen und sozialen Gebrauchswerten, zwischen der notwendigen, den Gebrauchswert verbessernden Eingriffen einerseits und dem denkmalpflegerischen Bestreben nach Erhaltung der authentischen historischen Quelle anderseits ist nicht aufhebbar.

Der Wert des Hauses Tugendhat als Meilenstein der Architekturgeschichte kann kaum überschätzt werden. Nach der Zerstörung des Barcelona-Pavillons 1929 wurde das Haus Tugendhat eine unersetzliche historische Quelle für die Berliner Zeit Ludwig Mies van der Rohes und seiner Partnerin Lilly Reich. Seine materielle Substanz, die immer noch in weiten Teilen erhalten ist, hat nicht nur allgemeine Bedeutung als historische Quelle. Die materiellen Qualitäten sind im besonderen Maße Teil des Architekturkonzepts. Die Auseinandersetzung mit dem Material ist ein Leitthema der Protagonisten des Neuen Bauens.[87]

Materie ohne Oberfläche gibt es nicht. Unsere Augen sehen Formen, Gegenstände immer durch die Vermittlung einer Oberfläche. Die Oberfläche ist das interface (surface is interface), die Vermittlungsebene zwischen Architektur als Volumen, als gebautem Raum, als Design einerseits und dem Betrachter andererseits.

[83] nach Schmidt 1998 (zit. Anm. 75), S. 117.

[84] Entsprechend unscharf ist die Begrifflichkeit. Rüegg spricht z. B. von „Anmutungsqualität“ der „Textur“ der Farbmaterialien, siehe Arthur Rüegg, Zur Farbrestaurierung, in: Bauwelt 1997, Heft 42, S. 3284 f.; siehe auch Arthur Rüegg, Le Corbusiers Polychromie Architecturale und seine Clavier de Couleurs von 1931 und 1959, in: UMBAU (Hrsg. von: Österreichische Gesellschaft für Architektur) Nr. 13, Wien 1991, S. 5–26; Adolph Stiller, Rezension zu: Marbach u. Rüegg 1990 (zit. Anm. 74), in: UMBAU, Nr. 13, S. 86 f.

[85] Deutsche Übersetzung in: Zeitschrift für Kunsttechnologie und Konservierung 3, 1989, S. 245–247. www.iscomos.de/pdf/MONUMENTA_1.pdf

[86] Berufsbild und Ausbildung des Restaurators in der Bundesrepublik Deutschland, in: Ulrike Besch (Hrsg.), Restauratoren Taschenbuch 1996, München 1995, S. 38–42; Professional Guidelines, E.C.C.O. (European Confederation of Conservator-Restorers' Organisations), Brüssel 11.06.1993, ebenda, S. 42–46; The Conservator-Restorer. A Definition of the Profession, ICOM Kopenhagen, 1984, ebenda, S. 48–51.

[87] Siehe z. B. Werner Oechslin, „Materialvision“: die Moderne, ein Form- oder ein Bauproblem (dt. und engl.), in: Daidalos 56, Juni 1995 (Magie der Werkstoffe), 1995, S. 64–73; Helmut Lethen, Von der Kälte des Materials in den Zwanziger Jahren, ebenda, S. 50–55; Irene Nierhaus, Text + Textil. Zur geschlechtlichen Strukturierung von Material in der Architektur von Innenräumen, in: ARCH6. Raum – Geschlecht – Architektur, Wien 1999.

[88] Zusammensetzung der Expertengruppe: Museum der Stadt Brünn (J. Vaněk, L. Konečny), Brünner Denkmalamt (I. Černá: Vorsitzende, E. Buřilová), Architektur (J. Šapák, J. Škrabal: FVT), Kunstgeschichte (W. Tegethoff) und Konservierung/Restaurierung (Ivo Hammer). Gemeinsame Tagungen am 5.12.1996 und 14.1.1997.

[89] Ivo Hammer, Sinn und Methodik der restauratorischen Befundsicherung. Zur Untersuchung und Dokumentation von Wandmalerei und Architekturoberfläche, in: Restauratorenblätter 9, 1987/88 (Österreichische Sektion des IIC, Arsenal 15/4, A-1030 Wien), S. 34–58; ders., Geschichte und Inhalte der visuellen Dokumentation in der Konservierung/Restaurierung von Denkmalen, in: das bauzentrum 5/1995, S. 59–72.

[90] Siehe Konzept des Autors (zit. Anm. 27).

[91] Manfred Sack, Ein großes Haus, so alt wie neu, in: Die Zeit vom 15.12.1989, zit. nach: Marion Wohlleben, *„Es sieht so aus, als sei nichts gewesen!"* Gedanken zur Rekonstruktionsdebatte, in: Denkmalpflege im vereinigten Deutschland (Wüstenrot Stiftung Deutscher Eigenheimverein/Christian Marquart, Bearb.), Stuttgart 1997, S. 146–152; Durth 1996 (zit. Anm. 76).

Eine internationale Expertengruppe mit Beteiligung der Fachbereiche Kunstgeschichte, Architektur und Konservierung/ Restaurierung hatte Ende 1996 die Arbeit aufgenommen.[88] Nicht zuletzt durch die Forschungen von Wolf Tegethoff und Jan Sapák, aber auch durch die genauen Angaben von Grete Tugendhat waren viele historischen Daten bekannt. In den erhaltenen Pläne ist das Design jedes Details nachvollziehbar. Dennoch blieben viele Fragen. Wir wussten nicht, ob in jedem Fall die konkrete Form der Ausführung dem Design entsprach. Und vor allem wussten wir viel zu wenig über die Materialien und und konkrete Oberflächenerscheinung der Elemente der Architektur und ihrer Einrichtung.

Die Identifikation und Erhaltung der originalen Substanz ist spezifisches Metier des Konservators/Restaurators.[89] Eine entsprechende restauratorische Untersuchung des Hauses Tugendhat stand also auf der Tagesordnung, die Ergebnisse der Untersuchung konnten erst in der Folge in Kooperation mit anderen Fachbereichen weiter verarbeitet werden. Eine auf Beschluss der Expertengruppe für Juni 1997 geplante Kampagne zur restauratorischen Untersuchung und Dokumentation mit internationaler Beteiligung von Konservatoren/Restauratoren aus den Fachgebieten Architekturoberfläche (Verputz, Farbe), Stein, gefasste Metalloberflächen, veredelte Holzoberflächen kam aber unter anderem aus Geldmangel nicht zustande.[90]

Die restauratorische Untersuchung jener Bereiche, die akute Schäden aufwiesen, also die Außentreppe und anschließenden Terrasse (mangelnde Stabilität), das Flachdach und die obere Terrasse (Mängel in der Drainagierung), die Metallteile: Türen, Fenster, Zäune, Pfeiler, Träger (Korrosion) und die Holz-Rollläden (Verwitterung) war zwar dringlich, nach den bisherigen Untersuchungen bestand aber keine akute Gefahr. Es blieb also genug Zeit für ein schrittweises, behutsames interdisziplinäres Vorgehen.

Es sollte dabei in erster Linie um die Erhaltung der noch erhaltenen kostbaren originalen Substanz gehen, erst in zweiter Linie um die Frage, mit welchen Materialien und Methoden technisch und ästhetisch die ursprüngliche Erscheinung der Architektur von Mies rekonstruiert werden soll.

Jede Rekonstruktion bleibt ohnehin hypothetisch. Auch mit äußerster Akribie können die feinsten Details der ursprünglichen Technik und Ästhetik nur annähernd untersucht und erfasst werden. Weder die Erneuerung von nicht mehr Vorhandenem noch die Restaurierung oder Reparatur von Beschädigtem erzeugen Zustände, von denen man mehr sagen könnte als: ‚so ähnlich könnte es gewesen sein'.

Und hätte es angesichts der Geschichte des Hauses Tugendhat nicht eine makabre Konnotation, wenn ein Besucher nach der Rekonstruktion sagen könnte: *„Es sieht so aus, als sei nichts gewesen"*?[91]

Die Antinomie denkmalpflegerischen Tuns bleibt immer virulent: Wir wollen die Authentizität der Substrate der Geschichte erhalten, indem wir sie verändern.

12

Ivo Hammer

Materiality. Geschichte des Haus Tugendhat 1997–20 Untersuchungen und Restaurierung

Einleitung

Daniela Hammer-Tugendhat erklärte am 2. Juli 1993 Oberbürgermeister Ing. Jiří Horák während eines Treffens[1] in Brünn den Willen ihrer Mutter Grete Tugendhat, dass ihr Haus öffentlich zugänglich gemacht und zur Gänze restauriert werden solle.[2] Sie stellte fest, dass die Nachkommen der Bauherren des Hauses Tugendhat zur Erfüllung dieses Wunsches beitragen wollen und unterstützte zugleich damit die entsprechenden Bemühungen der Fachwelt im In- und Ausland.[3] Die Familie Tugendhat[4] stellte nach der *Samtenen Revolution* von 1989 keinen Antrag auf Restitution ihres ursprünglichen Besitzes.[5]

Die Stadt Brünn beschloss am 20.1.1994, das Haus Tugendhat öffentlich zugänglich zu machen und „denkmalpflegerisch in Stand zu setzen".[6] Am 1. Juli 1994 wurde das Haus als Museum eröffnet. Dennoch sollten noch 18 Jahre bis zur Vollendung seiner Restaurierung vergehen.

Die folgende Darstellung versucht, die Geschichte des Hauses Tugendhat in diesen 18 Jahren nachzuzeichnen. Sie schildert die Stagnation in der Vorbereitung und Realisierung der Restaurierung und die Wege zur Überwindung dieser Stagnation.

Die Familie Tugendhat hatte an diesen Bemühungen einen nicht unerheblichen Anteil. Ich war zunächst als Konservator/Restaurator und seit 2003 als Koordinator der internationalen konservierungswissenschaftlichen Untersuchungen (genannt CIC) tätig. Anfang 2010 ernannte mich die Stadt Brünn zum Vorsitzenden der internationalen Expertenkommission für die Restaurierung des Hauses Tugendhat (THICOM). Als Mitglied der Familie Tugendhat war ich überdies an allen Auseinandersetzungen um administrative und juristische Fragen unmittelbar beteiligt.

Unterschiedliche Anschauungen, was unter Restaurierung zu verstehen sei und die Frage nach Methodik und Ziel der Restaurierung blieben nach wie vor virulent und ein Leitmotiv der Diskussionen auf verschiedenen Ebenen.[7] Folgende Aspekte seien besonders hervorgehoben:

— Das Bewusstsein von der Bedeutung der Materialität[8] eines Denkmals.
— Die Finanzierung und Durchführung aller notwendigen konservierungswissenschaftlichen Untersuchungen zur Erforschung der Materialität.[9]
— Internationale Kooperation bei der Durchführung der Konservierung und Restaurierung.

Materialität und konservierungswissenschaftliche Untersuchung

Unsere westliche Kultur vernachlässigt in Philosophie und Praxis bis heute häufig das Material, die physische Substanz und gibt dem Geist, der Idee das Primat. Auch das derzeit wachsende Interesse der Kulturwissenschaften an der Evidenz und auch die Statuierung des *material turn* hat bisher kaum zur konkreten wissenschaftlichen und kulturhistorischen Auseinandersetzung mit der materiellen Grundlage geführt, jedenfalls nicht bei Architektur und ihrer Oberfläche.[10] Materialien sind nicht nur Träger von Bedeutungen, sie produzieren auch Bedeutung, nicht nur symbolisch, sondern als Grundlage der sinnlichen Wirkung eines ästhetischen Mediums.[11] Monika Wagner schreibt: „Seit Platon und Aristoteles hat die europäische Kunstgeschichte den Materialien, aus denen die Kunstwerke gemacht sind, wenig Aufmerksamkeit geschenkt. Lange Zeit hat die Ästhetische Theorie das Material nur als Medium der Form betrachtet und nicht als etwas, das man bewusst als Teil der Bedeutung eines Kunstwerks wahrnehmen sollte."[12]

Wichtige Voraussetzung für die Erhaltung der kulturellen Werte eines historischen Objekts ist die Untersuchung und Dokumentation von Materialien und Oberflächen durch Konservatoren/Restauratoren, in Fachkreisen *Befundsicherung* genannt. Die Gesamtheit von Befundsicherung und interdiszi-

[1] Siehe der Beitrag im vorliegenden Buch: Ivo Hammer, Surface is Interface...

[2] In einem Brief an František Kalivoda vom 24.11.1969, zu verstehen als eine Geste zum Schutz des Hauses, die staatssozialistische Enteignung schien zu diesem Zeitpunkt irreversibel.

[3] Siehe Hammer (zit. Anm. 1).

[4] Prof. Dr. Ernst Tugendhat, Philosoph, geb. 1930 in Brünn; lic. psych. Ruth Guggenheim-Tugendhat, Psychoanalytikerin, geb. 1942 in Caracas; Prof. Dr. Daniela Hammer-Tugendhat, Kunsthistorikerin, geb. 1946 in Caracas, Kinder von Grete und Fritz Tugendhat. Mit in die Verhandlungen einbezogen waren auch die Kinder der verstorbenen Geschwister: Hanna Lambek, geb. Weiss, geb. 1924 in Brünn, gest. 1991 in Montreal (Michael, Larry und Bernie) und Herbert Tugendhat, geb. 1933 in Brünn, gest. 1980 in Caracas (Eduardo, Andrés und Marcia).

[5] Siehe www.mitteleuropa.de/beneschd-eu01.htm; am 8.9.1949 hatten Grete und Fritz Tugendhat über den Prager Anwalt Dr. Sobotka beim Bezirksgericht Brünn den Antrag auf Restitution gestellt. Sie erhielten am 19.4.1950 lediglich die Antwort, dass der Prozess der Restitution abgebrochen wurde. (Bericht vom 19.10.2004 bzw. 30.11.2004 von Dr. Tomáš Temín an Daniela Hammer-Tugendhat über ein Gespräch mit Karel Ksandr. Laut einer Mitteilung von RA Dr. Jaroslav Sodomka an Daniela Hammer-Tugendhat vom 7.12.2001 erlaubte das Gesetz Nr. 212/2000 für ein knappes Jahr (bis Juni 2001) die Rückgabe von gestohlenem beziehungsweise enteignetem Haus- und Grundeigentum an die ursprünglichen Besitzer unabhängig von der Staatsbürgerschaft und vom derzeitigen Wohnort. Dieses Recht war allerdings auf landwirtschaftliche Immobilien beschränkt. Am 1.1.1980 wurde das Haus Tugendhat von der staatlichen Verwaltung in den Besitz der Stadt Brünn übergeben und war damit auch den staatlichen Restitutionsgesetzen entzogen (Eintragung 1999 nach dem Gesetz Nr. 172/1991).

[6] Siehe Hammer (zit. Anm. 1).

[7] Hammer, ebenda.

[8] Zur Begriffsbestimmung s. Ivo Hammer, Materiality, in: Iveta Černá/Ivo Hammer (Hrsg.), Materiality. Akten des internationalen Symposiums zur Erhaltung der Architektur des Neuen Bauens (Brünn 27.–29.04.2006), Museum der Stadt Brünn und Hornemann Institut der HAWK in Hildesheim 2008 (in Tschechisch, Englisch und Deutsch), S. 12–17 und den folgenden Text.

[9] Die Gesamtheit der technologischen und historischen Untersuchung von erhaltenswertem Kulturgut nennt man heute *konservierungswissenschaftliche* Untersuchung. Die Untersuchungen werden von Konservatoren /Restauratoren in interdisziplinärer Zusammenarbeit mit Disziplinen wie Naturwissenschaft, Architektur, Statik, Bauphysik, Materialtechnologie, Kunst- und Kulturwissenschaft ausgeführt. Ziel der Untersuchungen ist die materielle und ästhetische Authentizität des Kulturguts. Nähere Erklärungen im folgenden Text und im Glossar im Anhang.

[10] Karin Harrasser, Helmuth Lethen, Elisabeth Timm (Hrsg.), Sehnsucht nach der Evidenz, in: Zeitschrift für Kulturwissenschaften 1/2009 (Bielefeld, transcript), siehe besonders das Interview von Helmut Lethen mit Ludwig Jäger, S. 89–94.

[11] Siehe Monika Wagner, Das Material der Kunst. Eine andere Geschichte der Moderne, München 2001.

[12] Siehe www.incca.nl/resources/links/78-theory/173-archive-for-the-research-of-material-iconography (Dt. Übersetzung: I.H.)

[13] Der Begriff dürfte von der (tautologischen) Bezeichnung

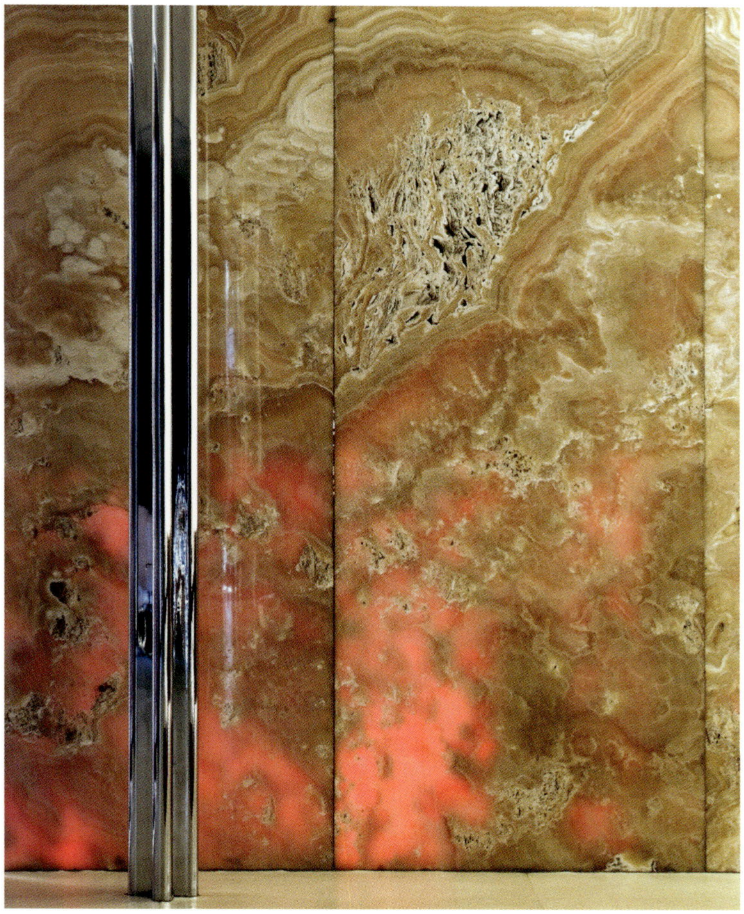

212

212
Haus Tugendhat, 2007. Die einzigen sichtbaren und weitgehend erhaltenen originalen Oberflächen sind die Wand aus Onyxmarmor und die Verchromungen, z. B. der Verkleidung der Stahlpfeiler mit Messingblech

plinärer historischer, technischer und naturwissenschaftlicher Untersuchung nennen wir heute *konservierungswissenschaftliche Untersuchung*.[13]

Denkmalpflege als gesellschaftliche Praxis macht nur Sinn, und ist mehr als die Erhaltung von Kulissen, wenn zumindest die registrierten Denkmale – unabhängig von ihrem Medium, von ihrem Alter und ihrer Bewertung – in ihrer materiellen Authentizität erhalten werden. Denkmale sind nicht nur Quellen historischer Botschaften, die man kulturelles Erbe nennt, sondern zugleich auch Ressourcen technischer Lösungen, in deren Materialität die historischen, künstlerischen und andere kulturellen Zuschreibungen des Bau-Denkmals vergegenständlicht sind. Unabhängig davon, ob bei Denkmalen der Gebrauchswert im Vordergrund steht, ob sie als Träger historischer Informationen oder als Kunstwerke gesehen werden, gilt für sie: Die Idee ist mit der Sache (dem Artefakt, der physischen Grundlage) unlöslich verknüpft. Eine Voraussetzung für die Erkenntnis kultureller Bedeutungen und ihre Evidenz ist die Untersuchung der materiellen Substanz und ihre Interpretation im historischen Kontext. Diese Untersuchungen sind eine wesentliche professionelle Aufgabe von Konservatoren/Restauratoren.

Man empfindet es heute als selbstverständlich, dass Konservatoren/Restauratoren in den traditionellen Arbeitsfeldern, zum Beispiel Gemälden, mit wissenschaftlichen Methoden untersuchen, bevor sie Maßnahmen zur Erhaltung durchführen. In Bezug auf die Architektur, insbesondere der Architektur des Neuen Bauens, ist das Bewusstsein von der Notwendigkeit solcher konservierungswissenschaftlicher Untersuchungen wenig verbreitet. Konservatoren/Restauratoren werden von den planenden Architekten – wenn überhaupt – meist nur zur Untersuchung von Farbschichten herangezogen. Die internationale Praxis der Erhaltung des Neuen Bauens orientiert sich *bis heute* vor allem am *Disegno*: an dem, was man für die *ursprüngliche Intention*, die *Konzeption des Architekten*[14] hält, *nicht* an der Materialität der Architektur und ihren Oberflächen.[15]

Originale Oberflächen wichtiger Frühwerke von Mies van der Rohe aus seiner Berliner Zeit sind unbekannt, durch Renovierung beschädigt oder zerstört und mit nicht adäquaten Materialien erneuert.

des 1997/98 an der TH München eingeführten Studiengangs „Restaurierung, Kunsttechnologie und Konservierungswissenschaften" stammen und ist heute an zahlreichen deutschsprachigen Hochschulen eingeführt.

[14] Wessel de Jonge, Historic Survey of Modern Movement Buildings, in: Modern Architecture as Heritage, Journal of architectural and town-planning theory, VOL. XLIV, Bratislava 2010, Number 3–4, S. 250–261; Wessel de Jonge und Hubert-Jan Henket, Historic Building Survey on Modern Movement Buildings, in: Paul Meurs und Marie-Thérèse van Thoor (Hrsg.), Sanatorium Zonnestraal. History and Restoration of a Modern Monument, Amsterdam 2010, S. 101–109; siehe Ivo Hammer, The Original Intention – Intention of the Original? Remarks on the Importance of Materiality Regarding the Preservation of the Tugendhat House and Other Buildings of Modernism, in: Dirk van den Heuvel/Maarten Mesman/ Wido Quist/ Bert Lemmens (Hrsg.), The Challenge of Change. Dealing with the Legacy of the Modern Movement, Proceedings of the 10th International DOCOMOMO Conference, Amsterdam 2008, S. 369–374.

[15] Thomas Danzl, Rekonstruktion versus Konservierung? Zum restauratorischen Umgang mit historischen Putzen und Farbanstrichen an den Bauhausbauten in Dessau, in: Denkmalpflege in Sachsen-Anhalt, 7. Jg. (1999), Heft 1, S. 100–112 (Danzl führte in diesem Zusammenhang den Begriff *Materialität ein*, als er die Materialbegriffe von Moholy Nagy im Rahmen des Bauhauses Dessau diskutierte); Ivo Hammer, Zur materiellen Erhaltung des Hauses Tugendhat in Brünn und anderer Frühwerke Mies van der Rohes, in: Johannes Cramer und Dorothée Sack (Hrsg.), Mies van der Rohe. Frühe Bauten. Probleme der Erhaltung – Probleme der Bewertung, Petersberg 2004, 14–25; siehe auch Hans Dieter Huber, Oberfläche, Materialität und Medium der Farbe, in: Karl Schawelka und Anne Hoormann (Hrsg.), Who Is afraid of Red, Yellow and Blue? Über den Stand der Farbforschung. Weimar: Bauhausuniversität 1998, S. 3–17; Dieter Mersch, Was sich zeigt: Materialität, Präsenz, Ereignis, München 2002; Sigrid G. Köhler, Jan Christian Methler, Martina Wagner-Egelhaaf (Hrsg.), Prima Materia. Beiträge zur transdisziplinären Materialitätsdebatte, Königstein/Taunus 2004; Diplomarbeit Silke Ruchniewitz (HAWK 2008), siehe Anhang.

Man macht also international einen Unterschied zwischen traditioneller Kunst-Restaurierung und Architektur-Restaurierung. Selbst in internationalen Ausbildungsgängen von RestauratorInnen, sei es in Krakau, Philadelphia oder Tallin, gibt es diese Trennung in Form von Studiengängen mit unterschiedlichen Berufsbildern: Die Architektur-Restaurierung wendet sich in der Regel nur an ArchitektInnen.[16] Ist dies gerechtfertigt? Ist das Haus Tugendhat kein Kunstwerk? Sind die verwendeten Materialien und ihre Oberfläche nicht wesentlicher, immanenter Bestandteil des Kunstwerks? Warum soll es einen *methodischen* Unterschied geben zwischen der Erhaltung der Oberfläche eines mittelalterlichen Freskos und der handwerklich hergestellten Wandoberflächen von Architektur, wenn das öffentliche Interesse an ihrer Erhaltung durch die Eintragung in die Liste der Denkmale dokumentiert ist und wenn das Denkmal – wie im Falle des Hauses Tugendhat – zudem noch zum UNESCO-Welterbe der Kultur gehört?[17]

Die Trennung von autonomer und angewandter Kunst beginnt im 15. Jahrhundert. Die Institutionalisierung dieser Trennung in Form von Kunstakademien und Kunstgewerbeschulen, die mit der Industrialisierung im 19. Jahrhundert einherging, klingt in der Praxis der Denkmalpflege und in ihren Institutionen bis heute nach.[18]

Die Untersuchung und Erhaltung der Materialität eines Kunstwerks, also auch von Architektur, ist kein Nebenaspekt.[19]

Wohl unter dem Einfluss des *Manifesto* von William Morris (1877) hat Alois Riegl seine berühmte, bis heute relevante Definition der Wertkategorien eines Denkmals vorgelegt[20] und damit der Wende von der Restaurierung zur Konservierung eine theoretische Grundlage gegeben. Seitdem gab es immer wieder Versuche, die Wertkategorien zu erweitern oder neue Schwerpunkte zu setzen.[21]

Denkmalpflege ist gesellschaftliche Praxis der konkreten, materiell gebundenen Erinnerung. Sie behält nur dann ihren sozial verbindlichen, auf wissenschaftlichen Kategorien aufbauenden Charakter, wenn die materielle Quelle und ihre Materialität erhalten wird. Authentizität eines Denkmals ist ohne seine materielle Existenz nicht zu haben.

Selbstverständlich ist bei Architektur interdisziplinäre Zusammenarbeit notwendig, weil bei der Erhaltung von Architektur (unabhängig von ihrem Alter und ihrer Bewertung) immer gleichzeitig soziale, baupraktische Probleme zu lösen sind, die mit dem Gebrauchswert zusammenhängen: Vom Kampf gegen den Abriss über die Nutzung und die Finanzierung bis zu Problemen der Statik, der Sicherheit und des Witterungsschutzes. Aber die Definition und die Erhaltung signifikanter und wertvoller Teile der historischen Substanz und ihrer Oberfläche sollte dem Konservator/Restaurator überlassen werden. Wir sollten in der Denkmalpflege nicht fragen: *Wer* (also welche Disziplin) soll an *welchem Objekt* arbeiten, sondern wir sollten fragen: *Wer* (also welche Disziplin) macht *was* an einem bestimmten Objekt.

Maßnahmen der Erhaltung sind – diesem Paradox können wir nicht entkommen – immer auch Veränderungen. Wir wollen historische Quellen konservieren, indem wir sie durch konservatorische Eingriffe verändern. Wir wollen technisch und baulich Gebrauchswerte erhalten und zugleich auch die Authentizität des Bauwerks. Wir wollen die künstlerische Wirkung eines Bauwerks zur Geltung bringen und zugleich die signifikanten Spuren der natürlichen und anthropogenen Veränderungen, also den Alterswert, bewahren. Die Erhaltung der Materialität ist nicht alles, aber ohne erhaltene Materialität kann man nicht mehr vom historischen Denkmal sprechen.

Warum sind solche konservierungswissenschaftlichen Untersuchungen auch bei Architekturdenkmalen der *Moderne* notwendig? Was gewinnen wir?

Die historischen Technologien, die wir im Kunstwerk, im Architekturdenkmal finden, sind den Handwerkern in der Regel nicht mehr bekannt. Die zunehmende Industrialisierung und Kapitalisierung des Baubetriebs hat in den letzten 50 Jahren zu gravierenden technologischen Änderungen geführt und traditionelle Techniken der Reparatur beim Handwerk in Vergessenheit geraten lassen.[22] Das gilt auch für die Architektur des Neuen Bauens. In dieser Situation hat der Konservator/Restaurator für Architektur-

[16] Die 1950 gegründete Abteilung für Konservierung und Restaurierung von Wandmalerei an der Akademie der Bildenden Künste in Krakau, international wohl der erste Hochschulkurs in diesem Gebiet, beschränkt ihr Arbeitsgebiet auf ‚Mural and Architectural Sculpture' (www.asp.krakow.pl/index.php/en/academy/structure/faculties-structure-36/faculty-of-conservation-and-restoration-of-works-of-art); Die Hochschulkurse für Restaurierung von Architektur richten sich in der Regel an ArchitektInnen, die Einblick in praktische Konservierungstechniken bekommen, z. B. der Kurs *Historic Preservation* an der Philadelphia Universität,Pennsylvania (USA): www.philau.edu/environdesign/Concentrations/HisPreservation.html, oder der erst in den letzten Jahren eingerichtete Kurs *Architectural Conservation* in Tallin/Reval (Estland), der neben dem Kurs *Conservation of Artefacts* angeboten wird (www.artun.ee/erialad/muinsuskaitse-ja-konserveerimine/erialast). Ähnliches gilt auch für die Kurse, die in jüngster Zeit speziell für moderne Architektur eingerichtet wurden, z. B. jener an der Universität Cagliari (2007/08). (http://facolta.unica.it/ingegneriarchitettura/didattica-2/corsi-disattivati/).

[17] Ivo Hammer, Die Kunstgeschichte und ihre Objekte. Bemerkungen zur Cleaning Controversy am Beispiel der Restaurierung der Deckenmalereien in der Sixtina von Michelangelo, in: Zeitenspiegelung: Zur Bedeutung von Traditionen in der Kunst und Kunstwissenschaft; Festschrift für Konrad Hoffmann zum 60. Geburtstag am 8. Oktober 1998/hrsg. von Peter K. Klein und Regine Prange, Berlin 1998, S. 363–374.

[18] Siehe Michael Müller et al., Autonomie der Kunst. Zur Genese und Kritik einer bürgerlichen Kategorie, Frankfurt/M 1972. Man denke an die künstlerischen Reformbewegungen von William Morris bis zum Bauhaus und die Versuche, die Trennung von Kunst und Leben zu überwinden und industrielle und künstlerische Produktion zu verbinden.

[19] John Allan plädiert in seinem Beitrag *Materiality and Mythology*, (in: Hammer/Černá 2008, zit. Anm. 8, S. 50–56) zu Recht für eine ganzheitliche Herangehensweise und für eine Balance der Kategorien, behauptet aber, dass die Materialität nur in Einzelfällen von grundlegender Bedeutung ist und oft von Kategorien des (sozialen) Gebrauchswerts überlagert wird. Er blendet dabei aus, dass es nicht um historische Architektur allgemein, sondern um Erhaltung der Authentizität von Denkmalen als materielle historische Dokumente geht.

[20] Alois Riegl, Der moderne Denkmalkultus, Wien 1903. Riegl nennt folgende Wertkategorien: 1. Erinnerungswerte (gewollter Erinnerungswert, historischer Wert, Alterswert), 2. Gegenwartswerte (Gebrauchswert, Neuheitswert, relativer Kunstwert). Ivo Hammer, Attitudini discordanti. Zur Aktualität von Alois Riegl und Cesare Brandi in der Theorie und Praxis der Restaurierung von Wandmalerei/Architekturoberfläche in Österreich, in: Giuseppe Basile (Hrsg.), Il pensiero di Cesare Brandi dalla teoria alla practica/Cesare Brandi's thought from theory to practice, (Atti dei Seminari/Acts of the Seminars of München, Hildesheim, Valencia, Lisboa, London, Warszawa, Bruxelles, Paris), Saonara 2008, S. 63–68.

oberfläche die spezifische Aufgabe, die konkreten, am Denkmal angewandten Techniken zu untersuchen und auch Vorschläge für die Materialien und Techniken der handwerklichen Reparatur zu machen. Auf diese Weise lässt sich auch verhindern, dass bei der Reparatur Materialien verwendet werden, die technologisch mit dem vorhandenen historischen Bestand nicht kompatibel sind, zerstörerische Wirkung auf die historische Substanz haben und auch ästhetisch störend sind.[23]

Man sieht einem historischen Objekt nicht ohne vorherige Untersuchung an, ob wertvolle, historisch signifikante Teile der originalen Oberfläche erhalten sind. Eine Untersuchung der Materialien und Oberflächen durch Konservatoren/Restauratoren ist in der Denkmalpflege in *jedem* Falle angebracht, unabhängig von der Bewertung des Objekts, davon unabhängig also, ob es sich um ein unter Denkmalschutz stehendes Bauernhaus oder das Welterbe Haus Tugendhat handelt. Art und Umfang der konservierungswissenschaftlichen Untersuchung sollten von der konkreten *Aufgabenstellung* abhängen, nicht von einer vorgefassten Meinung bezüglich des kulturellen Werts eines Objekts. Erst *nach* einer solchen Untersuchung kann man die praktischen Aufgaben zwischen Konservatoren/Restauratoren und Handwerkern aufteilen: welche Teile konservatorisch behandelt, welche Arbeiten von Konservatoren nur überwacht und welche von Handwerkern selbständig ausgeführt werden.

Methoden

Akademische Konservatoren/Restauratoren untersuchen Kulturdenkmale transdisziplinär, mit allen geeigneten historischen, wissenschaftlichen, technologischen und empirischen Methoden. Sie definieren auf der Grundlage historischer Kenntnisse die Materialien, Techniken, Oberflächen und Farben der Kulturdenkmale in allen historischen Phasen, die ursprünglich verwendeten als auch jene der späteren Veränderungen. Sie erforschen und dokumentieren den Zustand und die Schäden, sie registrieren die gut erhaltenen Teile und entwickeln damit einen Maßstab für die Beurteilung der Alterungsphänomene, sie suchen nach den Schadensfaktoren und entwickeln schließlich auch Methoden der Konservierung und Restaurierung sowie der handwerklichen Reparatur und Pflege. Unverzichtbarer Teil der Untersuchungsmethoden ist die interdisziplinäre Zusammenarbeit mit Architekten, Statikern, Kunsthistorikern, Denkmalpflegern, Materialwissenschaftlern, Chemikern, Physikern, Bauklimatikern etc. Ziel dieser Untersuchungen ist die Erhaltung der Authentizität des Denkmals, seines Werts als historische Quelle.

[21] *English Heritage* gruppiert die Werte in vier Kategorien: Evidential, Historical, Aesthetic, Communal: www.english-heritage.org.uk/professional/advice/conservation-principles/; siehe z. B. die aktuellen Diskussionen über das „management of change" sowie die demokratische Partizipation, die Transparenz der Entscheidungen, die Nachhaltigkeit der Werterhaltung, die „Entstaatlichung" der Denkmalpflege und vor allem die Rekonstruktion: Uta Hassler und Winfried Nerdinger (Hrsg.), Das Prinzip Rekonstruktion. Zürich 2008, dazu kritisch: Adrian von Buttlar/Gabi Dolff-Bonekämper/Michael S. Falser/Achim Hubel/Georg Mörsch, Denkmalpflege statt Attrappenkult. Gegen die Rekonstruktion von Baudenkmälern – eine Anthologie, Berlin, Basel 2010.

[22] Ivo Hammer, Bedeutung historischer Fassadenputze und denkmalpflegerische Konsequenzen. Zur Erhaltung der Materialität von Architekturoberfläche (mit Bibliographie und Liste von Konservierungsarbeiten), in: Jürgen Pursche (Hrsg.), Historische Architekturoberflächen Kalk - Putz - Farbe = Historical Architectural Surfaces Lime - Plaster - Colour. Internationale Tagung des Deutschen Nationalkomitees von ICOMOS und des Bayerischen Landesamtes für Denkmalpflege = International Conference of the German National Committee of ICOMOS and the Bavarian State Department of Historical Monuments, München, 20.–22. November 2002 (ICOMOS Journals of the German National Committee, XXXIX – Arbeitshefte des Bayrischen Landesamts für Denkmalpflege, Band 117) München 2003, S. 183–214.

[23] Ebenda; Ivo Hammer, Zur Konservierung und Restaurierung des Hauses Tugendhat von Mies van der Rohe/Ke konservaci a restaurování domu Tugendhat, in: Villa Tugendhat – Bedeutung, Restaurierung, Zukunft/Vila Tugendhat – význam, rekonstrukce, budoucnost. Internationales Symposium/Mezinárodní sympozium 11.2.–13.2.2000 im Haus der Kunst der Stadt Brünn/v Domě umění města Brna, Brünn 2001, S. 83–105.

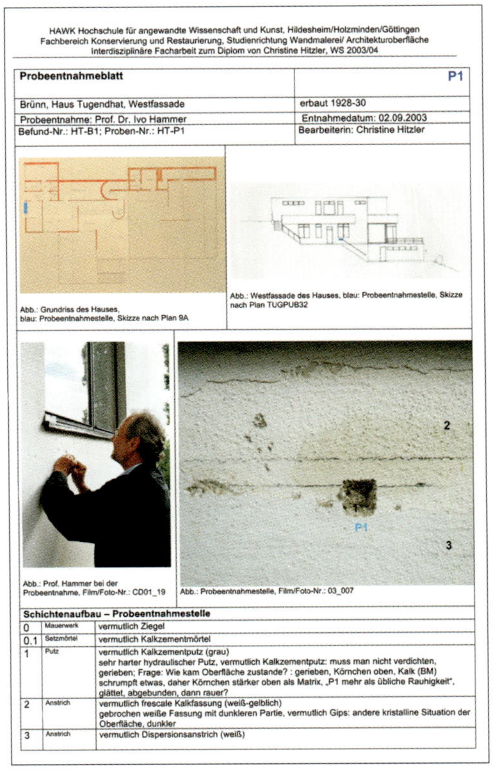
HAWK Hochschule für angewandte Wissenschaft und Kunst, Hildesheim/Holzminden/Göttingen
Fachbereich Konservierung und Restaurierung, Studienrichtung Wandmalerei/ Architekturoberfläche
Interdisziplinäre Facharbeit zum Diplom von Christine Hitzler, WS 2003/04

Probeentnahmeblatt	P1
Brünn, Haus Tugendhat, Westfassade	erbaut 1928-30
Probeentnahme: Prof. Dr. Ivo Hammer	Entnahmedatum: 02.09.2003
Befund-Nr.: HT-B1; Proben-Nr.: HT-P1	Bearbeiterin: Christine Hitzler

Abb.: Grundriss des Hauses, blau: Probeentnahmestelle, Skizze nach Plan 9A

Abb.: Westfassade des Hauses, blau: Probeentnahmestelle, Skizze nach Plan TUGPUB32

Abb.: Prof. Hammer bei der Probeentnahme, Film/Foto-Nr.: CD01_19

Abb.: Probeentnahmestelle, Film/Foto-Nr.: 03_007

Schichtenaufbau – Probeentnahmestelle		
0	Mauerwerk	vermutlich Ziegel
0.1	Setzmörtel	vermutlich Kalkzementmörtel
1	Putz	vermutlich Kalkzementputz (grau) sehr harter hydraulischer Putz, vermutlich Kalkzementputz: muss man nicht verdichten, gerieben; Frage: Wie kam Oberfläche zustande? : gerieben, Körnchen oben, Kalk (BM) schrumpft etwas, daher Körnchen stärker oben als Matrix, „P1 mehr als übliche Rauhigkeit", glättet, abgebunden, dann rauer?
2	Anstrich	vermutlich frescale Kalkfassung (weiß-gelblich) gebrochen weiße Fassung mit dunkleren Partie, vermutlich Gips: andere kristalline Situation der Oberfläche, dunkler
3	Anstrich	vermutlich Dispersionsanstrich (weiß)

213

213
Dokumentation der Probenentnahme vom Fassadenputz des Hauses Tugendhat. HAWK / Studienarbeit Christine Hitzler 2004

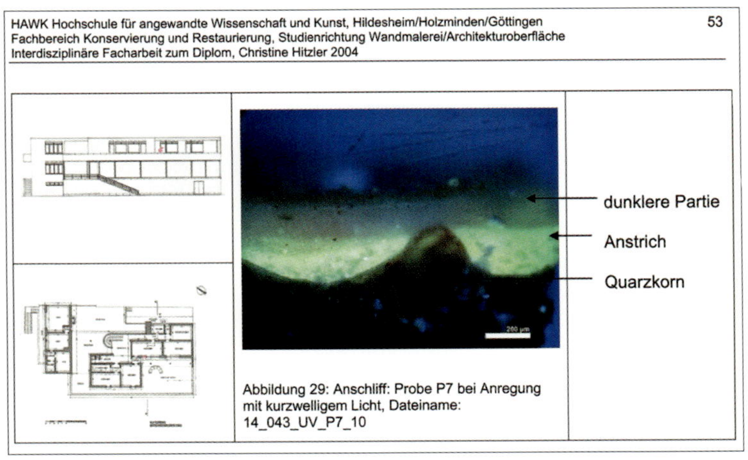
HAWK Hochschule für angewandte Wissenschaft und Kunst, Hildesheim/Holzminden/Göttingen
Fachbereich Konservierung und Restaurierung, Studienrichtung Wandmalerei/Architekturoberfläche
Interdisziplinäre Facharbeit zum Diplom, Christine Hitzler 2004
53

Abbildung 29: Anschliff: Probe P7 bei Anregung mit kurzwelligem Licht, Dateiname: 14_043_UV_P7_10

214

214
Im Mikroschliff einer Probe des Fassadenputzes des Hauses Tugendhat wird unter ultraviolettem Licht die partielle, durch Luftverschmutzung bedingte Umwandlung des Kalks der Tünche in Gips sichtbar. HAWK/Studienarbeit Christine Hitzler 2004

An der HAWK in Hildesheim/Deutschland konnte ich 1997 einen Ausbildungsgang für RestauratorInnen weiter entwickeln, der sich nicht nur mit der Restaurierung von Wandmalerei und *Farbigkeit der Architektur* beschäftigt. Ausgehend von einem erweiterten Kulturbegriff und einem entsprechend erweiterten Berufsbild des Konservators/Restaurators machten wir *Architekturoberfläche* und ihre Materialität zum Generalthema des Studiums.[24] Dies war im internationalen Rahmen neu. Entsprechend vermittelten wir nicht nur im engeren Sinne Kenntnisse der Konservierung und Restaurierung historischer Substanz, sondern auch die historischen Traditionen der handwerklichen Technologie, einschließlich der Techniken der Reparatur und Pflege. Ein Forschungsschwerpunkt des Studiengangs für *Konservierung und Restaurierung von Architekturoberfläche* war die Technologie und Erhaltung von Architekturoberfläche des Neuen Bauens.[25]

Wege mit Hindernissen

Während dreier Treffen der erwähnten Expertengruppe[26] zwischen Dezember 1996 und April 1997 war man sich einig, dass interdisziplinäre Untersuchungen *vor* Beginn der Restaurierung notwendig sind. Allerdings unterstützte der *World Monuments Fund*[27] nur eine erste phänomenologische Untersuchung und kunsthistorische Quellenstudien von Wolf Tegethoff[28], die im Juli 1997 als Manuskript vorlagen (*Report on the Current State of the Building*). Ein Konzept von Ivo Hammer zur „restauratorischen Untersuchung und Dokumentation (Befundsicherung)“, um das die (damalige) Vertreterin der Denkmalpflege Iveta Černá gebeten hatte und dem am 28.4.1997 die Expertengruppe zustimmte,[29] fand nicht die notwendige finanzielle Unterstützung.[30] Im Fall des Hauses Tugendhat sind noch zahlreiche Pläne und Zeichnungen erhalten, ebenso eine Reihe zeitgenössischer Fotografien.[31] Wohl nicht zuletzt aufgrund dieser üppigen Quellenlage waren viele Interessierte, nicht zuletzt Architekten wie der anerkannte Spezialist Jan Sapák, der Meinung, dass man über ausreichende Informationen verfüge, „wie das Haus bis ins kleinste Detail wirklich ausgesehen hat“.[32] Trotz meines Werbens für die Notwendigkeit einer *restauratorischen Befundsicherung* stellte die *International Music and Art Foundation* IMAF am 15. Juli 1997 in einem Brief an das Museum der Stadt Brünn fest, dass sie zwar bereit sei, 50 % der Restaurierungskosten zu bezahlen, nicht aber die Untersuchungen samt workshop.[33]

Weitere Versuche, eine Finanzierung für die konservierungswissenschaftliche Untersuchung zu finden, scheiterten.[34]

Ende 1999 wurde die *Stiftung Villa Tugendhat* NVT[35] in Brünn gegründet. Ihr Ziel war die Wiederherstellung und sinnvolle Nutzung des Hauses. Die Stiftung organisierte mehrere Veranstaltungen[36], brachte Bedenken hinsichtlich der zukünftigen Nutzung des Hauses Tugendhat zur Sprache und warnte vor einem „kommerziellen Mausoleum.“[37] Als Vorbild wurden Projekte in New York (101 Spring Street), Wien (CAT-Flaktürme), Havanna/Cuba (Casa Calderón) und Los Angeles (Schindler House) genannt.[38] Jan Sapák kritisierte die Renovierung von 1981–85 pauschal und sprach sich für die maximale Rekonstruktion des ursprünglichen Zustands auf der Basis ‚vorhandenen Wissens' aus. Daniela Hammer-Tugendhat plädierte für die restauratorische (also konservierungswissenschaftliche) Untersuchung. [39]

[24] Ivo Hammer, Studienrichtung Architekturoberfläche/Wandmalerei in Hildesheim in den Jahren 1997 bis 2008; http://193.175.110.9/hornemann/german/epubl_txt/090515_WMAOfl-HAWK97_08.pdf

[25] S. auch die Liste der Studienarbeiten im Anhang dieses Beitrags. Die Studienarbeiten bezogen sich auf das Haus Tugendhat, Bauten von Mies van der Rohe in Berlin und Potsdam und auf Bauten der Messe Brünn (Kralík, Janák, Gočár), die wir zur Erfassung der lokalen handwerklichen Tradition in Brünn komplementär untersuchten. Bereits bei der genannten Sitzung am 3./4. März 1995 hatte ich ein Papier vorgelegt (*Remarks to the principles and methods of the conservation and restoration of the villa Tugendhat in Brno*, upubl. Ms. 3.3.1995) in dem um Verständnis dafür geworben wurde, dass die methodischen Kriterien der Konservierung und Restaurierung, die heute für historische Gemälde, Skulpturen und auch zum Beispiel für mittelalterliche Architektur selbstverständlich sind, für die Restaurierung auch eines Denkmals der Architektur des Neuen Bauens gelten müssen; siehe auch Eberhard Grunsky, Ist die Moderne konservierbar?, in: ICOMOS 1998, S. 27–38; Thomas Danzl, Rekonstruktion versus Konservierung? Zum restauratorischen Umgang mit historischen Putzen und Farbanstrichen an den Bauhausbauten in Dessau, in: Denkmalpflege in Sachsen-Anhalt 1999/2, S. 101–112; Hammer, Surface... (zit. Anm. 1).

[26] Treffen am 5.12.1996, 14.1.1997 und am 28.4.1997; Namentlich: J. Vaněk, L. Konečný (Museum der Stadt Brünn); I. Černá, E. Buřilová (Staatliches Denkmalamt Brünn); J. Sapák, J. Škrabal, W. Tegethoff, I. Hammer. Am 4.11.1996 ernannte das Museum der Stadt Brünn den Autor zum Experten für das Haus Tugendhat, eineinhalb Jahre, nachdem bei der erwähnten, von der Familie Tugendhat organisierten Sitzung im Haus Tugendhat am 3./4. März 1995 die Mitglieder eines Expertenkomitees bestimmt wurden. Das Museum teilte gleichzeitig mit, dass für die Expertentätigkeit und für die Untersuchungen keine finanziellen Mittel zur Verfügung stünden.

[27] Kress Foundation, Zusage am 29.12.1995, 17.5.96: Zusage von 15000 $, über Vermittlung von Keith Collie (*Friends of Tugendhat*).

[28] Unterstützt von der Kunsthistorikerin Nina Franziska Schneider und dem Architekten Jan Sapák.

[29] Ivo Hammer, Villa Tugendhat, Brno. Arbeitstagung zur Befundsicherung 20.–23. Juni 1997. Konzept zur Durchführung, 20. April 1997. Außer den (vom Museum der Stadt Brünn vorzuschlagenden) tschechischen Restauratoren wurden folgende ausländischen Spezialisten genannt: Jürgen Pursche/München, Helmut Reichwald/Stuttgart, Ivo Hammer/Wien (Wand); Jan Schubert/Hildesheim, Uli Bauer-Bornemann/Bamberg (Stein), Elisabeth Krebs/Wien (Metall); Ralf Buchholz/Hildesheim (Holz). Kosten: ca. 30.000.– $. Wolf Tegethoff hatte bereits am 18.3.1997 vorgeschlagen, noch weitere Experten zuzuziehen, z. B. John Allan, Winfried Brenne, Berthold Burkhardt. Vorausgegangen war eine Tischvorlage vom 12.1.1997 von Ivo Hammer für das Expertentreffen vom 14.1.1997 mit methodischen „Bemerkungen bezüglich der nächsten Untersuchungsschritte“.

[30] Wie erwähnt war das Verständnis dafür, dass zur Vorbereitung der Restaurierung eines Denkmals nicht allein Architekten und Kunsthistoriker untersuchen sollten, sondern konservierungswissenschaftliche Untersuchungen notwendig sind, auch international kaum vorhanden.

[31] Wolf Tegethoff, Tugendhat House, Brno, Ludwig Mies van der Rohe, 1928–1930. Report on the Current State of the Building, July 1997, S. 1 (Typoskript) schreibt von den vorhandenen Dokumenten zum Haus Tugendhat, dass sie „-down to the most tiniest detail – do document almost every aspect of the orginal state.“

[32] Jan Sapák, Methode und Verfahren zur Wiederherstellung, Brünn Mai 1997 (Typoskript, in deutscher Sprache). Sapák äußerte später bei einem Vortrag im Architekturzentrum Wien am 12. April 2008, dass am Haus Tugendhat zu aufwendig untersucht und geplant werde (sic!).

[33] Die IMAF wollte sich auch nicht an den Kosten für die Rekonstruktion der Möbel und des Gartens beteiligen. Sie schlug Architekt Jan Dvořák als Experten mit den besten praktischen Erfahrungen vor. Das Brünner Denkmalamt (Iveta Černá) hatte Daniela Hammer-Tugendhat aber bereits am 20.1.1997 mitgeteilt, dass auf eine weitere Zusammenarbeit mit Jan Dvořák († 2.1.1998) verzichtet wird.

[34] Mein Versuch am 11.7.1997, meine eigene Hochschule HAWK in Hildesheim für die Finanzierung des Projekts zu gewinnen, gelang zunächst nicht. Im Anschluss an eine Ausstellung der Wiener Städtischen Allgemeinen Versicherung im Wiener Ringturm über das Haus Tugendhat 26.5.–16.7.1999 schien das Sponsoring für eine Untersuchungskampagne durch die tschechische Tochterfirma Kooperativa in greifbare Nähe gerückt, kam aber nicht zustande. Stiller kündigte an, dass meine Untersuchungskampagne im Jahr 2000 wahrscheinlich stattfinden können werde. Warum dies schließlich nicht zustande kam, ist mir nicht bekannt; Adolph Stiller. Bemühungen um das Ursprüngliche. Bemerkungen zum roten Faden in diesem Katalog, in: Adolph Stiller (Hrsg.), Das Haus Tugendhat, Mies van der Rohe, Brünn 1930, Salzburg 1999, S. 19, Anm. 8 (Publikation anlässlich

Mein Versuch, über diese Stiftung eine Finanzierung der *restauratorischen Befundsicherung* sicherzustellen, stieß auf Unverständnis, anstatt dessen drang der Vorsitzende bei der Stadt auf eine „bauhistorische Untersuchung".[40]

Erst acht Jahre nach der Vorlage des ersten Konzeptes einer „restauratorischen Befundsicherung" fanden sich im Juni 2003 mit der Familie Dullinger, bekannten österreichischen Produzenten für Kalkprodukte, Sponsoren für das Untersuchungsprojekt.[41]

215

215
Untersuchung des Fassadenputzes des Hauses Tugendhat durch Studierende der HAWK, 2004;
Sponsor: Familie Dullinger, Salzburg

Awareness

Publikationen[42], Ausstellungen[43], meist verbunden mit Katalogen, Tagungen oder Vorträgen[44], trugen dazu bei, das Werk von Ludwig Mies van der Rohe und auch das Haus Tugendhat noch bekannter zu machen und das Bewusstsein von dessen kultureller Bedeutung zu heben, auch bei Politikern. Nur in wenigen dieser Beiträge wurde allerdings die Frage nach der Dringlichkeit der Restaurierung des Hauses Tugendhat, nach Methode und Ziel der Arbeiten angesprochen.

Parallel zu den Bemühungen um Sponsoring hatte der Autor Gelegenheit, in mehr als 30 Publikationen[45], in Gutachten, Pressemitteilungen und zahlreichen internationalen Vorträgen[46] um Verständnis für die Materialität von Architektur und die Notwendigkeit der restauratorischen Befundsicherung und damit der konservierungswissenschaftlichen Untersuchung zu werben.

In der Ausstellung *Mies in Berlin* im MoMA in New York 2001[47] stellten die Kuratoren Terence Riley und Barry Bergdoll zum ersten Mal umfassend das europäische Werk von Ludwig Mies van der Rohe dar. Die Aussteller verzichteten jedoch darauf, die Frage nach der Materialität der Objekte und ihrer Erhaltung zu stellen. Ihr Ausstellungskonzept – so schien es – war vor allem der Ikonisierung des Werks von Mies van der Rohe gewidmet. Während der Ausstellung in Berlin organisierte das Schinkelzentrum der TU Berlin am 15./16. Dezember 2001 ein Kolloquium mit dem Titel *Mies van der Rohe – restauriert. Die frühen Bauten: Probleme ihrer Erhaltung*. Dabei wurde deutlich: „Originale Oberflächen wichtiger Frühwerke sind unbekannt, durch Renovierungen beschädigt oder

der Ausstellung vom 26.5.–16.7.1999 in Wien, Kurator: Wolf Tegethoff, Beiträge von Arthur Rüegg, Jan Sapák , Stefan Templ und Bruno Reichlin).
Gespräch des Autors mit dem Direktor des Museums der Stadt Brünn, Dr. Jiří Vaněk, am 21.6.1999 in Brünn: Zustimmung zum Konzept, aber kein Geld.

35 Gegründet auf Initiative des Direktors des Hauses der Kunst der Stadt Brünn, Dr. Pavel Liška von der Brünner Messegesellschaft BVV (Karlheinz Wismer) und der mährischen Tageszeitung Rovnost (Jan Hula). Ehrenmitglieder: Wilhelm Nüse/Prag, Walter Feilchenveldt/Zürich, Ruth Guggenheim-Tugendhat/Zürich, Daniela Hammer-Tugendhat/Wien, Ivo Hammer/Wien, Vittorio Magnano Lampugnani/Zürich, Jürgen Linden/Aachen, Dirk Lohan/Chicago, Winfried Nerdinger/München, Dietmar Steiner/Wien, Wolf Tegethoff/München.

36 Liste im Anhang.

37 Pavel Liška; s. auch Stefan Templ, Die Moderne oder ein Puppenhaus in: Frankfurter Allgemeine Zeitung FAZ 23.2.2002.

38 Peter Noever, Fragen der Nutzung moderner Architekturdenkmäler, in: Haus der Kunst der Stadt Brünn und Stiftung Villa Tugendhat (Hrsg.), Villa Tugendhat – Bedeutung, Restaurierung, Zukunft (Internationales Symposium 11.–13.2.2000 im Haus der Kunst der Stadt Brünn, mit Beiträgen von Pavel Liška, Otakar Máčel, Vladimír Šlapeta, Wolf Tegethoff, Jan Sapák, Ivo Hammer), Brünn 2000 (in tschechischer und deutscher Sprache), S. 107–111.

39 Daniela Hammer-Tugendhat sagte am 5.2.2002 im MAK Wien unter anderem: „Zur Zeit steht [...] vor allem die Frage der Restaurierung an. Es gibt kaum ein Bewusstsein von der Restaurierung von Architektur, allemal nicht von moderner Architektur. Architekten und Kunsthistoriker meinen, sie seien hier kompetent genug. Es ist aber absolut notwendig, auch bei der Restaurierung moderner Architektur ein Bewusstsein für die sehr spezifischen Probleme der Restaurierung zu entwickeln und das heißt konkret: auch Restauratoren einzubeziehen. Warum ist gerade beim Haus Tugendhat eine sorgfältige Restaurierung unbedingt notwendig? Nicht nur, weil es in der Tat eines der bedeutendsten und schönsten Häuser der modernen Architektur ist. Die Aussage dieses Hauses ist u. a. die absolute Perfektion. [...] Die Villa war ein Gesamtkunstwerk. [...] Es macht in der Tat einen Unterschied, ob der Boden aus PVC ist oder aus weißem Linoleum, ob die gebogene Eingangswand aus Plexiglas ist oder aus Milchglas und wie die Oberflächen der Wände und Möbel beschaffen sind. Die Möbel von Mies sind meist von einer kaum mehr reduzierbaren Einfachheit, aber sie sind perfekt: Perfekt in den Proportionen, dem Material, der Oberfläche, den Farben. Gerade heute, in einer Zeit, da moderne Architektur meist unter Absehung jeglicher materieller Qualitäten gebaut wird, gerade heute in einer Zeit virtueller Welten, in der das Gefühl für Materialität verloren zu gehen droht, scheint mir eine sorgfältige Restaurierung dieses Hauses von größter Bedeutung."

40 Schreiben von Pavel Liška an das Kulturamt der Stadt Brünn vom 15.5.2000. Dieses Schreiben war vielleicht ein Anstoß für die 2001 unter Leitung von Karel Ksandr, NPU Prag durchgeführte bauhistorische Untersuchung.

41 Heinz, Eva und Kathrin Dullinger, s. www.kalk.at; außer der finanziellen Unterstützung durch die HAWK in Hildesheim fanden sich später noch weitere Unterstützer: Mai 2005: anonymes sponsoring aus Canada; 2005: Technisches Nationalmuseum Prag (Karel Ksandr)/Zuwendung durch OMNIA projekt; 2007: anonymes sponsoring Wien; 2010: Universität Pardubice (Karol Bayer)/Zuwendung von UNISTAV, Brno.

42 Literaturverzeichnis; seit 1998 mehr als 55 Publikationen.

43 Die Familie Tugendhat stellte originale Möbel aus dem Haus Tugendhat und Privatfotos von Fritz Tugendhat für die Ausstellungen in München (1998), Berlin (1999) und Wien (1999 und 2002) zur Verfügung; Bett Grete Tugendhat, Hängekästchen Grete T., Frisierbord Grete T., Schreibtisch Fritz T., Makassar-Buffet, Makassar Bridge Tisch, Bücherregal Fritz T.

44 Listen mit Vorträgen, Tagungen und Ausstellungen im Anhang.

45 Literaturverzeichnis. 28 Publikationen von Ivo Hammer seit 1998 zum Haus Tugendhat und 14 zur Architekturoberfläche des Neuen Bauens allgemein (in Deutsch, Englisch, Italienisch, Spanisch, Tschechisch, Slowakisch, Polnisch).

46 S. Anhang: 43 Vorträge beziehungsweise Seminare von 1999–2012 in 13 Ländern, (Vorträge in Deutsch, Englisch, Italienisch und Spanisch, teilweise mit Simultanübersetzung in Tschechisch). Gutachterliche Tätigkeit (GA): Berlin Prenzlauer Berg, Grellstraße, Bruno Taut-Siedlung, Fassaden (11.2.1998, GA 9.3.1998 für das Landesdenkmalamt Berlin); Dessau, Bauhausgebäude, Prellerhaus (Hochhaus), Fassade (25.1.2000, GA 4.2.2000 für das Staatshochbauamt Dessau).

47 New York 21.6.–11.9.2001; Berlin 14.12.2001–10.3.2002; Barcelona 30.07.–29.09.2002; Terence Riley und Barry Bergdoll (Hrsg.), Mies in Berlin. Luwig Mies van der Rohe. Die Berliner Jahre 1907–1938, München, Berlin, London, New York 2001.

zerstört und mit nicht adäquaten Materialien erneuert".[48] Die Inneneinrichtung des Hauses Mosler in Potsdam-Neubabelsberg (erbaut 1924/25) wurde noch im Jahre 2000 ohne vorherige Untersuchung zerstört. So blieb nur der Apell, in Zukunft wenigsten beim gesetzlich geschützten Kulturerbe die Materialität als unverzichtbares Element der historischen Substanz und als Quelle zum Studium kulturhistorischer Prozesse anzuerkennen.[49]

Einen berührenden Beitrag zur Geschichte des Hauses Tugendhat lieferte June Finfer mit ihrem zwischen 1999 und 2004 produzierten Dokumentarfilm.[50] Regisseur und Produzent Dieter Reifarth verwebt in seinem 2013 erschienenen Dokumentarfilm HAUS TUGENDHAT „Gespräche mit Familienmitgliedern, einstigen Benutzern des Hauses, Kunsthistorikern und Restauratoren mit historischen Foto- und Filmaufnahmen zur facettenreichen Biografie eines Bauwerks. Vor dem Hintergrund der politischen Katastrophen des 20. Jahrhunderts erzählt der Film von den persönlichen Erfahrungen der Bewohner und Nutzer des einzigartigen Hauses, dessen Schönheit und Ausstrahlung bei Generationen von Menschen tiefe Spuren hinterlassen hat."[51] Zu den Besonderheiten dieses exzellenten Films gehören die Strenge der Gestaltung in Bild und Ton, die dem Haus Tugendhat adäquat ist, und die ernsthafte Auseinandersetzung auch mit der Materialität und der Restaurierung unter der Maxime: „Geschichte erhalten, nicht erfinden."[52]

Andere künstlerische Arbeiten, die sich auf das Haus Tugendhat bezogen, machten sich wohl eher die Berühmtheit des Hauses Tugendhat zu Nutze.[53] Etwa ein Roman mit dem

216
Plakat für den Film von Dieter Reifarth, Mai 2013

216

Titel *The Glass Room*. Das Buch und auch die entsprechende Website nehmen unverhohlen auf das reale Haus Bezug. Der Autor bezeichnet die story zwar als „fiction", zieht aber die reale Geschichte der Familie bruchstückhaft heran und verfälscht sie mit publikumswirksamen Details *(sex sells)*.[54] So gesellt sich zur Enteignung des Hauses auch der Versuch einer Geschichtsenteignung der Familie Tugendhat. 2019 erschien eine tschechisch-englische Verfilmung des Buchs, mit finanzieller Unterstützung der Stadt Brünn gegen den Protest der Familie im Haus Tugendhat gedreht.

Planungsprozess

Die *International Music and Art Foundation* IMAF hatte in einem Brief vom 14.2.2000[55] an den Direktor des Museums der Stadt Brünn gedrängt, eine Kalkulation bezüglich der

[48] Ivo Hammer, in: Cramer/Sack 2004 (zit. Anm. 15), S. 14–25; Kai Michel, Mies ist nicht gleich Mies. Das Schinkelzentrum der TU Berlin rüttelt am Mythos der Zeitlosigkeit Mies van der Rohes, in: Berliner Zeitung 4.1.2002, Feuilleton.

[49] Cramer/Sack 2004 (zit. Anm. 15).

[50] Lost and Found Productions, Chiacago (www.lostandfound-productions.org). June Finfer interviewte für den Film ca. 2003 in London Irene Kalkofen, die Kinderfrau der Familie Tugendhat.

[51] Siehe http://tugendhat.pandorafilm.de. HD-Kamera: Rainer Komers, Architektur-Aufnahmen: Kurt Weber. Musik: Robin Hoffmann. Der Film ist in einer Edition in mehreren Sprachen (Untertitel) und mit einer zusätzlichen DVD unter Anderem über die Restaurierung erhältlich.

[52] In einem einstündigen, am 24.5.2012 ausgestrahlten Film bereitete Rudolf Chudoba die Geschichte des Hauses Tugendhat mit schauspielerischen Nachstellungen („um es für das Publikum interessanter zu machen") für das tschechische Fernsehpublikum gefällig auf und dokumentierte auch die Restaurierung; www.ceskatelevize.cz/zpravodajstvi-brno/novinky-ze-studia/178432-osud-jmenem-tugendhat-bude-predevsim-o-designu-rika-reziser/.

[53] z. B.: Horáková & Maurer, Bufet, Graz 1993; Thomas Ruff, Projekt l.m.v.d.r., Riley/Bergdoll 2002 (zit. Anm. 47, S. 24–32). Unter *ferner liefen* einzuordnen: Dirk Broemmel, Serie VT, Katalog der Galerie Baumgarten, Freiburg/Br. 2008: Überblendung der Fotos von Fritz Tugendhat mit rezenten Raumfotos. Broemmel verwendet Fotos aus Daniela Hammer-Tugendhat/Wolf Tegethoff (Hrsg.), Ludwig Mies van der Rohe. Das Haus Tugendhat, Wien – New-York 1998 (Englisch: 2000) ohne Angabe der Quelle.

[54] Simon Mawer, The Glass Room, London 2009.

[55] Unterzeichnet von Nicholas Thaw, „[...] our Foundation is prepared to donate up to 50 % of the cost of the building restoration of the Villa Tugendhat, including the possibility of matching the annual maintenance funds from the City of Brno, as well as the value of Czech contribution in kind. [...] We must leave the expense of workshops, landscaping, and furnishing to others."

[56] Pavel Liška berichtete in deutscher Sprache an die Mitglieder des FVT (2001) über das von Lenka Kudělková, MuMB verfasste Konzept. Die in diesem Bericht von Pavel Liška vorgebrachte Kritik am Vorgehen des Museums und der Ministerial-Bürokratie richtete sich vor allem gegen das Konzept der *Musealisierung* des Hauses Tugendhat und kritisiert, dass bereits „seit Jahren" vorliegende Untersuchungen von Jan Sapák, Wolf Tegethoff und Ivo Hammer nicht genutzt werden. Allerdings blendete die Kritik aus, dass die von Ivo Hammer geforderten konservierungswissenschaftlichen Untersuchungen noch gar nicht durchgeführt worden waren.

[57] Entsprechend dem Beschluss des Rates der Stadt Brünn vom 16.9.1993.

[58] Ksandr erhielt für die Leitung der Restaurierung der Villa Mueller in Prag (1997–2000) einen Europa Nostra Preis.

[59] Karel Ksandr und Kollegen, Vila Grety a Fritze Tugendhatových, stavebně-historicky průzkum. Praha: Státní ústav památkové péče 2001 (Beiträge von: Karel Ksandr (Beschreibung und Bauanalyse), Pavel Zahradník (Cz. Archive), Rostislav Švácha (Räume), Petr Urlich (internat. Kontext), Přemysl Krejčiřík a Kamila Krejčiříková-Tosková (Garten), Helena Čižinská (Möbel), Rudolf Šlesinger (Labor), Leslie van Duzer (Archiv MoMA), Martin Micka (Foto). Digitalisierung: 2003. Am 11.9.2003 übergab Karel Ksandr an Ivo Hammer (über Vermittlung von Iveta Černá und Petr Dvořák) die digitale Version der Untersuchungen als Grundlage für die begonnenen restauratorischen Untersuchungen der HAWK Hildesheim. Zur Kritik an dieser Dokumentation Siehe Miroslav Ambroz, Investigation and production of furniture for Villa Tugendhat 2009–2012, in: Docomomo International, Journal 46, 2012/1, S. 26–31 (Möbel).

[60] Whc.unesco.org/en/list/1052: *The Tugendhat Villa in Brno, designed by the architect Mies van der Rohe, is an outstanding example of the international style in the modern movement in architecture as it developed in Europe in the 1920s. Its particular value lies in the application of innovative spatial and aesthetic concepts that aim to satisfy new lifestyle needs by taking advantage of the opportunities afforded by modern industrial production.*

[61] Am 16.8.2002.

Betriebskosten des Museums und für Reparaturen zu erstellen. Im September 2000 verfasste das Museum der Stadt Brünn schließlich ein „Konzept einer Erweiterung der Nutzung und Zugänglichkeit des Objekts" und legte es dem Kulturministerium in Prag vor. Am 6. Oktober 2000 folgte darauf hin eine ‚verbindliche Stellungnahme' des Ministeriums (Bericht von Pavel Liška):

— „Das Objekt wird rehabilitiert und restauriert, einschließlich des Mobiliars. Die zentralen Gesellschafts- und Wohnräume [...] werden in den ursprünglichen Zustand [...] versetzt. Danach wird es der Öffentlichkeit zugänglich gemacht und genutzt als in Stand gesetztes Denkmal, ergänzt durch eine architektonische Ausstellung, einen kleinen Vortragsraum und ein Forschungs- und Informationszentrum.
— Als Grundlage für weitere Vorbereitungsarbeiten wird eine bauhistorische Untersuchung und eine Archivforschung durchgeführt. [...] Diese Forschungen werden die Grundlage der Erneuerung bilden.
— Das Objekt wird nicht genutzt zur Unterkunft von Gästen und zu gesellschaftlichen oder repräsentativen Veranstaltungen.[57]
— Es wird ein Architekt mit den Arbeiten beauftragt, der einen sensiblen und pietätvollen Umgang mit dem Objekt gewährleistet."

Eine Arbeitsgruppe der staatlichen Denkmalpflege in Prag (NPU) unter der Leitung von Karel Ksandr[58] stellte im Jahre 2001 eine Dokumentation über die Baugeschichte des Hauses Tugendhat zusammen, die dem Stadtrat unter Beteiligung der Familie Tugendhat am 28.11.2001 im Haus Tugendhat vorgestellt wurde.[59] Wenig später, am 13. Dez. 2001, trug die UNESCO das Haus Tugendhat in die Liste des Welterbes der Kultur ein.[60] Die Stadt feierte dies im August 2002 mit einem großen Fest auf dem Freiheitsplatz in Brünn.[61]

Im Oktober 2002 verfasste das Kulturamt der Stadt Brünn einen Technical-Economic Brief (TEB) bezüglich der Erhaltung des Bauwerks einschließlich der Innenräume und der Einrichtung und die Wiederherstellung des Gartens.[62] In diesem TEB (in englischer Sprache) waren die Ziele der Restaurierung, die Art der Durchführung und die Finanzierung durch die Stadt Brünn festgelegt. Als Kostenrahmen kalkulierte die Stadt Brünn 114,235 Mio CZK (ca. 4 Mio Euro). Bemerkenswerterweise wird festgehalten, dass der Auftrag für die Restaurierung (aufgrund einer Ausschreibung) an eine Spezialfirma für Restaurierung übergeben wird, die ihrerseits die Bauarbeiten im Subauftrag vergeben soll, und nicht umgekehrt.[63] Internationalen Gepflogenheiten entsprechend waren keine konservierungswissenschaftlichen Untersuchungen der Materialien und Oberflächen vorgesehen.

Zur Vorbereitung des öffentlichen Wettbewerbes bildete die Stadt Brünn eine Kommission.[64] Man versuchte, die Familie Tugendhat in den Entscheidungsprozess einzubeziehen.[65] Allerdings kam es zunächst zu keiner konkreten Einladung.

2003 fand – nach mehreren Anläufen – die Ausschreibung für die *Projektdokumentation Haus Tugendhat – Rekonstruktion* statt.[66] Die Dokumentation war in drei Stufen anzufertigen: 1.) Studie, 2.) Projekt für die Baubewilligung und 3.) Durchführungsprojekt. Vorhandene Grundlagen waren Gutachten zur Statik, Geophysik, Haustechnik, zum baulichem Zustand, eine digitale Vermessung des Hauses und bauhistorische Untersuchungen. Außer der genannten Entscheidung des Ministeriums waren auch die Bedingungen des Museums der Stadt Brünn[67] zu beachten. Darin ist festgelegt, dass von den fehlenden Teilen der baufesten Ausstattung und von den Möbeln Kopien hergestellt werden sollen, die Verwendung originaler Möbel wird ausdrücklich ausgeklammert.[68] Zur Unterstützung der Planung der Restaurierung des Hauses Tugendhat stellte die Familie Tugendhat dem Museum 2003 aus ihrem Archiv sämtliche das Haus betreffenden Privatfotos zu Verfügung.[69]

Als den Gewinner des Wettbewerbs bestimmte die Stadt Brünn im Februar 2004 schließlich die ‚Vereinigung für die Villa Tugendhat': ein Konsortium bestehend aus den Firmen OMNIA projekt / ARCHATT, ARCHTEAM und den beiden Architekten Tomáš Rusín und Ivan Wahla.[70]

[62] In englischer Sprache, am 19. Nov. 2001 vom Museum der Stadt Brünn (Jiří Vaněk) an die Denkmalpflege Brünn (State Institute of Cultural Heritage), Iveta Černá, gesendet (Kopie von IMAF, Walter Feilchenfeldt am 3.12.2001).

[63] „The restoration of the villa will be awarded, based on the results of the tender, to a restoration company with the construction work being subcontracted, an not vice versa". Dies war, nach freundlicher mündlicher Mitteilung von Iveta Černá, der Wunsch des damaligen Vertreters des staatlichen Denkmalamts, Karel Ksandr.

[64] 2002 (?); Kommissionsmitglieder (soweit bekannt): Rostislav Slavotínek, Vizebürgermeister; Ludek Sekáček, Museum Zlin; Iveta Černá, Denkmalamt Brünn; Martin Reissner, Kulturamt Brünn; Karel Ksandr, Denkmalamt Prag; Eva Kellerová, Kreisamt Südmähren; Pavel Zatloukal, Museum Olmütz; Jiří Vaněk, Museum der Stadt Brünn; J. Knopová, Denkmalamt der Stadt Brünn; Jan Sedlák, Technische Universität Brünn; Jiří Šindlar, TU FA Brünn; Jana Putnová, Referentin; Jiří Kroupa, Univ. Brünn; Rostislav Švácha (von den 13 Mitgliedern waren sehr wenige, die man als Spezialisten für Moderne Architektur und für Erhaltung von Kulturgut bezeichnen kann). Švácha und Zatloukal verliessen die Kommission aus Protest (angeblich wegen des technokratischen Vorgehens der Stadtverwaltung); siehe Jiří Hlinka, Zaslouzí si Brno vilu Tugendhat? (Verdient Brünn das Haus Tugendhat?), in: Era21, 1/2005. Die Zusammensetzung der Kommission schien offenbar zu wechseln, im Februar 2005 bestand sie aus 11 Mitgliedern, darunter George T. Kotalik, Alena Šrámková und Zdeněk Jiran (Architektenkammer).

[65] Brief des Rats der Stadt Brünn vom 29.10.2002 an Daniela Hammer-Tugendhat (DHT) und Ivo Hammer (IH), in dem mitgeteilt wurde, dass die Denkmalerneuerung des Weltkulturerbes geplant sei; in ihrer Antwort vom 16.12.2002 hielten DHT und IH fest, dass vor der Ausschreibung der Arbeiten eine gründliche „restauratorische Untersuchung (Befundsicherung)" notwendig sei; 4.2.2003: Einladung des Kulturamts der Stadt Brünn (Mag. Martin Reissner) an DHT und IH zur Teilnahme an dem vom Stadtrat der Stadt Brünn bestellten Beirat; Zusage von IH am 26.6.2003 (mit Hinweis auf Honorar-Erwartung) und von DHT am 24.7.2003. Die Ernennung zum Beirat kam damals nicht zustande.

[66] Die ursprünglich zunächst im Einvernehmen mit der Architektenkammer (Stellungnahme vom 14.1.2003) für 7.7.–4.8.2003 geplante Ausschreibung (mit - geplantem Arbeitsbeginn noch im August 2003) wurde auf November 2003 verschoben.

[67] Podmínky Muzea města Brna (s. d., wohl Frühjahr 2003); das Museum setzte die Zeiträume für die Projekterstellung sehr kurz an: Studie 2 Monate nach Auftragsvergabe, Projekt für die Baubewilligung 3 Monate nach der Genehmigung der Studie, Durchführungsdokumentation 4 Monate. Bezüglich der Supravision der Arbeiten blieb das Museum allgemein: sie soll „komplex" sein.

[68] „Pro plnění zakázky je nuno počítat se zhotovením restaurátorských replik" (Beim Durchführungsvertrag wird die Herstellung restauratorischer Kopien erwartet). Die Bedingungen des MuMB enthielten – entsprechend internationaler Praxis – auch keinen Hinweis auf weiter notwendige restauratorische (konservierungswissenschaftliche) Untersuchungen.

[69] Am 9.3.2006 schloss Daniela Hammer-Tugendhat mit dem Museum der Stadt Brünn einen Vertrag bezüglich der Nutzung der Privatfotos unter Vorbehalt des Copyrights ab.

[70] Ausarbeiter-Team: Marek Tichý, Petr Řehořka (www.archatt.cz) Vítek Tichý, (www.omniaprojekt.cz), Zdeněk Přibil, Tomáš Rusín und Ivan Wahla (www.raw.cz), Milan Rak, Alexandr Skalický (www.archteam.cz), (alle Architekten); Petr Siegl/Stein, Jaroslav Sedlák/technisches Kulturgut, Libor Urbánek/Holz (Restauratoren); Garten: Přemysl Krejčiřík; Statik: Jindřich Černík. Die Referenzen für denkmalpflegerische Arbeiten beziehen sich im Wesentlichen auf Architektur des 16. bis 19. Jahrhunderts.

Von den neun Bewerbern wurden drei aus formalen Gründen ausgeschlossen.[71] Die zweitgereihte Gruppe um den Architekten Jan Sapák[72], die als Favoriten gegolten hatte und für ihr langjähriges Engagement und ihre Kenntnis des Hauses Tugendhat bekannt war, legte gerichtliche Beschwerde über das Vergabe-Procedere ein.[73] In einem offenen Brief vom 17. März 2004 an Oberbürgermeister Petr Duchoň, von mehreren Unterstützern Jan Sapáks – auch im Ausland – unterzeichnet, wurde auch die fachliche Kompetenz der erstgereihten Firma in Frage gestellt.[74]

Dies war der Beginn eines von den Medien so genannten „Kalvarienbergs"[75] für das Haus Tugendhat (und wohl auch für viele Akteure in diesem Prozess). Die Folge war eine Verzögerung der Restaurierungsarbeiten von sieben Jahren.[76]

Keine Restitution

2006 war kein Ende der gerichtlichen Auseinandersetzungen zwischen der Stadt Brünn und der Firma OMNIA projekt einerseits und dem zweitgereihten Architekten Jan Sapák andererseits abzusehen, während das Haus Tugendhat zunehmende zum Teil substanzbedrohende Schäden aufwies. Besonders gravierend waren die Folgen undichter Abflussrohre, die zu Bewegungen des Fundaments im Bereich der Gartentreppe und zur Infiltration kontaminierten Wassers in die Decken im Bereich der Bibliothek und der Anrichte geführt hatten.[77] In dieser Situation entschloss sich die Familie Tugendhat im Dezember 2006, schließlich doch noch die Restitution ihres Elternhauses zu verlangen.[78] Ziel dieser Bemühungen war, das Haus Tugendhat aus den Zwängen politischer und rechtlicher Auseinandersetzung zu nehmen, die Planung der Restaurierung zu beschleunigen und die Mitsprache der Familie sowohl bei der Restaurierung als auch der zukünftigen Nutzung des Hauses zu garantieren. Die öffentliche Zugänglichkeit des Hauses Tugendhat stand für die Familie Tugendhat entgegen denunzierenden Gerüchten nie in Frage. Unter Mithilfe eines Rechtsanwalts, der sich für die Opfer des Holocaust einsetzen wollte und sich in dieser Phase der Verhandlungen bei der Familie meldete, wurden diese Pläne weiter verfolgt. Am 30. Januar 2007 beschloss der Gemeinderat der Statutarstadt Brünn, den Stadtrat mit der Durchführung der Übertragung des Hauses Tugendhat an den Tschechischen Staat und die anschließende Restitution des Hauses an die Erbengemeinschaft von Grete und Fritz Tugendhat zu beauftragen.[79] Während der Kulturministers der Tschechischen Republik Václav Jehlička, über seinen Sprecher Zdeněk Novák, den Anspruch der Familie Tugendhat befürwortete, sprach sich Finanzminister Miroslav Kalousek dagegen aus.[80] Nachdem der Staat die Übernahme abgelehnt hatte, beschloss der Stadtrat von Brünn am 19.3.2007 (entgegen dem genannten Beschluss des Gemeinderats vom 30.1.2007), dass das Haus im Eigentum der Stadt verbleibt.[81] In den folgenden Verhandlungen mit dem Oberbürgermeister[82] schlug die Familie Tugendhat vor, eine Stiftung mit Beteiligung der Stadt Brünn in Form einer *public-private partnership* einzurichten, die für die Restaurierung, das Akquirieren von Fördergeldern und die weitere öffentliche Nutzung des Hauses verantwortlich sein sollte, leider ohne Erfolg. Die Familie Tugendhat verzichtete auf weitere rechtliche Schritte, um die Fortsetzung der Planung für die Restaurierung des Hauses nicht zu gefährden und teilte dies der Stadt Brünn mit.[83] Die in den Medien kolportierte Behauptung, dass die Familie Tugendhat aus Kostengründen auf eine Restitution ihres Familienhauses verzichtet habe, entspricht nicht den Tatsachen. Die Eintrittsgelder brachten damals schon mehr ein als die Aufwendungen für den Museumsbetrieb.[84]

Der Rechtsanwalt wollte für einen mit der Familie vereinbarten kleinen Maximalbetrag die Restitution des Hauses vorantreiben. Er konnte aber die Auffassungen der Familie bezüglich des Verhandlungsziels schließlich nicht akzeptieren und wollte die Stadt Brünn klagen, worauf die Familie ihm das Mandat entzog. Mit der Begründung einer „Vereitelung des Erfolgs" klagte der Rechtsanwalt einen sehr hohen Betrag ein,

217
Originale Möbel des Hauses Tugendhat, 2011, bis 2014 im Depot der Mährischen Galerie Brünn: Tischbank (ursprünglich vor der Onyxwand), Chaiselongue und Couchtisch (Glasplatte nicht original)

[71] Öffnung der Angebote am 9. Januar 2004. Eine Bewerbergruppe, Petr Všetečka und Atelier Tišnovka, wurde zunächst ausgeschlossen, dann zugelassen und im Juni 2004 neuerlich ausgeschlossen. Am 20. Februar 2004 wurde die *Vereinigung für die Villa Tugendhat* als Gewinner der Ausschreibung erklärt (Hlinka 2005; Jan Sapák, http://blisty.cz/art/47197.html). In der Auschreibung waren, neben der ökonomischen Zweckmäßigkeit, folgende Gewichtungsstufen der Bewertung der Angebote festgehalten: Fachliche Zuständigkeit/Referenzen 50 %, Konzept 30 %, Gesamtpreis 20 %.

[72] Außerdem Jiří Škrábal und Ludvik Grym.

[73] Die Beschwerden beim Kontrollamt für Wettbewerbe *Úřadu pro ochranu hospodářské soutěže* (*ÚOHS*) wurden zunächst abgewiesen: 15.10.2004 und 15.01.2005. Einer Klage Jan Sapáks beim Verwaltungsgerichtshof wurde 2006 jedoch stattgegeben (27.9.2006 Bezirks-Verwaltungsgericht, 30.04.2008 Oberstes Verwaltungsgericht). Damit wurde das Procedere verurteilt, aber nicht das inzwischen vorliegende Architektenkonzept der Restaurierung. Die Stadt Brünn verzichtete auf eine erneute Ausschreibung.

[74] Unterzeichnet von Dietmar Steiner, Architekturzentrum Wien und Stephan Templ. In dem Brief wird denunzierend behauptet, die erstgereihte Firma „OMNIA" verfüge „über keinerlei Referenzen im gefragten Aufgabenbereich, vielmehr beschränkt sich ihr Tätigkeitsfeld auf den Handel mit Immobilien und Softwareprodukten, Kopierdiensten, Projektarbeiten für Ausbauten und die technische Beratung in Fragen des Bauwesens und der Architektur". (Liste der Referenzen, die sich überwiegend auf historische Architektur des 18./19. Jahrhunderts bezogen: www.omniaprojekt.cz). Allgemein sei in diesem Zusammenhang nochmals festgehalten, dass – entgegen häufig geäußerter Behauptungen – für moderne Architektur methodisch keine anderen Kriterien für die Erhaltung als Denkmal gelten wie für ältere Denkmale, s. Hammer, Surface … (zit. Anm. 1).

[75] Hlinka 2005 (zit. Anm. 64); gemeint ist offenbar ein Leidensweg.

[76] Man kann sich an die berühmte Parabel vom Kaukasischen Kreidekreis von Bert Brecht erinnert fühlen, die vom Streit zweier Frauen um ein Kind handelt, der dadurch geklärt wird, dass die reale Mutter, um das Kind zu schonen, auf die brachiale Aneignung des Kindes verzichtet – und dadurch als Mutter kenntlich wird; im Fall des Hauses Tugendhat führte der Streit der Architekten zu weiteren Schäden.

[77] Infiltration von unkontrolliert aus der Zisterne in das Fundament der Gartentreppe geleitetes Wasser (z. B. am 31.05.2005) begünstigte die Fundamentbewegung.

[78] Auch wenn die gesetzlichen Fristen für eine Restitution von enteigneten Immobilien längst abgelaufen waren, bestand aufgrund der EU-Normen die Möglichkeit der Restitution von *Kunstwerken*.

[79] Oberbürgermeister Roman Onderka (Sozialdemokratische Partei CSSD) sagte: „Wir erkennen den moralischen Anspruch der Familie Tugendhat auf das Haus an und werden alle notwendigen Schritte unternehmen, damit die Villa der Familie zurückgegeben werden kann"; zur geplanten Übertragung an den Staat sagte Onderka: „Seit dem Jahr 1989 wurde alles, was Restitution und Entschädigungen für den Holocaust betrifft, vom Staat geregelt. Wir meinen, dass das auch weiter so bleiben sollte." S. auch: www.bmeia.gv.at/aussenministerium/buergerservice/vermoegensfragen/tschechische-republik.html.

[80] Beide Minister von der selben christlich-demokratischen Volkspartei KDU-CSL; Am 13.2.2007 beschloss der Stadtrat, mit dem Kulturministerium, dem Finanzministerium und dem Amt für staatliche Eigentumsfragen in Verhandlung zu treten.

[81] Der Beschluss wurde vom Gemeinderat am 20.3.2007 bestätigt; S.: www.radio.cz/de/rubrik/nachrichten/nachrichten-2007-03-19. Oberbürgermeister Roman Onderka sagte dazu: „Die gültige Legislative verweist auf das existierende Restitutionsgesetz, das diese Problematik auf der staatlichen Ebene regelt und nicht auf der Gemeindeebene. Wenn jemand sagt, dass die Stadt diese Immobilie mittels einer Schenkung oder auf einem anderen Weg wie zum

der die Familie an den Rand des Ruins getrieben hätte. Um weitere gerichtliche Auseinandersetzungen zu vermeiden, akzeptierte die Familie schließlich am 11.3.2009 einen Vergleich über eine relativ kleine Summe.

Mobile Kunstwerke

Karel Ksandr teilte der Familie anlässlich des erwähnten Treffens in Brünn am 28. November 2001 mit, dass sich die Steinguss-Statue von Wilhelm Lehmbruck *Torso der Schreitenden* (oder *Torso sich umwendend*)[85] aus dem Hause Tugendhat in öffentlichem Besitz in Brünn befindet.[86]

Grete Tugendhat hatte den Lehmbruck-Torso schon seit 1945 suchen lassen, weil – wie sie ihren Kindern sagte – diese Skulptur das einzige sei, was sie jedenfalls wieder haben wolle. 1969 beauftragte sie gar ein Dektektiv-Büro mit Nachforschungen, weil man ihr gesagt hatte, dass „Messerschmitt“ die Skulptur 1944 mitgenommen habe.[87] Tatsächlich war die Skulptur bereits seit dem 7.1.1960 im Bestand der Mährischen Galerie (sehr wahrscheinlich sogar schon früher), was Grete Tugendhat bei ihren Besuchen am 17.1.1969 und am 26.4.1970 (in der Mährischen Galerie!) aber verheimlicht wurde. Die Statue war nicht im Museum ausgestellt und sollte nach der Restaurierung auch nicht zurück ins Haus kommen.[88] Vor 1989 wurde eine Nachahmung aus Bronze aufgestellt.[89]

Der Philosoph Ernst Tugendhat, ältester Sohn von Grete und Fritz Tugendhat, der am 22.1.2002 die Ehrenbürgerschaft der Stadt Brünn erhalten hatte,[90] bat in einem Brief an Oberbürgermeister Petr Duchoň vom 18. Februar 2002 um Rückgabe der Statue.[91] Kurze Zeit später forderte die Familie Tugendhat auch die Restitution der Möbel, die von Architekt Jan Dvořák in der Nachbarschaft des Hauses Tugendhat gesammelt und 1984/85 der Mährischen Galerie verkauft worden waren.[92] Dabei handelte es sich um die Chaiselongue, die große Buffet-Vitrine von Lilly Reich (die Schiebetüren dieser Vitrine sind die einzigen noch erhaltenen originalen Gläser des Hauses Tugendhat!), die Tischbank und das Gestell des Couchtisches.

Beispiel durch den Verkauf an die Ex-Eigentümer überführen könnte, dann muss ich konstatieren: Dies ist nicht möglich. Dadurch würde die Stadt große Probleme auf sich laden.“ Radio Prag (Jitka Mládková) berichtete: „Die Schenkung oder ein Verkauf zum symbolischen Preis von einer Krone, das waren zwei Vorschläge der oppositionellen Bürgerdemokraten (ODS), über die auch abgestimmt wurde, allerdings ohne Erfolg!“ (www.radio.cz/de/rubrik/tagesecho/brno-gibt-die-villa-tugendhat-nicht-an-familienerben-heraus).

[82] Gespräch Daniela Hammer-Tugendhat und Eduard Tugendhat mit dem Oberbürgermeister am 13.4.2007.

[83] Brief von Daniela Hammer-Tugendhat (DHT) an Oberbürgermeister Roman Onderka vom 18.11.2007 im Namen der Familie Tugendhat. DHT schrieb: „The Tugendhat family would like to continue a dialogue with you about the protection of one of the most important pieces of modern art – the House Tugendhat. Our interest is to make sure that it is conserved, restored and managed according to the best international practices with the involvement of international expertise. The mechanisms of achieving this is a public-private partnership with full authority over conservation, restoration and management.”

[84] Schon vor der 2. Restaurierung wurde das Haus von mehr als 14.000 Personen pro Jahr besucht, sodass Betriebskosten mehr als gedeckt waren und dem gesamten Museum der Stadt Brünn zu gute kamen. Heute, nach der Restaurierung von 2012 sind es nahezu 40.000 pro Jahr, also ca. 300.000 Euro an Eintrittsgeldern und Verkäufen im Museumsshop.

[85] Entworfen ca. 1914, gegossen in den Zwanziger Jahren. Die Familie hat diese Statue nach Fertigstellung des Hauses Tugendhat gekauft (ca. 1931). Grete Tugendhat berichtete am 17. Januar 1969 in Brünn: "[...] als einziges Möbelstück sozusagen hatte Mies eine Plastik vor die Onyxwand gezeichnet. Sie sah aus wie eine Plastik von Maillol. Wir haben uns aber später ein Plastik von Lehmbruck ausgesucht[...]“

[86] František Kalivoda (Brief an Grete Tugendhat 12.9.1969) berichtete von den Beobachtungen von Frau Ada Šebestová aus Brünn: „eine weiße etwa 1 Meter hohe Frauenplastik stand nach dem Krieg [...] in der Bibliothek des Gerichtspräsidenten Dr. Heernrits“ (Parkstraße, Brünn). Nach der website www.restitution-art.cz und Informationen der Museumsdirektorin Kateřina Tlachová vom 30.12.2003 war die Statue „weiblicher Akt“ (Inv. Nr. E 325) seit 7.1.1960 als „konfisziertes, früher jüdisches Eigentum“ in der Bildergalerie des Mährischen Museums (einer Vorgängerin der Mährischen Galerie) unter der Inventarnummer E 325 registriert; „ [...] was originally in the Villa Tugendhat [...]“ „ [...] it seems obvious that it had been in the collection earlier.“ (!) Als Einbringer ist der Name *Engelsmann* vermerkt, den niemand von der Familie kennt. Die website ist heute nicht mehr zugänglich.

[87] S. der Brief der Detektei Heinrich Vitztum, München, 24.10.1969 an Grete Tugendhat. Bis in jüngste Zeit kolportierte man irrtümlich, dass der Flugzeugbauer Willy Messerschmitt im Haus Tugendhat gewohnt habe. Tatsächlich lebte der Direktor der Klöcknerwerke Brünn, Walter Messerschmidt 1943–1945 mit seiner Familie im Haus Tugendhat (Forschungsergebnisse im Film von Dieter Reifarth von 2013). Vorher wohnte angeblich nur der deutsche Hausmeister Josef Schnurmacher im Haus (Brief vom 30.11.2004 von Rechtsanwalt Tomáš Těmín an Daniela Hammer-Tugendhat mit Informationen von Karel Ksandr).

[88] Das Haus der Kunst Brünn (Brief von Pavel Liška vom 2.6.2005) und das Museum der Stadt Brünn (Iveta Černá) wollten über einen Sponsor eine Kopie der Originalstatue machen lassen, was die Familie Tugendhat aber aus konservatorischen Gründen ablehnte.

[89] Freundliche Mitteilung von Dr. Mojmír Jeřábek. Die Bronze-Skulptur war 1987 für die Mährische Galerie in Brünn hergestellt worden.

[90] Interview Mlada Fronta Dnes 23.1.2002.

[91] Ernst Tugendhat schrieb am 18.2.2002 an den Gemeinderat der Stadt Brünn in Zusammenhang mit dem bevorstehenden Beschluss für die Restitution des Hauses Tugendhat: „Sollte die Stadt Brno auch heute noch die Selbstverständlichkeit nicht anerkennen, dass die Tugendhat Vila unserer Familie [...] gehört, werde ich die Ehrenbürgerurkunde in aller Form an die Stadt zurückgeben, weil ja sonst international der unerträgliche Eindruck entstehen müsste, ich hätte die Ehrenbürgerschaft zur Beschwichtigung unserer Ansprüche erhalten.“ Am 24.4.2002 schrieben Ernst Tugendhat und Daniela Hammer Tugendhat (DHT) direkt an die Mährische Galerie. Die damalige Direktorin Kaliopi Chamonikolá anwortete nie. In einem Brief vom 17.11. 2003 (!), nach einem vergeblichen Besuch von DHT und Ruth Guggenheim-Tugendhat im Museum – die Statue konnte nicht besichtigt werden –, antwortete die Vertreterin der Museumsdirektion Kateřina Tlachová dass die Statue bei der Ausstellung *German Expressionism* bis 2.2.2004 in der Mährischen Galerie besichtigt (!) werden könne. Die Statue war 2005 im Depot in Schloss Nikolsburg/Mikulov und dann im Depot des Museums in Brünn in der Terezy Novákové.

[92] Architekt Jan Dvořák teilte dies der Familie Tugendhat, die mit ihm bezüglich der Restaurierung des Hauses Tugendhat zusammenarbeitete, nicht mit.

217

218
Originale Tischbank des Hauses Tugendhat, 2011, Untersicht; bis 2014 im Depot der Mährischen Galerie Brünn

218

219
Originaler Couchtisch („Dessau Tisch"), Detail des Gestells, 2011, bis 2014 im Depot der Mährischen Galerie Brünn

219

Am 3. Juli 2006 wurden die Möbel und die Lehmbruck-Statue der Familie Tugendhat restituiert.[93] Im Übergabe-Protokoll war festgelegt, dass das Museum den Kauf plant beziehungsweise ein Vorkaufsrecht erhält und die Möbel – dem Wunsch der Familie Tugendhat entsprechend – im Haus Tugendhat nach der Restaurierung aufgestellt werden sollen.[94] Die Lehmbruck-Statue hingegen ließ die Familie Tugendhat am 5. Februar 2007 in London versteigern, was teilweise untergriffige Reaktionen auslöste.[95] Aufgrund des Antrags der Mährischen Galerie vom 16.2.2007 verfügte das Kulturministerium am 16.3.2007 die Absicht der Registrierung der genannten vier Möbelstücke als Kulturdenkmäler der Republik Tschechien und damit ein Ausfuhrverbot.[96] Die Mährische Galerie bot am 23.2.2007 den Kauf der Möbel an, aber das Kulturministerium lehnte die Finanzierung im März 2010 ab.[97]

Die Anfrage der Familie bezüglich der zwei originalen Barcelona-Stühle[98], die sich seit 2001 im Besitz des Museums der Stadt Brünn befinden, beschied der Museumsdirektor mit dem Hinweis, dass Restitutionsgesetze staatlich sind und deshalb die Stadt Brünn keine gesetzliche Grundlage für die Restitution habe.[99] Im Roman *Utz* des englischen Reiseschriftstellers Bruce Chatwin (1940–1989), der von dem Kunstsammler Rudolf Just (1895–1972) handelt, berichtet der Erzähler über einen Besuch in der Prager Wohnung von *Utz*: „Zu meiner Überraschung war das Zimmer im ‚modernen Stil' eingerichtet: kaum Möbel, abgesehen von einer Liege, einem Tisch mit einer Glasplatte und zwei mit dunkelgrünem Leder bezogenen ‚Barcelona'-Stühlen. Utz hatte sie aus einem von Mies van der Rohe erbauten Haus in Mähren ‚gerettet'."[100]

Der dazu gehörige Barcelona-Ottoman tauchte im Auktionskatalog des Dorotheums Wien auf.[101] Dank eines Sponsors gelang es der Familie Tugendhat, das Möbel direkt vom Einbringer zur Rückstellung in das Haus Tugendhat zu erwerben.[102] Einer Pressemeldung in Aachen vom 12.10.2011 war zu entnehmen, dass der Schuhschrank aus dem Hause Tugendhat noch vorhanden ist.[103] Im Besitz der Nachbarschaft des Hauses Tugendhat sind mehrere Küchenmöbel.[104] Und schließlich existiert noch ein Fragment des Makassar-Sofas der Bibliothek, gefunden bei der Nachbarschaft.[105]

Grete und Fritz Tugendhat haben diese Möbel beim Gang in das Exil im Haus zurückgelassen und nie verkauft. Die Erbengemeinschaft hat allen zugänglichen Besitzern und der Stadt Brünn den Wunsch der Familie erklärt, dass diese Möbel wieder an ihren ursprünglichen Ort im Haus Tugendhat zurückkommen sollen.[106]

93 Restitutionsvertrag, unterschrieben von Museumsdirektor Marek Pokorny, der die Restitution mit Verständnis und korrekt abwickelte, und Daniela Hammer-Tugendhat in Vertretung der Erbengemeinschaft.

94 Bei der Übergabe versprach Direktor Pokorny, „[...]die relevanten Informationen bezüglich der Ausfuhr des Lehmbruck-Torsos aus der Tschechischen Republik zu übersenden" (Brief vom 20.7.2006 an Daniela Hammer-Tugendhat). Die Verkaufsabsicht der Erbengemeinschaft bezüglich der Lehmbruck-Statue war der Mährischen Galerie bekannt. Direktor Pokorny schrieb in einem Brief an Daniela Hammer-Tugendhat am 8.8.2005: „Lehmbruck's sculpture is an outstanding work, but it has not any direct connection to the Moravian Gallery collection profile neither to the visual culture of Brno [...]".

95 Ein anonymer Bieter, angeblich aus New York, ersteigerte die Skulptur. Zur Erinnerung: Die Skulptur war im Museum nicht ausgestellt, das Original sollte nicht in das Haus Tugendhat kommen, sondern lediglich ein Abguss. In den Medien wurde von „Verlust der Glaubwürdigkeit" der Familie Tugendhat bezüglich ihrer Absichten betreffend das Haus Tugendhat gesprochen und der Oberbürgermeister drückte seine Enttäuschung aus. Ein extremer Ausdruck dieser Stimmung war das E-Mail von Mag. Vladimír Petříček (ein Funktionär der Tschechischen Vereinigten Gewerkschaft, angeblich der Eisenbahner) vom 7.2.2007 an Daniela Hammer-Tugendhat mit folgendem deutschen Text: „Das ist eine typische jüdische Schweinerei, dass Sie mit Torzo gemacht haben."

96 Direktor Pokorny bestritt dies in einem Brief an Daniela Hammer-Tugendhat vom 2.2.2011: „This has nothing to do with the Moravian Gallery itself." Erst auf Anfrage der Familie Tugendhat teilte das staatliche Denkmalamt Prag im März 2013 (!) mit, dass die Möbel am 21.2.2008 als nationale Denkmale registriert worden waren.

97 E-mail (!) der Mährischen Galerie (Kateřina Tlachová) vom 11.3.2010. Die Erbengemeinschaft war am 14.11.2008 auf dieses Angebot eingegangen, mit der Bedingung, dass die Möbel in öffentlichem Besitz bleiben und an ihrem originalen Ort im Haus Tugendhat aufgestellt werden.

98 Nach dem freundlich zur Verfügung gestellten Gutachten von Miroslav Ambroz, Brünn vom 17.11.2011 und nach Aussage von Mitgliedern des Forschungsprojekts *Kommentiertes Werkverzeichnis der Möbel und Möbelentwürfe Mies van der Rohes* (ZIKG München, Wolf Tegethoff, www.zikg.eu/mvdr), die die Stühle am 1.4.2011 in Brünn untersuchten, stammen diese Stühle „zweifelsfrei" von der Sitzgruppe vor der Onyxwand des Hauses Tugendhat.

99 Antwort (E-mail) von Direktor Pavel Ciprian vom 18.11.2011 auf die Anfrage des Autors vom 13.11.2011. Bezüglich der Provenienz erklärte Ciprian: „[...] purchased [...] 2001 from a private individual", „the sellers declared [...] that they had been inherited from his (sic!) father who had often travelled to Germany between the wars, and had purchased there the two Barcelona chairs." Ciprian stellte außerdem fest, dass „It cannot, however, be determined with certainty wether they consist of the original furnishings for Villa Tugendhat."

100 Englische Originalausgabe London 1988; deutsche Übersetzung Frankfurt/M (Fischer) 2001, S. 53 (freundlicher Hinweis Andreas Nierhaus, Museum Wien, 10.1.2003; S. auch *derStandard* 9.11.2002). Die BBC verfilmte den Stoff 1993 (www.bbc.co.uk/programmes/b00ldh51).

101 Freundlicher Hinweis des Restaurators und Kunsthändlers Sebastian Jacobi, Bad Ems, vom 10.11.2011 an Ivo Hammer. Geplantes Auktionsdatum 22.11.2011.

102 Der Einbringer Antoine Bauernfeind erwarb im März 2011 das Möbel aus dem Besitz ei-

ner hocharistokratischen Familie in Wien, die 1945 aus Brünn emigrieren musste. Im Auktionskatalog des Dorotheums für den Auktionstermin 22.11.2011 war der Ottoman unter Lot 40 mit der Datierung um 1930, aus „Privatbesitz, Brno" bezeichnet, Die Expertin des Dorotheums, Gerti Draxler, schlug dem Einbringer einen *niedrigen* Schätzpreis vor und legte ihn auf 10.000–15.000 Euro fest. Mit dem Einbringer traf die Familie am 11.1.2012 die Vereinbarung, dass das Möbel – nach der Restaurierung – wieder an seine ursprüngliche Stelle im Haus Tugendhat kommt. Der Einbringer erhielt 15.000 EUR, die ein Sponsor zur Verfügung stellte.

[103] Prof. Axel Sowa, RWTH Aachen, teilte den Aachener Nachrichten vom 12.10.2011 mit, dass „sein Lieblingswerk" von Ludwig Mies van der Rohe der Schuhschrank aus dem Haus Tugendhat sei, „entdeckt bei einem Bekannten". „Eine konstruktive Meisterleistung, obwohl ‚nur' ein kleines Möbelstück". Auf die Anfrage der Familie vom 17.11.2011, die später wiederholt wurde, hat Sowa nicht reagiert. Sowa war Organisator des Internationalen Symposiums *rethinking Mies* in Aachen, 25.–27.10.2011 aus Anlass des 125. Geburtstags von LMvdR.

[104] Freundliche Mitteilung Iveta Černá. Vermutlich Küchenstühle, Küchentisch und Anrichtetische.

[105] Im Besitz von Jan Sapák, Brünn. Inzwischen ist noch ein Gartenstuhl der Firma Slezák aufgetaucht, der wahrscheinlich aus dem Haus Tugendhat stammt (freundliche Mitteilung von Nicola Zips, übermittelt von Ivan Wahla, RAW am 2.12.2013), außerdem die klappbare Bibliotheksleiter aus verchromtem Stahlrohr mit lackierten Holzstufen, die nach Angabe des Auktionskatalogs (36th Auction of Fine Art and Antiquity, Czech Art Glass and Asian Art, 25.5.2014 13:00 Žofín Palace, Prague, Nr. 66, starting price 1.818 Euro) dem Nachbarn Vladimír Brandstätter, Černopolny 41, angeblich im Frühjahr 1945 übergeben wurde: „Grandfather of consignee got this item as a gift for his heroism. During air attack in spring 1945 saved the vila Tugendhat when he pulled down blinds. He was allowed to choose something from the vila and he choose this bookcase stairs that stayed in the family since nowadays." Mitteilung der Galeristin ing. arch. Irena Velková an Daniela Hammer-Tugendhat am 21.5.2014. Bleistiftzeichnung (46,4 × 48,9 cm) von LMvdR im MoMA, MR 2.12 (freundlicher Hinweis von Miroslav Ambroz).

[106] Brief vom 29.11.2011 an Oberbürgermeister Onderka. Die Familie Tugendhat verbindet mit dieser Form der ‚Restitution' ausdrücklich keine finanziellen Interessen. Selbstverständlich müssten die Möbel teilweise (zurückhaltend) vorher restauriert werden. Am 10.6. und – detaillierter – am 15.7.2011 unterbreitete die Familie Tugendhat Oberbürgermeister Onderka ein Angebot für den Verkauf der erhältlichen originalen Möbel, auch einiger im Besitz der Familie in Wien beziehungsweise Zürich befindlichen, unter der Bedingung, dass die Möbel an den ursprünglichen Ort im Haus Tugendhat kommen (Bett und Hängekommode Grete T., Schreibtisch Fritz T., Hängekommode und Büchervitrine Fritz T., Bridgetisch). Ein Angebot eines Galeristen aus Prag vom 27.12.2010 für die in der Mährischen Galerie deponierten Möbel lehnte die Familie deshalb damals ab.

220

220
Barcelona-Sessel (ohne Sitzpolster) aus dem Haus Tugendhat im Museum der Stadt Brünn, mit den charakteristischen („smaragdgrün") gefärbten Gurten, 2011

221

221
Barcelona-Hocker (Ottoman) aus dem Haus Tugendhat, 2015 (nach Konservierung/Restaurierung), derzeit Privatbesitz Wien (Leihgabe im MAK – Museum für angewandte Kunst, Wien)

222

222
Sofa der Bibliothek, Fragment, derzeit Privatbesitz Brünn, 2005

223

223
Hängekommode Grete Tugendhat, Privatbesitz Wien, 1999

224
Schreibtisch Fritz Tugendhat, 1999, Privatbesitz (Leihgabe im Bauhaus-Museum Weimar)

224

225
Schreibtisch Fritz Tugendhat, Detail, 1998

226
Schreibtisch Fritz Tugendhat, Detail, 2007; dunkle Färbung im lichtgeschützten Bereich der Schublade

226

225

227
Detail Büchervitrine Fritz Tugendhat, 1998, Privatbesitz Zürich (Leihgabe im Bauhaus-Museum Weimar)

228
Büchervitrine Fritz Tugendhat, 1998

228

227

229

230

229/230
Bridgetisch, 1999,
Privatbesitz Zürich
(Leihgabe im Bauhaus-Museum Weimar)

231

231
Frisierbord
Grete Tugendhat, 1999,
Privatbesitz Wien

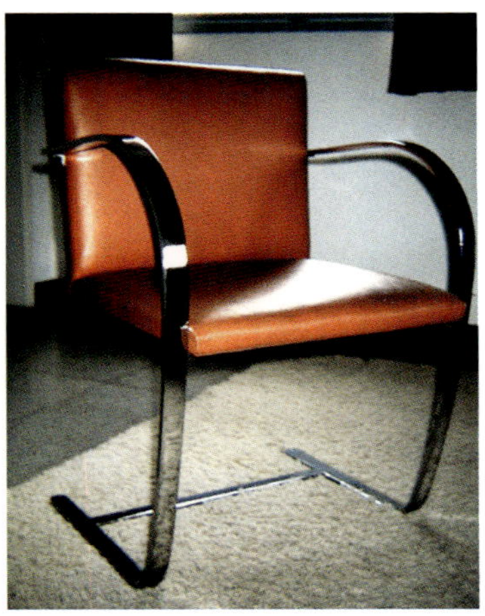

232

232
Brno-Stuhl
Schlafzimmer Grete Tugendhat, 1993,
Privatbesitz Vienna/Virginia

233

233
Caracas, Venezuela, ca. 1943, v. li.: Franziska Tugendhat, Grete T., Hans, Edith und Marianne Löw-Beer. Brno-Stühle und Makassar-Buffet

Ausweg

Die Stadt Brünn informierte in einer Sitzung im Rathaus der Stadt Brünn am 17.2.2005[107] die Familie Tugendhat und einige beteiligte Fachleute über den Verlauf der Ausschreibung.[108] In einem Brief vom 20.2.2005 an die staatliche Denkmalpflege und die Stadt Brünn warnte ich vor einer zu engen Zeitplanung des Wettbewerbs, welche die notwendige Qualität der Voruntersuchungen nicht ausreichend berücksichtigt.[109]

Die *Vereinigung für die Villa Tugendhat* erarbeitete das Restaurierungsprojekt in der Zeit vom Januar 2005 bis September 2006 in drei Etappen. Die behördliche Baugenehmigung wurde am 24.5.2006 erteilt. Eine Denkmalpflege-Kommission unter der Leitung von Josef Štulc bestätigte schließlich am 26.6.2007 die Genehmigung für das Projekt, nachdem *OMNIA projekt* das invasive Konzept der statischen Sicherung[110] zugunsten einer *sanfteren* Vorgehensweise korrigiert hatte. Das Projekt blieb während der Rechtsstreitigkeiten unter Verschluss.[111]
Das tschechische Kartellamt entschied am 28.08.2008, dass der Wettbewerb für die Renovierung neu ausgeschrieben werden müsse.[112] Am 22.11.2008 informierte die Stadt Brünn über den Ausweg, den sie aus diesem Dilemma fand: Nicht eine spezialisierte Restaurierungsfirma, wie ursprünglich geplant, sondern eine Baufirma sollte die Restaurierung des Hauses übernehmen und die Projektdokumentation für den Auftrag besorgen.[113]

Auf der fachlichen Ebene organisierte die Stadt Brünn am 17.6.2009 im Rathaus eine Konferenz mit Beteiligung internationaler Experten.[114] Bei dieser Gelegenheit stellte die ‚Vereinigung für die Villa Tugendhat' (*OMNIA projekt, ARCHTEAM und RAW*) das Architektenprojekt (genannt *Projektdokumentation*) ausführlich vor.[115] Wenn auch einige Fragen offen blieben, bezeichneten die anwesenden ausländischen Experten[116] dieses Projekt insgesamt als brauchbare professionelle Grundlage für die weitere Planung.[117]

Am 5.1.2010 erhielt die Brünner Baufirma *UNISTAV* den Zuschlag für die Durchführung der Arbeiten als Generalunternehmer.[118] Die ursprüngliche, von der Denkmalpflege sowie vom Museum der Stadt Brünn vertretene Absicht, die Bauleitung einem spezialisierten Architektenbüro zu übergeben,[119] ließ man fallen. 85 Prozent der Kosten der Restaurierung des Hauses Tugendhat in der Höhe von umgerechnet rund 6,2 Millionen Euro wurden durch Fördergelder der Europäischen Union abgedeckt, den Rest übernahmen der tschechische Staat und die Stadt Brünn.[120] Den entsprechenden Finanzierungsvertrag unterzeichneten am 26.5.2010 in Brünn Kulturminister Václav Riedlbauch und Oberbürgermeister Roman Onderka.[121]

CIC-Untersuchungskampagnen[122]

Im Durchführungskonzept der Architekten (Projektdokumentation)[123], das im Mai 2005 fertig gestellt war, überließ man die Wahl der Restaurierungsmethoden weitgehend den zu beauftragenden tschechischen Restauratoren.[124] Die Begründung war, dass die planenden Architekten nicht die Verantwortung für die angewandten konservatorischen Methoden übernehmen können und diese Angaben für die Baugenehmigung nicht notwendig sind.[125]

Das erwähnte Sponsoring der Familie Dullinger in Salzburg ermöglichte den Beginn der konservierungswissen-

[107] Teilnehmer u. a.: Richard Svoboda OB; Jan Holík, Vizebürgermeister; Martin Reissner, Kulturstadtrat MuMB; Martin Zedníček, Denkmalpflege MMB; Zdeněk Novák, Vizekulturminister; Pavel Ciprian, Direktor MuMB; Iveta Černá; Karel Ksandr, Vizedirektor TNM Prag, verantwortlicher Denkmalpfleger des Hauses Tugendhat; Petr. Dvořák, Konsulent MuMB; Angela Weyer, HAWK, Leiterin des Hornemann Instituts Hildesheim; Daniela Hammer-Tugendhat; Ivo Hammer; Thomas Danzl, Landesamt für Denkmalpflege und Archäologie Sachsen Anhalt; Marek Tichý, Fa. Omnia; Vítek Tichý; Tomáš Rusín; Ivan Wahla; Alexandr Skalický; Petr Řehořka.

[108] Daniela Hammer-Tugendhat und der Autor verwiesen einmal mehr auf die Relevanz des Einsatzes von Konservatoren/Restauratoren, die Bedeutung des Materials im Werk von Ludwig Mies van der Rohe und die Notwendigkeit der internationalen Beratung und Kooperation. Der Autor erklärte seine Bereitschaft der Zusammenarbeit mit der beauftragten Firma. Er hatte auch bereits einen Gesprächstermin mit der Firma OMNIA projekt am 12.3.2005 in Wien vereinbart, der aber von OMNIA projekt nicht wahrgenommen wurde.

[109] Mein Brief vom 20.2.2005 war an Primátor Richard Svoboda gerichtet, mit Kopie an das Kulturministerium in Prag, die staatliche Denkmalpflege, das Museum der Stadt Brünn und die Firma OMNIA projekt. Die Firma OMNIA projekt hatte in einem Brief an mich vom 10.2.2005 mitgeteilt, dass aufgrund der vorgeschriebenen Zeitplanung die „restauratorische Rahmenuntersuchung" (restaurátorské rámcové průzkumy) bis 10.5.2005 abgeschlossen sein müsse. Laut Angebot solle die restauratorische Untersuchung der Steinelemente und der Putze und auch die Restaurierungskonzepte Prof. Petr Siegl von der Kunstakademie Prag erstellen. Prof. Siegl lasse aber bisher nur eine nicht näher spezifizierte Zusammenarbeit zu.

[110] Jindřich Černík, Deník 9.3.2009; alternatives Projekt von Jiří Stáry.

[111] Der stellvertretende Oberbürgermeister der Stadt Brünn, Daniel Rychnovsky teilte am 30.7.2008 der Presse mit, dass die Renovierung des Hauses Tugendhat erst 2009 beginnen könne. „Der Magistrat warte derzeit noch auf eine Stellungnahme des Kartellamtes zur Ausschreibung für die Firma, welche die Ausbesserungsarbeiten vornehmen soll." (Daniel Kortschak, www.radio.cz/de/rubrik/nachrichten/nachrichten-2008-07-30)

[112] Das Kartellamt (Amt für den Schutz des wirtschaftlichen Wettbewerbs, Vorsitzender Martin Pečina) stellte fest, „dass die Firma, die als Sieger aus der öffentlichen Ausschreibung um die Renovierung der Villa hervorgegangen war, nicht alle geforderten Bedingungen erfüllt hatte." (Patrick Gschwend, www.radio.cz/de/rubrik/tagesecho/nach-gerichtsurteil-reparatur-der-villa-tugendhat-verzoegert-sich-weiter). Es ging m. W. um eine persönliche Lizenz, die erst einige Wochen nach Abgabe des Angebots im Januar 2004 vorgelegt wurde; s. auch: www.omniaprojekt.cz/tugendhat_stan.htm.

[113] Mitteilung des stellvertretenden Oberbürgermeisters Ladislav Maček am 25.11.2008: „Der Brünner Stadtrat beauftragte am Dienstag die Investitionsabteilung des Rathauses damit, ein Auswahlverfahren für die Baufirma vorzubereiten, welche die Villa renovieren wird." www.radio.cz/de/rubrik/nachrichten/nachrichten-2008-11-25 (Martina Schneibergová). Die Stadt Brünn beauftragte eine externe Brünner Anwaltskanzlei, MT Legal (Deník 9.3.2009). Die Stadt kaufte das Projekt um „weniger als 10 Mio CZK" von der *Vereinigung für die Villa Tugendhat*, einschließlich der gültigen Baugenehmigung. Auch auf Drängen der UNESCO verlangte die Südmährische Denkmalpflege (Kateřina Hrůbá), dass bis Ende 2010 mit Reparaturen begonnen wird, andernfalls würde das Haus aus der Obhut der Stadt genommen (Deník 8.3.2009).

[114] Jan Sapák verzichtete auf die Möglichkeit der Stellungnahme, und begründete dies damit, dass diese Konferenz keine Basis für eine unabhängige Entscheidung biete (Deník 18.6.2009). Karel Ksandr berichtete über die bauhistorische Untersuchung. Ich stellte die Ergebnisse der konservierungswissenschaftlichen Untersuchungen von 2003-2007 vor und plädierte für die Integration der Ergebnisse in das Architektenprojekt und für die Einrichtung einer internationalen Expertenkommission.

[115] *Vereinigung für die Villa Tugendhat* mit folgenden Architekten: Marek Tichý, (Leitender Architekt), Vítek Tichý (Koordinator); Ko-Autoren: Milan Rak, Tomáš Rusín, Petr Řehořka, Alexandr Skalický, Ivan Wahla.

[116] Unter Anderen: Henrieta Moravčíková (Bratislava), Fernando Ramos (Barcelona), Alex Dill (Karlsruhe), Ana Tostões (Lissabon), Wessel de Jonge (Rotterdam), Daniela Hammer-Tugendhat, Ivo Hammer und Wolfgang Salcher (Wien), Arthur Rüegg und Ruggero Tropeano (Zürich). Eingeladen, aber nicht anwesend waren auch John Allan, Francesco Bandarin, Thomas Danzl, Annelie Ellesat, Martina Griesser-Stermscheg, Lluis Hortet i Previ, Gabriela Krist, Bruno Maldoner, Monika Markgraf, Hartwig Schmidt, Monika Wagner, Ida van Zijl, Barry Bergdoll.

[117] Interviews des Tschechischen Fern-

234

234
Haus Tugendhat, 30. Mai 2005: CIC – konservierungswissenschaftliche Untersuchung mit DozentInnen und Studierenden aus der Tschechischen Republik (Brünn, Pardubice), Deutschland (Hildesheim) und Österreich (Wien)

schaftlichen Untersuchungen im September 2003, wenige Monate vor der Ausschreibung des Architekten-Wettbewerbs. Ohne die Unterstützung des Vertreters der staatlichen Denkmalpflege, Karel Ksandr, des Museums der Stadt Brünn unter der Direktion von Pavel Ciprian und der Kuratorin des Hauses Tugendhat, Iveta Černá[126], und ohne die zuverlässige und selbstlose Kommunikationshilfe von Petr Dvořák[127] wäre die Durchführung der konservierungswissenschaftichen Untersuchungen durch ein überwiegend ausländisches Team unmöglich gewesen, nicht zuletzt wegen der prekären rechtlichen Situation.[128]

Die Studienrichtung Wandmalerei/Architekturoberfläche der HAWK in Hildesheim begann unter meiner Leitung 2003 mit ersten Untersuchungen am Fassadenputz und vergleichenden Untersuchungen an Berliner Bauten von Ludwig Mies van der Rohe.[129] Ab 2005 waren weitere Hochschulen, Laboratorien und andere wissenschaftlichen Institute aus Deutschland (Dresden, Hildesheim, Köln), Österreich (Wien), der Slowakei (Bratislava) und der Tschechischen Republik (Brno, Pardubice) an den Untersuchungen beteiligt.[130] Die Untersuchungen vor Ort fanden zunächst 2004 und 2005 in drei Projekt-Kampagnen[131] statt und wurden in mehreren Studienarbeiten dokumentiert.

Teil unseres Projekts waren komplementäre Untersuchungen einiger Bauwerke der berühmten *Ausstellung Zeitgenössischer Kultur* von 1928 auf dem Messegelände von Brünn. Ziel dieser Untersuchungen war – neben einem Beitrag zur Erhaltung dieser Bauwerke und zur Einübung der Kooperation zwischen Architekten und Konservatoren/Restauratoren – die Erkundung der Brünner Handwerkstradition und damit ein Vergleich mit den handwerklichen Techniken, die von der Brünner Baufirma Moritz Eisler am Haus Tugendhat angewandt worden waren. Wir studierten das Café/Theater von Emil Kralík, den Pavillon der Prager Akademie für angewandte Kunst von Pavel Janák und den Pavillon der Prager Kunstakademie von Josef Gočár.[132]

235

235
Haus Tugendhat, 29. April 2006. Daniela Hammer-Tugendhat führt TeilnehmerInnen der Tagung MATERIALITY durch ihr Elternhaus

sehens mit Daniela Hammer-Tugendhat, Wessel de Jonge und Ruggero Tropeano (www.ceskatelevize.cz/ivysilani/10122427178-udalosti-v-regionech-br-no/309281381990617/). Der stellvertretende Bürgermeister Daniel Rychnovský stellte nach Presseberichten (Deník 18.6.2009) fest, dass es „verrückt" wäre, das fachlich für gut befundene OMNIA-Projekt nicht zu nutzen und noch mehr Zeit zu verlieren.

118 Unterzeichnung des Vertrags zwischen der Stadt Brünn und der Fa. UNISTAV am 25.1.2010, Projektplan über 600.000 EUR www.radio.cz/de/rubrik/nachrichten/nachrichten-2010-01-05 (Jitka Mládková); Schlüsselübergabe vom Museum an UNISTAV am 8.2.2010.

119 TEB des Kulturamts der Stadt Brünn vom Oktober 2002.

120 Markéta Kachlíková, www.radio.cz/de/rubrik/nachrichten/nachrichten-2012-02-29.

121 www.radio.cz/de/rubrik/nachrichten/nachrichten-2010-05-26, Daniel Kortschak.

122 Ich nannte die Kampagnen zur konservierungswissenschaftlichen Untersuchung Conservation Investigation Campaign, kurz CIC.

123 Von OMNIA projekt, ARCHATT und RAW unter der fachlichen Leitung des Hauptarchitekten Marek Tichý ausgearbeitet (mit 3.000 Inventarkarten).

124 Zur Erinnerung: im Rahmen der erwähnten, von Karel Ksandr geleiteten bauhistorischen Untersuchung wurden nur einige vom Architekten entnommene Proben ohne Kartierung der Entnahmestelle von Rudolf Šlesinger mikroskopisch untersucht und auf Mikroschliffen Farbschichten festgestellt. Materialuntersuchungen wurden nur vereinzelt vorgenommen. Bezüglich der Oberflächen und der entsprechenden Materialien gab es nur zwei Voruntersuchungen von 2005, die im Auftrag von *OMNIA projekt* zum Zweck des Inventars erstellt wurden: Holzelemente von Libor Urbanek und Metallelemente von Mag. Janda, Ing. Vít Jan und *OMNIA projekt* (www.omniaprojekt.cz). In der Projektdokumentation der Architektengruppe wurde auf die Untersuchungen der CIC verwiesen.

125 Mündliche Mitteilung Marek Tichý während der Konferenz „Inside-Outside" am 30.6.2011 in Brünn. Zu den konservierungswissenschaftlichen Untersuchungen als internationales Bewusstseins-Problem: August Gebessler (Hrsg.), Gropius. Meisterhaus Muche/Schlemmer. Die Geschichte einer Instandsetzung, Ludwigsburg, Stuttgart, Zürich 2003; Rezension: Ivo Hammer, Instandsetzung der Geschichte? In: Restauratorenblätter 28: Dokumentation in der Baurestaurierung, 2009, S. 228–230.

126 Architektin Iveta Černá, bis dahin im Denkmalamt Brünn, wurde im Dezember 2002 Kuratorin des Hauses Tugendhat.

127 Kunsthistoriker und Denkmalpfleger (bis 2002 im NPU Brünn), Eigentümer einer Firma für Materialien und Geräte für Restaurierung, für technologische Beratung und Fachliteratur (www.art-protect.cz).

128 Die Firma *OMNIA projekt* ließ mich in dem erwähnten Brief vom 10.2.2005 wissen, dass aufgrund der Gesetze in der Tschechischen Republik nur Restauratoren arbeiten dürften, die über eine Lizenz der tschechischen Behörden verfügen.

129 Erste Untersuchungen in Brünn mit Studierenden am 13./14.09.2003.

130 29.03.2005, Brünn, Haus Tugendhat: Vereinbarung der Kooperation der Hochschulen, Koordination: Ivo Hammer im Einvernehmen mit Karel Ksandr.

131 Projektkampagnen der Untersuchung: 3.–14.5.2004 (Fassadenputz); 23.5–3.6.2005 (Fassade, Holz, Metall, Stein-teilweise); 19.–30.09.2005 (Innenwände, gefasstes und veredeltes Holz). Die Untersuchungen der Steinteile fand im Wesentlichen außerhalb dieser Zeiten statt (siehe Liste der Beteiligten im Anhang).

132 Kooperation mit DI Kamil Trávníček, Geschäftsführer Technik BVV (Messe Brünn).

236
Haus Tugendhat, 8. April 2009. Präsentation der Publikation *MATERIALITY*, Brno, Haus Tugendhat; v. re.: Oberbürgermeister Roman Onderka, Iveta Černá, Ivo Hammer, Petr Dvořák, Dagmar Černoušková, Tanja Bayerová, Hana Ryšavá, Josef Chybík

236

237
Haus Tugendhat, 1.–5. März 2005: CIC – konservierungswissenschaftliche Untersuchung, mit DozentInnen und Studierenden aus der Tschechischen Republik (Brünn, Pardubice), Deutschland (Dresden, Hildesheim, Köln), Österreich (Wien) und der Slowakei (Bratislava); Vordergrund: Dieter Reifarth

237

Das Museum der Stadt Brünn und damit die projektierende Architektengruppe hat eine Übersetzung der ersten Ergebnisse der Untersuchungen des Hauses Tugendhat in tschechischer Sprache im September 2005 erhalten.[133] Die Ergebnisse wurden bei mehreren Gelegenheiten den Medien mitgeteilt und im Rahmen von Vorträgen in vielen europäischen Ländern, in Mexiko und den USA und in Publikationen in Deutsch, Englisch, Spanisch, Italienisch, Tschechisch und Slowakisch vorgestellt.[134]

In Zusammenarbeit zwischen der HAWK in Hildesheim und dem Museum der Stadt Brünn[135] fand nach meinem Konzept am 27.–29. April 2006 in der Messe Brünn eine internationale Tagung genannt *MATERIALITY* statt, die von mehr als 200 ArchitektInnen, KunsthistorikerInnen und KonservatorInnen aus elf Ländern besucht wurde. Ein wesentlicher Fokus der Tagung war jenes Thema, das in der Theorie und in der Praxis der Erhaltung der Modernen Architektur lange vernachlässigt worden war: Die Materialität dieser Bauten. 35 Vortragende aus neun Ländern[136] trugen dazu bei, das Bewusstsein von der generellen Bedeutung des materiellen Substrats für die Architektur als Kunstwerk und als historisches Denkmal zu schärfen, die Kenntnisse zu den Materialien und Oberflächen der Modernen Architektur zu erweitern und die Kriterien und Standards der Konservierung und Reparatur von Denkmalen Moderner Architektur zu diskutieren.

Bei der Präsentation der Publikation der Tagung *MATERIALITY* am 8. April 2009 im Haus Tugendhat sagte der Oberbürgermeister Roman Onderka zu, dass die Stadt Brünn die abschließende Untersuchungskampagne unterstützen werde.[137] Nach einigen Verhandlungen über die rechtliche Abwicklung übernahm schließlich die Universität Pardubice mein Projektangebot.[138]

Die abschließenden konservierungswissenschaftlichen Untersuchungen fanden am 1.-5. März 2010 statt, also bereits nach Beginn der Bauarbeiten am Haus Tugendhat.[139] Im April 2010 standen die Ergebnisse auch dieser Untersuchungskampagne in tschechischer Sprache dem Generalunternehmer *UNISTAV* zur Verfügung.[140]

[133] Übersetzung: Dr. Petr Dvořák, Brünn. Ich hatte den damals verantwortlichen Denkmalpfleger Karel Ksandr vergeblich gebeten, eine Kooperation oder wenigstens ein Gespräch mit den restauratorischen Beratern der Firma OMNIA projekt zu vermitteln. Die Firma OMNIA projekt hatte folgende Berater: Prof. Petr Siegl, akad. Bildhauer, Leiter des Lehrstuhls Restaurierung an der AVU Praha, (Valtice – Kolonnade; Nationalgalerie Prag); Dipl. Ing. Jaroslav Sedlák, Restaurator technischer Denkmäler (Mitarbeit an der Villa Müller; Nationales Technikmuseum Prag, Technikmuseum Brünn); Libor Urbánek, Restaurator kunsthandwerklicher Gegenstände aus Holz (Interieur des Schlosses Lednice), s. www.omniaprojekt.cz.

[134] Liste *Vorträge/Berichte* und *Tagungen* im Anhang des vorliegenden Beitrags und das Literaturverzeichnis.

[135] Organisation: Museum der Stadt Brünn (Pavel Ciprian, Iveta Černá) in Zusammenarbeit mit der Technischen Universität Brünn, Fakultät Architektur und dem Technischen Nationalmuseum Prag, Petr Dvořák (art-protect), HAWK Hochschule für Angewandte Wissenschaft und Kunst in Hildesheim (Angela Weyer, Barbara Hentschel, Ivo Hammer); S. auch Černá/Hammer 2008 (zit. Anm. 8), Materiality Editorial, S. 18–20.

[136] Tschechische Republik, Deutschland, Dänemark, Israel, Niederlande, Norwegen, Schweiz, Österreich, Vereinigtes Königreich; s. Černá/Hammer 2008 (zit. Anm. 8).

[137] Brief des Oberbürgermeisters (unterzeichnet vom 1. Stellvertretenden Bürgermeister Daniel Rychnovský) an den Autor vom 23.7.2009 mit dem Ersuchen um einen Projektentwurf und Kostenschätzung.

[138] Der Rektor der Universität für angewandte Kunst Wien, Gerald Bast, hatte mich als Projektleiter bestellt (Angebot der Universität für angewandte Kunst Wien an die Stadt Brünn am 24.11.2009); nach Gesprächen mit der Universität Pardubice und der Stadt Brünn (Daniel Rychnovský, Josef Gogela, Jan Kaucký, Mojmír Jeřábek, Pavel Cyprian, Iveta Černá) am 16.1.2010 übernahm die Universität Pardubice die Agenda, ich wurde vom Dekan der Fakultät Restaurierung der Universität Pardubice, Karol Bayer, zum Projektleiter bestellt und legte in dieser Eigenschaft am 20.1.2010 das Angebot für die Projektcampagne, genannt CIC (Conservation Investigation Campaign) an die Stadt Brünn.

[139] Im Einvernehmen mit dem seit 25.1.2010 von der Stadt Brünn beauftragten Generalunternehmer für die Restaurierung des Hauses Tugendhat, Fa. UNISTAV (Beteiligte siehe Anhang).

[140] Übersetzung: Petr Dvořák.

[141] Aufgrund der kurzen zur Verfügung stehenden Zeit konnte das Konzept zur Konservierung und handwerklichen Reparatur nicht in allen Materialbereichen voll ausgearbeitet werden.

[142] Josef Červinka, Restaurátorský průzkum a referenční ukázka možných variant restau-

Gegenstand der konservierungswissenschaftlichen Untersuchungen war die erhaltene originale Substanz an der Fassade und in den Innenräumen, also vor allem die Materialien und Oberflächen der Verputze, der Steinteile, der veredelten oder lackierten Hölzer und Metalle. Bei der Untersuchung nicht mehr vorhandener Teile des Bauwerks, z. B. der Gläser und der sanitären Einrichtung waren die Planer auf visuelle und schriftliche Quellen angewiesen.

Wir untersuchten nicht nur die ursprünglichen Materialien, Techniken und Oberflächen, sondern auch jene späterer historischer Phasen. Aus der Beurteilung des Zustands, also sowohl der gut erhaltenen Teile als auch der Schäden, und aus der Bewertung der Schadensprozesse und ihrer Dynamik entwickelten wir Konzepte der Konservierung, der handwerklichen Reparatur und schließlich auch der nachhaltigen Pflege.[141]

Im Rahmen seiner Masterthesis für die Universität Pardubice entwickelte Josef Červinka 2009/10 weitere Vorschläge zur Restaurierung des Fassadenputzes.[142]

Materialien und Oberflächen

Im folgenden Text sollen die ursprünglichen, noch erhaltenen oder aufgrund von bildlichen beziehungsweise schriftlichen Quellen noch eruierbaren Materialien, Oberflächen und Farben so beschrieben werden, dass der/die LeserIn eine Vorstellung gewinnt von der Materialität des Hauses Tugendhat nach Vollendung des Baus 1930.[143]

rování a rekonstrukce omítek vnějšího pláště vily Tugendhat v Brně, Masterthesis, Universität Pardubice, Fakultät Restaurierung (Prüfer: Jaroslav Alt, Fachberatung: Karol Bayer, Ivo Hammer), Litomyšl 2010. Über die Zusammenarbeit des Autors mit dem leitenden Restaurator Michal Pech von der Firma Art Kodiak (Jiří Fiala) im Rahmen einer Pilotarbeit für die Innen – und Außenwände von Aug. bis Okt. 2011 siehe weiter unten.

[143] Die späteren Reparaturen und Überarbeitungen, in der Regel vier, teilweise bis zu sechs Phasen, werden hier weitgehend ausgeklammert. Grundlage sind die von Grete Tugendhat bei ihrem Vortrag in Brünn am 17. November 1969 gemachten Angaben und die Ergebnisse der konservierungswissenschaftlichen Untersuchungen von 2003–2010 von Arbeitskampagnen internationaler Arbeitsgruppen (CIC). Zur CIC gehört auch das Studium der historischen Quellen, vor allem der Fotos. Einige Angaben über Materialien, Oberflächen und Farben beziehen sich auch auf die Untersuchungen des von Karel Ksandr geleiteten Teams von 2001, außerdem auf Untersuchungen der Projektanden (OMNIA projekt, ARCHATT und RAW) und des Forschungs- und Dokumentationszentrums des Hauses Tugendhat (Studijní a Dokumentační Centrum SDC-VT; Iveta Černá, Dagmar Černoušková). Siehe auch Jan Sapák, Atmosphäre durch wertvolle Materialien: eine Beschreibung, in: Adolph Stiller (Hrsg.), Das Haus Tugendhat. Ludwig Mies van der Rohe Brünn 1930, Salzburg 1999, S. 84–94. Dort auch eine Abbildung des Sofas der Bibliothek (S. 13).

238

238
Haus Tugendhat, Fassadenputz, 2008 (Foto: ca. 15 cm breit); die mit dem Reibebrett eingeebnete raue Oberfläche ist mit einer dünnen, gelblich-weißen Tünche überzogen

239

239
Haus Tugendhat, obere Terrasse, Nord-Ost-Wand, Detail (ca. 13 cm breit), Fassadenputz, während der Pilotarbeit, 6.10.2011; mit dem pneumatischen Mikro-Meißel werden die späteren Übertünchungen schichtweise entfernt: (von re. nach li.) Tünche von 1985 (mit Zement und Kunstharz), zwei Tünchen (zwischen 1945 und 1965), originale Tünche

240

240
Haus Tugendhat, Nordwest-Fassade, Putzprobe (ca. 15 mm); die mit feinem Sand pigmentierte Tünche ist derart dünn, dass die Sandkörner der Putzoberfläche teilweise durchscheinen. Foto: HAWK/Christine Hitzler

241
Dokumentation eines Mikroschliffs einer Probe des Fassadenputzes des Hauses Tugendhat; man beachte das sehr farbige Korn des Sandes (wohl aus Bratčice). HAWK / Studienarbeit Christine Hitzler 2004

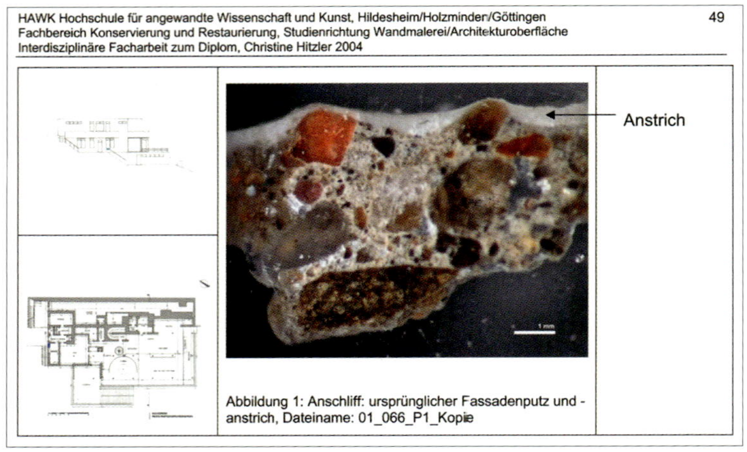
HAWK Hochschule für angewandte Wissenschaft und Kunst, Hildesheim/Holzminden/Göttingen 49
Fachbereich Konservierung und Restaurierung, Studienrichtung Wandmalerei/Architekturoberfläche
Interdisziplinäre Facharbeit zum Diplom, Christine Hitzler 2004

Anstrich

Abbildung 1: Anschliff: ursprünglicher Fassadenputz und -anstrich, Dateiname: 01_066_P1_Kopie

241

242
Dokumentation der Raster-Untersuchung der Fassaden des Hauses Tugendhat, 3.–14. Mai 2004; ca. 80 % des originalen Putzes (rot) sind erhalten). HAWK, 2005

242

Mit Ausnahme der verchromten und vernickelten Teile, der Onyxwand und Teilen der Innenwände der Schränke sind heute keine ursprünglichen Oberflächen sichtbar; die übrigen originalen Oberflächen sind entweder verloren, nur in Spuren vorhanden oder aus konservatorischen Gründen durch eine moderne Schicht verdeckt.

Fassade[144]

Die verputzten Mauern der Fassade des Hauses Tugendhat waren nicht weiß, sondern hatten eine feine gelbliche Tönung. Träger des Fassadenputzes sind Mauern aus Ziegeln[145] beziehungsweise Rabitzgitter.[146] Die Oberfläche des Putzes war mit einem Holzbrett gerieben, sodass durch die Körnung des Mörtelsandes eine gewisse Rauigkeit entstand. Die abschließende dünne Tünche bestand im Wesentlichen aus gelöschtem Kalk[147] und feinen Partikeln eines Sandes (wahrscheinlich aus Bratčice, 20 km südlich von Brünn), die eine färbende Wirkung hatten.[148] Die Gesamtfarbe des Sandes ist gelblich, sie entsteht durch eine sehr bunte Körnung. Die Tünche wurde in den druckfesten, aber noch feuchten Feinputz aufgetragen, und zwar so dünn, dass die Eigenfarbe der Sandkörner des Putzmörtels zu der Farbwirkung der Oberfläche beitrug.

Unsere Untersuchungen[149] ergaben, dass ca. 80 % des originalen Fassadenputzes von insgesamt ca. 2000 m² erhalten sind.[150]

243
Brünn, Messegelände, Pavillon von Pavel Janák. ehemalige Südfassade (heute verdeckt), Sondierung durch die HAWK 2005: originaler Putz, gerieben und dünn (gelblich-weiß) getüncht

243

[144] Untersuchung durch die HAWK, Hildesheim (Ivo Hammer), die HbK Dresden (Thomas Danzl) und die UPCE (Josef Červinka)

[145] Frei auf die Betondecken aufgesetzt, z. T. als Riegelwände zwischen den Stahlpfeilern. Thermische Isolierung mit TORFOLEUM-Platten (gepresster Torf, imprägniert mit Wasserglas und Bitumen, Fa. Eduard Dyckerhoff, Poggenhagen/Niedersachsen).

[146] Putzträger aus Metallgitter (Ziegelgitter nach Stauss) an den Untersichten und Stirnseiten der Betondecken.

[147] Sumpfkalk, verdünnt mit Wasser.

[148] Im Mikroskop hatten diese silikatischen Partikel eine ähnliche Kornform und ähnliche Kornfarben wie der Sand aus der Grube von Bratčice, 20 km südlich von Brünn. Technisch beschleunigen die Feinsilikate die Abbindung des Kalks. Die Oberfläche entspricht lokaler handwerklicher Tradition, s. den Bericht über den Pavillon von Pavel Janák auf dem Messegelände; Černá/Hammer 2008 (zit. Anm. 8).

[149] Mit dem Mittel der Mikrosondierung in einem Raster von ca. 1 m.

Grete Tugendhat berichtete,[151] dass Ludwig Mies van der Rohe auf die ursprünglich nach dem Vorbild des Hauses Wolf in Guben geplante Fassade aus Klinkerziegeln verzichtete. Die mit dem Bau betraute jüdische Baufirma Artur und Moritz Eisler hatte offenbar darauf hingewiesen, „dass es in Brno keine schönen Klinker gab und auch keine Maurer, die sie tadellos hätten setzen können."[152]

Offensichtlich griff Mies van der Rohe die lokale handwerkliche Tradition auf. Am Pavillon der Kunstgewebeschule von Prag von Pavel Janák (1928) auf dem Messegelände fanden wir die gleiche Form der rau geriebenen und getünchten Fassadenfläche, allerdings etwas weniger gelblich. Die Farbe der Fassadentünche des Hauses Tugendhat lehnt sich an den gelblich weißen Ton des Travertins des Sockels, der Fensterbänke und der Schwellen an,[153] es entsteht ein ästhetisches Kontinuum zwischen Putz und Stein aus der ‚natürlichen' Farbe des Materials. Allgemein entspricht die stereotype, an von Schwarz-Weiß-Fotografien orientierte Vorstellung der ‚weißen Kuben' schon aus technischen Gründen nicht der Realität. Auf dem schon abgebundenen Verputzmörtel einer Fassade ist ein reiner Kalkanstrich nur haltbar, wenn der Kalk mit feinem Sand vermischt ist. Diese feinen Sandpartikel beschleunigen die Abbindung des Kalks und pigmentieren zugleich die Kalkfarbe.[154] Das Resultat ist der gelbliche Farbton. An der Materialität der Fassadenoberflächen erkennen wir ein wesentliches ästhetisches Prinzip des Hauses Tugendhat: Die ausdrucksstarke, mit großem handwerklichem Aufwand inszenierte Präsentation der materialimmanenten, ‚natürlichen' Farbe.[155]

Die farbigen Sandkörnchen des rau geriebenen Kalk-Zementmörtels und die Pigmentierung der Kalktünche mit Sand, taktil als feine Rauigkeit wahrnehmbar, erzeugten – aus der Distanz – eine optische Brillanz, die je nach Lichteinfall wechselt. Die Oberfläche der Fassade ist durch Witterung, Alterung und Reparaturen einem lebendigen, zur Materialität des Baus gehörenden Prozess der ästhetischen Veränderung unterworfen. Dies sind allerdings ästhetische Feinheiten, die im Foto oder Film und auch sprachlich nur schwer zu vermitteln sind.

Travertin[156]

244

244
Haus Tugendhat, Vestibül, 2012; der Boden, die Treppe und die Sockelstreifen aus Travertin sind (mit einigen kleineren Ausbesserungen) gut erhalten

245

245
Haus Tugendhat, obere Terrasse, Abdeckung der Balustrade mit Travertin. Nach partieller Reinigung (li.) mit einer Ammoniumcarbonat-Kompresse (zur Behandlung von Gipskrusten) September 2011 zeigt der gereinigte Bereich die natürliche gelbliche Farbe des Steins

246

246
Haus Tugendhat, Sohlbank des Wohnraums aus Travertin, 2011; die geologischen Schichten sind an der Stirnseite sichtbar

[150] Marek Tichý verzichtet in seinem Beitrag Villa Tugendhat, The facade of an icon, in: www.tugendhat.eu/en/research-and-publications/villa-tugendhat-the-facade-of-an-icon.html auf die Nennung der Quelle seiner Informationen.

[151] Vortrag am 17. Jänner 1969 in Brünn in diesem Buch.

[152] Ebenda.

[153] Man muss sich vorstellen, dass die frisch bearbeitete Oberfläche des Travertin heller war. Heute ist der aus Kalk bestehende Travertin im Außenbereich durch Alterung und oberflächliche Umwandlung eines Teils des Calciumcarbonats des Travertins in Gips (Calciumsulfat) dunkler.

[154] Hydraulische Reaktion des Kalkhydrats mit den feinen Silikat-Partikeln und Beschleunigung der Bildung von Calcitkristallen; s. die Analysen von Hubert Paschinger in: Ivo Hammer, Restauratorische Befundsicherung an frühmittelalterlichen Wandmalereien des Regnum Maravorum, in: Falko Daim und Martina Pippal (Hrsg.), Frühmittelalterliche Wandmalereien aus Mähren und der Slowakei. Archäologischer Kontext und herstellungstechnische Analyse, Innsbruck 2008, S. 111–328.

[155] Telefongespräch Irene Kalkofen (IK) mit Ivo Hammer (IH), 28.10.2003, Mitschrift HAWK/Christine Hitzler im vorliegenden Buch.

[156] Untersuchung durch Bruno Piek und Malaika Scheer (s. Liste der Studienarbeiten im Anhang), dann im Rahmen der CIC durch die Universität Pardubice.

Ludwig Mies van der Rohe liebte den Travertin und hatte ihn schon früher eingesetzt (Haus Urbig, 1912; Haus Mosler, 1926), sicherlich nicht ohne Anregung durch die regionale Tradition und auch Bauten von Friedrich Schinkel und Peter Behrens.

Der Travertin ist ein mehr oder weniger poröser Kalkstein, der durch Sinterung im Bereich von Süßwasser-Quellen entsteht. Der Boden des 1929 abgerissenen Barcelona-Pavillons, der 1931 in der Eingangshalle des Sächsischen Landtags wieder verwendet wurde,[157] stammte ebenso wie die Steine des Hauses Urbig sehr wahrscheinlich aus einem thüringischen Steinbruch (Bad Langensalza).[158] Nach chemisch-physikalischen Analysen[159] kam der im Haus Tugendhat verarbeitete Stein aus Tivoli bei Rom.[160] Mies zog wohl den italienischen Stein vor, weil er in der Regel heller und weniger gelbliche Maserungen aufweist und auch beständiger gegen Verwitterung ist als die in Deutschland und in der Zips/Slowakei gebrochenen Travertine.[161] Mies ließ den Travertin im Haus Tugendhat unterschiedlich verlegen: bei den Bodenbelägen des Foyers und des Wintergartens sieht man den Schnitt quer zu den Sedimentlinien (cross cut), sodass beim Verlegen ein Muster ähnlich einem Schachbrett entsteht; bei den Fensterbänken, Sockelbändern und Stufen ist dagegen der cross cut in der Senkrechten verlegt, die Sedimentlinien sind also an der Stirnseite zu sehen.

Außer den steinfarbenen Verfugungen sind die natürlichen offenen Megaporen und Kavernen oft nicht gefüllt, sodass sich ein reiches Spiel von Schatten und Licht ergibt.[162] Der Verputz schließt flächengleich an den Travertin-Sockel an, dem beschriebenen farblichen Kontinuum entspricht also auch ein Kontinuum der Fläche. Die Oberfläche war präzise geglättet, sodass ein zarter Glanz entstand. Heute ist der originale Travertin meistens überschliffen, vor allem im Außenbereich. Am besten ist die ursprüngliche Oberfläche des Travertins noch an den Wandborden im Eingangsbereich erhalten.

247
Haus Tugendhat, Vestibül, 2010; die matt glänzende Oberfläche des Travertin ist bis heute erhalten

247

Glas

Die Glaswände des Wohnraums bestanden aus extrem großen, 3 m hohen, unterschiedlich breiten Scheiben aus Kristall-Spiegelglas.[163] Zwei der großen Glaswände sind voll versenkbar, und zwar jene vor dem Essbereich und jene vor der Onyxwand.[164] Der elektrisch betriebene Hebemechanismus ist bis heute funktionsfähig, die Scheiben können mit Steuerknöpfen auf der Nordwestwand in jeder beliebigen Höhe fixiert werden. Die größten Scheiben mit 16,5 m² sind jene, die den Wintergarten einfassen.[165] Die Tschechoslowakei war in den zwanziger Jahren ein internationales Zentrum der Glasproduktion, sodass die Scheiben in Nordböhmen (wahrscheinlich in den Weinmann'schen Glaswerken in Chudeřice/Kutterschitz bei Hradec Králové/Königgrätz) hergestellt werden konnten.[166] Aufgrund eines erhaltenen Bruchstückes kann man feststellen, dass die Glasmasse einen leicht gelblichen Ton hatte, der von Eisenoxiden herrührt.[167]

[157] Gerhard Glaser, Der Umgang mit den Denkmalwerten des Altbaues, in: Sächsischer Landtag. Rekonstruktion, Umbau, Erweiterung, Dresden 1997, S. 48.

[158] Freundliche Mitteilung Ulrich Klösser, Firma TRACO, Bad Langensalza, 16./17.6.2010. „Mies hat soweit ich weiß, verschiedene Bauten von meinem Urgroßvater Karl Teich ausstatten lassen. Sicher ist die Villa Urbig in Potsdam und der Pavillon der Weltausstellung in Barcelona [...] Nachdem wir vor vielleicht 10 Jahren Ergänzungen zum Sächsischen Landtag geliefert haben, und diese gut passten, dürfte klar sein, dass es sich um Langensalzaer Travertin aus Thüringen handeln muss."

[159] Universität Pardubice, Fakultät Restaurierung, Karol Bayer und Tanja Bayerová; Karol Bayer et. al., Untersuchung der Elemente aus Stein des Hauses Tugendhat, in Černá/Hammer 2008 (zit. Anm. 8), S. 194–200 (in Englisch, Tschechisch und Deutsch).

[160] Grete Tugendhat vermutete in ihrer Rede vom 17. Jänner 1969, dass der Travertin ihres Hauses aus der Slowakei stammen könnte.

[161] Wolf-Dieter Grimm, Bildatlas der wichtigsten Denkmalgesteine der Bundesrepublik Deutschland, München 1990, z. B. Tafel 198 (Cannstatter Travertin).

[162] Die meisten Füllungen sind späteren Datums. Die ursprünglichen Fugen und Füllungen bestehen innen und außen aus Weißzement mit Kalksand, sie haben eine dem Stein ähnliche Farbe.

[163] Drei Scheiben mit 4,9 m in der Hauptfassade im Südwesten (die Achse des Hauses ist um ca. 45° aus der Windrose gedreht), 2 Scheiben mit 2,7 m im Bereich des Wintergartens und eine Scheibe mit 2,9 m im Bereich der Gartenterrasse. Die Dicke der Scheiben war nach Ausweis eines Fundstücks an der Ostecke des Hauses 9,8 mm; siehe Iveta Černá et al., Vila Tugendhat v Průběu. Památkové obnovy, in: Průzkumy Památek XVIII, 1/2011, S. 195–202; Ivo Hammer, Materiality of the Diaphane. Comments on the Tugendhat House by Ludwig Mies van der Rohe and Lilly Reich, in: Franz Graf / Francesca Albani (Hrsg.), Il vetro nell'architettura del XX secolo: conservazione e restauro / Glass in the 20th Century Architecture: Preservation and Restoration (Giornate di studi internazionali, Mendrisio, Accademia di architettura, Università della Svizzera italiana, 16–17 novembre 2010), Mendrisio 2011, S. 340–359.

[164] Die letzte erhaltene Glasscheibe, jene vor der Onyxwand, wurde erst 1985 mutwillig zerstört (angeblich, damit kein Unterschied zu den erneuerten, mit Silikonfuge hergestellten Scheiben sichtbar war).

[165] Vier Scheiben mit je 5,52 m Breite (!), dazu 3 ca. 1,7 m breite Seitenscheiben, die nördlichen als Durchgangstüre ausgebildet, und eine weitere im Nordwesten als Zugang zur Terrasse. Möglicherweise die größten Scheiben, die je in Europa in einem Wohnhaus verwendet wurden. Die Glasmasse wurde nach dem Ziehen (nach Fourcault, maximale Höhe 5,5 m; oder Libbey-Owens mit waagrechtem Kühlkanal, ca. 6 m lang) im Gipsbett beidseitig geschliffen und mit feinen Eisenoxiden poliert; s. Eduard Jobst Siedler, Die Lehre vom Neuen Bauen. Ein Handbuch der Baustoffe und Bauweisen, Berlin 1932; ders., Baustofflehre, Berlin 1951.

[166] Miroslav Gríša, The Chudeřice Glass Works. Past and Present, Teplice 1996. Informationen von DI Milan Knap (ehemaliger Direktor des Forschungsinstituts der Glas Union Teplice), s. Iveta Černá/Dagmar Černoušková/Ivan Wahla/Milan Žáček/David Židlický, Vila Tugendhat v průběhu památkové obnovy, Průzkumy památek XVIII, 2011, S. 195–202, Anm. 17.

[167] Die heutigen Gläser haben meist eine leicht grünliche Färbung. Siehe wikipedia Glasfärbung und Entfärbung: de.wikipedia.org/wiki/Glas.

248

248
Haus Tugendhat, Eingangstür, ca. 1931; hinter den Mattglas-Scheiben kann man an leichten Helligkeitsunterschieden den dahinter liegenden Stahlpfeiler und die Pflanze erahnen

249

249
Fragment einer (wohl mit Sandstrahl mattierten) originalen Glasscheibe 2,5 × 2,7 × 7 mm, im Aushub an der Süd-Ecke des Hauses Tugendhat von Ivan Wahla am 3. September 2011 gefunden

250

250
Haus Tugendhat, Wohnraum als Turnsaal genutzt, ca. 1972; die große versenkbare Glasscheibe gegenüber der Onyxwand ist noch erhalten

251

251
Fragment einer Spiegelglas-Scheibe (10 mm Dicke), gefunden im August 2011 von Michal Malásek im Aushub an der Süd-Ecke des Hauses Tugendhat

252

252
Hängekommode aus dem Schlafzimmer von Grete Tugendhat, Detail, 2010; die lichtgeschützten Stirnseiten der Türe zeigen die originale Farbtönung der Sichtflächen (teilweise wohl mit Beize hergestellt), die Innenfläche der Türen besteht aus Ahorn-Furnier, die Auskleidung der Fächer aus OPAXIT Milchglas

Diese riesigen Glasscheiben waren absolut eben. An historischen Fotos der Südwest-Fasssade ist der Unterschied zu den Bereichen mit versenkten Scheiben nur an den Reflexen wahrnehmbar.[168]

Insgesamt zwölf Türen des Hauses Tugendhat waren verglast. Wie die übrigen Fensterscheiben, die Schiebetüren, die Borde der Waschbecken und der Garderobe und die Abdeckung der Hängekommoden der Schlafzimmer waren sie – nach den historischen Fotos zu urteilen – wohl in geschliffenem, natürlich dünnerem Spiegelglas ausgeführt, keines der Gläser ist erhalten.[169]

Ein spezielles Problem bezüglich der Kenntnis der originalen Materialien sind die matten beziehungsweise opaken Gläser. Die historischen Fotos der Eingangswand zeigen eine glänzende Oberfläche. Die Frage, wie die Innenseiten der Mattgläser ausgesehen haben, ist nicht mit Sicherheit zu beantworten. Fest steht, dass die Mattgläser nicht vollständig undurchsichtig waren wie etwa Milchgläser, sondern das Hell-Dunkel des dahinter liegenden Raums erahnen lassen.[170] Sowohl die Mattierung einer Seite mittels Sandstrahl als auch mittels Ätzung ist historisch möglich.[171] Bei den Mattscheiben der Gartenterrasse (zum Sichtschutz gegen die Bediensteten beziehungsweise als Windschutz) waren die matten Seiten jeweils wohl auf der terrassenabgewandten Seite. Die Wirkung der Hinterleuchtung des Mattglases zwischen der Makassar-Wand und dem Eingang zum Hauptwohnraum ist nicht fotografisch überliefert.[172]

Die Leuchtköper der Deckenleuchten bestanden aus weißen Milchgläsern als Überfanggläsern, was mit den Glühlampen ein leicht gelbliches Licht ergab. Weiß durchgefärbtes, an der Rückseiten geriefeltes Glas (OPAXIT) fand nur in den Hängekommoden Verwendung. Möglicherweise bestanden auch die Rückseite der Garderobe im Vestibül und für die in Schränken eingebauten Waschnischen im Bubenzimmer beziehungsweise im Zimmer von Irene Kalkofen aus OPAXIT-Gläsern. Die vier im Haus aufgestellten runden Bamberg-Tischchen (MR 130 und MR 140) hatten eine Platte aus schwarzem Rauchglas.[173]

Die einzigen erhaltenen originalen Gläser (außer den Innenverkleidungen der Hängekommoden) sind die dunklen, blaugrauen Schiebetüren der von Lilly Reich entworfenen Vitrine (Buffet), die rechtwinklig hinter der Onyxwand aufgestellt war.[174]

Wände der Innenräume

Die ehemalige Kinderschwester Irene Kalkofen erzählte mir 2003, dass die Oberflächen der Fassade und der Innenwände nicht *Farbe* waren, sondern als *Material* gewirkt hätten.[175] Tatsächlich ist mündlich überliefert, dass die Familie Tugendhat die Reinigung mit Brot durchführen ließ.[176] An den Fotos von de Sandalo von 1931 kann man ablesen, dass die Oberflächen recht glatt, nahezu glänzend erschienen.[177]

Unsere Untersuchungen ergaben, dass die Wände außergewöhnlich sorgfältig bearbeitet wurden, mit einer Oberfläche, die man als *Stucco Lustro* bezeichnen kann.[178] Die perfekte handwerkliche Arbeit zeigt sich bereits an der Konstruktion der Innenraumdecken, die bis heute kaum statische Risse aufweisen. Technisch ist der *Stucco Lustro* im Haus Tugendhat der Grundierung eines Tafelbildes verwandt: Die Masse besteht aus Casein als organisches Bindemittel und Kalk, aus Marmormehl, Lithopone, wenig Leinöl (?) als Zuschlagstoffe, mit feinen Sandpartikeln als färbendem Bestandteil. Sie wurde zunächst mit dem Pinsel aufgestrichen und dann sehr glatt geschliffen. Die Oberfläche hatte einen hellen, gelblich-weißen Farbton und einen seidenmatten Glanz. Kleine dunkle Sandpartikel wurden durch das Schleifen sichtbar und ergaben eine marmorhafte ‚natürliche' Oberflächenwirkung, deren Körperhaftigkeit aber durch die Glätte optisch zurücktritt.

Die Zimmerwände des Bediensteten-Trakts und der Kellerräume waren offensichtlich weniger aufwendig gestaltet. Wir fanden Reste gelblich-weißer Leimfarbe, der Farbton der Wände entsprach sehr wahrscheinlich jenem des *Stucco Lustro* in den Wohnräumen der Familie Tugendhat.

[168] Nur Regentropfen konnten ihre optische Gleichmäßigkeit stören. Die Reinigung der Scheiben von außen war sicherlich aufwendig, sie erforderte wohl ein Gerüst.

[169] Von der 20 mm dicken Glasplatte (100 × 100 cm) des Dessau-Tisches vor der Onyxwand existiert angeblich nur ein Bruchstück bei Knoll International New York (siehe Kap. 14, Nr. 15).

[170] Nach mündlicher Überlieferung waren es „Milchgläser", also Überfanggläser oder durchgefärbte Gläser, was aber nicht den Tatsachen entspricht. Am Abend konnte von der Straße aus eine durch das Vestibül gehende Person als sich bewegender Schatten gesehen werden.

[171] Das kleine, wohl originale Fragment eines vollständig klaren Glases, das von Ivan Wahla am 3. Sept. 2011 nordöstlich des Hauses gefunden wurde (26 × 22 × 8 mm), zeigt eine Mattierung wahrscheinlich mittels Sandstrahl. Yilmas Dziewior (Mies van der Rohe. Blick durch den Spiegel, Köln 2005, Anm. 207) zitiert (übersetzt) Philip Johnson, der 1947 über den von Lilly Reich gemeinsam mit LMvdR entworfenen Glasraum in der Stuttgarter Ausstellung von 1927 folgendes schreibt: „Sessel weißes Sämischleder und schwarzes Rindsleder; Tische Rosenholz (möglicherweise ist *rose wood*, also eine Palisander-Art/Dalbergia nigra gemeint, oder Dalbergia decipularis, http://de.wikipedia.org/wiki/Rosenholz, I.H.); Bodenbelag weißes und schwarzes Linoleum; Wände geätztes, helles und graues Opalglas." Mies schrieb am 2. Juli 1928 bezüglich des Entwurf des Kaufhauses Adam, Berlin an seinen Klienten unter Anderem über die Fassade: „[...] und zwar das Erdgeschoß aus durchsichtigem Glas, alle übrigen Geschoße aus mattiertem Glas."

[172] Der 46 cm tiefe Leucht-Kasten hinter der Mattscheibe ist mit zwei großen Türen von der Rückseite her zugänglich und mit weiß lackierten Blechen ausgekleidet. Die Beleuchtung war oben angebracht.

[173] Einer im Vestibül, einer im Schlafraum von Grete Tugendhat und zwei im Hauptwohnraum.

[174] Eine Schiebetüre (von 6) ist erneuert.

[175] Siehe das Kapitel *Irene Kalkofen erinnert sich* im gleichen Band.

[176] Eine traditionelle, vor allem im Vergolderhandwerk übliche Radiertechnik. Zu den Problemen der Radiertechnik siehe: Katharina Heiling, Der Einfluss ausgewählter Reinigungsmateialien auf den mikrobiellen Befall und die physikalischen Eigenschaften des mineralischen Untergrundes, unpubl. Diplomarbeit HAWK Hochschule für Angewandte Wissenschaft und Kunst, Prüfer: Prof. Jan Schubert, Prof. Dr. Karin Petersen, Hildesheim 2003.

[177] Die Wand- und Deckenflächen hatten aufgrund ihres Ausmaßes von ca. 2000 m2 eine erhebliche Bedeutung für den Raumeindruck.

[178] Die Oberflächen der Vorräume der Villa Lala Gans (1928–1931) in Kronberg bei Frankfurt/M. von Peter Behrens bestanden aus *Stucco Lustro*, der Wohnraum war mit hellem Ziegenleder (Pergament! – wie die Brno-Stühle im Essraum) tapeziert, s.: Angela von Gans und Monika Groening, Die Familie Gans 1350–1963. Ursprung und Schicksal einer wiederentdeckten Gelehrten- und Wirtschaftsdynastie, Heidelberg et.al. 2006, S. 240–245 (freundlicher Hinweis Axel Werner). Auch im Haus Wittgenstein in Wien (1926–28) bestanden die originalen Wandoberflächen der Innenräume aus *Stucco Lustro* (freundlicher Hinweis Thomas Danzl); s.: Bernhard Leitner, Das Wittgenstein Haus, Ostfildern-Ruit 2000, S. 129. Zur Terminologie: Ivo Hammer, Material and Materiality. Stucco Lustro wall surfaces of the Tugendhat House in Brno and its conservation, bisher nicht veröffentlichter Vortrag in: The Aesthetics of Marble: from Late Antiquity to the Present, International Conference 27–29 May 2010, Kunsthistorisches Institut in Florenz-Max Planck Institut (organized by Dario Gamboni und Gerhard Wolf).

[179] Weitere originalen Fliesen im Heizungsraum im Bereich des (noch funktionierenden) Aschenaufzugs.

[180] Firma UNISTAV, Brno und Keramiker Petr Miklíček.

Fliesen

Unverändert erhalten ist die Pelzkammer mit gelblich-weißen Wandfliesen (15 × 15 cm), ‚Knirschfuge'[179] und gelblicheren Bodenplatten. Aber auch von den grauschwarzen Fliesen der Kohlenkammer, den gelblichweißen Böden aus feinem Kalkstein (Badezimmer) beziehungsweise den Bodenfliesen der Tschechischen Firma RAKO (Küche) wurden originale Teile gefunden.[180]

253

253
Haus Tugendhat, Küche, 1931

254

254
Haus Tugendhat, *Mottenkammer*; der einzige Raum, in dem die Fliesen des Bodens und der Wände unberührt erhalten geblieben sind, 2003. Man beachte die Sorgfalt der Verlegung und den Schmelz der Oberfläche

255

255
Haus Tugendhat, Wandfliesen der *Mottenkammer*, Detail, 2003

256

256
Haus Tugendhat, *Mottenkammer*, Bodenfliesen, 2003, mit Quetschfugen

Vert antique

Auf drei verchromten Konsolen war die Ablage des Essbereichs an der Makassar-Wand als Segment eines Kreisrings befestigt. Sie bestand aus einer Serpentin-Brekzie (Ophicalcit), die traditionell *vert antique* genannt wurde.[181] Die grünliche Farbe des hochpolierten Steins stand in zartem Kontrast zu den dominierenden bräunlichen Tönen des Ebenholzes.

Veredeltes Holz[182]

Im obersten Stock des Haus Tugendhat verwendeten Ludwig Mies van der Rohe und Lilly Reich für Türen und Wandpaneele des Eingangsbereichs und die Türen und Möbel der Elternschlafzimmer (Rio-) Palisander-Furniere mit zarter, zurückhaltend wirkender rötlich-brauner Maserung.[183] Die Innenseiten der Türen und die Möbel in Hannas und Irene Kalkofens[184] Zimmer wurden mit Zebrano-Furnier beschichtet, das eine streifige, lebhafte Maserung von bräunlich gelber bis dunkelbrauner Farbe aufweist[185]. Im großen Wohnraum wählten Ludwig Mies van der Rohe und Lilly Reich für die sichtbaren, veredelten Furniere ausschließlich Makassar-Ebenholz:[186] für die halbrunde Wand des Essbereichs, das Buffet, die Regale und Schränke der Bibliothek, den Bridge-Tisch, die Sitzbank und den Schreibtisch. Die Furniere sind sehr wahrscheinlich aus dem Hartholz-Stamm gesägt, nicht geschält, die Maserung hat dadurch eine vitale, dem unregelmäßigen Wachstum des Stammes entsprechende Zeichnung mit vielen dunklen, zuweilen fast blauschwarzen Anteilen.

[181] Auch Grete Tugendhat sprach 1969 von *vert antique*. Bei der Rekonstruktion des Barcelona-Pavillons 1983–86 verwendete man den Verde Tinos; s. z. B. Ursel Berger/Thomas Pavel (Hrsg.), Barcelona Pavillon. Mies van der Rohe und Kolbe. Architektur und Plastik, Berlin 2006.

[182] Untersuchung durch HAWK, Hildesheim; siehe Liste der Studienarbeiten; Inga Blohm et. al., Die wandfesten holzsichtigen originalen Einbauten des Hauses Tugendhat, in: Černá/Hammer 2008 (zit. Anm. 8), S. 186–192.

[183] Dalbergia sp. (rosewood), nach mündlicher Überlieferung ein Rio-Palisander (Dalbergia nigra), also aus Brasilien, ein seit 1968 geschütztes tropisches Hartholz.

[184] Irene Kalkofen lebte von 1931 bis zur Emigration 1938 in diesem Zimmer.

[185] Microberlinia brazzavillenis A. Chev. beziehungsweise Microberlinia bisulcata A. Chev. Seit 1998 beziehungsweise 2000 auf der Roten Liste der gefährdeten Arten; Hartholz aus den tropischen Regenwäldern Westafrikas (v.a. Kamerun und Gabun); de.wikipedia.org/wiki/Microberlinia.

257

257
Edelhölzer im Haus Tugendhat: (v. li.) Makassar-Ebenholz; Rio-Palisander, Zebrano. HAWK/Diplomarbeit Inga Blohm, Vanessa Kaspar, Kirsten Lauterwald, Silke Trochim, Nicole Thörner 2006

258

258
Makassar-Buffet aus dem Haus Tugendhat, Nordwest-Wand (Essbereich), 1999, Privatbesitz Wien

259

259
Haus Tugendhat, Bibliothek, Detail, 2006; die Furniere sind teilweise mittels einer aufwändigen Verzahnung und auch mittels gemalter Retusche so verlängert, dass der ‚malerische' Charakter des Layouts der Maserung verstärkt wird

Etliche Furnier-Fladern wie z. B. die Palisander-Furniere der Paneelwand im Eingangsbereich sind seriell ‚verlegt', andere jedoch gespiegelt. Am Beispiel des Makassar-Buffets kann man deutlich erkennen, dass diese gespiegelte Anordnung der Fladern so gestaltet ist, dass sich keine gleichmäßige Reihung ergibt, sondern eine rhythmische, fast ‚malerische' Folge unterschiedlicher Muster, welche den Eindruck der Kontinuität der Gesamtform unterstützen.[187] Ähnliches gilt auch für die halbrunde Makassar-Wand.[188] Eine besondere Herausforderung war die Beschaffung und Verlegung der raumhohen Furnier-Fladern dieser Wand.[189] Teilweise war (in allen furnierten Bereichen) aufwendiges Verzinken zur Verlängerung der Fladern notwendig. Mittels Farb-Retusche, hat man Fehler im Fournier z. B. auf den Stirnflächen der Paneele von Türen und die Kanten der Schubladen-Häupter korrigiert.

Das Furnier des Esstischs und auch der Innenflächen der Vitrine von Lilly Reich besteht aus schwarz gebeiztem Birnbaum-Holz, dessen Jahresringe von Natur aus kaum sichtbar sind. Alle Einbauschränke und Innenseiten der Holzmöbel sind mit hellem (Berg-) Ahorn furniert, einzelne Teile wie Schubladen-Wangen bestehen aus massivem Ahornholz. Die erstaunliche Tatsache, dass die wandhohen Türen und Paneele sich bis heute nicht ‚geworfen', also nicht verformt haben, erklärt sich aus der Konstruktion: Die Tischler verwendeten (moderne) Stabplatten (Sperrholz, Fichte?), teilweise aneinander gedoppelt, um die gewünschte Stärke zu erreichen. Außerdem sind alle Platten sorgfältig gegenfurniert. In den Einbaumöbeln sind außer den traditionellen Holzverbindungen schraubbare Verbindungselemente so eingesetzt, dass der Einbau der vorgefertigten Teile mit wenig Aufwand möglich war.[190]

Aufgrund der Härte des Makassar-Ebenholzes war es möglich, die Regalbretter der Bibliothek sehr dünn zu halten.[191]

Wie die Innenseite der Vitrine von Lilly Reich war der Esstisch mit schwarz gebeiztem Birnbaum-Holz furniert. Er stand auf einem einzigen, fix mit dem Boden verankerten Bein in der Form der verchromten Pfeiler. Mit einer aufwendigen Konstruktion konnte er zweifach vergrößert werden, wenngleich die Familie die Vergrößerung des Tisches selten nutzte.

Die Oberfläche der Furniere war extrem sorgfältig geglättet. Zur Beantwortung der Frage, wie die Oberfläche der Edelhölzer ursprünglich behandelt wurde, gibt es nur Indizien, weil die Oberflächen vor allem bei der Renovierung 1981–85 abgeschliffen und neu lackiert wurden. Historisch möglich sind sowohl ein Öllack als auch ein Cellulosenitrat-Lack oder ein Alkydlack. Bei den Untersuchungen der HAWK 2005 wurde nur in den Innenseiten der Möbel Reste eines seidig matten, transparenten Lacks auf dem Ahornfurnier[192] gefunden. Der auf den historischen Fotos bemerkbare samtige Glanz der Oberfläche, z. B. bei der Makassarwand, spricht m. E. eher für einen Öllack, könnte aber auch auf einen Alkydharz-Lack hindeuten.[193]

186 Dyospyros celebica (marblewood); extrem hartes, schweres Tropenholz, benannt nach der ehemaligen portugiesischen Hafenstadt auf der Insel Celebes/Indonesien; seit 1994 auf der Roten Liste gefährdeter Arten; de.wikipedia.org/wiki/ebenholz.

187 Die Vorderfront des Buffets besteht aus 12 Fladern mit 14–15,8 cm Breite, das Layout ist von der Mitte her entwickelt.

188 Man vergleiche die originale Innenseite mit der rekonstruierten Außenseite der halbrunden Makassarwand.

189 Grete Tugendhat am 17.1.1969: LMvdR „fuhr eigens nach Paris, um genügend lange Furniere aus Makassar Ebenholz für die Runde Esszimmerwand zu finden, damit keine Teilung sichtbar sei und die Furniere wirklich vom Boden bis zur Decke reichten." Die Raumhöhe ergab sich durch die Höhe der Onyx-Platten, s. der Beitrag von Wolf Tegethoff im vorliegenden Band.

190 Eine für die moderne Möbelindustrie (z. B. IKEA) folgenreiche Vorgehensweise.

191 Nur ein originales Regalbrett ist erhalten.

192 „Ein weiteres Gestaltungsmerkmal ist der sehr dünne, seidig matt glänzende, transparente Überzug der Schrankinnenräume. Es ist hervorzuheben, dass es sich um den einzigen originalen Überzug handelt, der bei den Untersuchungen gefunden werden konnte. [...] Die Ergebnisse weisen auf Gummi Arabicum oder Kirschgummi hin. Synthetische Anteile im Überzug sind jedoch nicht auszuschliessen.". (Inga Blohm et al., Die wandfesten holzsichtigen originalen Einbauten des Hauses Tugendhat, in: Černá/Hammer 2008 (zit. Anm. 8), S. 186–192). Weitere, während der Restaurierung gemachte Untersuchungen sind – soweit dokumentiert – nicht eindeutig. Tanja Bayerová und Karol Bayer (Brünn, 22.5.2011) fanden auf dem schwarz gebeizten Birnbaumfurnier der Innenseiten der Vitrine von Lilly Reich (Probe T2984) einen Öllack (trocknendes Öl) ohne Hinweis auf Alkydharz. Nach den uns vorliegenden übrigen Analysen der Oberflächenbeschichtung der Edelhölzer wurde Alkydlack in drei Bereichen gefunden: a) auf dem Ahornfurnier der Innenseite des Schrankes von Grete Tugendhat (Bericht vom 4.6.2011: „resin-oil base coating, probably alkyde coating"; in der Probe Nr. 2911 fanden Bayerová/Bayer keinen Lack), b) auf dem Makassarfurnier der halbrunden Wand (1942–2011 im Juridicum der Masaryk Universität Brünn) (Probe T2985 des erwähnten Berichts vom 22.5.2011) und c) auf dem Makasar-Buffet (13.2.2011, W2, „oil-resin"). Bayerová/Bayer fanden auf dem Palisander des Betts von Grete Tugendhat (T 2913) einen Nitrocelllulose-Lack. Vladimír Ambroz behauptet, dass Alkydlack (Glycerin-Phtalat mit trocknendem Öl?) analytisch auf allen Furnieren gefunden wurde und die Oberflächen-Beschichtung der Furniere nach ursprünglichem Rezept wieder hergestellt wurde („synthetic oil with alkyd resins identified by research as the original furniture coating material was used as a final treatment on maple, rosewood, pear, beech, oak, zebrawood and macassar veneers. It was specifically made for the renovation according to historical recipes" www. amosdesign.eu). Weitere Nachweise sind bisher nicht veröffentlicht und waren auch der Expertenkommission THICOM nicht zugänglich.

193 Öllack: traditionelle Farbe mit trocknendem Öl, z. B: Leinöl; Alkydharz-Lack: Polyester mit Ölanteil, seit ca. 1927.

Veredeltes Metall[194]

Besonders hervorstechend sind die verchromten Stützen des Wohnraums. Die kreuzförmigen Stahlpfeiler sind mit U-förmigen, im Bajonettverschluss ineinander gesteckten Messingblechen verkleidet, die ohne Zwischenschicht aus Nickel direkt galvanisch verchromt sind.

Diese verchromten Pfeiler sind nicht nur ästhetisch eine außergewöhnliche Idee, die zur Dematerialisierung des Tragesystems beiträgt[195], sondern auch technisch eine Innovation,[196] es sind die ersten Beispiele einer (dünnen) galvanischen Verchromung in dieser Größenordnung. Die einzige originale Vorhangstange, jene entlang des Wintergartens, ist ebenfalls direkt auf dem Messing verchromt.

260

260
Haus Tugendhat, Wohnraum, verchromte Messing-Verkleidung der Pfeiler, Detail, 2005; oberes Drittel: vor der Reinigung; in den unregelmäßigen Reflexen wird die Faktur deutlich

261

261
Haus Tugendhat, obere Terrasse, Ummantelung eines Pfeilers mit Messingblech, Detail, Freilegungsprobe, 2005. Unter den späteren Anstrichen (grau und rot) erscheint die gut erhaltene künstliche Patinierung: der Pfeiler erscheint in einer bronzeartigen Oberfläche

Die übrigen Chromteile (z. B. Geländer und Heizungsrohre entlang der großen Fenster, Handlauf und Geländer im Treppenhaus zwischen Foyer und Wohnraum), die im täglichen Gebrauch standen, zeigen den in der industriellen Produktion üblichen dreischichtigen Aufbau: Messing, Nickel, Chrom.[197] Einige Elemente waren vermutlich nur vernickelt und hatten dadurch – gegenüber dem eher ‚kühleren' Ton des Chroms – eine ‚wärmere' Anmutung: Die Armaturen im sanitären Bereich, die Lampenfassungen von Henningsen-Poulsen und die Basen und Befestigungskreuze der runden Deckenlampen aus Milchglas, die Türbeschläge, also die zylindrischen, von Walter Gropius entworfenen Griffe der lackierten Türen[198] und die Griffe der Edelholztüren, die ebenso wie die Türstopper sehr wahrscheinlich nach dem Design von Ludwig Mies van der Rohe hergestellt worden sind.

Nach den Untersuchungen der Universität für sngewandte Kunst Wien[199] war das Messingblech der Verkleidung der Außenpfeiler (ca. 38 % Zn, ca. 60 % Cu, ca. 0,75 % Fe, ca. 0,5 % Pb) künstlich patiniert, sodass sich durch den Kupfergehalt des Messings ein rötlich-bronzeartiger Ton ergab.[200]

194 Tatjana Bayerová/Martina Griesser-Stermscheg, Die Metalloberflächen im Haus Tugendhat. Untersuchung und Befundung, in: Černá /Hammer 2008 (zit. Anm. 8), S. 176–184 (in englischer, tschechischer und deutscher Sprache).

195 Monika Wagner, Materialien des „Immateriellen". Das Haus Tugendhat im Kontext zeitgenössischer Materialästhetik, in: Černá /Hammer 2008 (zit. Anm. 8); Gropius sprach von „durchsichtigem Stahl" als Utopie, siehe Hammer (zit. Anm. 163), S. 356, Anm. 28.

196 Bayerová/Griesser-Stermscheg 2008 (zit. Anm. 194), S. 183: „Erst ab den späten 1920er Jahren war es industriell möglich, so große Chrombeschichtungen galvanisch zu erzeugen." Die Stützen der Kopie des Barcelona-Pavillons sind ersatzweise in poliertem Edelstahl ausgeführt.

197 Vor allem am Geländer bei der Wendeltreppe ist die Verchromung heute weitgehend verschwunden.

198 Siehe http://gropius-druecker.de/index.html, Harald Wetzel (Zugriff 23.4.2013).

199 Tatjana Bayerová und Martina Griesser-Stermscheg, Die Metalloberflächen im Haus Tugendhat (Mies van der Rohe, 1928–30). Untersuchung und Befundung, in: Martina Griesser-Stermscheg und Gabriela Krist (Hrsg.), Metallkonservierung, Metallrestaurierung. Geschichte, Methode und Praxis, Wien-Köln-Weimar 2009, S. 241–254.

200 Max Eisler (Mies van der Rohe. Eine Villa in Brünn, in: Bau und Werkkunst VIII, 2. Feb. 1932, S. 25–30) beschreibt die Stützen: „[...] mit kupferfarbener Bronce verkleidet". Louis Schobert schreibt von „Kupferblech"; s. Wolf Tegethoff, Ein Wohnhaus der Moderne im Spannungsfeld seiner Zeit, in: Hammer-Tugendhat/Tegethoff 1998 (zit. Anm. 53), S. 55 u. S. 95, Anm. 16 und der Beitrag im vorliegenden Band.

201 Siehe Tegethoff 1998 (zit. Anm. 200). Geliefert und montiert von: Norddeutsche Marmorwerke und Steinmetzgeschäft Hans Köstner und Gottschalk, Berlin-Weissensee.

202 Grete Tugendhat berichtete am 17.1.1969: LMvdR „[...] überwachte selbst genau das Zersägen und Aneinanderfügen der Platten, damit die Zeichnung des Steines richtig herauskomme. Als sich allerdings zeigte, dass der Stein durchscheinend war und gewisse Stellen der Zeichnung auf der Rückseite rot leuchteten, war das auch für ihn eine freudige Überraschung". Die Hauptfassade zeigt nach Südwesten.

Onyxwand

Der Onyx, ein Süsswasser-Sinterkalk ähnlich dem Travertin, im Prinzip ein Tropfstein, mit dem geologischen Namen Aragonit, stammt aus dem Atlasgebirge (damals französisch Marokko). Die dekorative Maserung des transparenten Steins ergibt sich aus periodischen Einlagerungen, ‚Verunreinigungen' durch Eisenverbindungen. Die natürlichen säulenartigen Vorkommen lassen äußerst selten so große Rohstücke zu.[201] Die 5 je 1,275 m breiten und 7 cm dicken Platten, deren Höhe von 3,18 m die Bauhöhe vorgab, sind nahezu fugenlos aneinandergefügt und präzise poliert. Durch die Unregelmäßigkeit der Handarbeit entsteht aber im Gegenlicht zum Wintergarten hin eine lebendig changierende Spiegelung. Das wie in einem Film wechselnde rotgoldene Leuchten der Wand im Licht der tiefstehenden Nachmittagssonne[202] war eine wohl auch vom Architekten nicht erwartete ästhetische Zugabe der Natur und des schönen Materials.

262

262
Haus Tugendhat, Onyxmarmor. Trotz des Strebens nach einer *Maschinenästhetik*, nach Perfektion, entsteht durch die natürliche Unregelmäßigkeit der Handarbeit im Gegenlicht zum Wintergarten hin eine lebendige, bewegte Spiegelung, 2012

Metall gefasst (außen und innen)[203]

Alle Metallteile im Außenbereich – Fensterrahmen, Türen, Geländer, Zäune, Rollläden-Kästen und Markisengestänge – waren ursprünglich in einem blau-grauen Ton mit Ölfarbe gestrichen, ähnlich etwa dem Farbton des (oxidierten) Bleiblechs, mit dem die Fensterbänke und die Attika beschichtet und abgedichtet sind.[204] Die Lackierung der Metallteile im Innenbereich war cremefarben, ein Farbton sehr nahe dem (frisch bearbeiteten) Travertin. Der Korrosionsschutz bestand nicht überall aus der üblichen Mennige-Ölfarbe. An den Fensterrahmen der Schlafzimmer der Kinder und Eltern wurde eine Zinkstaub-Ölfarbe als Antikorrosionsschicht nachgewiesen.[205] Die weiße Grundierung war in außergewöhnlich vielen, nämlich zwei bis drei Schichten aufgetragen und intensiv geschliffen.[206] Der Deckanstrich aus Ölfarbe enthielt im Außenbereich graue und im Innenbereich cremefarbene Pigmente und war ebenfalls präzise geschliffen.[207] Ungewöhnlich ist die abschließende unpigmentierte Lackschicht auf Basis eines synthetischen Harzes, wahrscheinlich Celluloseacetat.[208] Diese Lackschicht war zwar technisch nicht notwendig, vertiefte aber den Farbton und verlieh der Oberfläche einen metallischen Glanz. Mies van der Rohe verstärkte also bewusst mit Hilfe des Farbtons und der Textur die Wirkung der Oberfläche als Material auch dort, wo es sich ‚nur' um einen einfachen, wenn auch handwerklich exzellent ausgeführten Anstrich handelte.

Die Rolläden des Obergeschosses beziehungsweise an der Südseite des Servicetrakts waren an der Außenseite im gleichen Farbton wie das Metall mit Ölfarbe gestrichen.

[203] Die Untersuchungen der Farbfassung der Metalle wurden von Tanja Bayerová durchgeführt; s. die Berichte von Martina Griesser-Stermscheg und Tanja Bayerová, Die Metalloberflächen im Haus Tugendhat. Untersuchung und Befundung, in: Cerná/Hammer 2008 (zit. Anm. 3), S. 176–184 (in Tschechisch, Englisch und Zusammenfassung in Deutsch); Griesser-Stermscheg/Krist 2009 (zit. Anm. 199), S. 241–251.

[204] Entsprechend dem Farbton NCS S 7005-B20G beziehungsweise RAL 7012 (Basaltgrau).

[205] Nach Tanja Bayerová (Abschlussbericht von 2005, s. Liste der Studienarbeiten) wurde Zinkstaub seit dem frühen 19. Jahrhundert allgemein als Korrosionsschutz-Pigment verwendet. Gegen die Annahme, dass die Verwendung von Zinkstaub statt des toxischen Mennnige (rotes Bleioxid) aus Gründen des Gesundheitsschutzes erfolgte, spricht die Tatsache, dass z. B. die Metalleinfassung der halbrunden Bank auf der oberen Terrasse mit Mennige grundiert ist.

[206] Die Ölfarbe der Grundierungen (Ölfirnis als Bindemittel) enthielt Calciumcarbonat, Lithopone, Aluminiumoxid und Schwerspat als Pigmente beziehungsweise Füllstoffe, vermutlich eine industriell hergestellte Farbe, die wahrscheinlich individuell mit Zuschlagstoffen hinsichtlich ihrer Viskosität ‚eingestellt' wurde, die weißen Grundierungsanstriche variieren in ihrer Zusammensetzung. Eine Ölfarbe trocknet langsam (ca. ein halbes Jahr), erst danach kann die Oberfläche geschliffen werden.

[207] Tanja Bayerová fand folgende Pigmente: Zinkweiß, grobkörniges Kohlenstoffschwarz (Rebschwarz? I. H.), Knochenschwarz, Permanentweiß, Ocker; Titanweiß für den grauen Anstrich und Zinkweiß für den cremefarbenen Anstrich.

263
Haus Tugendhat, Südostfassade, Eingang zum Wintergarten, Schichtentreppe der Lackierungen, 2005; das originale Blaugrau ist links von der weißen Grundierung

263

264
Barcelona-Hocker (Ottoman) aus dem Haus Tugendhat, ehemals vor der Onyxwand, Detail des Sitzgurtes; an der Reinigungsprobe (25 mm) ist der ursprüngliche Ton der grünen Färbung des Leders erkennbar (2013), Privatbesitz (Leihgabe im MAK – Museum für angewandte Kunst, Wien)

Cremefarben lackiertes Holz[209]

Die Türen und Türrahmen der Elternschlafräume einschließlich des Vorraums und Durchgangs zum Bubenzimmer sind beidseitig mit Rio Palisander furniert, die Türinnenseiten von Hannas und Irene Kalkofens Zimmer, passend zur Einrichtung, mit Zebrano Holz. Alle übrigen Türen und Türrahmen des Hauses und auch Fensterbretter, Rollladen-Kästen, der Kasten für die hinterleuchtete Wand und die Schränke der Anrichte, waren mit Ölfarbe cremeweiß lackiert.[210] Die originale, von Lilly Reich entworfene Vitrine des Wohnraums vermittelt einen Eindruck von der ursprünglichen Qualität der Oberfläche dieses cremeweißen Schleiflacks. Die Oberfläche war etwas matter als die ursprüngliche Lackierung der Metallrahmen, und damit nicht nur im Farbton, sondern hinsichtlich der Oberflächenstruktur näher am geschliffenen *Stucco Lustro* der Innenwände.

LINOLEUM

Auch der Boden aus LINOLEUM[211] war nicht weiß, sondern cremefarben, wie sich anhand gefundener Fragmente verifizieren lässt.[212] Ein Farbfoto von Fritz Tugendhat deutet ebenfalls auf einen leicht gelblichen Ton des Linoleums hin.[213] In einigen originalen Fotos sind die Fugen des Linoleums erkennbar. Aus praktischen Gründen laufen die Fugen im Bereich der Pfeiler, daraus ergibt sich eine Bahnbreite von ca. 1,6 m. Der ursprüngliche Boden war auf eine ca. 3–4 cm dicke Schicht aus XYLOLTIH[214] verlegt, möglicherweise auch geklebt. An den originalen Fotos kann man erkennen, dass der Boden etwas wellig war, bedingt wohl durch Unebenheiten des XYLOLITHs, möglicherweise aber auch durch leichte Verformungen bei Belastung. Intensive Pflege mit ‚Bohnerwachs' verlieh dem Boden eine leicht glänzende Oberfläche.

„Mies wollte, dass der Fußboden als einheitliche Fläche wirkt, was bei Parkett nicht der Fall ist", berichtete Grete Tugendhat.[215] Durch Farbton, Helligkeit und Oberflächenwirkung ergibt sich im Zusammenspiel von Wänden und Decken, dem Travertin und den Lacken auf Holz und Metall ein ästhetisches Kontinuum.

Leder

Grete Tugendhat erzählte[216], dass die Barcelonasessel mit „smaragdgrünem Leder [...] bespannt" waren. Samt dazu gehörigem Hocker sind sie noch im Original erhalten. Die Polster aus relativ dünnem, geschmeidigem (Schweins-?), Leder haben ihre Farbe verloren, an den Gurten, die als Auflager für die Polster dienen, ist dieses Grün aber noch verifizierbar: Die Farbdichte entspricht einem eher gedämpften Ton.[217]

Die insgesamt 24 Brno-Stühle im Wohnraum, deren Verbleib unbekannt ist, waren nach Grete Tugendhats Beschreibung auf der dünnen Polsterung „mit weißem Pergament" bespannt, das helle Leder war – nach den originalen Fotos zu urteilen – eher dünn und geschmeidig.[218] Wir wissen nicht, ob das Leder naturfarben war oder getönt, gehen aber davon aus, dass der vermutlich cremefarbene Farbton des Leders dem erwähnten ästhetischen Kontinuum von Boden, Wänden, Decken und lackierten Teilen entsprach. Das Leder des Tugendhat-Sessels in der Bibliothek war offensichtlich dunkler als jenes der Brno-Stühle, seine Farbe ist nicht bekannt, er hatte möglicherweise wie die Sitzgruppe grüne Polster und Gurte.[219]

264

[208] Diese Lackschicht ist aufgrund der Laboruntersuchung von Tanja Bayerová sicher ursprünglich und keine spätere Pflegeschicht. Celluloseacetat kam ca. 1910 in den Handel. Im Innenbereich ist die abschließende unpigmentierte Lackierung nicht analytisch nachgewiesen, aber optisch waren Indizien für diese Lackierung zu finden.

[209] Untersuchungen durch ein Team der Fachhochschule Köln, Fakultät für Kulturwissenschaften, Studienrichtung Restaurierung und Konservierung von Objekten aus Holz und Werkstoffen der Moderne, Prof. Dr. Friederike Waentig, unter Leitung von Dipl. Rest. Stephanie Grossman und Dipl. Rest. Karin Konold, 1.–5.3.2010.

[210] Cremeweiss, NCS S 0500-N/RAL 9001. Typischer Schichtaufbau: 1) Leimlösche, 2) dünne Grundierung, 3) dicker hellerer Anstrich, pigmentiert, geschliffen, 4) dicker dunklerer Anstrich, pigmentiert, geschliffen. Analyse des Öl-Schleiflacks auf der Vitrine von Lilly Reich (Erlaubnis der Probenentnahme durch Familie Tugendhat) durch Tanja Bayerová und Karl Bayer 22.5.2011 (Probe Nr. 2983), an Proben einer lackierten Tür und des Türrahmens fanden sie ebenfalls Öllack (Probe Nr. 2986).

[211] LINOLEUM: Handelsname der DLW (Deutsche Linoleumwerke) für einen Bodenbelag aus Linoxin, Füllstoffen (Korkmehl etc.) und Pigmenten, auf einem Träger aus Jutegewebe. Lilly Reich entwarf für die Materialienschau der Deutschen Bauausstellung 1931 in Berlin auch einen Raum für die DLW, s. Sonja Günther, Lilly Reich 1885–1947. Innenarchitektin, Designerin, Ausstellungsgestalterin, Stuttgart 1988.

[212] Černá 2011 (zit. Anm. 166), S. 195–202. Bei der Beurteilung der Farbe der originalen Fragmente ist die Alterung (Verbräunung) zu berücksichtigen.

[213] Der 2011 verlegte Linoleumboden (Armstrong Floor Products Czech Republic, s.r.o.) ist etwas zu bräunlich, möglicherweise wegen der werksseitigen Schutzlackierung mit Polyurethan-Lack PUR (www.tugendhat.eu/en/the-dlw-floor-covering.html). Torsten Grotjohann, Oberflächenbehandelte Linoleumbeläge – Anspruch und Wirklichkeit, in: FussbodenTechnik 03/08 (Handwerk). Die mit diesem Material verbundene Wärmedehnung führt zu starken Verformungen, zumal (auch auf Empfehlung der THICOM) dieses Linoleum nicht geklebt ist, um den Steinholz-Estrich zu schützen.

[214] Handelsnahme von Steinholz: Holzmehl/Holzspäne mit Sorel-Zement (Magnesia/Magnesiumchlorid). Der Boden ist wärmeisolierend (‚fußwarm'), schalldämmend, hydrophil (schnelle Trocknung), feuerhemmend und wirkt klimaregulierend.

[215] In ihrem Vortrag am 17.1.1969 in Brünn.

[216] Ebenda.

[217] Am Sitzpolster des Ottoman ist in den Nähten noch das Grün erkennbar.

[218] Auf einem Foto der Sitzgruppe der Bibliothek von Fritz Tugendhat sieht man die Unebenheiten der Sitzflächen der Brno-Stühle und die Falten der Pergamentbezüge der Sofakissen. Nach der Gleichmäßigkeit der Oberfläche zu urteilen handelt es sich um Lamm-Pergament.

[219] Vielleicht wie im Barcelona-Pavillon aus weißlichem (naturfarbenen?) Ziegenleder (Glacé oder Saffian-Leder); s. Wolf Tegethoff, Der Pavillonsessel. Die Ausstattung des Deutschen Pavillons in Barcelona 1929 und ihre Bedeutung, in: Helmut Reuter/Birgit Schulte (Hrsg.), Mies und das Neue Wohnen. Räume, Möbel, Fotografie, Ostfildern 2008, S. 144–173. Die Kopie von 2011 ist hell bräunlich (naturfarben).

Textilien

Außer den bunten Orientteppichen (*Perser*) in der Bibliothek und unter dem Flügel,[220] die von Grete und Fritz Tugendhat selbst ausgesucht worden waren, gibt es bei den Textilien nur einen starken Farbakzent: Das Polster der Chaiselongue, nach Grete Tugendhat aus „rubinrotem Samt“. Wir vermuten, dass der Farbton dieses roten Polsters eher dezent war.[221] Der Farbton der übrigen Textilien trat demgegenüber eher zurück, wie der schwarze Vorhang aus Shantung-Seide vor dem Wintergarten und die schwarzen Samtvorhänge zwischen Onyxwand und Wintergarten sowie zur Abtrennung des Essbereichs. Andererseits, als Pendant, die hellen Vorhänge der Südwestfront aus (wohl naturfarbener) Shantungseide und jener zwischen Onyxwand und Eingangswand aus Samt. Beide Vorhänge, obschon unterschiedlichen Materials, dürften sich in Helligkeit und Farbton dem beschriebenen ästhetischen Kontinuum des ‚Naturfarbenen‘ untergeordnet haben.[222]

Grete Tugendhat berichtete[223], dass die zwei Tugendhat-Sessel vor der Onyx-Wand mit „silbergrauem Rodierstoff“ überzogen waren. *Rodier* benennt einen bekannten Textilhersteller in Paris, keine Stoffqualität. Die historischen Fotos von 1931 zeigen einen glatten und offensichtlich weichen Stoffbezug der drei Tugendhat Sessel, ähnlich hell wie das Linoleum, die Lackierung der Bank und der Bezug der Brno-Stühle.[224] Der Tugendhat Sessel im Zimmer von Irene Kalkofen war wie die Matratze des Betts mit einem dunkleren Stoff mit gekreuzten Streifen bezogen. Die Farbe dieses Stoffes ist ebenso wenig bekannt wie die Farbe des Korbgeflechts der Freischwinger (mit und ohne Armlehnen), die in den Zimmern von Fritz Tugendhat, Irene Kalkofen, im Vestibül und in der Bibliothek standen (möglicherweise naturfarben, aber auch dunkelblau scheint möglich).

Für die Farbe der großen Sonnenschutzmarkise des Hauptraums und der Küche gibt uns ein Foto von Fritz Tugendhat – die einzige farbige Außenansicht des Hauses aus den dreißiger Jahren – einen zugegebenermaßen vagen Hinweis: die dezent dunkleren Streifen waren möglicherweise hellgrau, die helleren in einem Naturton analog zur Fassade.

[220] Weitere Orientteppiche: 2 im Zimmer von Fritz Tugendhat (einer davon im Familienbesitz in Wien erhalten, beschädigt), 1 im Zimmer von Irene Kalkofen.

[221] Jedenfalls nicht so ‚schreiend‘ rot wie das Polster der Rekonstruktion von 2012. Das Farbfoto von Fritz Tugendhat von ca. 1936 kann man vielleicht als Indiz für den Charakter des Farbtons heranziehen.

[222] Grete Tugendhat beschreibt den Samtvorhang als „weiß“, den Shantung-Seidenvorhang als „silbergrau“. Vermutlich ging sie in der Erinnerung von der Farbe der Seide im Durchlicht aus.

[223] Vortrag 17.1.1969 in Brünn.

[224] Vielleicht handelte es sich um einen KASH genannten Stoff aus Kashmir Ziegenwolle, für den die Firma Rodier berühmt war (www.rodiernew.com). Die Rückseiten der Polster scheinen mit einem anderen Stoff bezogen zu sein, auf den Fotos von Fritz Tugendhat oder von Rudolf de Sandalo sieht man eine Webstruk-

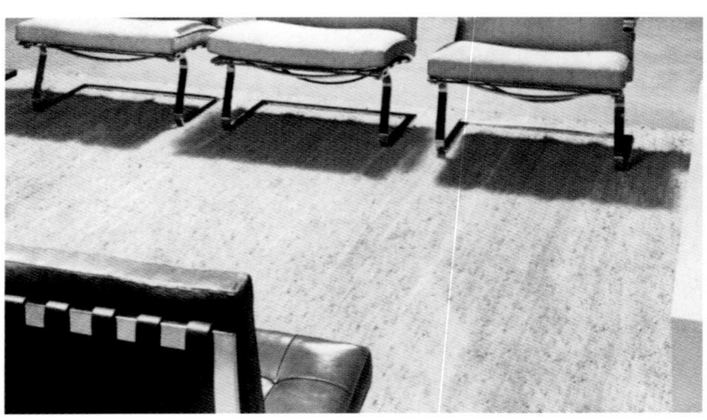

266

265

267

Der Teppich aus „heller Naturwolle“ (Grete Tugendhat), der die gesamte Fläche zwischen Onyxwand und versenkbarer Glaswand (ca. 6,5 × 4 m) ausfüllte, war von der Lübecker Textilkünstlerin Alen Müller-Hellwig von Hand gewebt.[225] Das Garn war unterschiedlich stark, sodass sich beim Weben eine lebendige unregelmäßige Struktur ergab, mit vielen Knoten und Verdickungen zwischen helleren und dunkleren Fasern.

Der ca. 1932 von Alen Müller-Hellwig vollendete, etwas kleinere Teppich (ca. 4 × 5 m) aus „brauner Naturwolle“, mit ähnlicher Materialstruktur, ersetzte einen Perserteppich unter dem Schreibtisch der Bibliothek.[226]

268

268
Teppich aus dem Zimmer von Fritz Tugendhat, Detail (2013), Privatbesitz Wien

Beleuchtung

Die einzigen Aufnahmen von Rudolf de Sandalo (Frühjahr 1931), die den Hauptraum am Abend zeigen, sind aufschlussreich für die Lichtregie bei Dunkelheit. Durch die zarten Seidenvorhänge kann man den schneebedeckten Garten und die Treppe erahnen. In der Makassar-Wand spiegelt sich der Wintergarten im Licht der Dämmerung. Einzige künstliche Lichtquelle sind die Hennigsen-Poulsen Lampen, zwei davon leuchten den Bereich der Sitzgruppe aus, aber nicht zentral, sondern auf Höhe der verchromten Pfeiler, also im Rücken der Sitzenden. Auf eine Stehlampe verzichtete man offenbar, wenngleich im Bereich der Lehmbruck-Statue eine Bodensteckdose vorhanden war.[227] De Sandalo hat seine Innenaufnahmen im Bereich der Raumdecke retuschiert, um die nüchterne Helligkeit ein wenig zu dämpfen. Mündlich ist überliefert, dass die Familie am Abend gerne vor der hinterleuchteten Wand saß. Auch in der Küche und in den Schlafräumen gibt es nur ein nüchternes Mittellicht aus dem zylindrischen Milchglas.[228] Die Wandschalter für die Deckenbeleuchtung waren dezent: Transparente Glasplättchen mit cremefarbigen Schaltern. Ein gerichtetes Licht ergab die (später hinzugefügte, offenbar nicht zum Design von Mies van der Rohe und Lilly Reich gehörende) Schirmlampe auf dem Schreibtisch der Bibliothek. Sie ruhte auf einem mit Wasser gefüllten Glaskörper, der nicht nur interessante Spiegelungen erzeugte, sondern auch die Helligkeit reflektierte.[229] Röhren-Fadenlampen waren über den Spiegeln im Zimmer von Grete Tugendhat, im Einbauschrank von Irene Kalkofen und der Kinder, außerdem über dem Kopfende des Betts von Fritz Tugendhat angebracht. Die Nachtbeleuchtung des Badezimmers der Eltern bestand nur aus zwei ovalen, wohl seriengefertigten Wandlampen mit einem Milchglas Körper seitlich des Spiegels. Fritz Tugendhats Schreibtisch in dessen Schlafzimmer hatte keine Tischlampe![230]

265–267
Haus Tugendhat, Sitzgruppe vor der Onyxwand mit handgewebtem Teppich (1930)

Die künstliche Beleuchtung war also insgesamt eher dürftig. Angesichts der Tatsache, dass Mies van der Rohe und Lilly Reich jedes Detail auch der Einrichtung geplant hatten, ist bemerkenswert, dass ausgerechnet die Lampen nicht von ihnen geplant wurden. Das Haus Tugendhat wurde von ihnen hinsichtlich der Lichtregie offenbar als Tageshaus geplant, die Wirkung der künstlichen Beleuchtung am Abend spielte für sie ästhetisch und funktionell eine untergeordnete Rolle.[231]

tur von 8 Streifen.

225 Daniela Hammer-Tugendhat, Leben im Haus Tugendhat, in: Hammer-Tugendhat/Tegethoff 1998 (zit. Anm. 53), S. 19 (Anmerkung 1) und der Beitrag in diesem Buch; siehe auch: Daniela Hammer-Tugendhat, Kann man/frau/kind im Haus Tugendhat leben?, in: Dörte Kuhlmann, Kari Jormakka (Hrsg.), Building Gender. Architektur und Geschlecht, Wien 2002, S. 145–164.

226 Miroslav Ambroz fand bei Archiv-Recherchen Webproben des Ateliers Müller-Hellwig in Lübeck, die mit *Mies van der Rohe* beschriftet sind.

227 Schwer vorstellbar, dass man sich am Abend in diesem nüchternen Licht zum Gespräch getroffen oder gar gelesen hat. Siehe auch die Rede von Grete Tugendhat vom 17. Jänner 1969.

228 Im Zimmer von Hanna Weiss gab es eine Hängelampe mit kegelförmigem, hellem Schirm. Sie hatte außerdem eine Lampe auf ihrem Nachttisch (Hängekommode). Irene Kalkofens Zimmer war mit einer Lampe am Klavier und einer kleinen Schirmlampe mit vasenförmigem Fuß auf dem Wandregal zu beleuchten.

229 In den ersten Fotos, als der Schreibtisch noch auf einem Perserteppich stand, gibt es nur eine dem späteren Lampenfuß entsprechende Blumenvase, die Schirmlampe entspricht also nicht dem ursprünglichen Konzept, sondern wurde wohl von Grete Tugendhat aus praktischen Gründen eingerichtet.

230 Die große Tischlampe auf dem Bücherregal im Schlafzimmer von Fritz Tugendhat war eine UV-Lampe („Höhensonne“) zur Behandlung von Hautproblemen.

231 Eigentlich bei diesen Perfektionisten schwer vorstellbar. Welche Rolle die künstliche Beleuchtung im Raumkonzept der Architektur des Neuen Bauens spielte, wäre generell zu untersuchen.

269

270
Haus Tugendhat,
Wohnraum am Abend mit
elektrischer Beleuchtung,
Blick nach Westen (1931)

269
Haus Tugendhat,
Wohnraum am Abend mit
elektrischer Beleuchtung,
Blick nach Süden (1931)

270

Materialität

Ludwig Mies van der Rohe schrieb 1923 in Zusammenhang mit seinem Entwurf für ein Bürohaus über die Zielvorstellungen des Neuen Bauens: „Der Charakter unserer Zeit soll in unseren Bauten spürbar sein. [...] Die Materialien sind Beton, Eisen, Glas. Eisenbetonbauten sind ihrem Wesen nach Skelettbauten. [...] Bei tragender Binderkonstruktion eine nichttragende Wand. Also Haut- und Knochenbauten."[232] Und 1924: „Der Bauplatz, die Sonnentage, das Raumprogramm und das Baumaterial sind die wesentlichen Faktoren für die Gestaltung eines Wohnhauses."[233] Dem Glas und seiner Transparenz maß er besondere Bedeutung bei. „Was wäre Beton, was Stahl ohne Spiegelglas [...] Die gläserne Haut, die gläsernen Wände erst lassen dem Skelettbau seine eindeutige konstruktive Gestalt und sichern ihm seine architektonischen Möglichkeiten. [...] Jetzt erst können wir den Raum frei gliedern und in die Landschaft binden. [...] Die Einfachheit der Konstruktion, die Klarheit der tektonischen Mittel und die Reinheit des Materials tragen den Glanz ursprünglicher Schönheit."[234] In diesen Sätzen wird deutlich, welche immense Bedeutung Ludwig Mies van der Rohe und seine Partnerin Lilly Reich dem Material zumaßen. Der von Friedrich Theodor Vischer in seiner Ästhetik 1852 formulierte Anspruch an die Kunst, „schwere Stoffe zu besiegen", die 1911 von Walter Gropius beschriebene „größte Utopie des Ingenieurs" zur „Herstellung durchsichtigen Eisens", das Streben nach „Dematerialisierung", wie es Piet Mondrian und die De Stijl-Gruppe nannten, sind im Haus Tugendhat in einem beeindruckenden Maße realisiert.[235]

Mies van der Rohe hatte den jungen Eheleuten Grete und Fritz Tugendhat, die ihn an Silvester 1928 in seinem Büro in Berlin besuchten, um die Pläne zu besprechen, erklärt, „wie wichtig gerade im modernen, sozusagen schmuck- und ornamentlosen Bauen die Verwendung von edlem Material sei und wie das bis dahin vernachlässigt worden war, z. B. auch von Le Corbusier."[236]

Ludwig Mies van der Rohe und Lilly Reich verwendeten aber nicht nur edle Materialien wie Onyxmarmor, polierten Chrom und Nickel, Edelhölzer, Pergament, Naturseide und Spiegelglas, sondern auch traditionelle Materialien in den ‚einfachen', handwerklichen Elementen, z. B. die Lackierung von Holz und Metall und Stucco Lustro.[237] Wesentliches Element der Gestaltung im Sinne der ‚performance' ist die handwerkliche Präzision, mit der alle Oberflächen hergestellt sind. Die Räume, die der Familie und dem Kindermädchen[238] dienten, sind nicht nur räumlich, sondern auch hinsichtlich ihres materiellen Aufwands gegenüber den Räumen des Personals besonders hervorgehoben.[239]

Wie Gropius und andere Protagonisten des Neuen Bauens plädierte Ludwig Mies van der Rohe für die Industrialisierung des Bauens und hielt das Handwerk als Wirtschaftsform für *erledigt*.[240] Die weit gehende Unterdrückung der Spuren der handwerklichen Herstellung, also der Faktur, in der *Mechanofaktur* des Maschinenstils, bedeutet nicht geringeren handwerklichen Aufwand, im Gegenteil. So wird in *Die Form. Zeitschrift für gestaltende Arbeit* des Deutschen Werkbundes und des Verbands Deutscher Kunstgewerbevereine 1931 festgestellt, dass es viel schwieriger sei, eine ungegliederte Wand „tadelfrei" zu bearbeiten als eine, die „durch Pilaster gegliedert oder in Füllungen aufgeteilt ist".[241] Natürlich tragen alle Oberflächen des Hauses Tugendhat bei genauer Betrachtung Spuren der handwerklichen Herstellung. Dies wird nicht nur taktil beim Streichen über die originalen Holzoberflächen oder die Wandoberflächen erfahrbar, sondern auch optisch, wenn der Betrachter, sich bewegend, Lichtreflexe an Oberflächen verfolgt, etwa die Spiegelung des Wintergartens in der Onyxwand. Durch die Perfektion der Bearbeitung, durch die Glätte der Oberfläche und durch die entsprechenden Lichtreflexe tritt insgesamt der spezifische Charakter des zugrundeliegenden Materials zurück. Der Eindruck schwebender Deckenflächen über der Glaswand im Großen Wohnraum wird durch die Materialität des Stucco Lustro verstärkt.

Trotz seiner Transparenz hat das Spiegelglas eine materielle Wirkung. Mies van der Rohe schreibt 1922 in Zusammenhang mit dem Entwurf für die Fassade eines Hochhauses:

[232] Unveröffentlichtes Ms. 12. August 1923, MoMA, Folder 3; zit. nach der Diplomarbeit von Silke Ruchniewitz (2008), S. 128 (siehe die Liste der Studienarbeiten im Anhang)

[233] Unveröffentlichtes Ms. 7. Februar 1924 (Archiv Dirk Lohan, Chicago); zit. nach der Diplomarbeit von Silke Ruchniewitz (2008), S. 136 (siehe Liste der Studienarbeiten im Anhang)

[234] Ms. für einen Prospekt des Vereins Deutscher Spiegelglasfabriken vom 13.3.1933. Fritz Neumeyer, Mies van der Rohe. Das kunstlose Wort. Gedanken zur Baukunst, Berlin 1986.

[235] Zitate nach Monika Wagner, Materialien des Immateriellen. Die Villa Tugendhat im Kontext zeitgenössischer Materialästhetik, in: Černa/Hammer 2008 (zit. Anm. 8), S. 26.

[236] Grete Tugendhat am 17.1.1969 in Brünn, siehe die Rede im vorliegenden Buch.

[237] Von der Forschung meist nicht beachtete handwerkliche Elemente.

[238] Nach mündlicher Überlieferung der Familie sollte der Raum des Kindermädchens später als Raum für einen der Buben oder für Hanna dienen.

[239] Außer von der Küche existieren keine historischen Fotos von den Räumen der Bediensteten.

[240] „Da ich selbst aus einem alten Steinmetzgeschlecht stamme, bin ich mit dem Handwerk sehr genau vertraut und zwar nicht nur als ästhetischer Beobachter. Meine Empfänglichkeit

„[...] ich erkannte bald, dass es bei der Verwendung von Glas nicht auf eine Wirkung von Licht und Schatten, sondern auf ein reiches Spiel von Lichtreflexen ankam."[242] Nicht nur die tragenden Pfeiler sind durch polierte Verchromung der Verkleidung entmaterialisiert und zugleich hervorgehoben. Auch viele andere Elemente aus poliertem Metall, Chrom oder Nickel, wie die Geländer, Heizungsrohre unter den Glaswänden, Vorhangschienen und Rohre der Möbel lösen sich sozusagen optisch auf und machen zugleich auf sich aufmerksam.

Ein weiterer Kunstgriff für den Eindruck der Dematerialisierung ist die Verwendung von Schwarz: Schwarze Naturseide und schwarzer Samt[243], das schwarz gebeizte Birnbaumholz des Esstischs und der Innenfläche der Vitrine von Lilly Reich.

Ein komplementäres Element zum Schwarz ist das (ins cremefarbene gebrochene) Weiß. Trotz materialbedingter Unterschiede im Charakter der Oberfläche einzelner Elemente erzeugt der farbliche Gleichklang eine ästhetische Kontinuität, die zu der ruhigen Klarheit des Raumeindrucks und seiner Möblierung beiträgt und die formale Strenge des funktionalistischen Designs unterstützt. Im Gegensatz zu Walter Gropius, Le Corbusier, Gerrit Rietveld oder Pavel Janák verzichteten Mies van der Rohe und Lilly Reich auf buntfarbige Gestaltung der Wände. Sie bevorzugten die Einfachheit und Klarheit etwa der Kristall-Spiegelgläser, in denen die reale Natur wie in Bildern erscheint. Diese Bilder der in Wind, Wetter und Farben wechselnden Natur doppeln sich im Wintergarten oder spiegeln sich in den natürlichen Materialien. Makassarholz, Onyxmarmor, Holz und Stein zeigen Querschnitte natürlicher Prozesse und wirken als malerische, rhythmische Ornamente. Aber zugleich unterlaufen die spiegelnden Oberflächen die ikonische Wirkung der Präsentation der Materialien. Dezent ausgesuchte Buntfarben setzten Mies van der Rohe und Lilly Reich nur in einzelnen Möbeln ein. Im täglichen Leben kamen dazu die Farben der reichlich aufgestellten Schnittblumen und von Vasen und anderen Keramikgefäßen.

für die Schönheit handwerklicher Arbeit ist kein Hindernis für die Erkenntnis, dass das Handwerk als Wirtschaftsform verloren ist." Unveröffentlichter Teil eines Manuskripts vom 7. Februar 1924 zum Aufsatz „Baukunst und Zeitwille", in: Der Querschnitt, 4/1924, S. 31–32, im Archiv Dirk Lohan, Chicago; zitiert nach der Diplomarbeit von Silke Ruchniewitz (2008), S. 134 (siehe die Liste der Studienarbeiten im Anhang).

[241] Freundlicher Hinweis Monika Wagner; s. auch Monika Wagner, Berlin Urban Spaces as Social surfaces: Machine Aesthetics and Surface Texture, in: Representation, 102, Spring 2008, S. 53–75.

[242] In: Frühlicht, Nr. 1, 1922, Heft 4, S. 122–124. Fritz Tugendhat berichtete 1931, dass am Abend zur Vermeidung von Reflexen die Vorhänge zugezogen wurden.

[243] Der Samt bewirkt gegenüber der schwarz gefärbten Seide eine Steigerung in der Tiefe der Dunkelheit.

271

271
Von Lilly Reich entworfene Vitrine aus dem Wohnzimmer des Hauses Tugendhat. Originaler cremeweißer Schleiflack und originale Schiebetüren aus bläulich-schwarzem Opalglas. Bis 2014 Mährische Galerie Brünn, Depot (2011)

In der von Lilly Reich entworfenen Vitrine[244] sind die Gestaltungsprinzipien des Hauses Tugendhat wie in einer musikalischen Coda zusammengefasst: Das Tragwerkprinzip des ganzen Hauses aufnehmend, sind die sechs verchromten Stahlfüße des Möbels nach innen versetzt und durch Bodenplatte und Regalbrett durchgesteckt. Sie ermöglichen sehr zarte Wandstärken und Schiebetüren aus bläulich-grauschwarzem Opalglas, die als nicht tragende Vorhangwand fungieren[245]. Durch das schwarz gebeizte Birnenholzfurnier der Innenseiten ergeben sich vom Wintergarten aus gesehen intensive Spiegelungen, vom Eingang aus dunkle Transparenz. Die Wandstärke des Möbels ist optisch gedünnt durch einen auf der Stirnseite aufgesetzten, elegant wirkenden Streifen aus verchromtem Metall. Der Gesamteindruck von Leichtigkeit und Entmaterialisierung wird unterstützt durch den handwerklich edel bearbeiteten, cremefarbenen Mattlack, der die Wände des Möbels in das Farb-Kontinuum des Innenraums einbindet.

Auch das Streben nach Immaterialität ist mit materiellen Mitteln realisiert.

Restaurierung und THICOM

Die Restaurierung eines herausragenden Denkmals der Architektur, das zum UNESCO Welterbe gehört, ist eine so komplexe Aufgabe, dass internationale Kooperation bei Untersuchung und Durchführung der Arbeiten als selbstverständlich erscheint. Tatsächlich gab es aber bisher keine international bedeutende Restaurierung eines Denkmals des Neuen Bauens, bei dem vorher eine gründliche konservierungswissenschaftliche Untersuchung durchgeführt und das von einem ständig aktiven internationalen Beratergremium begleitet wurde. So ist es ein Novum, dass im Fall des Hauses Tugendhat ausländische Experten als Berater der Stadt Brünn eingeladen wurden. Die Stadt Brünn dokumentierte auf diese Weise, dass ihr die außerordentliche kulturelle Bedeutung des Hauses Tugendhat bewusst ist.

Bei der erwähnten Konferenz in Brünn am 17.6.2009 designierte der damalige erste stellvertretende Bürgermeister Dr. Daniel Rychnovský die Mitglieder der Expertenkommission, die wir dann mit dem Akronym THICOM (Tugendhat House International Commission) bezeichneten. Die erwähnte Tatsache, dass für die Durchführung der Restaurierung nicht – wie ursprünglich geplant und erwünscht – ein auf Restaurierung des Neuen Bauens spezialisierter Architekt eingesetzt worden war, sondern eine potente, aber in Restaurierung eher unerfahrene Brünner Baufirma[246], erhöhte die fachliche Verantwortung der in- und ausländischen Experten.[247]

Erst am 13. Januar 2010 allerdings, aufgrund von rechtlichen Problemen verspätet, ernannte die Stadt Brünn die Mitglieder der Kommission und den Vorsitzenden. Gleichzeitig mit Beginn der Bauarbeiten am 8. Februar 2010 nahm die THICOM ihre Arbeit auf. Die englische Übersetzung des Architektenprojekts stand erst ab April 2010 zur Verfügung. Die amtliche Supervision der Arbeiten fand wöchentlich alternierend statt: Ein *Kontrolltag*, bei dem ein Vertreter der Stadt die Erfüllung des Auftrags administrativ begutachtete und ein *Fachkomitee*, das der denkmalpflegerischen Supervision und Information gewidmet war. Die THICOM war keine „Parallelorganisation“, wie der Denkmalpfleger einmal befürchtete, sondern ein Gremium zur Beratung der Stadt Brünn mit folgenden wesentlichen Aufgaben:

— Stellungnahme zu grundlegenden konzeptionellen, theoretischen und methodischen Fragen der denkmalgerechten Wiederherstellung des Hauses Tugendhat
— Beratung der Stadt bei der Realisierung der Arbeiten
— Kontinuierliche Fach-Information der Öffentlichkeit

Sechs der sieben tschechischen Mitglieder der THICOM waren ex officio mit dem Haus Tugendhat befasst.[248] Die sieben stimmberechtigten ausländischen Mitglieder der THICOM[249] kamen aus 5 Ländern.[250]

[244] Christiane Lange, Die Zusammenarbeit von Lilly Reich und Ludwig Mies van der Rohe, in: Helmut Reuter/Birgit Schulte (Hrsg.), Mies und das Neue Wohnen. Räume/Möbel/Fotografie, Ostfildern 2008, S. 195–207.

[245] Ähnliches gilt für das Bücherregal von Fritz Tugendhat und das Makassar-Buffet.

[246] Aber auch der Einsatz eines erfahrenen Architekten wäre nicht eine Garantie für die größtmögliche Sorgfalt der Restaurierung gewesen. In einem Vortrag im Architekturzentrum Wien AZW am 12. April 2008 behauptete Jan Sapák, dass es um die Wiederherstellung eines Kunstwerks gehe, nicht um Denkmalpflege, und dass die bisherigen Untersuchungen völlig übertrieben gewesen seien, und man bei der Durchführung der Arbeiten mit natürlichen Verlusten rechnen müsse.

[247] Trotz des Hinweises, dass für die korrekte Arbeit der THICOM, vor allem hinsichtlich des Planungs*prozesses*, ein frühzeitiger Beginn notwendig sei (Brief von Ivo Hammer an den Oberbürgermeister vom 21.06.2009), entschied der Stadtrat erst am 1. Dezember 2009 die Einrichtung dieser Expertenkommission mit einer entsprechenden Satzung, die von Iveta Černá konzipiert worden war.

[248] Iveta Černá (Brünn), Architektin und Denkmalpflegerin, Kuratorin des Hauses Tugendhat, Sekretärin der THICOM; Karel Ksandr (Prag), Denkmalpfleger, ehemaliger Beauftragter der Nationalen Denkmalpflege für das Haus Tugendhat (bis 2007); Petr Kroupa (Brünn), Kunsthistoriker, Direktor des Brünner Denkmalamts; Miloš Solař (Prag), Architekt, Beauftragter der Nationalen Denkmalpflege (NPU) für das Haus Tugendhat; Josef Štulc (Prag), Kunsthistoriker, NPU, Präsident von ICOMOS Tschechische Republik; Martin Zedníček (Brünn), Architekt, Leiter des Amts für Denkmalpflege der Stadt Brünn. Ein weiteres tschechisches Mitglied war Vladimír Šlapeta (Brünn), Architekt und Architekturtheoretiker, Professor.

[249] Aus Deutschland: Thomas Danzl (Dresden), Konservator/Restaurator, Kunsthistoriker, Professor; Alex Dill (Karlsruhe), Architekt, Dozent, Vorsitzender DOCOMOMO Deutschland; aus den Niederlanden: Wessel de Jonge (Rotterdam), Architekt, gewählter stellvertretender Vorsitzender der THICOM; aus Österreich: Ivo Hammer (Wien), Konservator/Restaurator, Kunsthistoriker, Professor, von der Stadt Brünn ernannter Vorsitzender der THICOM; aus Portugal: Ana Tostões (Lissabon), Architektin, Architekturhistorikerin, Professorin, Präsidentin von DOCOMOMO International; und aus der Schweiz: Arthur Rüegg (Zürich), Architekt, Architekturhistoriker, Professor; Ruggero Tropeano (Zürich), Architekt, Dozent; also 5 Architekten und 2 Konservatoren/Restauratoren. Helmut Reichwald (Stuttgart), Konservator/Restaurator, Professor und Dr. hc., der ebenfalls ernannt worden war, konnte sich nicht an der weiteren Arbeit der THICOM beteiligen. Er starb am 17.1.2014.

[250] Die Stadt Brünn wählte, wie es einmal Oberbürgermeister Onderka ausdrückte, führende, international angesehene Experten in Europa, die bereits an der erwähnten internationalen Tagung MATERIALITY in Brünn im April 2006 aktiv teilgenommen hatten.

[251] www.tugendhat.eu/de/mitglieder-thicom.html

[252] Die englische Übersetzung stand erst im März 2010 zur Verfügung.

[253] Z. B. von Bauleiter Michal Malásek, Iveta Černá (Museum der Stadt Brünn), Zdeněk Vácha (Denkmalamt Brünn) und Marek Tichý, Ivan Wahla und Zdeněk Přibil (OMNIA projekt).

272

272
Haus Tugendhat, erste Sitzung der internationalen Expertenkommission THICOM am 9. April 2010; (v. li.) Karel Ksandr, Iveta Černá, Ivo Hammer, Kateřina Báňová, Ruggero Tropeano, Arthur Rüegg, Ana Tostões, Miloš Solař

273

273
Haus Tugendhat; einige Mitglieder der internationalen Expertenkommission THICOM am 28. Februar 2012; (2. Reihe, v. li.) Thomas Danzl, Petr Kroupa, Ruggero Tropeano, Alex Dill, Vladmír Šlapeta, Kateřina Báňová; (1. Reihe, v. li.) Miloš Solař, Martin Zedníček, Ivo Hammer, Wessel de Jonge, Ana Tostões, Arthur Rüegg, Iveta Černá

Daniela Hammer-Tugendhat wurde von der Stadt Brünn zur Ehren-Vorsitzenden der THICOM ernannt. Petr Dvořák (Brünn), Kunsthistoriker, fungierte als Assistent des Vorsitzenden, nicht zuletzt für Übersetzungen und den Informationsfluss, eine Funktion, die er mit großem Einsatz erfüllte und die unentbehrlich war.[251]

Die Arbeit der THICOM basierte auf vielfältigen Informationsquellen: Die konservierungswissenschaftlichen Untersuchungen, genannt CIC, die englische Übersetzung des Durchführungsprojekts[252], die Protokolle der wöchentlichen Supervisions- Sitzungen der Denkmalpflege und der Stadt Brünn und mündliche Informationen des Bauleiters, des Museums der Stadt Brünn, der Denkmalpflege und der Autoren des Durchführungsprojekts[253]. Die Restauratoren und die mit Rekonstruktionen beauftragten Firmen informierten die THICOM mehrfach über die geplanten oder durchgeführten Arbeiten.[254]

Die Stadt Brünn nahm die Arbeit der THICOM durchaus ernst. Nach jeder der sieben Sitzungen in Brünn[255] übermittelte der Vorsitzende die Empfehlungen der THICOM an die Stadt Brünn, insgesamt 71 (jeweils in Tschechisch, Englisch und Deutsch). Die Stadt Brünn vereinbarte mit dem Generalunternehmer UNISTAV 27 Änderungen des ursprünglichen Architektenprojekts.

[254] Stellvertretend seien genannt: Jiří Fiala und Michal Pech (Wände); Vladimír und Miroslav Ambroz (Möbel); Libor Urbánek (Holz); Přemysl Krejčiřík und Kamila Krejčiříková (Garten); Petr Miklíček (Fliesen); Tomáš Flimel (technische Denkmale); Radovan Král Stein); Milan Žáček (Metall); Daniel Piršč (sanitäre Einrichtung); Hynek Petřina (Textilien); Der Vorsitzende der THICOM besuchte die Baustelle häufig, zuweilen wöchentlich und besprach Grundsatzfragen mit Oberbürgermeister Roman Onderka, 1. Vizebürgermeister Daniel Rychnovský, seinem Nachfolger 1. Vizebürgermeister Robert Kotzian und Vizebürgermeisterin Jana Bohuňovská.

[255] Sitzungen der THICOM 2010: (1) 9. April, (2) 4. Juni, (3) 22. Oktober; 2011: (4) 18. Februar, (5) 1. Juli, (6) 21. Oktober; 2012: (7) 28. Februar. Als Dolmetscherin (Englisch-Tschechisch beziehungsweise Tschechisch Englisch) wirkte in hervorragender Weise Katka Baňová.

274

274
Haus Tugendhat,
Nordwest-Fassade, nach
Restaurierung 2012

Die Öffentlichkeitsarbeit erfüllten wir im Rahmen der Website des Hauses Tugendhat (www.tugendhat.eu) sowie durch zahlreiche Publikationen, Vorträge und zwei internationale Tagungen in Brünn.

Die internationale Tagung MATERIALITY im April 2006 haben wir bereits erwähnt. Am 30. Juni 2011 fand in Brünn eine internationale Tagung mit dem Titel MATERIALS INSIDE OUTSIDE statt.[256] Die Konferenz bot Gelegenheit, über die laufende Restaurierung des Hause Tugendhat zu berichten und mit den anwesenden internationalen Spezialisten die aktuellen Standards der Restaurierung von Architektur der Moderne zu diskutieren.

Die meisten Empfehlungen der THICOM wurden von der Tschechischen Denkmalpflege mitgetragen. Sie betrafen die Restaurierung vorhandener Teile, die Rekonstruktion nicht mehr erhaltener Teile sowie die Adaption und den Betrieb des Hauses als Museum.[257] Bereits in der ersten Sitzung, am 9. April 2010 beschloss die THICOM, die Ergebnisse und Vorschläge der konservierungswissenschaftlichen Untersuchungen der CIC als Grundlage der Arbeiten am Haus Tugendhat zu empfehlen.

Mittels neuerlicher Archivforschung, z. B. im Archiv Daniela Hammer- Tugendhat[258] und im MoMA in New York[259] war die Präzisierung einzelner Rekonstruktionen möglich.

In einigen Bereichen führten die Empfehlungen zu folgenschweren Veränderungen des ursprünglichen Architekten-Konzepts, in anderen Bereichen folgte die Stadt Brünn den Empfehlungen nicht. Im Folgenden seien einige Beispiele genannt.[260]

Gartentreppe

Im Projekt der Achitektengruppe war geplant, für die statische Sicherung und Reparatur der Gartenterrasse den originalen Fassadenputz (ca. 40 m²) zu entfernen.[261] Die Empfehlung der THICOM, den Originalputz wie eine Wandmalerei abzunehmen und in statisch korrigierter Position wieder zu applizieren[262], wurde schließlich angenommen und von Josef Červinka in exzellenter Weise ausgeführt.[263]

[256] Organisation: Museum der Stadt Brünn und THICOM. Tagungsort: Technische Universität Brünn. Anlass war die Tagung des ISC Technology von DOCOMOMO International in Brünn; siehe Liste der Tagungen im Anhang. Siehe auch www.fa.vutbr.cz/uploads/681/MATERIALS_INSIDE_OUTSIDE.pdf.

[257] Die Empfehlungen betrafen – außer fast allen Materialbereichen – unter Anderem folgende Themen: Dokumentation, Authentizität (Proben, etc), Supervision, Barrierefrei, Umgebung, Statik (Garten Terrasse und -treppe), Terminplan (Qualität statt Eile), Besucherzentrum, Minimierung der Eingriffe (z. B. Heizungsrohre), Feuersicherheit, Witterungsschutz, Schutz der originalen Teile (Überdeckung von Türrahmen), Archaeologische Grabungen, Primärdokumente der späteren Eingriffe, Museumskonzept, Publikationsplan, Pflegeplan, Monitoring.

[258] Durch Zdeněk Přibyl und Ivan Wahla, jeweils gemeinsam mit Ivo Hammer.

[259] Durch Miroslav Ambroz beziehungsweise Iveta Černá und Dagmar Černoušková.

[260] Zu weiteren bautechnischen Maßnahmen (z. B. Statische Sicherung, Korrektur der Traufhöhe, Kanalisation etc.) und Detailangaben zu den einzelnen Gewerken siehe: Iveta Černá, Dagmar Černoušková (Hrsg.), Mies v Brně. Vila Tugendhat, Brünn (Muzeum města Brna) 2012.

[261] Der Originalputz hätte in Stücke von 50 × 50 cm zersägt und deponiert werden sollen. Die entsprechenden Löcher waren bereits gebohrt. Der Empfehlung der THICOM (Vorschlag Alex Dill), mittels eines neuerlichen statischen Gutachtens die Möglichkeit der Stabilisierung des Erdreichs durch ‚Nadelung' (z. B. nach Vorschlägen von Ulvi Arslan, Darmstadt) zu prüfen, folgte die Stadt Brünn nicht.

[262] Ich erstellte am 3.6.2010 ein der THICOM vorgelegtes Gutachten, in dem drei Varianten der Erhaltung des 40 m² originalen Fassadenputzes vorgeschlagen wurden: (A) Stabilisierung des status quo, (B) Restitution der originalen Mauer samt Verputz und (C) Übertragung des Originalputzes auf eine neue, in der Position restituierte Mauer, eine heute „stacco a massello" genannte Methode der Übertragung einer Wandmalerei, die bereits bei Vitruv (Buch II, Kapitel 8) vor zweitausend Jahren beschrieben wird.

[263] Reinigung der originalen Oberfläche (Entfernung der Zementschlämme), Kaschierung (facing) mit Baumwollgewebe, Jute und Glutinleim, Stabilisierung mit Holzgerüst (geo-

275
Haus Tugendhat, Nordwest-Fassade, Detail; statische Mängel der unteren Terrasse, verursacht durch ein undichtes Abflussrohr, Putzschäden durch Mängel in der Drainage (2005)

276
Haus Tugendhat, Nordwest-Fassade, Detail, 2010; Stabilisierung des originalen Putzes durch Überklebung und Holzgitter vor der Abnahme und Übertragung auf die statisch korrigierte Mauer der Terrasse, ausgeführt durch Josef Červinka

275

276

Fassadenputz

Besonders erfolgreich war die Zusammenarbeit mit der Firma Art Kodiak[264], die mit der Restaurierung der Wandoberflächen beauftragt war, und ihrem Baustellenleiter, Konservator und Technologen Michal Pech.[265] Bei der Herstellung einer Pilotarbeit[266] verfeinerten wir methodische Details der Restaurierung, die wir im Rahmen unserer konservierungswissenschaftlichen Untersuchungen (CIC) in Grundzügen bereits 2004/2005 entwickelt hatten.[267] Die schädliche, Zement und Kunstharz enthaltende Schlämme von 1985 und die durch Vergipsung verkrusteten, ästhetisch störenden Reste der Tünchen früherer Reparaturen (1931–65) mussten zunächst entfernt werden. Als schonendste mechanische Methode erwies sich der Abtrag mit pneumatischen Mikromeisseln, aber auch die von Josef Červinka vorgeschlagenen Nadelhämmer brachten bei entsprechender Sorgfalt gute Ergebnisse.[268] Die chemische Rekonversion der Gipskruste in Kalk war nicht nur hinsichtlich der Porosität technisch notwendig, sondern trug auch optisch zur Rückgewinnung der ursprünglichen ‚Polychromie' bei. Die im Sinne handwerklicher Tradition hergestellte abschließende Kalktünche (mehrfach gestrichen) enthält als Pigmentierung eine feine Aufschlämmung des Sandes von Bratčice und keinen organischen Leim.[269] Die feinen Sandkörner und deren Buntfarbigkeit erzeugen in der Pflegeschicht jene Brillanz, die wir bei der originalen Oberfläche vorfanden. Zur Geschichte und Ästhetik eines historischen Bauwerks gehört auch dessen Pflege und daraus resultierende ästhetische Effekte. Die historische Kalktechnik des Fassadenanstriches ist kompatibel mit der hydrophilen Mauer und ihrer Beschichtung, die periodisch notwendige Pflege ist Teil des physikalischen Systems, garantiert aber zugleich ihre Nachhaltigkeit. An der Nordostwand beließen wir an geschützter Stelle ein größeres ‚archäologisches Fenster', einen ‚campione', an dem die ursprüngliche Fassadenoberfläche fast unberührt zu sehen ist (Reste der späteren Tünchen bis 1985 wurden an nicht störender Stelle in Form einer Schichtentreppe belassen). Die rezente Kalktünche ist aus technischen Gründen etwas heller als die originale Fläche: Auf diese Weise berücksichtigten wir, dass der Kalk in der Alterung nachdunkelt.[270]

277

277
Haus Tugendhat, obere Terrasse, Nordost-Fassade, Pilotarbeit 2011; schonende Entfernung verkrusteter Übertünchungen des Fassadenputzes mit einem pneumatischen Mikro-Meißel

279

278

278
Haus Tugendhat, obere Terrasse, Nordost-Fassade, Pilotarbeit 2011; Michal Pech entfernt die Ammoniumcarbonat-Kompressen, die der Entfernung der Gipskruste dienten

279
Haus Tugendhat, obere Terrasse, Südostfassade, Detail (Bildhöhe ca. 5 cm), Pilotarbeit 2011; die rein handwerkliche Form der Entfernung der verkrusteten Übertünchungen führt zu erheblichen Schäden (li. Hälfte), während bei Reinigung durch einen Restaurator die originale Oberfläche weitgehend erhalten bleibt (re. Hälfte)

dätisch eingemessen), Absägen eines Großteils der Ziegelwand von der Rückseite, Abnahme und Depot in einer neben der Treppe aufgestellten Schutzhütte, Erneuerung der Fundamentierung an der ursprünglichen Stelle, Aufstellung der Holzgerüste mit dem originalen Putz an der ursprünglichen Stelle (geodätische Kontrolle), Aufbau der Ziegelwand an der Rückseite (Innenwand), Abnahme des Holzgerüstes und der Kaschierung.

264 Dank an den Direktor von Art Kodiak, akad. Restaurator und Bildhauer Jiří Fiala; s. Ivo Hammer, The material is polychrome! From interdisciplinary study to practical conservation and restoration: the wall surfaces of the Tugendhat House as an example, in: Giacinta Jean (Hrsg.), La conservazione delle policromie nell'architettura del XX secolo/Conservation of Colour in 20th Century Architecture, Lugano (SUPSI) 2012, S. 317–331.

265 Diplomiert (Mag. Sc.) in wissenschaftlicher Technologie der Restaurierung (Institut für Chem. Technologie, Prag). Michal Pech hatte mich im Auftrag von Jiří Fiala um Unterstützung gebeten.

266 Auf der Außenwand des Zimmers von Hanna und auf der anschließenden Nordost-Wand.

267 Ivo Hammer, The white cubes haven't been white. Conservators of the HAWK University of Applied Sciences and Arts in Hildesheim are investigating the facades of the Tugendhat House in Brno, in: Biuletyn. Journal of Conservation-Restoration/Informacyjny Konserwatorow Dziel Sztuki, Vol. 15, Nr. 1 (60), 2005, S. 32–35. Weitere Untersuchungen 2010 unter der Leitung von Prof. Dr. Thomas Danzl, HfbK Dresden und durch Mag. Josef Červinka, Universität Pardubice.

268 2004 im Rahmen der CIC durchgeführte Versuche der Reinigung mit Sandstrahl (JOS-Verfahren) beziehungsweise mit Trockeneis (2010) brachten keine befriedigenden Ergebnisse. Auch unter Berücksichtigung der Tatsache, dass die Oberfläche des zu 80 % erhaltenen originalen Fassadenputzes in einigen Bereichen, vor allem der Nordwestseite, weniger gut erhalten war als in den übrigen Bereichen, ist doch festzustellen, dass bei der handwerklichen Reinigung mit den Nadelhämmern zusätzliche Schäden entstanden sind. Dies wurde von der Denkmalpflege mit Hinweis auf die Kosten gerechtfertigt.

269 Entfernung der schädlichen Zement-Kunstharz-Schlämme von 1985 und Entfernung der verkrusteten und auch ästhethisch störenden Reste der Kalktünchen von Reparaturen zwischen 1931 und 1965 mit pneumatischen Mikromeisseln; Rekonversion des zu einer Gipskruste umgewandelten Kalks der originalen Tünche mittels Kompressen bestehend aus: Ammoniumcarbonat, technisch rein 1 kg, Buchenzellstoff ARBOCEL BC 200 0,5 kg, Kaolin (china clay) 0,5 kg, Wasser (demineralisiert) 4,5–5 l; Kalktünche entsprechend historischer Tradition der Pflege: Sumpfkalk (mit Holz gebrannt, 4 Jahre eingesumpft, ALTMANNSTEIN) 30 kg, Standöl (Leinöl) 150 g; Zitronengelb (Petr Dvořák, art-protect, Brno) 300 g, Marmor-Mehl 2 μ 150 g, sehr feine Sandschlämme von Bratčice (weitgehend Silt)) 800 g, Sandschlämme von Bratčice (0–0,5 mm) 3 kg, Bratčice Sand 0–2 mm 2 kg, Wasser bis zur Streichfähigkeit als dünne Tünche.

270 Vor allem infolge der fast jede Nacht auftretenden thermischen Kondensation entstehen Lösungs- und Kristallisationsvorgänge, die zu Sinterprozessen (Vergrößerung der Calcit-Kristalle) und zum Nachdunkeln der Kalktünche führen; s. Hammer 2003 (zit. Anm. 22). In einigen Bereichen ließen die Architekten den originalen Putz mit dem Argument der Erhaltung der ästhetischen Integrität der Fassade (aus technisch nicht notwendigen Gründen) durch einen dünnen neuen Putz überdecken, z. B. die Südostwand, die Nordwestwand der Gartenterrasse und die Südwestwand.

280
Haus Tugendhat, obere Terrasse, Nord-ost-Fassade, Pilotarbeit 2011; die Entfernung der Gipskruste durch eine Ammoniumcarbonat-Kompresse (li. Hälfte) führt auch zur Rückgewinnung des ursprünglichen Farbtons

280

281
Haus Tugendhat, Südwest-Fassade, obere Terrasse; die Handwerker der Firma Art Kodiak führten die Tünche in einer traditionellen Technik aus, die vorab von Restauratoren im Rahmen der Pilotarbeit entsprechend dem Befund am Haus Tugendhat konfektioniert worden war (2011)

282
Haus Tugendhat, Gartentreppe, nach der Restaurierung, 2012; die Stufen aus schönem Tivoli-Travertin sind erneuert; ursprünglich war der Schnitt quer zu den geologischen Sedimentlinien (cross cut) auf der Stirnseite der Stufen sichtbar; mangelhaft ausgebildete Wassernasen führen zu Wasser-Infiltration in den Putz

282

281

Stucco Lustro

Im Laufe seiner Geschichte, während der Nutzung durch Walter Messerschmidt (1943–45), das Kinderspital (1950–80) und bei der Renovierung 1981–85 wurde der originale *Stucco Lustro* der Innenwände und der Decken mehrfach mit trocknendem, verbräunendem Öl getränkt, seine originale Oberfläche konnte also nicht restauriert werden. Die Konservierung des *Stucco Lustro* wurde deshalb dem Vorschlag der CIC folgend durch eine nahezu materialidentische dünne Überdeckung realisiert. Zuvor wurde der originale *Stucco Lustro* zunächst durch Hinterfüllung statisch gesichert, die löslichen Salze mittels Kompressen reduziert und fehlende Teile ergänzt. Dann wurde er mit einer sehr dünnen, strukturell materialidentischen Schicht aus Marmormehlen und Kaolin überzogen. Dieser Überzug ist mit Celluloseäther gebunden und – wie die Fassadentünche – mit Feinaufschlämmung (Schluff, Silt) des Sandes von Bratčice pigmentiert. Zum Schluss wurde der neue *Stucco Lustro* geschliffen und poliert.[271]

[271] Rezept des Stucco Lustro, der zur Überdeckung des Originals verwendet wurde (Michal Pech, Art Kodiak und Ivo Hammer, Wien, nach Vorarbeiten der HAWK, Hildesheim und von Petr Dvořák, Brno): Wasser: 4040 g; Methylhydroxiethyl-cellulose TYLOSE MH 300: 120 g; Marmormehl 15 m OMYACARB 15: 3600 g; Marmormehl 5 m OMYACARB 5: 1000 g; Kaolin KN-1 (SEDLECKÝ kaolin): 1430 g; Isothiazolinon (0,6 %) und ca. 21 % O-formal charge Glycol/Formaldehyd, PREVENTOL D6 (Lanxness): 10 g; Silt Körnung des Bratčice Sand: 72 g; Applikation: Aufstreichen Glätten mit der Traufel, Schleifen mit immmer feinerem Sandpapier; zur Schonung des Originals haben wir auf eine intensive Haftbrücke verzichtet und damit in Kauf genommen, dass an einigen Stellen die Überdeckung hin und wieder repariert werden muss. Die Reinigung erfolgt nach handwerklicher Tradition – wie aus der Familie Tugendhat überliefert – nur durch zurückhaltendes Radieren. Einen Schutzüberzug mit Harz haben wir aus bauphysikalischen und ästhetischen Gründen nicht vorgesehen (entgegen der Skepsis der Architekten). Die Oberfläche wurden nur – wie bei einer Tafelmalerei beziehungsweise einer Vergoldung – mit einer dünnen ‚Lösche' aus Hasenleim hydrophil verdichtet. Die Glättung des rekonstruierten *Stucco Lustro* ist leider nicht überall gleichmäßig ausgearbeitet; s. Hammer 2012

(zit. Anm. 178), S. 327 f.

272 Die Farbe der Travertin-Steine im Außenbereich ist durch oberflächliche Vergipsung etwas grauer und dunkler als der ursprüngliche Stein, der Gips ist überdies langfristig schädlich. Der Vorschlag der CIC, die Vergipsung mit Ammoniumcarbonat-Kompressen zu beseitigen, wurde nicht aufgegriffen.

273 Radovan Král.

274 Architekt Ivan Wahla.

275 Nach einem von Primátor Roman Onderka auf Wunsch der Architekten einberufenen Ortstermin am 12. Dezember 2011, also kurz vor dem Abschluss der Arbeiten, entschied man – auch der Empfehlung des Vorsitzenden der THICOM folgend – die Treppe in der derzeitigen Form zu belassen.

283

283
Haus Tugendhat, Wohnraum; Konservierung des beschädigten originalen *Stucco Lustro* durch (nahezu) materialidentische Überdeckung

Travertin

Terrasse und Gartentreppe wurden bereits 1967 mit Zipser Travertin erneuert, jedoch einzelne originale Steine dabei wieder verwendet. Die originalen Steinoberflächen wurden innen und außen mit Dampf gereinigt.[272] Der Steinrestaurator[273] fand in einem stillgelegten Teil des Steinbruchs von Tivoli eine Steinqualität, die der ursprünglichen sehr nahe kommt. Nach ausführlichen Forschungen[274] hat man bei der Rekonstruktion das Fugenbild wieder genau hergestellt. Der Steinschnitt aber ist verändert: die geologische Schichtung erscheint jetzt an den Treppenstufen nicht, wie ursprünglich, auf der Stirnseite, sondern – ähnlich den Terrassenplatten – auf der Trittfläche.[275] Wie bei der rekonstruierten Treppe von 1985 sind die Wassernasen der Treppenstufen-Köpfe nicht hinreichend ausgebildet, entsprechende Putzschäden sind kurz nach Fertigstellung aufgetreten. Die Fugen sind mit steinfarbenem Mörtel aus Kalk, Pigment und Weißzement gefüllt.

284

284
Haus Tugendhat, Wohnraum, nach der Restaurierung, 2012; LINOLEUM-Boden, hinterleuchtete Wand, Stucco Lustro, Elektroschalter mit runden Glasplättchen, verglaste Eingangstür mit lackiertem Metallrahmen, lackierte Tür zur Anrichte, Travertin-Treppe mit verchromtem Geländer, Milchglas-Lampe und vernickelte Beschläge

285

285
Haus Tugendhat, Travertin-Treppe vom Wohnraum zum Vestibül nach der Restaurierung, 2012; Stein und Putz liegen in einer Ebene

Glas

Besonders gelungen ist die Rekonstruktion der Gläser.[276] Die Mattgläser sind nicht sandgestrahlt, sondern geätzt, der Grad der Mattierung ist aber nach Vergleich mit den historischen Fotos gut getroffen.[277] Nicht zu vermeiden war, dass die Kristall-Spiegelgläser ein wenig grünlicher sind als ein (sehr wahrscheinlich) originales Glasfragment. Deutlich zu grün sind hingegen die Gläser der Garderoben-Ablage und der eingebauten Waschgelegenheiten (Bubenzimmer und Zimmer Irene Kalkofen).

[276] Milan Žáček, ŽÁČEK und HANÁK s.r.o., Brno nach Forschungen vor allem von Ivan Wahla. Basismaterial: SAINT GOBIN GLASS Benelux; weitere Bearbeitung: ERTL GLAS AG, Amstetten (A) und ISOSKLO, spol. s.r.o., Dĕbolín (CZ).

[277] Auch die Farblosigkeit des Glases ist befriedigend. Der Versuch, die Mattgläser durch mikrokristallines Wachs vor Flecken durch Berührung mit den Händen zu schützen, wurde nicht weiter verfolgt. Nicht zweifelsfrei ist die gewählte Richtung der Mattierung auf der Gartenterrasse, derzeit zeigen die matten Seiten zur Terrasse.

286
Haus Tugendhat, Wohnraum, Schreibtisch der Bibliothek, Blick nach Südosten, nach der Restaurierung, 2012; im Winter ist der Lichteinfall trotz Wintergarten stärker

286

287
Haus Tugendhat, originale Eingangstür und rekonstruierte Glaswand nach der Restaurierung, 2012; je nach Tageszeit und Helligkeit ist die Transparenz des Mattglases unterschiedlich, im Foto wirkt es annähernd wie Milchglas

287

Außenpfeiler

Die im Rahmen der CIC nachgewiesene künstliche Patinierung der Messingverkleidung der Stahlpfeiler in einem rötlich bronzefarbenem Ton ist im Bereich der oberen Terrasse gut erhalten, im Bereich der Gartenterrasse war sie dagegen beschädigt. Auf Anweisung der staatlichen Denkmalpflege hat man gegen die mehrheitliche Empfehlung der THICOM in diesem Bereich zugunsten der Einheitlichkeit die originale Patinierung weitgehend abgeschliffen.[278]

[278] Auf die mögliche Retusche der Schäden hat man verzichtet. Im Prinzip eine ähnliche Vorgehensweise wie bei der Oberflächenbehandlung der originalen Edelhölzer.

288

288
Haus Tugendhat, obere Terrasse, Blick nach Osten, nach der Restaurierung, 2012; die halbrunde Bank und die Zimmer der Buben und von Hanna, im Hintergrund das *archäologische Fenster (campione)*, das die originale Fassadenoberfläche zeigt; die originale Patinierung der Pfeiler-Verkleidung ist noch weitgehend erhalten

289

289
Haus Tugendhat, untere Terrasse, Blick nach Norden; der Boden ist mit Tivoli-Travertin teilweise erneuert; die Reste der originalen Patina der Pfeiler-Verkleidung sind abgeschliffen; die nordwestliche Scheibe ist mit der mattierten Seite zur Terrasse gerichtet, während die nordöstliche Scheibe mit der mattierten Seite zur Anrichte zeigt (2012)

290
Haus Tugendhat, Gartenfassade, Blick von Süden, nach der Restaurierung, 2012; der Bewuchs des Kellergeschosses und der Gartentreppe ist Teil des ästhetischen Konzepts von Ludwig Mies van der Rohe

290

291
Haus Tugendhat, Wintergarten, Blick nach Südwesten, nach der Restaurierung, 2012; ein facettenreiches, nahezu verwirrendes Spiel von Reflexen und Durchblicken

291

292

292
Haus Tugendhat, Eingangsfassade, nach der Restaurierung, 2012; rekonstruierte Mattglas-Scheiben, Anstrich der Metallrahmen mit blaugrauer Ölfarbe, weitgehend erhaltene originale Patina der Verkleidung des Pfeilers, traditionelle Kalktünche des Fassadenputzes; die Bodenplatten stammen von 1985; die Höhe der Attika wurde nach den ursprünglichen Plänen korrigiert

293

293
Haus Tugendhat, Gartenfassade, Blick von Westen, nach der Restaurierung, 2012; der getünchte, teilweise rekonstruierte Putz zeigt im Gegen-Streiflicht die ursprüngliche Lebendigkeit der Oberfläche; die Querholmen der Markisen mussten aus statischen Gründen verstärkt werden; im Vergleich mit den historischen Fotos zeigt sich die hohe Qualität der rekonstruierten Glasscheiben

Lackierte Metalle

Unter der ursprünglichen, teilweise beschädigten und durchschnittlich viermal überstrichenen Metall-Lackierung mit Ölfarbe[279] war das Metall weitgehend korrodiert. Man entschied sich deshalb, die Anstriche bis auf das Metall mechanisch abzunehmen (Nadelhammer). Da keine ‚archäologischen Fenster' (campioni) belassen wurden, gibt es nur noch die haptische Erinnerung der untersuchenden Konservatoren/Restauratoren an die erstaunliche Glätte der ursprünglichen Lackoberfläche.[280] Erfreulicherweise ist man aber der Empfehlung der THICOM gefolgt, für den Neuanstrich traditionelle Ölfarbe zu verwenden.[281] Der Materialcharakter und der Farbton entsprechen sehr genau den Befunden. Allerdings war aufgrund der kurzen Restaurierungszeit (und durch ehebliche Staubbelastung) eine abschließende Bearbeitung der Oberfläche der neuen Lackierung durch Schleifen und einen klaren Öllack nicht möglich. Die lackierten Metallteile haben dadurch derzeit nicht die beschriebene Brillanz der ursprünglichen Oberfläche. Bei der nächsten Pflege-Campagne sollte diese abschließende Bearbeitung der lackierten Metallteile nachgeholt werden.[282]

Fliesen

Die rekonstruierten weißgelben Wandfliesen in Küche, Badezimmern, Waschküche und Heizraum sind sehr sorgfältig hergestellt, wenngleich etwas zu gelblich geraten. Besonders gut gelang die Restaurierung der grauschwarzen Fliesen im Kohlenkeller.[283]

[279] Befund Tanja Bayerová, Martina Griesser-Stermscheg (Universität für angewandte Kunst Wien) 2005. Die traditionelle Ölfarbe hat gegenüber einer Acrylfarbe den Vorteil, dass sie im Trocknungs- und Oxidationsprozess ein Mikrocraquelé ausbildet, das Blasen- und Schollenbildungen verhindert und dadurch die Feuchtigkeit, die vor allem durch thermische Kondensation entsteht, schnell trocknen lässt.

[280] Leider ist man der Empfehlung der THICOM nicht gefolgt, in einem Bereich, der weniger der Korrosion ausgesetzt ist, Reste der originalen Lackierung als „archäologisches Fenster" zu belassen.

[281] Vorschlag von Thomas Danzl. Der Hinweis auf die Ölfarbe der schwedischen Firma OTTOSON stammt von Petr Dvořák. Ausführung der Metallrestaurierung von akad. Restaurator Milan Žáček und seinem Sohn.

[282] Empfehlung Nr. 1 der THICOM 7 (28.2.2012)

[283] Petr Miklíček.

[284] Z. B. Unter den Schränken im Schlafzimmer von Grete und Fritz Tugendhat, und in den Schlafzimmern der Stubenmädchen und der Köchin.

295

295
Haus Tugendhat, Zimmer des Kindermädchens, Detail, nach der Restaurierung, 2012; die neue Lackierung des Metallrahmens mit traditioneller Ölfarbe konnte aus Zeitmangel nicht mehr dem Original entsprechend geschliffen werden

294

294
Haus Tugendhat, Badezimmer der Eltern, nach der Restaurierung, 2012; der Boden aus Kalksteinplatten, die Fliesen und sämtliche Installationen sind rekonstruiert

Boden

Der originale Estrich, also die Unterlage für das LINOLEUM, bestand aus Holzzement (Sorelzement) mit dem Produktnamen XYLOLITH. In den Schlafräumen war dieses XYLOLITH noch vorhanden, allerdings in einem Zustand, der eine (aufwendige) Konservierung notwendig gemacht hätte. Aus Kostengründen erhielt man nur einige Fragmente des originalen XYLOLITHs.[284] Im großen Wohnraum wurde statt des Betons von 1981-85 wieder ein XYLOLITH eingebracht. Das neue Linoleum in den Räumen der Familie ist etwas bräunlicher als das ursprüngliche, bedingt wohl auch durch einen von der Fabrik aufgetragenen modernen Schutzlack aus Polyurethan (PUR).[285] Zur Schonung des XYLOLITHs wurde entsprechend der Empfehlung der THICOM das Linoleum nicht geklebt. Die teilweise erhebliche Verformung des Linoleums wird wohl durch die thermische Dilatation des Schutzlacks verstärkt.[286]

[285] 3,2 mm dick, 2 m Rollen, Farben: *Elfenbein Vila Tugendhat* (750) und *Grau Standard Uni Walton* (110); 11 Rollen Schweißdraht; geliefert von einer Nachfolgegesellschaft der DLW (Deutsche Linoleum Werke AG), Fa. Armstrong Floor Products Czech Republic, sro., siehe: www.tugendhat.eu/data/VT_domo_objekt_DEF_6.3.12.pdf.

[286] Angesichts von ca. 40.000 Besuchern pro Jahr wird es wohl notwendig sein, Teile des Bodens in 10–20 Jahren zu erneuern.

296

296
Haus Tugendhat, Wohnraum, Blick vom Eingang nach Süden, nach der Restaurierung, 2012; im Sommer ist der Bereich hinter der Onyxwand recht dunkel

297

297
Haus Tugendhat, Wohnraum, Blick vom Wintergarten nach Norden, nach der Restaurierung, 2012; das Grün der Barcelona-Sessel und des Hockers entspricht nicht dem ursprünglichen Farbton; im Vergleich mit historischen Fotos wird der Unterschied zwischen dem originalen handgewebten Teppich und dem derzeit vorhandenen deutlich

Lackiertes Holz

Die cremefarben lackierten Holzteile, also Türen, Rollädenkästen, Fensterbretter etc. sind nicht – wie ursprünglich – mit dem gleichen Material wie die Metalle, also mit Ölfarbe, gestrichen sondern mit Alkydharzlack. Der Farbton dieser Lackierung ist etwas heller.[287] Man kann vermuten, dass dies nicht der ursprünglichen, von Ludwig Mies van der Rohe und Lilly Reich angestrebten Monochromie entspricht. Jedenfalls werden die Materialien unterschiedlich altern.[288]

287 Leider gab die Untersuchung der CIC in diesem Punkt keine ausreichende Vorstellung vom ursprünglichen Farbton und vom entsprechenden Anstrichmaterial. Allerdings liegt die Untersuchung der Vitrine von Lilly Reich vor und damit die Wahrscheinlichkeit, dass es sich um einen Öl-Schleiflack handelte.

288 Empfehlung Nr. 3 der THICOM 7 (28.2.2012): Bei der nächsten Pflegeaktion mit jenem Material überlackieren, das sich aus weiteren Untersuchungen ergibt.

298
Haus Tugendhat, Zimmer Fritz Tugendhat, Blick nach Nordosten, mit geöffneter originaler Türe, nach der Restaurierung, 2012 mit rekonstruierter Inneneinrichtung; das Muster des Teppichs vor dem Bett entspricht nicht dem Original; die blaue Lackierung des Korbgeflechts der Freischwinger-Stühle ist frei erfunden

299
Haus Tugendhat, Zimmer Fritz Tugendhat, Blick nach Nordwesten, nach der Restaurierung, 2012; die Schrankwand mit Türen aus Rio-Palisander ist original, alles Übrige Rekonstruktion

298

299

300
Haus Tugendhat, Zimmer Grete Tugendhat, Blick nach Westen, nach der Restaurierung, 2012, mit rekonstruierter Inneneinrichtung; der genaue Rotton des Barcelona-Hockers und des Flachstahl-Brno-Stuhls ist nicht überliefert

300

301

301
Haus Tugendhat, Zimmer Grete Tugendhat, Blick nach Norden, mit geöffneten Türen zum Vorraum und zum Vestibül, nach der Restaurierung, 2012; die beiden Türen und der Einbauschrank in diesem Zimmer sind original, alles Übrige Rekonstruktion. Das Bett, die Frisierkonsole, der Flachstahl-Brno-Stuhl und der Schuhschrank sind noch im Original erhalten

302

302
Haus Tugendhat, Zimmer Hanna Weiß, Blick nach Nordosten, nach der Restaurierung, 2012; die gesamte Einrichtung mit Zebrano-Furnier, dem Tisch aus (cremeweißem) Schleiflack, den Freischwingern als Kinderstühle (Korbgeflecht unbekannter Farbe) ist Rekonstruktion

303

303
Haus Tugendhat, Zimmer Hanna Weiß, Blick nach Nordwesten, nach der Restaurierung, 2012; die Tür mit (cremeweißem) Schleiflack und Zebrano-Furnier (innen) ist original; die gesamte Einrichtung mit Zebrano Furnier, Tisch aus (cremeweißem) Schleiflack, Freischwingern als Kinderstühle (Korbgeflecht unbekannter Farbe) und Seidenvorhängen ist Rekonstruktion

304

304
Haus Tugendhat, Zimmer der Kinderfrau Irene Kalkofen, Blick nach Norden, nach der Restaurierung, 2012; die Tür mit Zebrano-Furnier an der Innenseite und cremeweißem Schleiflack außen ist original, die Einrichtung ist Rekonstruktion

Edelhölzer

Geradezu sensationell ist die Tatsache, dass ein großer Teil der originalen halbrunden Makassar-Wand im einstigen Vergnügungsraum der SS im GESTAPO Hauptquartier wiederentdeckt worden ist.[289] Dieser Raum befand sich im Gebäude der Juridischen Fakultät der Masaryk Universität Brünn (von 1928) und wird heute als Mensa genutzt. Einer der Gründe, dass der Verbleib der originalen Segmente so lange unbeachtet blieb, ist die Tatsache, dass die ursprünglich gebogenen Tafeln auf einen neuen Holzrahmen geleimt und in horizontaler Position als Parapete verwendet wurden.[290] Von den ursprünglich 22 furnierten Platten waren noch ca. 10 erhalten, seitlich und in der Länge teilweise aber erheblich beschnitten. Der Holzrestaurator[291] hat sie (an der Innenseite der Wand) wieder zu einem plausiblen Furnierbild zusammengefügt – eine außerordentliche Leistung. Die wiedergefundenen Teilplatten sind nicht überall an der ursprünglichen Stelle angeordnet. Die Außenseite der halbrunden Wand ist rekonstruiert, die Maserung ist dabei weniger ‚malerisch' unregelmäßig, sondern eher streifenförmig angeordnet.

Bei den konservierungswissenschaftlichen Untersuchungen (CIC) wurde festgestellt, dass im Zuge der Renovierung 1981–85 alle Holzoberflächen abgeschliffen und neu lackiert wurden (meist mit Nitrolack). Aufgrund dieser Untersuchungen sowie der nicht eindeutigen Ergebnisse einer Untersuchung von 2010/11 und auch zur Schonung möglicher Reste des originalen Lacks empfahl die Mehrheit der Mitglieder der THICOM, die originalen Holzoberflächen nicht neuerlich zu überschleifen, sondern den vorhandenen Lack von 1985 zu reparieren.[292] Sämtliche originalen Sichtflächen wurden jedoch (handwerklich korrekt, aber nicht im Sinne einer Konservierung/Restaurierung) abgebeizt, geschliffen und wie die rekonstruierten Teile mit einem Alkydharzlack beschichtet. Hauptargument für die Erneuerung war, dass unterschiedliche Oberflächen die ‚ästhetische Integrität' der räumlichen Gesamterscheinung stören würden.[293]

[289] Entdeckt ca. 2003 von Miroslav Ambroz, fotografische Evidenz der Provenienz ca. 2009.

[290] Nach dem Bericht des Architekten Louis Schobert war die Makassarwand vor dem Herbst 1940 verschwunden, s. der Beitrag von Wolf Tegethoff im vorliegenden Band. Miroslav Ambroz identifizierte die Herkunft der Tafeln durch fotografische Vergleiche. Am 19.3.2011 ließ der mit der Inneneinrichtung beauftragte Architekt Vladimír Ambroz die originalen Platten von Libor Urbánek ausbauen.

[291] Libor Urbánek.

[292] 4. Sitzung der THICOM, 18.2.2011, Empfehlung Nr. 4; 5. Sitzung der THICOM, 1.7.2011, Empfehlung Nr. 3 (Frage nach Analysen und Dokumentation der Entnahmestellen, Forderung nach ‚archäologischen Fenstern').

[293] Der Begriff der Authentizität wurde vom Vertreter der Tschechischen Denkmalpflege in diesem Zusammenhang im Wesentlichen als ästhetische Kategorie verstanden, ein generelles Problem der internationalen Denkmalpflege im Umgang mit der originalen materiellen Substanz. Siehe auch August Gebeßler 2003 (zit. Anm. 125).

305
Haus Tugendhat, Wohnraum, Bibliothek, nach der Restaurierung, 2012; außer den Fachbrettern (mit einer Ausnahme) ist die Wandtäfelung mit Schranktüre aus Makassar-Ebenholz-Furnier original; die übrigen Teile sind Rekonstruktion; die noch erhaltenen Beistelltischchen aus massivem Palisander sind dunkler, die blaue Lackierung des Korbgeflechts nicht gesichert

305

306

306
Haus Tugendhat, Wohnraum, wieder gefundene und restaurierte originale Teile der halbrunden Makassar-Wand, nach der Restaurierung, 2012; das Furnier ist im Detail ‚malerisch' unregelmäßig angeordnet; die rekonstruierte Ablage aus Serpentin-Brekzie dürfte dem verlorenen Original sehr nahe kommen

307

307
Haus Tugendhat, Wohnraum, Blick von der Bibliothek zur halbrunden Makassar-Wand, nach der Restaurierung, 2012; der Farbton des Schleiflacks der rekonstruierten Vitrine ist etwas heller als im Original

308
Haus Tugendhat, Wohnraum, halbrunde Makassar-Wand des Essbereichs, Blick nach Osten, nach der Restaurierung, 2012; in der lackierten Oberfläche der Wand und des schwarz gebeizten Birnenholz-Furniers des Esstisch spiegeln sich die verschiedenen Lichtfarben; im täglichen Gebrauch nutzte die Familie Tugendhat nur den kleinen, nicht vergrößerten Tisch

308

309
Haus Tugendhat, Wohnraum, halbrunde Makassar-Wand des Essbereichs, Blick nach Norden, nach der Restaurierung, 2012; das Furnier ist an der Außenseite der Wand rekonstruiert, und weniger ‚malerisch' unregelmäßig angeordnet als in den (wieder gefundenen) originalen Teilen der Innenseite, sondern eher streifig

309

Textilien

Die THICOM empfahl, die Steifigkeit des Stoffes der neuen Shantung-Seidenvorhänge zu beseitigen und die Vorhänge entsprechend historischer Evidenz zu überarbeiten (Länge, Aufhängung, Säume). Beim (Seiden?-) Samt kann man historischen Fotos zufolge davon ausgehen, dass die Vorhänge doppelt genäht, also die Samtoberfläche auf beiden Seiten zu sehen war. Der Vergleich mit den historischen Fotos zeigt ebenfalls, dass der jetzige Teppich vor der Onyxwand nicht dem historischen Vorbild entspricht. Die Experten empfahlen deshalb, Samtvorhänge und Teppich zu ersetzen, was bisher nicht geschah.[294] Die Orientteppiche sind natürlich keine Kopien der ursprünglichen, sondern mit Bedacht ausgesuchte (historische) Äquivalente.[295]

[294] 7. Sitzung der THICOM am 28.2.2012, Empfehlungen Nr. 4–6. Die THICOM empfahl generell, auf Vollständigkeit eher zu verzichten als Kompromisse bezüglich der Qualität der Rekonstruktionen einzugehen. Beim Teppich vor der Onyxwand empfahl die THICOM, eine Replik in dem noch bestehenden Lübecker Atelier von Alen Müller Hellwig (seit 1992 unter der Leitung von Ruth Löbe) herstellen zu lassen.

[295] In Istanbul von Josef Štulc und Michal Malásek ausgesucht. Man verzichtete auf eine Kopie des ca. 1932 fertiggestellten handgewebten Teppichs aus naturbrauner Wolle von Alen Müller-Helliwig unter dem Schreibtisch der Bibliothek.

[296] Tomáš Flimel.

[297] Die Oberfläche der Schieberplatte der mechanischen Steuerung (mit tschechischen Inschriften!) wurde nur zu einem Drittel konserviert, der Rest wurde erneuert. Derzeit wird diese Klimaanlage im Museumsbetrieb nicht ständig benützt.

[298] Im Museum der Stadt Brünn MuMB befinden sich einige originalen Stücke, z. B. eine zylindrische Lampe, ein Waschbecken und eine Klosettmuschel. Rekonstruktion: Daniel Piršč.

310

310
Haus Tugendhat, Wohnraum, Sitzgruppe vor der Onyxwand, nach der Restaurierung, 2012; das Polster der Chaiselongue war wohl im Original nicht so grell rot

311

311
Haus Tugendhat, Heizungskeller, nach der Restaurierung, 2012; die gesamte ursprüngliche, mit Koks betriebene Heizungsanlage wurde als technisches Denkmal funktionsfähig rekonstruiert (und mit der modernen Fernwärme verbunden); im Bild der originale, funktionsfähige Aschenaufzug, rechts davon Reste der originalen cremeweißen Fliesen

Technik

Mit Liebe zum Detail hat man die erhaltene technische Einrichtung repariert beziehungsweise die fehlenden Teile rekonstruiert.[296] Die Klimaanlage für den Wohnraum – Befeuchtung, Kühlung, Öl- und Holzwolle-Filter samt mechanischer Steuerung und Ventilator – ist wieder voll funktionsfähig.[297] Auch die Heizungsanlage, sinnvollerweise an das Fernwärmenetz angeschlossen, wurde als technisches Denkmal rekonstruiert. Das Gestänge der Markisen, das technisch nie hinreichend stabil war, ist nun (weitgehend unsichtbar) verstärkt und funktioniert automatisch mit einem Lichtdetektor. Bis ins kleinste Detail rekonstruiert sind die Leuchtkörper und die sanitäre Einrichtung. Grundlage der Rekonstruktion waren vor allem historische Fotos und zeitgenössische Kataloge.[298]

Garten

Grete Roder-Müller, die Gartenarchitektin des Hauses Tugendhat, hatte ursprünglich Gartenmauern aus behauenen Steinen geplant, die 1981–85 dann nach diesen Plänen rekonstruiert wurden. Die 1930 gebauten Gartenmauern bestanden aber aus Bruchsteinen. So ist es bemerkenswert, dass 2010–12 die tatsächlich gebauten Trockenmauern rekonstruiert wurden.[299] Lob verdient die aus eingehender Analyse historischer Fotos hervorgegangene Rekonstruktion des halbrunden Plateaus um die Trauerweide.[300]

Besucherzentrum

Mit großem Einfühlungsvermögen realisierten die Architekten den Vorschlag der THICOM, das Besucherzentrum im Erdgeschoss des Hauses Tugendhat so zurückhaltend wie möglich zu gestalten.

299 Leider hat man trotz Bedenken von Mitgliedern der THICOM die Trockenmauern nicht mit dem Erdreich verzahnt, sondern wie eine Betonmauer mit einer Folie gegen das Erdreich isoliert. Die Mauern sind dadurch nicht ausreichend stabil und weisen bereits Schäden auf.

300 Přemysl Krejčiřík und Kamila Krejčiříková. Die Kletterseile für den Bewuchs (Trellagen) fielen etwas zu üppig aus, z. B. jene über der Treppe. Die Bruchstein-Trockenmauern bedürfen an den Kanten noch der Stabilisierung.

301 Siehe Kapitel: Mobile Kunstwerke; Vitrine von Lilly Reich, Tischbank, Chaiselongue, Couchtisch MR 150 (bis 2014 in der Mährischen Galerie Brünn); 2 Barcelonastühle (derzeit im Museum der Stadt Brünn, Spilberk); Barcelona Ottoman, Bett und Hängekommode Grete Tugendhat, Schreibtisch Fritz Tugendhat (derzeit Wien); Büchervitrine Fritz Tugendhat, Bridgetisch (derzeit Zürich).

302 6. Sitzung der THICOM am 22.11.2011 und 7. Sitzung der THICOM am 28.2.2012, Empfehlung Nr. 11 (2 tschechische Gegenstimmen).

303 40.000 Besucher im Jahr sollte man ohnehin nicht durch die kleinen Schlafräume von Grete und Fritz Tugendhat gehen lassen, ein Blick hinein sollte genügen. Das Klimamanagement ist ein offener Punkt: Dazu gehört der bisher nicht begonnene Betrieb der Klimaanlage für den Wohnraum und die konsequente museale Klimatisierung der Schlafräume (Luftbefeuchter, Rollläden, Vorhänge).

312

312
Haus Tugendhat, Blick bei versenkter Glasscheibe vom Wohnraum zum Spielberg (2012)

313

313
Haus Tugendhat, Garten, Blick zur Gartenterrasse, nach der Restaurierung, 2012; die ursprünglichen Bruchsteinmauern des Gartens wurden in Form von Trockenmauern rekonstruiert (allerdings nicht mit dem Erdreich verzahnt, sondern durch eine Noppenfolie getrennt, was inzwischen zu statischen Schäden geführt hat)

Möbelkopien

[304] Mit Hilfe der Familie Tugendhat war es möglich, von den Ludwig Mies van der Rohe-Erben (Korrespondenz mit Frank Herterich, München und Dirk Lohan, Chicago) eine Erlaubnis zur genauen Kopie der Möbel zu erhalten. Die Recherchen der von Wolf Tegethoff geleiteten Arbeitsgruppe des Zentralinstituts für Kunstgeschichte München im Rahmen des Projekts *Kommentiertes Werkverzeichnis der Möbel und Möbelentwürfe Ludwig Mies van der Rohes* (Miroslav Ambroz, Friederike und Hans Deuerler, Rudolf Fischer, Matthias Winkler) ergaben, dass die handelsüblichen Kopien nicht mit den Maßen der für das Haus Tugendhat gebauten originalen Möbel übereinstimmen. Ambroz 2012 (zit. Anm. 59), S. 27.

Die Familie Tugendhat hat mehrfach den Wunsch geäußert, dass die (erhältlichen) originalen Möbel[301] wieder an ihre ursprüngliche Stelle im Haus Tugendhat kommen sollen. Nur sie tragen Spuren der Geschichte und bewahren eine Authentizität der Erinnerung, die in der restaurierten Architektur und in den Kopien der Möbel kaum in Erscheinung tritt. Die THICOM schloss sich dieser Auffassung an.[302] Die staatliche Denkmalpflege entschied, die mobile Inneneinrichtung durch Kopien zu ersetzen und originale Möbel des Hauses Tugendhat an einem anderen Ort museal zu präsentieren. Der ästhetische Gegensatz zwischen den Originalen und den Kopien nicht erhaltener Möbel solle vermieden werden. Das konservatorische Argument, nämlich die mögliche mechanische Verletzung durch Besucher und die klimatische Belastung, gilt allerdings auch für die eingebauten originalen Teile (Bibliothek, halbrunde Makassarwand, Türen und Einbauschränke) und natürlich auch für die Kopien. Diese konservatorischen Probleme sollten durch sachkundiges Museumsmanagement gelöst werden und sind kein Argument für die Abwesenheit originaler Möbel.[303] Dennoch, die Qualität der Kopien ist gut und basiert auf ausführlichen Recherchen.[304] Die ästhetisch bedeutsamen *Farbtupfer* der Innenreinrichtung, das „Smaragdgrün“ der Barcelona-Sessel und das „Rubinrot“ der Chaiselongue sind in den Kopien sicherlich zu grell. An den gut erhaltenen Gurten des originalen Ottomans lässt sich die Differenz ablesen.

314

314
Originales Makassar-Buffet vom Haus Tugendhat mit dem originalen Teppich aus dem Zimmer von Fritz Tugendhat, 2012, Privatbesitz Wien

315

315
Kopie des Makassar-Buffets von 2012 im Haus Tugendhat

Planung und Zukunft

Im Hinblick auf künftige Projekte der Restaurierung moderner Bauwerke ist die öffentliche Präsentation und Diskussion der denkmalpflegerischen Ziele eines Projekts *vor* Beginn der Arbeiten empfehlenswert, nicht zuletzt hinsichtlich der Frage, welche der späteren Veränderungen historisch bedeutsam und zu erhalten sind. Sowohl bei der Planung als auch bei der Durchführung einer Restaurierung sollte die konservatorisch/restauratorische Supervision und Dokumentation durch einen unabhängigen Konservator/Restaurator zur Regel werden.[305] Eine Gesamt-Überdachung der Baustelle oder zumindest ein überdachtes Gerüst spart nicht nur Kosten für Ausfälle bei Schlechtwetter, sondern verhindert auch zusätzliche Schäden durch Wassereinbrüche.[306] Den Besuchern eines restaurierten Denkmals sollte man mittels (in der Regel kleinen) archäologischen Fenstern und kleinen Schichttreppen die Möglichkeit geben, die Authentizität der restaurierten Oberflächen und Farben zu überprüfen und so Einblick in die Erhaltungsgeschichte zu bekommen.[307]

Für die weitere Erhaltung des Hauses Tugendhat sind – wie für jedes Denkmal – Monitoring (fachliche Beobachtung) und kontinuierliche Pflege unabdingbare Voraussetzung. Dafür sind Pläne, Konzepte und konkrete Aufträge an Konservatoren/Restauratoren und Handwerker ebenso notwendig wie entsprechende Budgetierung. Für die Pflege z. B. des besonders der Verwitterung ausgesetzten Fassadenputzes ist es sinnvoll, Materialdepots anzulegen, da mit nicht handelsüblichen Materialien und Techniken restauriert wurde. Ein Konzept zum Gebäudemanagement sollte auch die konservatorisch angemessene Klimatisierung, einen materialschonenden Pflege- und Reinigungsplan sowie Vorschriften zu Nutzungsbeschränkungen, Kostenkalkulationen und entsprechende Budgetierung enthalten. Die THICOM formulierte zu diesen Fragen am 28.2.2012 zwar Empfehlungen, war aber bis zur ihrer Entlassung im Juli 2012 in die Realisierung nicht mehr eingebunden.

Im Auftrag des damaligen Vizebürgermeisters Matěj Hollan legte Ivo Hammer am 23.12.2015 einen ‚Vorbericht' mit Empfehlungen zu Maßnahmen der Erhaltung, Pflege und zum Museumsmanagement vor, die teilweise schon im Rahmen der THICOM diskutiert worden waren. Anlass war die Infiltration von Feuchtigkeit in die Decke im Bereich der Pfeiler vor der halbrunden Makassar-Ebenholzwand. die seit 2012, also nach dem Abschluss der rezenten Restaurierung des Hauses Tugendhat, zu beobachten war. Die Feuchtigkeit erzeugte Flecken gelblicher Farbe, die bei Durchnässen von Schilfrohr als Träger des Deckenputzes typisch sind. Die Direktorin des Hauses Tugendhat,

[305] Selbstverständlich in Zusammenarbeit mit dem verantwortlichen Architekten und dem Inspektor der staatlichen Denkmalpflege. Historisch bewährt haben sich dafür Amtswerkstätten der Denkmalpflege, die verschiedene konservatorische/restauratorische Kompetenzen vereinigen. Möglich, aber aus begreiflichen Gründen (Konkurrenz) problematisch, ist die Beauftragung eines privaten Konservators/Restaurators.

[306] THICOM monierte mehrfach Mängel des Baustellenschutzes, z. B. große Wasserpfützen im Eingangsbereich auf der oberen Terrasse und auf dem Flachdach, die nachweislich zu Wasserschäden z. B. an der Decke des Schlafzimmers von Fritz Tugendhat führten.

[307] 7. Sitzung der THICOM von 28.2.2012, Empfehlung Nr. 2 (Gegenstimme des verantwortlichen Denkmalpflegers).

[308] Z. B. die Restaurierung der Wandflächen und der wieder gefundenen halbrunden Wand aus Makassar Ebenholz sowie die Rekonstruktion der Gläser, der Keramik, der sanitären Einrichtung und einzelner Möbel.

[309] Dies äußerte auch der Vertreter der staatlichen Denkmalpflege, Miroslav Solař, am 14. Dezember 2010 in einem Gespräch mit Zdeněk Vácha und mir.

[310] Teilnehmer des Podiums: Roman Onderka (Primátor), Miroslav Friš (UNISTAV), Ivo Hammer (THICOM), Pavel Ciprian (MuMB).

[311] Eröffnung durch: Kulturministerin Alena Hanáková, Oberbürgermeister Roman Onderka, Miroslav Friš (UNISTAV), Iveta Černá (MuMB) und Daniela Hammer Tugendhat.

[312] Ruth Guggenheim-Tugendhat war ebenfalls anwesend.

318
Haus Tugendhat, obere Terrasse, westlicher Anschluss der Travertin-Schwelle des Schlafzimmers von Grete Tugendhat am 5.12.2016 nach Entfernung der Terrazzoplatten. Die Isolierung von 2011 umfasst nicht die gesamte Ecke, die Feuchtigkeit führt zum Befall von Algen, die Silikonabdichtung (von ca. 2013) am oberen Anschluss der Schwelle ist nicht wirksam. Foto: Ivo Hammer

317

317
Haus Tugendhat, Eröffnung des Hauses Tugendhat am 29. Februar 2012, (v.li.) Matthias und Lukas Hammer, Enkel von Grete und Fritz Tugendhat, Anouk und Sandra Herzog

316

316
Haus Tugendhat, Pressekonferenz anlässlich der Eröffnung des Hauses Tugendhat am 29. Februar 2012, (v. li.) Wessel de Jonge, Ana Tostões, Soňa Haluzová (Sprecherin), Ruth Guggenheim-Tugendhat, Miroslav Friš, Petr Dvořák, Daniela Hammer-Tugendhat, Roman Onderka, Věra Koreňová (Übersetzerin), Ivo Hammer

318

319

319
Haus Tugendhat, obere Terrasse am 31.5.2013: Das Regenwasser sammelt sich zwischen den Travertin-Schwellen zu den Schlafzimmern von Grete und Fritz Tugendhat wegen der falschen Neigung der Terrazzoplatten. Durch die dicke thermische Isolierung von 2011 aus Glasschaum versinken die Travertin-Schwellen nahezu im Niveau der Terrazzoplatten. Foto: Ivo Hammer

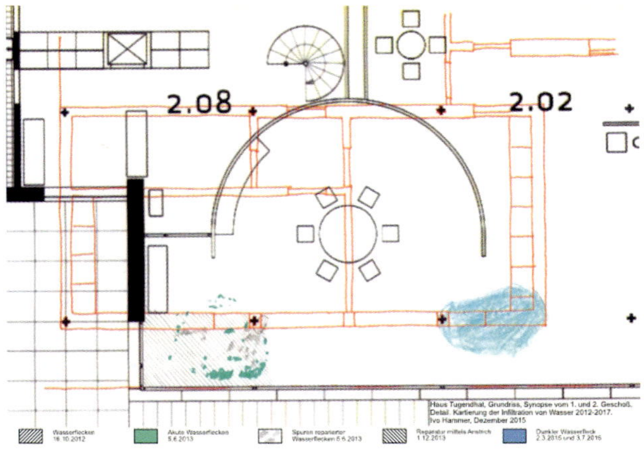

320

320
Haus Tugendhat, Grundriss, Detail (Wohnraum, Essbereich), Synopse des 1. und 2. Geschosses; Infiltration von Wasser in die Decke des Wohnraums seit 2012. Kartierung von Ivo Hammer, Dezember 2015

Architektin Iveta Černá, schrieb in ihrer Antwort auf den ‚Vorbericht' von „irreführenden Interpretationen" und behauptete, dass die Mängel bereits behoben wurden, was sich auf Silikonabdichtungen bezog. Diese Silikonfugen konnten, wie sich zeigte, nicht wirksam sein. Seit 2013 wurden die Feuchtigkeitsflecken nur kosmetisch und den geschliffenen *Stucco Lustro* ästhetisch verändernd behandelt, nämlich durch einen Anstrich gleicher Farbe. Der Vizebürgermeister beauftragte am 23.11.2016 eine kleine internationale Expertenkommission (TUGAD), bestehend aus Thomas Danzl, Ivo Hammer und Arthur Rüegg, ehemaligen Mitgliedern der THICOM, mit einem Gutachten. Ein Ortstermin der TUGAD am 5.12.2016 und begleitende Untersuchungen des MuMB belegten eindeutig die Ursache der Infiltration, nämlich Mängel in der Isolierung bei der Erneuerung des Bodens der oberen Terrasse 2011. Die technischen Mängel wurden erst im April 2017, ohne Beteiligung der TUGAD, behoben. Der Direktor des MuMB fand eine „ausländische Supervision" für völlig entbehrlich.

Trotz aller kritischen Bemerkungen lässt sich konstatieren, dass die Arbeit der tschechischen Architekten, Restauratoren und Handwerker insgesamt hervorragend war.[308] Das Haus Tugendhat weist nun in seiner Materialität eine Qualität auf, die international als Standard für zukünftige Aufgaben der Restaurierung und Adaption von Architektur des Neuen Bauens gelten kann. Die konservierungswissenschaftlichen Untersuchungen, die den Arbeiten am Haus vorausgingen, und die engagierte Tätigkeit der Mitglieder der THICOM haben dazu sicherlich einen relevanten Beitrag geleistet. Die Arbeit dieses Expertengremiums kann man als exemplarisches Modell für internationale Kooperation im Rahmen der Denkmalpflege bezeichnen.[309]

Das Haus Tugendhat öffnete nach zwei Jahren Restaurierungsarbeiten wieder die Türen. Am Morgen des 29.2.2012 fand im Haus Tugendhat eine internationale Pressekonferenz statt, zu der Primátor Roman Onderka geladen hatte.[310]

Bei der anschließenden feierlichen Eröffnung[311] des Hauses hielt Daniela Hammer-Tugendhat in Vertretung der Familie[312] eine Rede, mit der sie ihr Elternhaus symbolisch der kulturellen Weltöffentlichkeit übergab.

Anmerkung:
Für weitere Hinweise siehe www.angewandtekunstgeschichte.net

13

Daniela Hammer-Tugendhat

Rede zur Eröffnung des Hauses Tugendhat in Brünn am 29.2.2012

Dámy a pánové
Bohužel nemam mluvit česky jako moje rodiče.
I speak German, my mother tongue, the language of the client and the architect of the Tugendhat House. My speech is available in Czech and English translation.

Ich spreche als Tochter von Grete und Fritz Tugendhat in Vertretung meiner Familie, insbesondere meiner Schwester Ruth Guggenheim-Tugendhat, die heute hier anwesend ist.

Bezüglich der Würdigung der Restaurierung kann ich mich meinen Vorrednern anschließen. Wesentliche Grundlagen für das Gelingen der Restaurierung des Hauses Tugendhat waren sicherlich die interuniversitären, von Ivo Hammer konzipierten und geleiteten konservierungswissenschaftlichen Untersuchungen, genannt CIC, und die Tätigkeit der internationalen Expertenkommission THICOM.

Die Familie Tugendhat hat sich seit mehr als zwanzig Jahren und unter nicht immer erfreulichen Umständen um die Öffnung des Hauses als Museum und die Restaurierung bemüht. Ich freue mich, dass die Restaurierung von der Stadt Brünn schließlich in Angriff genommen wurde und nun einen so guten Abschluss gefunden hat. Ich hoffe, dass in Zukunft auch die originalen Möbel, insbesondere diejenigen, die sich nach der Restitution an die Familie 2006 noch immer im Depot der Mährischen Galerie befinden, den Weg ins Haus zurück finden und die Kopien ersetzen. An den originalen Möbeln, obwohl überwiegend gut erhalten, sind auch die Spuren der Geschichte ablesbar. Nach allem, was in und mit diesem Haus geschehen ist, wäre es merkwürdig, wenn Besucher den Eindruck erhielten, als sei nichts geschehen.

Meine Eltern, Grete und Fritz Tugendhat, mussten 1938 dieses Haus mit ihren drei Kindern verlassen. Die Gestapo hat das Haus beschlagnahmt, dann übernahmen es die so genannten Kommunisten und dann die Stadt Brünn[1]. Meine Eltern haben nicht nur das Haus verloren, sondern engste Familienangehörige, die von den Nazis ermordet worden sind.

Meine Mutter war 27 Jahre alt, mein Vater 34, als sie Mies van der Rohe mit dem Bau des Hauses beauftragten. Es war eine mutige Tat, sich für solch ein Haus zu entscheiden. Dass das Haus so gebaut worden ist, ist nicht nur der Leistung eines überragenden Architekten, Mies van der Rohe, seiner Kollegin, der Innenarchitektin Lilly Reich, und dem hohen Stand der Baukunst und des Handwerks von Brünn zu verdanken, sondern auch den Auftraggebern. Grete und Fritz Tugendhat haben sich vollständig mit dieser Architektur identifiziert. Sie haben das Haus geliebt.

Mein Vater glaubte, dass sich die Schönheit und Klarheit dieser Architektur auf das Ethos der Menschen auswirken müssten, die in diesem Haus lebten, auf die Kinder, die darin aufwachsen. Dieser Glaube an die Wirkung von Kunst und Architektur hat eine erstaunliche Bestätigung gefunden. Dieter Reifarth, der einen Dokumentarfilm über das Haus dreht, hat Menschen interviewt, die als bewegungsgeschädigte Kinder vom Brünner Kinderspital in den Jahren 1950–1980 ambulant hier untergebracht waren. Die Quintessenz ihrer Aussagen war: Das Haus hat uns getröstet.

Meine Mutter beschrieb die Wirkung des Wohnraums, den man sich nur in eigner Bewegung erschließen kann, mit den Worten: „Der Rhythmus des Raums ist wie Musik."

Ich wünsche mir, dass nicht nur möglichst viele Menschen das Tugendhat-Haus besuchen, sondern dass sie diese befreiende und meditative Wirkung des Hauses empfinden und mitnehmen können.

Aus dem Haus, das als privates Haus für eine Familie und ihre Kinder gebaut worden war, ist ein Kunstwerk geworden, das nun der Weltöffentlichkeit übergeben wird. Wir denken, dass es in der Obhut der Stadt in guten Händen ist. Ich wünsche dem Haus eine Zukunft in Frieden.

[1] Diese Formulierung und der Hinweis auf den Wunsch der Familie Tugendhat, dass zumindest die restituierten originalen Möbel, die behördlich mit Ausfuhrverbot belegt sind, vom Staat gekauft und wieder in das Haus Tugendhat kommen, war für die Stadt Brünn Anlass, diese Rede nicht in der offiziellen Publikation über das restaurierte Haus (Iveta Černá und Dagmar Černoušková, Mies v Brně. Vila Tugendhat, Brno, MuMB 2012) abzudrucken (Brief des 1. Vizebürgermeisters Dr. Robert Kotzian vom 13. August 2012 an Ivo Hammer).

321

322

323

321
Daniela Hammer-Tugendhat bei ihrer Rede zur Eröffnung des Hauses Tugendhat am 29. Februar 2012

322
Ruth Guggenheim-Tugendhat bei der Eröffnung des Hauses Tugendhat am 29. Februar 2012

323
Ernst Tugendhat, Tübingen, 29. April 2011

14

Nina Franziska Schneider
und Wolf Tegethoff

Katalog der ursprünglichen Möblierung des Hauses Tugendhat

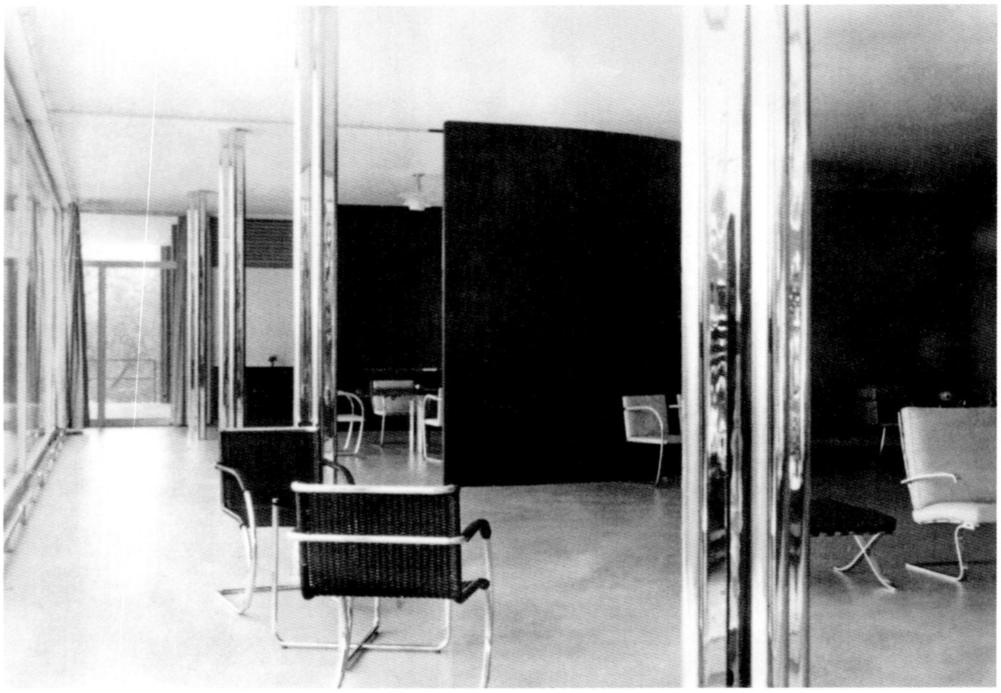

324

324
Haus Tugendhat, vorderer Wohnbereich mit Blick zur Esszimmerterrasse, provisorische Aufstellung der Möbel

Die Mehrzahl der beweglichen und festen Einrichtungselemente des Tugendhat-Hauses wurde von Mies van der Rohe erst im Rahmen des Brünner Auftrags entworfen. Ausgenommen hiervon waren lediglich die bereits auf der Stuttgarter Werkbund-Ausstellung gezeigten „Freischwinger" und Beistelltische sowie der zur Ausstattung des Deutschen Pavillons in Barcelona von 1929 gehörende Sessel mit zugehörigem Hocker. Mies arbeitete auch in Brünn wiederum eng mit Lilly Reich zusammen, in deren Urteilskraft er großes Vertrauen setzte. Auswahl und Farbabstimmung der Bezugsmaterialien, Vorhangstoffe und Teppiche tragen wohl zu großen Teilen ihre Handschrift. Eindeutig Lilly Reich zuzuschreiben sind die große Vitrine im Wohnraum und das verglaste Bücherregal im Zimmer von Fritz Tugendhat, während ihr in anderen Fällen, so insbesondere bei den Stahlrohr- und Flachstahlmöbeln, wohl bestenfalls eine beratende Rolle zugefallen sein dürfte. Einfachere Möbelentwürfe für Regale und Betten wurden vermutlich von Ateliermitarbeitern nach allgemeinen Vorgaben selbständig erstellt und lediglich noch einer abschließenden Korrektur durch Mies oder Lilly Reich unterzogen. Der alles in allem außerordentlich hohe Planungsaufwand ist dabei nur dadurch zu erklären, dass während des Krisenjahres 1930 größere neue Aufträge ausblieben und das Atelier daher in den entscheidenden Sommermonaten kaum noch ausgelastet war.

Zu den meisten Möbeln sind Konstruktionspläne aus der Zeit um 1930/31 im Nachlass des Architekten erhalten, während Entwurfszeichnungen im engeren Sinne zu den Stahlrohr- und Flachstahlmöbeln praktisch durchgängig fehlen. Neben diesem Planmaterial, das heute im Museum of Modern Art in New York aufbewahrt wird, fanden sich weitere Lichtpausen im Städtischen Spielberg Museum in Brünn. Überkommen sind ferner eine Reihe von Einrichtungsplänen, die genaue Angaben zur Positionierung der Möbel enthalten. Dies unterstreicht die grundsätzliche Bedeutung der beweglichen Ausstattung für die Raumkonzeption Mies van der Rohes: Als integraler Bestandteil der Architektur bildet sie ein unverzichtbares Element des Gesamtentwurfs.

Die Ausführung der Sitzmöbel erfolgte zunächst in Einzelanfertigung durch die Firma Berliner Metallgewerbe Jos. Müller. Die frühen „Freischwinger",

325

325
Haus Tugendhat, vorderer Wohnbereich mit Blick zum Wintergarten, provisorische Aufstellung der Möbel

Stahlrohrhocker und -tische wurden in einem um 1928/29 zu datierendem Faltblatt des Herstellers in verschiedenen Ausführungen angeboten. Nachdem der ehemalige technische Leiter 1931 den Betrieb in eigener Regie übernommen hatte, sollten Herstellung und Vertrieb unter dem Firmennamen Bamberg Metallwerkstätten erfolgen, wobei nun auch die neu hinzugekommenen Tugendhat-Möbel im Sortiment erschienen. Die auf den August und September 1931 datierten Reinzeichnungen dienten vermutlich als Produktionsvorlagen für die kurz darauf abgeschlossene Lizenzübertragung an die Thonet-Mundus AG, bei der sich Mies allerdings die Verwertungsrechte in Teilen des Auslands vorbehielt. Der Vertrag mit Thonet bezog sich ausschließlich auf die Stahlrohrmöbel wie den patentgeschützten Freischwinger von 1927. Mies-Möbel aus Bandstahl sind in den Thonet-Katalogen nicht mehr aufgeführt; ob diese überhaupt vor der Wiederaufnahme der Produktion durch Knoll ab den späten vierziger Jahren in größeren Stückzahlen hergestellt wurden, scheint mehr als fraglich. Ein undatiertes Faltblatt der Firma Estler Metallmöbel aus der Zeit um 1933/34 führt ebenfalls Stahlrohrmöbel von Mies van der Rohe im Programm, ohne dass über die Umstände Näheres bekannt wäre.

Im Gegensatz zu den Stahlrohr- und Flachstahlmöbeln handelte es sich bei den Holztischen, Schränken, Regalen und Bettkästen durchwegs um Einzelanfertigungen. Der Name der Herstellerfirma (oder -firmen) ist nicht bekannt; eine Ausführung durch eine Berliner Firma – Mies arbeitete vorzugsweise mit der Möbeltischlerei Richard Fahnkow zusammen – ist nicht auszuschließen, zumal nur dadurch eine laufende Überwachung durch das Atelier gewährleistet werden konnte. Andererseits erwähnt Grete Tugendhat in ihrem Brünner Vortrag von 1969, dass sie auf Übersendung der zugesagten Möbelentwürfe hätten drängen müssen, was wiederum für Brünn oder die näher Umgebung als Herstellungsort spräche.

Während der deutschen Okkupationszeit (März 1939 bis April 1945) wurden sämtliche noch im Haus verbliebenen beweglichen Einrichtungsgegenstände entfernt und vermutlich als beschlagnahmtes jüdisches Eigentum wie auch andernorts in einer zentralen Sammelstelle zum Verkauf feilgeboten. Nur weniges davon konnte nach dem Krieg von Jan Dvořák wieder aufgespürt werden; diese Stücke, darunter die große Wohnzimmervitrine und die erst 1931/32 hinzugekommene Chaiselongue, befinden sich heute in der Mährischen Galerie in Brünn.* Allerdings war es der Familie gelungen, einen beträchtlichen Teil der Möbel mit ins Exil zu retten. Diese befinden sich nach wie vor in Familienbesitz und werden hier erstmals in neueren Farbaufnahmen vorgestellt.

Der nachfolgende Katalog der ursprünglichen Einrichtung des Tugendhat-Hauses beschränkt sich auf die wichtigsten technischen Angaben. Soweit Zeichnungen zu den einzelnen Möbeln erhalten sind, bezieht sich die angegebene Inventarnummer auf den Bestand des Mies van der Rohe Archivs im New Yorker Museum of Modern Art. Dieser Quelle entstammen auch die Material- und Maßangaben, sofern nicht das Original selbst erhalten ist. Abweichend davon wurden bei den Stahlrohrmöbeln die Maße aus dem Faltblatt der Firma Berliner Metallgewerbe zugrunde gelegt und alternative Angaben aus späteren Quellen gesondert vermerkt. Grundsätzlich ist hier auf den experimentellen Charakter der Einzelanfertigung hinzuweisen, von der im Falle der Einrichtung des Tugendhat-Hauses noch weitgehend ausgegangen werden muss. Abbildungsnummern verweisen auf Illustrationen im vorliegenden Buch, die die Möbel am ursprünglichen Aufstellungsort zeigen. Im Hinblick auf den nach wie vor dürftigen Forschungsstand wurde auf ausführliche Literaturangaben zu den einzelnen Katalognummern verzichtet; statt dessen wird auf die im abschließenden Gesamtverzeichnis gesondert aufgeführten Veröffentlichungen zu den Möbeln Mies van der Rohes verwiesen.

Sitzmöbel

1. Freischwinger ohne Armlehnen mit Rohrgeflecht (Bamberg MR 10/3)

Entwurf:	Mies van der Rohe, 1927 (Rohrgeflecht 1928)
Aufstellungsort:	1 Expl. im Zimmer von Fritz Tugendhat (Abb. 71, 328), möglicherweise weitere Exemplare im Haus vorhanden
Verbleib:	unbekannt
Material:	Stahlrohr, verchromt, massiver Versteifungsbügel (12 mm); Sitz und Lehne Rohrgeflecht, dunkel lackiert
Maße:	81/45×42×71 (?) cm (H×B×T); Rohrdurchmesser 24 mm, Wandungsstärke 2 mm
Zeichnung:	MoMA 3232.1.483, dat. 21. Aug. 1931 (Stuhlmaße 79/44×47×71 cm)
Hersteller:	Berliner Metallgewerbe Jos. Müller als MR Stuhl (81/45×42×?) [ab 1931 Bamberg Metallwerkstätten als MR 10 (79/44×47×71); Estler Metallmöbel als MR 3 (81/45×45×?); ab 1931/32 Thonet als MR 533 (79/44×40, ab 1934: 42×?), heute S 533; ab 1964 Knoll International als Modell 256]

Der Stuhl wurde mit und ohne Armlehnen erstmals im Oktober 1927 im „Café Samt und Seide“ auf der Berliner Ausstellung „Die Mode der Dame“ und unmittelbar darauf auch auf der Stuttgarter Werkbundausstellung gezeigt. Müller wie Bamberg fertigten den Rahmen des Sessels mit farbig lackierter, vernickelter oder verchromter Oberfläche. Für Sitz und Rückenlehne standen wahlweise Eisengarnstoff (Bamberg MR 10/1, Estler MR 1), Rindsleder (Bamberg MR 10/2, Estler MR 2) oder, ab 1928, Korbgeflecht (Bamberg MR 10/3, Estler MR 3) zur Verfügung, doch waren vermutlich auch Sonderausführungen möglich. Thonet lieferte Modelle mit Korbgeflecht, Leder- oder Eisengarnbespannung.

2. Freischwinger mit Armlehnen (Bamberg MR 20/3)

Entwurf:	Mies van der Rohe, 1927 (Korbgeflecht 1928)
Aufstellungsort:	2 Expl. im Vestibül (Abb. 165), 1 Expl. im Zimmer von Fritz Tugendhat (Abb. 73, 328), 1 Expl. im „Fräuleinzimmer“ (Abb. 167), 2 Expl. am Schreibtisch im Wohnbereich (Abb. 171, 174), möglicherweise weitere Exemplare im Haus vorhanden
Verbleib:	unbekannt
Material:	Stahlrohr, verchromt, massiver Versteifungsbügel (12 mm); Sitz, Lehne, Armauflagen Rohrgeflecht, dunkel lackiert
Maße:	81/45×46×82 cm (H×B×T); Rohrdurchmesser 24 mm, Wandungsstärke 2 mm
Zeichnung:	MoMA, ohne Inv.-Nr., dat. 19. Aug. 1931 (79/44×52×82)
Hersteller:	Berliner Metallgewerbe Jos. Müller mit den Maßen 81/45×46×82 (?) cm [ab 1931 Bamberg Metallwerkstätten als MR 20 (79/44×52×82 cm); Estler Metallmöbel als MR 13 (81/45×50×? cm); ab 1931/32 Thonet als MR 534 (79/44×42×? cm), heute S 533 F; ab 1977 Knoll International als Modell 256 A]

Die Aufstellung des vergleichsweise leichten Sessels variiert in den vorhandenen Aufnahmen. Das Exemplar im Zimmer von Hanna (Abb. 75) stammt vermutlich aus dem sogenannten Fräuleinzimmer; die drei Exemplar auf der Esszimmerterrasse, die auf einem einzelnen Foto zu sehen sind (Abb. 29, 142), dürften kurzfristig aus anderen Räumen zusammengetragen worden sein, jedenfalls nicht ständig draußen gestanden haben. Zu den von Müller wie von Bamberg angebotenen Ausführungsvarianten vgl. Kat.-Nr. 1 (MR 20/1, MR 20/2 bzw. MR 20/3). Die Estler Modelle trugen die Typenbezeichnung MR 11, 12 und 13; die leder- bzw. stoffbespannten Thonet-Versionen hatten hölzerne Armauflagen.

3. Freischwinger als Kinderstuhl

Entwurf:	Mies van der Rohe, 1930
Aufstellungsort:	2 Expl. Zimmer von Hanna (Abb. 75, 324)
Verbleib:	unbekannt
Material:	Stahlrohr, verchromt, Versteifungsbügel (?); Sitz und Lehne Rohrgeflecht, dunkel lackiert
Maße:	68/38×40 (?)×(?) cm (H×B×T); Rohrdurchmesser 18 mm, Wandungsstärke 1,2 (?) mm
Zeichnung:	MoMA, ohne Inv.-Nr.
Hersteller:	Berliner Metallgewerbe Jos. Müller (vermutl. Sonderanfertigung) Das Modell entspricht dem des Freischwingers (Kat.-Nr. 1), wobei lediglich die Maße variieren.

326

326
Haus Tugendhat, Zimmer von Hanna, Blick zur Schrankwand

327

327
Ernst Tugendhat im Vestibül, Stahlrohrhocker vor der Garderobe

4. Stahlrohrhocker (Bamberg MR 1)

Entwurf:	Mies van der Rohe, 1927 (Rohrgeflecht 1928)
Aufstellungsort:	1 Expl. bei der Garderobe im Vestibül (Abb. 325), möglicherweise weitere Exemplare im Haus vorhanden
Verbleib:	unbekannt
Material:	Stahlrohr, verchromt, massiver Versteifungsbügel (12 mm); Sitz Rohrgeflecht, dunkel lackiert
Maße:	45 × 45 × 50 cm (H × B × T); Rohrdurchmesser 24 mm, Wandungsstärke 2 mm
Zeichnung:	MoMA 3232.1.478, dat. 19. Aug. 1931 (44 × 50 × 45 cm)
Hersteller:	Berliner Metallgewerbe Jos. Müller [ab 1931 Bamberg Metallwerkstätten als MR 3 (44 × 45 × 50 cm); Estler Metallmöbel als MR 453 (45 × 40 × 48 cm)]

Zu den von Müller wie von Bamberg angebotenen Ausführungsvarianten vgl. Kat.-Nr. 1. Estler führte nur den Hocker mit Rohrgeflecht als MR-Version, die Varianten unter seiner eigenen Typenbezeichnung (Eisengarn ES 451, Rindsleder ES 452, Ripspolster ES 454, Lederpolster ES 455).

5. Klavierbank

Entwurf:	Mies van der Rohe, 1930
Aufstellungsort:	Einzelexemplar, im Wohnbereich (Abb. 143)
Verbleib:	unbekannt
Material:	Stahlrohr, verchromt; massiver Versteifungsbügel (12 mm); Sitz Rohrgeflecht, dunkel lackiert

328
Barcelona-Sessel im Haus Tugendhat

328

329
Hanna und Ernst auf dem Tugendhat-Sessel in der Bibliothek

329

Maße: unbekannt (ca. 50 × 60 × 50 cm; Rohrdurchmesser 24 mm)

Zeichnung: keine; MoMA 3232.2.121 zeigt eine nicht aus geführte Variante

Hersteller: Berliner Metallgewerbe Jos. Müller (Sonderanfertigung)

Das Modell entspricht dem Typus des Stahlrohrhockers (Kat. Nr. 4) mit veränderten Maßen.

6. Barcelona-Sessel (Bamberg MR 90/9)

Entwurf: Mies van der Rohe, 1929

Aufstellungsort: 3 Expl. im Wohnbereich, Sitzgruppe vor der Onyxwand (Abb. 112, 173, 323)

Verbleib: 2 Expl. kürzlich (2011) in Brünn wieder aufgetaucht (Abb. 220; Museum der Stadt Brünn)

Material: Flachstahl, verchromt; Lederriemenbespannung; Kissen mit Rosshaarfüllung, gelbgrüner („chartreuse-farbener") Lederbezug, geknöpft kassettiert und bombiert

Maße: 76/34,5 × 75 × 75 cm (H × B × T) ohne Auflage; Stahlprofil 35 × 11 mm, Riemenbreite 38 mm

Zeichnung: MoMA 3232.1.412, dat. 14. Sept. 1931

Hersteller: Berliner Metallgewerbe Jos. Müller [ab 1931 Bamberg Metallwerkstätten als MR 90; ab 1948 Knoll Associates, später Knoll International als Modell 250]

Der Sessel wurde für den Pavillon des Deutschen Reiches auf der Internationalen Ausstellung Barcelona 1929 entworfen. Die dortigen beiden mit weißem Schweinsleder bezogenen Exemplare hatten jedoch horizontal verlaufende Rückengurte und Kissen mit versetzt angeordneten Knopfreihen und ohne Bombierung, wodurch sich ein diagonales Muster ergab. Bamberg offerierte den Rahmen farbig lackiert, vernickelt oder verchromt. Als Auflage waren wahlweise Stoffkissen (MR 90/8) oder Schweinslederkissen (MR 90/9) erhältlich.

7. Barcelona-Hocker (Bamberg MR 80/9)

Entwurf: Mies van der Rohe, 1929

Aufstellungsort: 1 Expl. im Zimmer von Grete Tugendhat (Abb. 68), 1 Expl. Sitzgruppe vor der Onyxwand (Abb. 173, 221, 270)

Verbleib: Expl. aus dem Zimmer von Grete Tugendhat im Familienbesitz erhalten, Bezug und Polster erneuert; Expl. der Sitzgruppe seit 2012 ebenfalls wieder in Familienbsitz, Leihgabe im MAK – Museum für angewandte Kunst, Wien**

Material: Flachstahl, verchromt; Lederriemenbespannung; Polsterauflagen mit „kirschrotem" (Zimmer Grete Tugendhat) oder „smaragdgrünem" („chartreusefarbenem") Bezug aus Ziegenleder, geknöpft und kassettiert bombiert

Maße: 34 × 60 × 58 cm (H × B × T) ohne Auflage; Stahlprofil 35 × 12 mm

Zeichnung: MoMA, ohne Inv.-Nr., u. 3232.1.444

Hersteller: Berliner Metallgewerbe Jos. Müller [ab 1931 Bamberg Metallwerkstätten als MR 80/8 (Stoffkissen) und MR 80/9 (Schweinslederkissen); ab 1948 Knoll International als Modell 251 (29 × 58 × 54/60 cm)]

Der Hocker wurde wie der Barcelona-Sessel für den Barcelona-Pavillon 1929 entworfen, war dort allerdings mit weißem Schweinsleder bezogen, nicht bombiert und diagonal gesteppt.

8. Tugendhat-Sessel (Bamberg MR 70/8 und MR 70/9)

Entwurf: Mies van der Rohe, 1930

Aufstellungsort: 1 Expl. im „Fräuleinzimmer" (Abb. 167), 1 Expl. in der Bibliotheksnische (Abb. 327), 3 Expl. Sitzgruppe vor Onyxwand (Abb. 173, 270)

Verbleib: 2 Expl. im Museum of Modern Art, New York (über Herbert Tugendhat, Caracas), Verchromung, Bezug und Polster erneuert; Verbleib der anderen 4 Expl. unbekannt

Material: Flachstahl; Rahmen farbig (vermutl. blau oder rot) lackiert, Stoffkissen mit karierten Bezügen (Fräuleinzimmer), Rahmen verchromt, Lederkissen, geknöpft kassettiert und bombiert (Bibliothek), Rahmen verchromt, Stoffkissen mit „silbergrauem Rodierstoff" bezogen, weiße oder beigefarbene Gummigurte, später durch Lederriemen mit Spannschnallen ersetzt, 2 der 3 Sessel mit hohen Armauflagen (Wohnbereich);

Maße: 87/32 × 70 × 70 cm (H × B ohne Armlehnen × T); Stahlprofil 35 × 11 mm; Riemenbreite 30 mm; Kissen 6 cm

Zeichnung: MoMA 3232.1.481, dat. 7. Sept. 1931, u.1.517 (85 × 69 × 67 cm); MoMA, ohne Inv.-Nr., u. 3232.1.528, 1.529 zeigen Entwurfsvarianten

Hersteller: Berliner Metallgewerbe Jos. Müller [ab 1931 Bamberg Metallwerkstätten als MR 70/8 (Stoffkissen) und MR 70/9 (Schweinslederkissen); 1964–1977 Knoll International als Modell 254 A]

9. Brno-Sessel mit Rahmen aus Flachstahl

Entwurf: Mies van der Rohe, 1930

Aufstellungsort: Einzelexemplar, Zimmer von Grete Tugendhat (Abb. 334)

Verbleib: im Familienbesitz, Bezug und Polster erneuert (Abb. 232)

Material: Flachstahl, verchromt; Sitz und Lehne Holzrahmen mit Gurtgeflecht, gepolstert; „kirschroter" Lederbezug

Maße: 81/44 × 51 × 57 cm (H × B × T); Stahlprofil 35 × 10 mm

Zeichnung: MoMA, ohne Inv.-Nr.; MoMA, ohne Inv.-Nr., u. 3232.1.477 zeigen Entwurfsvarianten

Hersteller: Berliner Metallgewerbe Jos. Müller [seit 1960 Knoll International als Modell 255]

Der Brno-Sessel aus dem Zimmer von Grete Tugendhat war das einzige Exemplar aus der ursprünglichen Einrichtung mit Flachstahlrahmen. Die angebliche Herkunft eines ähnlichen, heute im Prager Kunstgewerbemuseum befindlichen Brno-Sessels aus dem Tugendhat-Haus ist damit eindeutig widerlegt. Das Prager Exemplar besitzt zudem gepolsterte Armauflagen, was bei dem Original nicht der Fall war.

10. Brno-Sessel mit Stahlrohrrahmen (Bamberg MR 50/7)

Entwurf: Mies van der Rohe, 1930

Aufstellungsort: 3 Expl. Bibliotheksnische (Abb. 329), 4 Expl. vor der Leuchtwand im Wohnbereich (Abb. 172), 4 oder mehr Expl. ständig in der Esszimmernische (Abb. 61, 172)

Verbleib: unbekannt, einige Exemplare in den vierziger Jahren in Caracas noch vorhanden, heute aber verschollen (Abb. 233)

Material: Stahlrohr, verchromt; Holzrahmen mit Gurtgeflecht, leicht gepolstert; weißer Pergamentbezug, Armlehnen und Polsternägel ebenfalls mit Pergament überzogen, nachträglich angebrachte Gummi-Stopper an den Kufenbiegungen

Maße: 78,8/43 × 55 × 56 cm (H × B × T) Stahlrohr 24 mm; Holzrahmen 3 cm (ohne Polsterung)

Zeichnung: MoMA 3232.1.466, dat. 11. Sept.1931 (78,8/43 × 55 × ? cm); MoMA 3232.1.510, 1.511 u. 1.512 zeigen Entwurfsvarianten

Hersteller: Berliner Metallgewerbe Jos. Müller [ab 1931 Bamberg Metallwerkstätten mit Stoff- (MR 50/5), Leder- (MR 50/6) oder Pergamentbezug (MR 50/7); Estler mit Rips- (MR 76), Leder- (MR 77) oder Pergamentbezug (MR 78) und leicht veränderten Maßen (80/45 × 50 × w); ab 1977 Knoll International Modell 245]

Der Esstisch war in der Regel von vier Stühlen umstellt, weitere waren entlang der Essnischenwand aufgereiht und sind vermutlich auch in den angrenzenden Wirtschaftsräumen aufbewahrt worden. Die Gesamtzahl, einschließlich der Brno-Sessel vor der Leuchtwand und in der Bibliotheksnische, dürfte 24 Exemplare (Bestuhlungskapazität des zweimal erweiterten Esszimmertisches) nicht überschritten haben. Da die Stühle bei plötzlicher Belastung vornüber zu kippen neigten, wurden im vorderen Kufenbereich nachträglich Stopper angebracht (vgl. Abb. 61, 172 bzw. 329, 331).

Die Estler-Modelle unterschieden sich unter anderem durch eine stärkere Rundung der Frontbügel.

11. Chaiselongue (Bamberg 100/4)

Entwurf: Mies van der Rohe, 1931

Aufstellungsort: 1 Expl. vor der Glaswand im vorderen Wohnbereich (Abb. 51, 97)

Verbleib: Mährische Galerie, Brünn*, Polsterauflage und Bezug erneuert (Abb. 217)

Material: Stahlrohr, verchromt, massiver Versteifungsbügel (12 mm); Lederriemen mit Gürtelschnallen; Polsterauflage mit „rubinrotem" Samtbezug

Maße: 95,5/49/33 × 60 × 120/105,5 cm (H × B × L); Rohrdurchmesser 25 mm, Wandungsstärke 2 mm

Zeichnung: MoMA 3232.1.485, dat.19.8.1931; 1.533 zeigt die Variante MR 110

Hersteller: Bamberg Metallwerkstätten als MR 100/4, dieses Modell mit 25 mm Rohrdurchmesser vermutlich Thonet (Modell 535 mit den Maßen 97 × 60 × 116 cm) [ab 1977 Knollinternational als Modell 241]

Bamberg lieferte das Modell in lackierter, vernickelter und verchromter Rahmenausführung. Das Polster lag auf Gummi- oder Lederbändern auf und war wulstförmig abgesteppt. Entgegen der Angabe bei Glaeser übernahm Thonet zunächst nur das Modell Bamberg MR 110 mit vorspringendem Fußteil ins Lieferprogramm. Das erst 1935 aufgenommene Thonet-Modell 535 hatte gegenüber Bamberg MR 100 leicht abgeänderte Maße.

12. Küchen- und Badezimmerstühle

Entwurf: Mies van der Rohe, vor 1930

Aufstellungsort: 3 bis 4 Expl. in der Küche (Abb. 80; Stuhl am linken Bildrand im Anschnitt), 1 Expl. im Elternbad (Abb. 79)

Verbleib: unbekannt

Material:	Massivholz, weißer Schleiflack; Sitz und Rückenteil eingelassen und mit naturfarbenem Pergamentleder (?) bezogen
Maße:	82/44×51×51 cm; Stuhlbeinprofil 4,3×4,3 cm, Spiegel rückseitig 0,5 cm eingetieft
Zeichnung:	MoMA, ohne Inv.-Nr.
Hersteller:	unbekannt

Zu den Küchenstühlen gehört der Tisch Kat.-Nr. 23. Eine vergleichbare Gruppe in Palisander aus Mies van der Rohes Berliner Wohnung ist noch im Besitz seiner Nachkommen.

13. Sofa

Entwurf:	Mies van der Rohe, 1930
Aufstellungsort:	Einzelexemplar, Bibliotheksnische (Abb. 329)
Verbleib:	Privatbesitz in Brünn, in ruinösem Zustand (Abb. 222)
Material:	Sockel Makassar furniert; Rosshaarkissen mit „naturfarbenem" Schweinslederbezug
Maße:	72/42×320×72 cm (H×B×T); Sockelhöhe 15 cm; Sitzpolster 6 cm, nach hinten abfallend; Rückenkissen 9 cm
Zeichnung:	MoMA 3232.2.126, 2.156 u. 2.157 (Pause von 2.156)
Hersteller:	unbekannt (Einzelanfertigung)

Das Sofa nimmt die gesamte Tiefe der Bibliotheksnische ein und ist in vier abgeknöpfte Sitzpolster mit zugehörigen Rückenkissen unterteilt.

Tische

14. Beistelltisch (Bamberg MR 130 u. MR 140)

Entwurf:	Mies van der Rohe, 1927
Aufstellungsort:	1 Expl. im Vestibül (Abb. 165), 1 Expl. im Zimmer von Grete Tugendhat (Abb. 334), 1 Expl. bei der Sitzgruppe vor der Leuchtwand (Abb. 172); 1 Expl. im vorderen Wohnbereich als Beistelltisch zur Chaiselongue (Abb. 112, 155) möglicherweise weitere Exemplare im Haus vorhanden
Verbleib:	unbekannt
Material:	Gestell aus Stahlrohr, verchromt; Tischplatte aus Schwarzglas (Rauchglas), Kristallglas, furniertem oder farbig lackiertem Holz
Maße:	60×60 und 60×70 cm (Höhe×Durchmesser); Rohrdurchmesser 24 mm, Wandungsstärke 2 mm; Glasstärke 8 mm, Dicke der Holzplatte 10 mm (?)
Zeichnung:	keine; Ausführung ähnlich MoMA 3232.1.469, dat. 17. Sept 1931 (Höhe 50, Durchmesser 70 cm; Glasplatte 8 mm)
Hersteller:	Berliner Metallgewerbe Jos. Müller [ab 1931 Bamberg Metallwerkstätten als Modell MR 130 (Durchmesser 60 cm) und MR 140 (Durchmesser 70 cm); Estler als MR 1100 (60 cm Durchmesser) und MR 1110 (70 cm Durchmesser); ab 1932 Thonet als MR 514 (mit veränderten Maßen); ab 1977 Knoll International als Modell 259]

Müller, Bamberg und die Firma Estler fertigten das Gestell mit lackierter, vernickelter und verchromter Oberfläche und einem Plattendurchmesser von 60 oder 70 cm an. Müller lieferte die Tischplatte wahlweise in Sperrholz oder schwarzem Glas, Bamberg und Estler führten zudem eine Version mit Kristallglasplatte im Programm. Das Thonet-Modell zeigt schlankere Proportionen (52×80 cm), wurde jedoch im Katalog von 1935 schon nicht mehr aufgeführt.

15. Couchtisch (Bamberg MR 150 – „Dessau Tisch")

Entwurf:	Mies van der Rohe, 1930
Aufstellungsort:	Einzelexemplar, Sitzgruppe vor der Onyxwand (Abb. 110, 270, s. a. Abb. 48, 219)
Verbleib:	Mährische Galerie, Brünn*, Glasplatte erneuert (Abb. 217); ein Bruchstück der originalen Platte bei Knoll International, New York)
Material:	Flachstahl, verchromt; Spiegelglasplatte
Maße:	Rahmen 53×90×90 cm (H×B×T), Stahlprofil 35×11 mm; Glasplatte 2×100×100 cm
Zeichnung:	keine
Hersteller:	Berliner Metallgewerbe Jos. Müller [ab 1931 Bamberg Metallwerkstätten als MR 150; ab 1948 Knoll International als Modell 252]

Das Fragment der ursprünglichen Spiegelglasplatte zeigte je nach Blickwinkel eine leicht grünliche Tönung, die bei der erneuerten Platte trotz gleicher Glasstärke fehlt. Bamberg offerierte das Gestell farbig lackiert, vernickelt oder verchromt. Die Tischplatte war in Palisander, Kristallglas und Schwarzglas erhältlich. Ursprünglich trug der Tisch die Bezeichnung „Dessau Tisch“, das noch in Produktion befindliche Modell Knoll 252 firmiert unter dem irreführenden Namen „Barcelona Table“.

16. Kleiner Tisch

Entwurf: Mies van der Rohe, 1930

Aufstellungsort: Einzelexemplar, im „Fräuleinzimmer“ (Abb. 81, 167)

Verbleib: unbekannt

Material: Massiv- und Schichtholz, Zebranofurnier; bündig eingelassene Schlüsselbuchsen aus Messing, verchromt (?)

Maße: 74 × 120 × 60 cm (H × L × B); Tischbeinprofil 5 × 5 cm, Zarge 11 cm, Höhe der Schübe 8 cm

Zeichnung: MoMA 3232.2.125 („detailliert Hz“) u. 2.130

Hersteller: unbekannt (Einzelanfertigung)

17. Kleiner Schreibtisch

Entwurf: Mies van der Rohe, 1930

Aufstellungsort: Einzelexemplar, im Zimmer von Fritz Tugendhat (Abb. 328)

Verbleib: Privatbesitz (Leihgabe im Bauhaus-Museum Weimar) (Abb. 224–226)

Material: Massiv- und Schichtholz, Palisanderfurnier; bündig eingelassene Schlüsselbuchsen aus Messing, verchromt (?)

Maße: 73 × 174 × 74,5 cm (H × L × B); Tischbeinprofil 5 × 5, Zarge 11 cm; 2 Schübe (8 × 82 cm)

Zeichnung: MoMA 3232.2.120 (71 × 180 × 85 cm)

Hersteller: unbekannt (Einzelanfertigung)

Mies hatte kurz zuvor für das Haus Lange in Krefeld einen ähnlichen Schreibtisch entworfen, der sich noch im Besitz der Nachfahren von Hermann Lange befindet.

18. Großer Schreibtisch

Entwurf: Mies van der Rohe, 1930

Aufstellungsort: Einzelexemplar, Arbeitsplatz im Wohnbereich (Abb. 330, s. a. Abb. 41, 42, 50, 53)

Verbleib: unbekannt

Material: Massiv- und Schichtholz, Makassarfurnier; Stützen Stahlrohr, verchromt; bündig eingelassene Schlüsselbuchsen aus Messing, verchromt (?)

Maße: 76 × 225 × 120 cm (H × B × T); Tischbeinprofil 4 cm

Zeichnung: MoMA 3232.2.134 u. 2.135; 3232.2.20 (dreibeinige Version), 2.21, 2.123, 2.132 (fünfbeinige Version) u. 2.133 zeigen Entwurfsvarianten

Hersteller: unbekannt (Einzelanfertigung)

Die zahlreichen Entwurfsvarianten zeigen Lösungen mit drei bis fünf Stützbeinen, eine Skizze im sog. Ruegenberg-Skizzenbuch (Kunstbibliothek Berlin) sogar eine asymmetrisch auskragende Platte über einem fest im Boden eingelassenen, kreuzförmigen Fuß analog zum Esstisch. Am Ende entschied man sich doch für eine vergleichsweise konventionelle Form mit vier Stahlrohrbeinen.

Für das zugehörige Aufsatzkästchen s. Kat.-Nr. 32.

19. Kinderzimmertisch

Entwurf: Mies van der Rohe, 1930

Aufstellungsort: Einzelexemplar, im Zimmer von Hanna (Abb. 324, s. a. Abb. 75)

Verbleib: unbekannt

330

331

331
Haus Tugendhat, Sofa und Bridgetisch mit Brno-Sesseln in der Bibliotheksnische

Material: Massivholz, weißer Schleiflack; Tischplatte mit weißer Linoleumeinlage

Maße: 65×90×90 cm (H×B×T)

Zeichnung: MoMA 3232.2.128 u. 2.154 (enthalten Angaben zu Tisch, Regal-Schrankkombination, Hängekommode im Kinderzimmer)

Hersteller: unbekannt (Einzelanfertigung)

Das Tischformat wurde passend zu den Freischwingern (Kat.-Nr. 3) auf Kindergröße bemessen.

20. Bridgetisch

Entwurf: Mies van der Rohe, 1930

Aufstellungsort: Einzelexemplar, in der Bibliotheksnische (Abb. 329)

Verbleib: Privatbesitz Zürich (Leihgabe Bauhaus-Museum Weimar) (Abb. 229, 230)

Material: Massiv- und Schichtholz, Makassarfurnier

Maße: 70×100×100 cm (H×B×T)

Zeichnung: MoMA 3232.2.118

Hersteller: unbekannt (Einzelanfertigung)

21. Tischbank

Entwurf: Mies van der Rohe, 1930

Aufstellungsort: Einzelexemplar, unmittelbar vor der Onyxwand (Abb. 173, 270)

332

332
Haus Tugendhat, Schreibtisch hinter der Onyxwand mit Bibliotheksnische im Hintergrund

330
Haus Tugendhat, Schreibtisch und Büchervitrine im Zimmer von Fritz Tugendhat

Verbleib: Mährische Galerie, Brünn*, Lackierung erneuert (Abb. 217, 218)

Material: Schichtholz, weißer Schleiflack

Maße: 45×200×60 cm (H×B×T), Profilstärke 4,5 cm

Zeichnung: MoMA 3232.2.118

Hersteller: unbekannt (Einzelanfertigung)

333
Haus Tugendhat, Tisch in der Esszimmernische mit Brno-Sesseln

F

333

22. Esszimmertisch

Entwurf: Mies van der Rohe, 1930

Aufstellungsort: Einzelexemplar, Essnische im Wohnbereich (Abb. 331, s. a. Abb. 61–63)

Verbleib: unbekannt

Material: fest im Boden eingelassener, kreuzförmiger Stahlfuß mit verchromter Blechummantelung (analog den Stahlstützen des Eisenskeletts); Schichtholzplatte, „schwarz gebeiztes Birnbaumfurnier“

Maße: Durchmesser 145 cm, durch anschiebbare Elemente auf 223 bzw. 330 cm erweiterbar (äußere Segmente mit zusätzlichen Stahlrohrstützen)

Zeichnung: MoMA 3232.2.139 und 2.138 (Entwurfsvariante)

Hersteller: unbekannt (Einzelanfertigung)

Der zweifach vergrößerbare Tisch bot laut Grete Tugendhat bis zu 24 Personen ausreichend Platz.

23. Küchentisch

Entwurf: Mies van der Rohe, vor 1930

Aufstellungsort: Einzelexemplar, in der Küche (Abb. 80; Stuhl am linken Bildrand im Anschnitt)

Verbleib: unbekannt

Material: Massivholz, weißer Schleiflack

Maße: unbekannt

Zeichnung: keine

Hersteller: unbekannt (Einzelanfertigung)

Die Hausangestellten nahmen ihr Essen an diesem Tisch in der Küche ein. Zugehörig sind die Stühle Kat.-Nr. 12.

24. Anrichtetisch

Entwurf: Mies van der Rohe, 1930

Aufstellungsort: 2 Expl. in der Anrichte (Abb. 332)

Verbleib: unbekannt (im Haus befanden sich Ende der 1990er Jahre 3 ähnliche Exemplare ungeklärter Provenienz)

Material: Tischplatte und unteres, höhenverstellbares Ablagebrett Teakholz, weiß lackiert Stahlrohrstützen, verchromt

Maße: 95 × 169 × 70 cm (H × B × T); Brettstärke 4 cm; Rohrdurchmesser 24, Wandungsstärke 2 mm

Zeichnung: MoMA 3232.2.113

Hersteller: unbekannt (Einzelanfertigung)

Kastenmöbel

25. Büchervitrine

Entwurf: Lilly Reich, 1930

Aufstellungsort: Einzelexemplar, im Zimmer von Fritz Tugendhat (Abb. 328)

Verbleib: Privatbesitz Zürich (Leihgabe im Bauhaus-Museum Weimar) (Abb. 227, 228), Glasschiebetüren und Laufschienen entfernt, Stirnseiten von Korpus und Regalböden eventuell neu furniert

Material: Schicht- und Sperrholz, Palisanderfurnier; durchlaufende, verchromte Stahlrohrstützen mit weißen Gummi-Unterlegscheiben; 2 verstellbare Regalbretter; 3 Spiegelglasschiebetüren

Maße: 95 (Fuß 12, Kasten 83 cm) x 230 × 38cm (H × B × T); Rohrdurchmesser 25 mm

Zeichnung: MoMA 3232.2.173 („Original R") u. 2.174

Hersteller: unbekannt (Einzelanfertigung)

Die Signatur und der abweichende Duktus der Zeichnung erlauben eine eindeutige Zuschreibung des Entwurfs an Lilly Reich.

26. Wohnzimmervitrine

Entwurf: Lilly Reich, 1930

Aufstellungsort: Einzelexemplar, Wohnbereich, hinter der Onyxwand (Abb. 269, s. a. Abb. 333)

Verbleib: Mährische Galerie, Brünn* (Abb. 271)

Material: Schichtholz, weißer Schleiflack, innen Birnbaumfurnier, schwarz poliert; durchlaufende Stahlstützen, verchromt; auf beiden Seiten je drei Schiebetüren aus „mausgrauem" Spiegelglas, verchromte Laufschiene, außen als Rahmenleiste

Maße: 12/95 × 250 × 60 cm (H × B × T); Rohrdurchmesser 25 mm

Zeichnung: MoMA 3232.2.175 u. 2.301

Hersteller: unbekannt (Einzelanfertigung)

Wie die Büchervitrine (Kat.-Nr. 25) ist auch dieser Entwurf stilistisch Lilly Reich zuzuschreiben. Die durch das Innere des gesamten Kastens durchlaufenden Stützen reflektieren dagegen ein wesentliches Prinzip der Stahlskelettkonstruktion des Tugendhat-Hauses, so dass hier die enge wechselseitige Prägung der beiden Gestalterpersönlichkeiten greifbar wird.

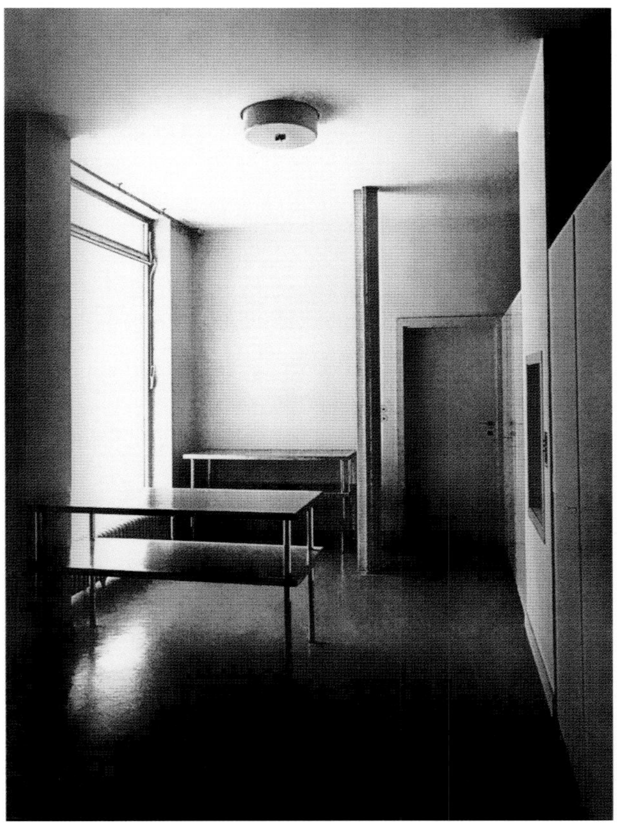

334

334
Haus Tugendhat,
Tische in der Anrichte

335
Haus Tugendhat, Wohnzimmervitrine, Blick zur Leuchtwand

Verbleib:	Die beiden Expl. aus den Zimmern von Grete und Fritz Tugendhat im Besitz der Familie (Expl. von Fritz Tugendhat als Leihgabe im Bauhaus-Museum Weimar) (Abb. 223, 252), gläserne Abdeckplatten vermutlich erneuert, Füße nachträglich untergeschraubt
Material:	Schichtholz, Palisanderfurnier (Zimmer der Eltern, die Türen der beiden Exemplare unterschiedlich angeschlagen) bzw. Zebranofurnier (Kinderzimmer), Griffknöpfe der Türen Birnbaum; massiv; Spiegelglas-Abdeckplatte; Schübe mit bündig eingepassten, verchromten Messingbuchsen; Fächer mit Milchglasplatten ausgelegt, Rückseiten innen weiß gestrichen
Maße:	41 (ohne Glasauflage) × 130 x 34 cm (H × B × T); Türen 30 × 42cm; Schübe 8 × 42 cm; Glasplatte 8 mm (?); Innenauslagen 8 mm
Zeichnung:	MoMA 3232.2.302
Hersteller:	unbekannt (Einzelanfertigung)

27. Speisezimmeranrichte

Entwurf:	Mies van der Rohe, 1930
Aufstellungsort:	Einzelexemplar, Westwand des Wohnbereichs im Durchgang zur Anrichte (Abb. 172)
Verbleib:	im Besitz der Familie (Abb. 258, 314)
Material:	Schichtholz, Makassarfurnier, innen Ahornfurnier; Stahlrohr, verchromt; Schlüsselbuchsen aus Messing, verchromt (?)
Maße:	90 (Füße 12, Kasten 78 cm) x 175 × 50 (H × B × T); Rahmenstärke 2,5 cm, 4 hohe und 3 flache Schübe (6 bzw. 12 × 56 cm); Schiebetüren mit Griffmulden (8 × 1,7 cm)
Zeichnung:	MoMA 3232.2.122 (Höhe der Schübe 6,5 bzw. 3 cm) u. 2.137
Hersteller:	unbekannt (Einzelanfertigung)

Die Gesamtkonstruktion sowie die Ausarbeitung der Details weisen starke Ähnlichkeiten mit der Büchervitrine (Kat. Nr. 25) und der großen Vitrine im Wohnbereich (Kat. Nr. 26) auf.

28. Hängekommode

Entwurf:	Mies van der Rohe, 1930
Aufstellungsort:	1 Expl. im Zimmer von Grete Tugendhat (Abb. 70); 1 Expl. im Zimmer von Fritz Tugendhat (Abb. 71); 1 Expl. Zimmer von Hanna (Abb. 75)

29. Frisierkonsole

Entwurf:	Mies van der Rohe, 1930
Aufstellungsort:	Einzelexemplar, im Zimmer von Grete Tugendhat (Abb.68)
Verbleib:	im Besitz der Familie (Abb. 231), gläserne Abdeckplatte vermutlich erneuert
Material:	Schichtholz, Palisander-, innen Ahornfurnier; Griffe Birnbaum; Abdeckplatte aus Spiegelglas
Maße:	11 × 80 × 29 cm (H × B × T), Schübe 4 × 25,5 cm (H × B), Fronten zusätzlich nach vorn abklappbar
Zeichnung:	MoMA 3232.2.19
Hersteller:	unbekannt (Einzelanfertigung)

30. Regal- Schrankkombination (kurz)

Entwurf:	Mies van der Rohe, 1930
Aufstellungsort:	Einzelexemplar, im Zimmer von Hanna (Abb. 75, 324)
Verbleib:	unbekannt
Material:	Schichtholz, Zebranofurnier; bündig eingelassene Schlüsselbuchsen aus Messing, verchromt

Maße:	95×265 (Regal 175, Schrank 90)×28/42 cm (H×B×T); Sockelhöhe 15 cm; Rahmen 3, Regalböden 2,5 cm
Zeichnung:	MoMA 3232.2.128 u. 2.154 (Möblierungsplan mit Maßangaben); ähnlich 3232.2.125 u. 2.130 (vgl. Kat.-Nr. 31)
Hersteller:	unbekannt (Einzelanfertigung)

31. Regal-Schrankkombination (lang)

Entwurf:	Mies van der Rohe, 1930
Aufstellungsort:	Einzelexemplar, im „Fräuleinzimmer“ (Abb. 167)
Verbleib:	unbekannt
Material:	Schichtholz, Zebranofurnier; bündig eingelassene Schlüsselbuchsen aus Messing, verchromt
Maße:	95×350 (Regal 175, Schrank 173)×30/42 cm (H×B×T); Sockelhöhe 15 cm; Rahmen 3, Regalböden 2,5 cm
Zeichnung:	MoMA 3232.2.125, 2.130 u. 2.167 (Detailangaben)
Hersteller:	unbekannt (Einzelanfertigung)

Die Kombination ist länger als diejenige des Kinderzimmers. Der Schrankteil ist mit Rücksicht auf die größere Breite mit Doppeltüren ausgestattet.

32. Schreibtischaufsatz (Kästchen für Schreibutensilien)

Entwurf:	Lilly Reich (?), 1930
Aufstellungsort:	Einzelexemplar, Aufsatz zum Schreibtisch im Wohnbereich (Abb. 41, 42, 50, 53)
Verbleib:	unbekannt
Material:	Ebenholz; verchromte Metallfüße (4 cm hoch)
Maße:	24×60 (Kasten 35, Brieffächer 25)×42/32 cm (H×B×T)
Zeichnung:	MoMA 3232.2.21; 3232.2.10, 2.20, 2.124 zeigen Varianten; 3232.2.132, 2.133 u. 2.134 (Detailangaben)
Hersteller:	unbekannt (Einzelanfertigung)

Zum Schreibtisch siehe Kat.-Nr. 18. Die Entwurfsvarianten unterscheiden sich weniger in der Grundform als in den Details (Anbringung des Griffknopfs am Kasten, Griffmulden der Brieffächer)

33. Wäschekasten

Entwurf:	Mies van der Rohe, 1930
Aufstellungsort:	Einzelexemplar, Vorraum zum Elterntrakt
Verbleib:	unbekannt
Material:	Schichtholz, weißer Schleiflack;
Maße:	90×74×61 cm (H×B×T)
Zeichnung:	MoMA 3232.2.131 u. 2.150
Hersteller:	unbekannt (Einzelanfertigung)

Der Wäschekasten war hängend befestigt, wobei unten ein Luftraum von 12 cm verblieb.

34. Schuhschrank

Entwurf:	Mies van der Rohe, 1930
Aufstellungsort:	Einzelexemplar, Vorraum zum Elterntrakt (Abb. 118)
Verbleib:	unbekannt
Material:	Schichtholz, weißer Schleiflack; Querholme aus verchromtem Stahl- oder Messingrohr; Boden mit weißem Linoleum ausgelegt
Maße:	190×74 (?)×36 cm (H×B×T)
Zeichnung:	MoMA 3232.2.131 u. 2.150
Hersteller:	unbekannt (Einzelanfertigung)

Betten und Liegen

35. Bett mit Sprungfedermatratze

Entwurf:	Mies van der Rohe, 1930
Aufstellungsort:	Einzelexemplar, im Zimmer von Fritz Tugendhat (Abb. 72)
Verbleib:	unbekannt
Material:	Holzrahmen, Palisanderfurnier; Sprungfedermatratze, zweiteiliges Rosshaarkissen, Nackenrolle; Bezug Leinen, kariert gemustert

Maße:	40×140×200 cm (H×B×L), Sockel 7 cm; Matratze 23 cm, Auflagekissen 10 cm
Zeichnung:	MoMA 3232.2.305
Hersteller:	unbekannt (Einzelanfertigung)

36. Bett mit Wäschekasten

Entwurf:	Mies van der Rohe, 1930
Aufstellungsort:	Einzelexemplar, im „Fräuleinzimmer" (Abb. 81, 168)
Verbleib:	unbekannt
Material:	Bettkasten Schichtholz, Zebranofurnier; vorne und hinten massive Sockelleiste (7×7 cm, 3,5 cm zurückgesetzt) Kettennetz-Patentmatratze mit zweiteiliger Auflage, Nackenrolle (?); Tagesdecke aus Seide oder Baumwolle
Maße:	42×100×190 cm (H×B×L); Sockel 7 cm, Bettkasten 25 cm, Kissen 10 cm
Zeichnung:	MoMA 3232.2.129 u. 2.119 (Variante mit Volant, ohne Wäschekasten)
Hersteller:	unbekannt (Einzelanfertigung)

37. Bett mit Kopf- und Fußteil (groß)

Entwurf:	Mies van der Rohe, 1930
Aufstellungsort:	Einzelexemplar, im Zimmer von Grete Tugendhat (Abb. 334, am unteren Bildrand im Anschnitt)
Verbleib:	im Besitz der Familie
Material:	Massivholzrahmen, Kopf- und Fußteil Schichtholz (?), Palisanderfurnier; Sprungfedermatratze, zweiteilige Auflage mit Kopfkeil (Rosshaarkissen)
Maße:	60×208×140 cm (H×B×L); Kopf- u. Fußbrett 4 cm, Zarge 10 cm, Kissenauflage 10 cm
Zeichnung:	MoMA 3232.2.127
Hersteller:	unbekannt (Einzelanfertigung)

38. Bett mit Kopf- und Fußteil (klein)

Entwurf:	Mies van der Rohe, 1930
Aufstellungsort:	2 Expl. im Zimmer von Hanna (Abb. 75)
Verbleib:	unbekannt
Material:	Massivholzrahmen, Kopf- u. Fußteil Schichtholz (?), Zebranofurnier
Maße:	vermutl. 60×198×100 cm (H×B×L)
Zeichnung:	keine, wohl ähnlich MoMA 3232.2.127 (Kat.-Nr. 37); 3232.2.154 (Möblierungsplan) sieht noch „vorhandene" Betten vor
Hersteller:	unbekannt (Einzelanfertigung) Das zusätzliche Bett wurde vorübergehend von der Kinderschwester Irene Kalkofen genutzt, da ihr Zimmer bedarfsweise auch als Gästezimmer diente.

39. Tagesliege

Entwurf:	Mies van der Rohe, 1930
Aufstellungsort:	Zimmer von Grete Tugendhat (Abb. 334)
Verbleib:	unbekannt
Material:	Holzsockel, Palisanderfurnier; Sprungfedermatratze mit dreiteiliger Auflage (Rosshaarkissen); Bezug „weißer Kapoksammet"
Maße:	38×75×190 cm (H×B×L); Sockel 7 cm, Matratze 20 cm, Kissen 11 cm
Zeichnung:	MoMA 3232.2.127
Hersteller:	unbekannt (Einzelanfertigung)

Terrassenmöblierung

40. Halbrunde Terrassenbank

Entwurf:	Mies van der Rohe, 1930
Aufstellungsort:	Dachterrasse (Abb. 30,33, 35)
Verbleib:	in situ (Abb. 198, 288), Holzleisten der Sitzfläche erneuert
Material:	Betonsockel; Sitzfläche Holzleisten; Rückenlehne Stahlrohr, gestrichen;

Maße:	33/38×18×43cm (Sockel); Lattenstärke 4×6,8 cm, Abstand 1 cm
Zeichnung:	MoMA 3232.2.67; 3232.2.68; 3232.2.70;
Hersteller:	unbekannt (Einzelanfertigung)

41. Terrassenbank oder -tisch

Entwurf:	Mies van der Rohe, 1930
Aufstellungsort:	Dachterrasse (Abb. 33)
Verbleib:	unbekannt
Material:	Metallgestell (2 fest eingelassene Stahlrohrstützen mit angeschweißtem Stahlblechträger; Holzbohlen, von unten mit Stahlblech verschraubt)
Maße:	60×220×75 cm (H×B×T)
Zeichnung:	MoMA 3232.2.65 (vermutlich der Ausführung entsprechend)
Hersteller:	unbekannt (Einzelanfertigung)

Anmerkung*: Die Möbel Nr. 11 ,15 , 21 und 26 befinden sich seit September 2014 im Besitz des Museums der Stadt Brünn und sind (außer Nr. 21) im Keller des Hauses Tugendhat aufgestellt.

Anmerkung**: Möbel Nr. 7 geht nach der Restaurierung als Schenkung an das Haus Tugendhat (Museum der Stadt Brünn), wenn die Aufstellung am ursprünglichen Ort vor der Onyx-Marmorwand gesichert ist. Es befindet sich derzeit als Dauerleihgabe im MAK – Museum für angewandte Kunst, Wien.

336

336
Haus Tugendhat, Zimmer von Grete Tugendhat

15

Ivo Hammer

Glossar und Listen zu Materiality

Glossar

Deutsch	Englisch	Beschreibung
Adaption	Adaption	Eingriffe in historische Architektur zur Anpassung an moderne Nutzungsbedingungen
Architekturoberfläche	Architectural surface	Materialien, Oberflächenstrukturen und Farben von Architektur. Während der Begriff Architekturfarbigkeit den ästhetischen Blickwinkel betont, bezieht sich der umfassendere Begriff Architekturoberfläche auf die Materialien, ihren physikalischen Charakter, ihre Oberfläche und auch ihre Farbe.
Bauhistorische Untersuchung	Construction history research	Untersuchung der Geschichte der Herstellung und Veränderung eines Bauwerks. Traditionell Arbeitsgebiet von spezialisierten KunsthistorikerInnen und ArchitektInnen. Die notwendige materielle Untersuchung durch KonservatorInnen/RestauratorInnen und die entsprechende interdisziplinäre Kooperation wird bisher selten realisiert.
Instandsetzung, Reparatur	Repair, refurbishment	Teilbereich der Erhaltung historischer Architektur, der sich vor allem auf die Wiederherstellung der technischen Funktionen und den Gebrauchswert bezieht. Umgangssprachlich werden damit auch alle Erhaltungs- und Erneuerungsarbeiten bezeichnet.
Klassische Moderne, Neues Bauen	Modern Movement, International Style	Moderne internationale Richtung des Bauens, vor allem der 1910er bis 1930er Jahre. (Heute wird der Begriff Modern Movement auch für moderne Architektur nach 1945 verwendet).
Konservator/Restaurator[1]	Conservator-Restorer[2]	Der Doppelbegriff ergibt sich als seit 1984 international akzeptierter Kompromiss aus der Tatsache, dass die selbe professionelle Aktivität teilweise in romanischen und in germanischen Sprachen Restaurator genannt wird, in angelsächsischen Sprachen Konservator. Andere im Bereich der Denkmalpflege tätige Berufe wie ArchitektInnen, KunshistorikerInnen, ArchäologInnen, KustodInnen, InspektorInnen, NaturwissenschaftlerInnen, TechnikerInnen und HandwerkerInnen haben die gleiche Bezeichnung, zumindest umgangssprachlich. Deshalb ist die Definition des Berufsbilds des Konservators-Restaurators notwendig. Erst die Abgrenzung schafft die Möglichkeit der partnerschaftlichen interdisziplinären Kooperation. „Der Konservator-Restaurator ist ein Beruf, der über die Ausbildung, Kenntnisse, Fähigkeiten, Erfahrungen und Einsichten verfügt, die für die Erhaltung des kulturellen Erbes für die Zukunft nach denkmalpflegerischen Richtlinien notwendig sind. Der Konservator-Restaurator führt folgende Aufgaben verantwortlich durch: Strategische Planung; konservierungswissenschaftliche Untersuchung; Entwicklung von Erhaltungskonzepten und Maßnahmenvorschlägen; vorbeugende Konservierung; Maßnahmen der Konservierung-Restaurierung und Dokumentation aller Beobachtungen und jeglicher Eingriffe.“[3]
Konservierung/Restaurierung	Conservation/Restoration	Der Doppelbegriff bezeichnet die spezifischen Tätigkeiten des Konservators/Restaurators zur materiellen Erhaltung von Kunst- und Kulturgut in Abgrenzung zur Tätigkeit von anderen in der Denkmalpflege tätigen Berufen wie ArchitektInnen, KunshistorikerInnen, ArchäologInnen, KustodInnen, InspektorInnen, NaturwissenschaftlerInnen, TechnikerInnen und HandwerkerInnen.

[1] Die weibliche Form der Berufsbezeichnung (im Deutschen: Konservatorin-Restauratorin) ist in allen Berufsbezeichnungen inbegriffen, sie wird aber aus praktischen Gründen nicht immer angeführt.

[2] Von ICCROM (International Centre for the Study of the Preservation and Restoration of Cultural Property, Rom; www.iccrom.org) aufgrund einer Vorlage von Agnes Ballestrem 1978 vorgeschlagene Terminologie, angenommen durch ICOM CC (International Council of Museums, Conservation Committee), Kopenhagen 1984; www.icom-cc.org/; die Resolution von ICOM CC, New Dehli 2008 (Terminology to characterize the conservation of tangible cultural heritage), definiert wiederum das Englische Wort „Conservation“ als Überbegriff für die Konservierung/Restaurierung, ein Rückschritt in der internationalen Fach-Kommunikation. Wie vor der ICOM CC-Resolution von 1984 sind wieder Missverständnisse möglich zwischen angelsächsischen und lateinischen bzw. germanischen oder slawischen Sprachen, außerdem wird das Berufsbild der Konservatoren-Restauratoren beschädigt, besonders jener, die im Bereich Architektur tätig sind. ICCROM und die europäischen Fachorganisationen ECCO (European Confederation of Conservator-Restorers' Organisations; www.ecco-eu.org) und En CoRe (European Network for Conservation-Restoration Education; www.encore-edu.org halten an der 1984 international vereinbarten Doppelbezeichnung fest. siehe: European Recommendation for the Conservation and Restoration of Cultural Heritage (ECCO, ICCROM, EnCoRe, dem Europarat vorgelegt am 15.5.2013; www.ecco-eu.org/news/recommendations-on-conservation-restoration-accepted-to-present-to-the-council-of-europe-2.html. Ivo Hammer, Materialität und Konservierungswissenschaft. Anmerkungen zu einem kulturwissenschaftlichen Problem / Materiality and Conservation-Science. Notes on a Culture Studies Problem, in: Restauratorenblätter / Papers in Conservation, vol. 36 (im-material-ity), IIC Austria (Vienna) 2019, S. 29, Anm. 4.

[3] Professional guidelines, ECCO, Brüssel (The profession: 2002, Code of Ethics: 2003; Education: 2004); www.ecco-eu.org/ (Übersetzung aus dem Englischen: I.H.)

Konservierungs-wissenschaftliche Untersuchung	Conservation-science study	Gesamtheit der wissenschaftlichen Untersuchung und Dokumentation von Kulturgut zum Zwecke seiner Erhaltung. Die wissenschaftlichen Gebiete betreffen Materialtechnologie (historische und moderne Materialien, Alterungsprozesse, Materialien und Methoden der Konservierung und Reparatur), Chemie, Physik, Mikrobiologie, Bauphysik (Bauklima), Statik, Kunst- und Kulturgeschichte und allgemeine Geschichte, Wahrnehmungstheorie, Rechtsfragen). Die interdisziplinäre Kooperation bezieht sich auf die entsprechenden wissenschaftlichen, historisch-philosophischen und technischen Spezialgebiete. Im Rahmen der *restauratorischen Befundsicherung* entwickeln Konservatoren/Restauratoren unter Anwendung (transdisziplinärer) wissenschaftlicher Methoden und in interdisziplinärer Zusammenarbeit Handlungsmodelle zur materiellen Erhaltung.
Kurative Konservierung	Remedial conservation	Alle direkt in die Materialien und Strukturen eingreifenden Maßnahmen und Tätigkeiten, die das Ziel haben, die materielle Existenz des kulturellen Erbes zu sichern und seine authentische Materialität und Erscheinung zu erhalten. Die Maßnahmen und Tätigkeiten der Konservierung umfassen sowohl die Sicherung bereits beschädigter Bereiche, also die Behandlung der Symptome der Schadensprozesse als auch die Behandlung von Schadensursachen am Objekt und seiner Umgebung.
Löschkalk	Lime putty	In der Regel wird mit diesem Begriff eine wässerige Suspension von Calziumhydroxid in breiiger Form bezeichnet. Im Deutschen auch *Sumpfkalk*.
Materialität	Materiality	Manifestation historischer, künstlerischer und anderer kultureller Eigenschaften und Formen in ihrer materiellen Substanz, ihrer technologischen Realisierung und ihrer Oberflächenerscheinung.
Monitoring	Monitoring	Ein wesentlicher Teil des Managements der Erhaltung von Kulturerbe ist die professionelle und systematische Beobachtung seines materiellen Erhaltungszustands. Im Rahmen von Wartungsverträgen untersuchen Konservatoren-Restauratoren mit geeigneten optischen und technischen Methoden periodisch den Zustand, Alterungsphänomene und eventuelle Schadensprozesse und ihre Dynamik. Zur Objektivierung der Beobachtungen dienen Referenzbereiche. Die Ergebnisse führen zu gezielten Maßnahmen der präventiven Konservierung, Pflege und Reparatur.
Neues Bauen	Modern Movement Architecture	Moderne Richtung des Bauens in Deutschland, in Abgrenzung zum *Heimatstil*. Der Begriff wurde übernommen von: Erwin Gutkind, Neues Bauen. Grundlagen zur praktischen Siedlungstätigkeit, Verlag der Bauwelt, Berlin 1919. Synonyme: *Neue Sachlichkeit, Bauhausstil.*
Orientierende Untersuchung	Survey study	Im Rahmen der restauratorischen Befundsicherung dienen verschiedene organoleptische Untersuchungen (Untersuchungen mit allen Sinnen), einfache Messmethoden und chemische Tests zur Orientierung über die Materialeigenschaften des untersuchten historischen Objekts.
Pflege	Maintenance	In der Denkmalpflege umfassender Begriff zur Bezeichnung aller Maßnahmen zur Erhaltung des Kulturerbes und zur Förderung der materiellen und ästhetischen Integrität und Funktionalität. In der Praxis der Erhaltung von Architektur wird unter Pflege unter anderem die periodische Tünche der Fassade, die Reparatur aller Bauteile, die Reinigung des Objekts und seiner Umgebung, die schonende Nutzung, die Überprüfung der Sicherheit verstanden. An der Pflege sind verschiedene Berufsgruppen beteiligt: Handwerker, Architekten, Konservatoren-Restauratoren. Die Maßnahmen haben präventiven Charakter.
präventive (vorbeugende) Konservierung	Preventive conservation	Alle Maßnahmen und Tätigkeiten des Konservators-Restaurators zur Erkennung und Vermeidung und Minimierung zukünftiger Schadensprozesse und Verluste. Diese Maßnahmen und Tätigkeiten sind indirekt, sie greifen nicht in die Materialien und Strukturen des Objekts ein. Sie verändern nicht die Erscheinungsweise der Objekte.

Rehabilitation	Rehabilitation	Vor allem im Englischen und auch Tschechischen aus der Medizin übernommerer Ausdruck für Wiederherstellung der Funktionsfähigkeit, also des Gebrauchswerts von Architektur. Oft als Synonym für den biologistischen Begriff „Altbausanierung".
Rekonstruktion	Reconstruction	Wiederherstellung von mehr oder weniger großen, verloren gegangen Teilen historischer Architektur aufgrund von historischen Informationen und deren Interpretation.
Renovierung	Refurbishment, renovation	Synonym für Erneuerung, also die Wiederherstellung eines Neuwerts der Erscheinung.
Restauratorische Befundsicherung	Scientific study executed by conservators/restorers (conservation study)	Untersuchung und Dokumentation von Kulturgut, soweit sie durch Konservatoren/Restauratoren unter Anwendung (transdisziplinärer) wissenschaftlicher und empirischer Methoden durchgeführt wird. Die Analyse der unterschiedlichen Kontexte kultureller Werte und der komplexen technologischen Parameter eines Denkmals erfordern unterschiedliche Methoden der Untersuchung und entsprechend unterschiedliche wissenschaftliche und technische Disziplinen. Erst durch die Verknüpfung der verschiedenen Kenntnisbereiche wird man der komplexen historischen und technologischen Realität des Denkmals gerecht. Mit ihrer gesamthaften, vernetzten Betrachtungsweise entwickeln KonservatorInnen/RestauratorInnen aus dem Erfahrungswissen, aus historischen Kenntnissen und aus den selektiven Daten naturwissenschaftlicher Analytik handlungsorientierte Erklärungsmodelle zu den Schadensprozessen, deren Realitätsnähe sich empirisch erweisen muss.
Restaurierung	Restoration, refurbishment, renovation	Traditionell ein Begriff für die Wiederherstellung von verlorenenen, beschädigten oder gefährdeten Teilen eines Objekts, oft als – nicht exakter – Begriff für alle Tätigkeiten an einem historischen Objekt zur Erhaltung seiner kulturellen Werte und seiner Funktionsfähigkei (siehe: Konservierung)
Schutz	Protection	Gezielte technische, wissenschaftliche, rechtliche oder politisch-soziale Maßnahme zur Verhinderung möglicher Beschädigung oder Zerstörung des Kulturguts. Ausgangspunkt für die Maßnahmen soll die präzise Kenntnis der Ursache der Beschädigung sein. Bei porösen Baustoffen z. B. ist ein als Schutz gedachter filmbildender Überzug zumeist schädlich.
Stucco Lustro	Stucco lustro	Fein geglätteter Putz in Innenräumen, in der Regel aus Kalkmörtel, mit marmorhafter, mehr oder weniger glänzender Oberfläche. Häufig wird die Marmorierung aufgemalt und der Glanz zum Beispiel mittels Venezianerseife hergestellt. Im Fall des Hauses Tugendhat entsteht der Marmoreffekt durch Pigmentierung mit Sandpartikeln, der leichte Glanz wird ursprünglich durch Schliff und eine Tränkung mit einem organischen Leim (Kasein) erzeugt. Im Effekt Nähe zum Marmorino.[4]
Zustand	Condition	Gesamtbeurteilung des Erhaltungszustands nach folgenden Kriterien: 1. Gut erhaltene Teile, 2. gealterte Teile, 3. beschädigte Teile, verlorene Teile.

[4] Albert Knoepfli, Oskar Emmenegger, Manfred Koller und André Meyer, Wandmalerei. Mosaik, Reclams Handbuch der künstlerischen Techniken, Band 2, Stuttgart 1990, S. 70, et passim.

Akronyme

ARCHATT	Firma zur Realisation von Bauprojekten, Brünn
CIC	Conservation Investigation Campaign: internationale Kampagnen zur konservierungswissenschaftlichen Untersuchung des Hauses Tugendhat von 2003–2010 unter der Leitung von Ivo Hammer
CICS Köln	Cologne Institute of Conservation Sciences, Institut für Restaurierungs- und Konservierungswissenschaft, Fakultät für Kulturwissenschaften der Fachhochschule Köln. http://db.re.fh-koeln.de/ICSFH/
di:'angewandte	Universität für angewandte Kunst Wien, Institut für Konservierung und Restaurierung. www.dieangewandte.at/jart/prj3/angewandte/main.jart?-content-id=1229508255648
DOCOMOMO	International Working Party for Documentation and Conservation of Buildings, Sites and Neighbourhoods of the Modern Movement. Internationale Vereinigung für die Dokumentation und den Erhalt von Bauwerken und städtebaulichen Ensembles im Stil der Moderne. www.docomomo.com
FVT	Fond Vily Tugendhat. Ehem. tschechoslowakischer Verein für das Haus Tugendhat
HAWK	HAWK Hochschule für Angewandte Wissenschaft und Kunst – Fachhochschule Hildesheim, Holzminden, Göttingen. www.hawk-hhg.de/bauenunderhalten/
HfBK Dresden	Hochschule für Bildende Künste Dresden. www.hfbk-dresden.de/en/studium/studiengaenge/fakultaet-2/restaurierung/
ICOMOS	International Council on Monuments and Sites. Internationaler Rat für Denkmalpflege. www.icomos.de
IMAF	International Music and Art Foundation. www.imaf.li/IMAF_Deutsch.php
MuMB	Muzeum Města Brna. Museum der Stadt Brünn. www.tugendhat.eu.
NPÚ	Národní památkový ústav. Staatliches Amt für Denkmalpflege der Tschechischen Republik. www.npu.cz
OMNIA projekt	Planungsfirma für Hochbau (Neubau, Rekonstruktion, Rehabilitation von Denkmälern), Brünn. www.omniaprojekt.cz/proj_main_d.html
RAW	Architekturbüro von Tomáš Rusín und Ivan Wahla, Brünn. www.raw.cz
THICOM	Tugendhat House International Commission: Von der Stadt Brünn ernannte internationale Expertenkommission zur denkmalgerechten Restaurierung des Hauses Tugendhat (2010–12). www.tugendhat.eu/de/study-and-documentation-centre/thicom.html

UNESCO	United Nations Educational, Scientific and Cultural Organization. Organisation der Vereinten Nationen für Erziehung, Wissenschaft und Kultur. http://whc.unesco.org/en/list/1052
UPCE	Universität von Pardubice/Tschechische Republik, Faculty of Restoration. www.upce.cz/english/fr/faculty.html
VEREINIGUNG FÜR DIE VILLA TUGENDHAT	OMNIA projekt / ARCHATT (Marek und Vitek Tichý, Petr Řehořka), ARCHTEAM (Milan Rak) und die beiden Architekten Tomáš Rusín und Ivan Wahla (RAW).

Studienarbeiten HAWK

Studienarbeiten CIC und HAWK: Haus Tugendhat und Klassische Moderne

Christine Hitzler	Das Haus Tugendhat von Mies van der Rohe. Der Fassadenputz und seine Oberfläche, HAWK, Facharbeit zum Diplom, Prüfer: Ursula Schädler-Saub (kunstwissenschaftliche Grundlagen) und Ivo Hammer (Konservierung/Restaurierung), Hildesheim 2004.
Stefanie Dannenfeldt, Vanessa Knappe, Nathalie Schaack	Das Haus Tugendhat und Frühwerke von Ludwig Mies van der Rohe in Berlin und Potsdam. Materialien, Gestaltung und Erhaltung der Architekturoberfläche, HAWK, Facharbeit zum Diplom, Prüfer: Ursula Schädler-Saub (Kunstwissenschaftliche Grundlagen), Ivo Hammer (Konservierung/Restaurierung), Hildesheim 2004. (Berliner Bauten: Potsdam – Babelsberg, Spitzweggasse 3, Haus Riehl, 1907 (1910); Berlin – Zehlendorf, Hermannstraße 14–16, Haus Perls, 1911 / Galerie Fuchs, 1928 und Quermatenweg 2–4, Haus Werner, 1913; Potsdam – Babelsberg, Virchowstraße 23, Haus Urbig, 1915 und Karl-Marx-Straße 28 – 29, Haus Mosler, 1924; Berlin – Nicolassee, Dreilindenstraße 30, Haus Eichstädt 1921/22; Berlin – Wedding, Afrikanische Straße 19 – 41, Mietwohnungen Afrikanische Straße, 1926; Berlin – Hohenschönhausen, Oberseestraße 60, Haus Lehmke, 1932).
Bruno Piek (unterstützt durch Malaika Scheer)	Die Terrassentreppe des Hauses Tugendhat in Brünn, HAWK, Facharbeit zum Diplom, Betreuung: Ivo Hammer, Prüfer: Jan Schubert, Hildesheim 2004.
Inga Blohm, Vanessa Kaspar, Kirsten Lauterwald, Nicole Thörner, Silke Trochim	Die wandfesten holzsichtigen originalen Einbauten der Villa Tugendhat, Brno/Tschechien. Erstellung eines Behandlungsplans anhand der technologischen restauratorischen Untersuchung unter Berücksichtigung der Modernisierungsphasen und der Pflegegeschichte, HAWK, Fachbereich Konservierung und Restaurierung, Studienrichtung Möbel und Holzobjekte, Facharbeit zum Diplom, Prüfer: Gerdi Maierbacher-Legl, Hildesheim 2006.
Annegret Klauke und Christin Schwarze	Die Fassaden des Café/Kino (1928) von Emil Králík auf dem Messegelände von Brünn, Restauratorische Befundsicherung und Entwicklung eines Konzeptes zur Konservierung/Restaurierung, Facharbeit zum Diplom, HAWK, Studienrichtung Wandmalerei/Architekturoberfläche, Hildesheim 2006.
Vanessa Knappe, Conny Sachse und Katja Wohlgemuth	Die Wandfassungen der Innenräume des Cafe/Kino (1928) von Emil Králík auf dem Messegelände in Brno/CZ. Restauratorische Befundsicherung und Entwicklung eines Konzeptes zur Konservierung/Restaurierung, Facharbeit zum Diplom, HAWK, Studienrichtung Wandmalerei/Architekturoberfläche, Hildesheim 2006.
Christiane Maier	Befundsicherung und Maßnahmenkonzept am Messegebäude „SO 10“ der Messe zu Brno (CZ) – Projektarbeit der Studierenden des Fachbereichs

Konservierung und Restaurierung von Wandmalerei/Architekturoberfläche der HAWK im SS 05 und WS 05/06 (zusammenfassender Bericht zu Modul MA 5.2.1.1 „Projektmanagement") (Theater/Café Emil Králík), Hildesheim 2005.

Silke Heinemann und Jan G. Menath — Ergebnisorientierte Zusammenfassung der restauratorischen Befundsicherung der Gebäude von P. Janák und J. Gočár auf dem Messegelände Brünn (CZ), (zusammenfassender Bericht zu Modul MA 5.2.1.1 „Projektmanagement"), Hildesheim 2005.

Anna Maria Nazimek, Claudia Spiegel, Katja Uhrbach, Toni Heine, Markus Pohl — Die Befundsicherung des Pavillons der Kunstakademie von Josef Gočár auf dem Messegelände Brünn in Tschechien. Ein Beitrag zum Umgang mit Ausstellungsarchitektur der Klassischen Moderne, Semesterarbeit im Modul 4.3.1. Restauratorische technologische Untersuchungen 6.3.1./6.4.1. Praxis am Original, HAWK, Studienrichtung Wandmalerei/Architekturoberfläche, Hildesheim 2006.

Nicola Klessen, Stefanie Petersen, Kátia Reibold Mühlbach, Katharina Rosner, Stephanie Teeken, Anne Wander — Restauratorische Befundsicherung des Pavillons der Kunstgewerbeschule Prag auf dem Messegelände in Brünn, 1927/28, Architekt Pavel Janák, Semesterarbeit im Modul 4.3.1. Restauratorische technologische Untersuchungen 6.3.1./6.4.1. Praxis am Original, HAWK, Studienrichtung Wandmalerei/Architekturoberfläche, Hildesheim 2006.

Nathalie Schaack — Architekturoberfläche von Bauten der Klassischen Moderne am Beispiel der Gebäude von Pavel Janák und Josef Gočár auf dem Messegelände Brünn/Tschechische Republik. Entwicklung eines Konservierungs- und Restaurierungskonzeptes mit bauphysikalischen und naturwissenschaftlichen Untersuchungen, unpubl. Diplomarbeit, HAWK, Fachbereich Konservierung und Restaurierung, Studienrichtung Wandmalerei/Architekturoberfläche, Prüfer: Ivo Hammer, HAWK und Thomas Danzl, Landesamt für Denkmalpflege Sachsen-Anhalt, Hildesheim 2006.

Nicole Knobloch und Josefine Rösler — Erfassung der Materialität der Oberflächen im Innenraum des Haues Tugendhat. Dokumentation der Projektkampagne Mai/Juni 2005, Facharbeit zum Vordiplom, HAWK, Studienrichtung Wandmalerei/Architekturoberfläche, Hildesheim 2006.

Cornelia Flamann, Natalie Schaack — Der Fassadenputz und die Innenräume des Hauses Tugendhat, Interdisziplinäre Facharbeit zum Diplom, HAWK, Studienrichtung Wandmalerei/Architekturoberfläche, Hildesheim 2006.

Anneli Ellesat — Die Innenwände des Hauses Tugendhat von Ludwig Mies van der Rohe (1928–1930) in Brünn / CZ im Kontext der Architektur der Klassischen Moderne. Materielle und ästhetische Qualität der Oberfläche und Konservierung durch Überdeckung, HAWK, Master Thesis, Prüfer: Ivo Hammer (HAWK), Thomas Danzl (Landesamt für Denkmalpflege und Archäologie Sachsen-Anhalt), Hildesheim 2007.

Silke Ruchniewitz — Zur Theorie des Materials in der Klassischen Moderne. Überlegungen anhand der Architektur von Ludwig Mies van der Rohe, unpubl. Diplomarbeit, HAWK Hochschule für angewandte Wissenschaft und Kunst, Fakultät Erhaltung von Kulturgut, Studiengang Konservierung von Wandmalerei/Architekturoberfläche, Prüfer: Ivo Hammer und Thomas Danzl, Hildesheim 2008.

CIC

Beteiligte Institutionen und Personen:

HAWK Hochschule für Angewandte Wissenschaft und Kunst, Fakultät Erhaltung von Kulturgut, Hildesheim (Deutschland):

Fassadenputz, Innenwände:	Studienrichtung Wandmalerei/Architekturoberfläche, Ivo Hammer, Nicole Riedl; DozentInnen, Tutorinnen: Anneli Ellesat, Christel Meyer-Wilmes, Barbara Hentschel. Studierende: Stefanie Dannenfeldt, Cornelia Flamann, Marko Götz, Toni Heine, Vanessa Knappe, Nicola Klessen, Nicole Knobloch, Anna Maria Nazimek, Michael O'Brien, Stefanie Petersen, Markus Pohl, Kátia Reibold Mühlbach, Katharina Rosner, Elodie Rossel, Josephine Rösler, Natalie Schaack, Daniela Schulze, Claudia Spiegel, Stephanie Teeken, Katja Urbach, Anne Wander, Bettina Winter
Holz-Einbauten mit veredelten Oberflächen:	Gerdi Maierbacher-Legl; DozentInnen, TutorInnen: Anita Horn, Ralf Buchholz; Studierende: Inga Blohm, Birte Grosse, Vanessa Kaspar, Kirsten Lauterwald, Thomas Maigler, David Mühlenhaupt, Nicole Thörner, Silke Trochim
Stein:	Jan Schubert, Studierende: Bruno Piek und Malaika Scheer
Naturwissenschaften:	Nils Mainusch, Karin Petersen, Henrik und Martina Schulz
Fotografie:	Clemens Kappen

Universität für angewandte Kunst Wien, Institut für Restaurierung und Konservierung (Österreich):

Metall:	Gabriela Krist, Martina Griesser-Stermscheg und Tatjana Bayerová; Studierende: Marie Gruber, Vera Dröber, Barbara Schönhart, Lisa Kössler, Anna Weinberger, Silvia Kalabis, Katleene Kerth, Katharina Mergl, Nils Unger, Anna Biber, Carole Breckler, Elisabeth Geijer, Ines Gollner, Susanne Heimel, Pina Klonner, Anna-Maria Pfanner, Katharina Posekany, Johanna Wilk, Henriette Wiltschek

Universität Pardubice, Fakultät Restaurierung (Tschechische Republik)

Stein:	Jiří Novotný, Karol Bayer (Naturwissenschaft); Dozent: Jakub Ďoubal, Zdeněk Štafen (Petrologie); Studierende: Ema Medková, Michal Durdis, Daniel Hvězda, Pavel Roleček, Josef Červinka

Hochschule für Bildende Künste, Dresden, Fachklasse Restaurierung und Konservierung von Wandmalerei und Architekturfarbigkeit (Deutschland)

Fassadenputz:	Thomas Danzl; DozentInnen, TutorInnen: Sylvia Lenzner, Hagen Meschke; Studierende: Victoria Frenzel, Jana Hoffmann, Sylvia Pieper, Katja Schmidt

CICS Fachhochschule Köln, Fakultät für Kulturwissenschaften, Studienrichtung Restaurierung und Konservierung von Objekten aus Holz und Werkstoffen der Moderne (Deutschland)

Lackiertes Holz:	Friederike Waentig; DozentInnen, TutorInnen: Stephanie Grossmann, Karin Konold; Studierende: Verena Bolz, Daniel Gasper, Delia Müller-Wüsten

Brünn, Technische Universität, Fakultät Architektur (Tschechische Republik)

Archiv, Organisation:	Vladimír Šlapeta, Josef Chybík, Hana Ryšavá; Studierende: Jan Foretník, Jan Spirit, Lukas Svóboda

Bratislava, Slowakische Akademie der Wissenschaften, Institute of Construction and Architecture, Department of Architecture (Henrieta Moravčíková)

Dokumentation: Peter Szalay

Autor and Leiter des CIC Projekts:

Ivo Hammer, HAWK

Seit Februar 2010: Projekt-Organisation: Karol Bayer, Dekan der Fakultät Restaurierung, Universität Pardubice

Externe Laboranalysen:

Dieter Rehbaum, Pro Denkmal Bamberg; Pavla Rovnaníková, Technische Universität VUT Brünn; Erwin Stadlbauer, Dipl. Chem. Rolf Niemeyer, Niedersächsisches Landesamt für Denkmalpflege, Hannover; Hans-Peter Schramm und Maria Schramm, Labor für naturwissenschaftliche Untersuchung von Kulturgut, Dresden; Detlef G. Ulrich, GWD Berlin; Jiří Děd CSc, und František Blahovec s. VČCHT Prag

Projekt-Kampagnen der CIC:

3.–14. Mai 2004: Fassadenputz

23. Mai–3. Juni 2005: Fassade, Holz, Metall, Stein; komplementäre Untersuchungen im Messegelände Brünn: Králík, Janák, Gočár

9.–30. September 2005: Innenwände, lackiertes und veredeltes Holz, komplementäre Untersuchungen im Messegelände Brünn

1.–5. März 2010: Fassadenputz, Innenwände, Metall, lackiertes und veredeltes Holz, Stein

März/April 2010: Fassade, Josef Cervinka, UPCE

August–Oktober 2011: Fassadenputz, Innenwände, Ivo Hammer zusammen mit Michal Pech (Art Kodiak)

Kooperation, Beratung:

Roman Onderka (Oberbürgermeister); Daniel Rychnovský bzw. Robert Kotzian (1. Stellvertretender Bürgermeister); Martin Ander, Ladislav Macek und Jana Bohuňovská (Stv. Bürgermeister); Mojmír Jeřábek (Außenamt der Stadt Brünn); Petr Dvořák (art-protect: Organisation, Übersetzung, Materialbeschaffung); Pavel Ciprian, Iveta Černá (MuMB); Ferdinand und Margit Trauttmansdorff (Botschafter); David Židlický (Foto); Karel Ksandr (NPU); Josef Janeček, Jarmila Kutějovà (Architekten); Emil Travniček (Messe Brünn); Miroslav Ambroz (Gutachter); Wolf Tegethoff, Rudolf Fischer, Mathias Winkler (ZIKG München); Axel Werner (†) (Landeskirchlicher Baudirektor i. R., Hannover); Jürgen Pursche (Bayerisches Landesdenkmalamt, München); Dieter Reifarth, Maren Krüger, Filipp Goldscheider (strandfilm, Dokumentation)

THICOM

Internationale Expertenkommission für das Haus Tugendhat, Brünn, ernannt am 13.1.2010 aufgrund des Beschlusses des Rats der Stadt Brünn vom 1.12.2009 (R5/128).

Iveta Černá/Brünn (Schriftführerin); Thomas Danzl/Dresden; Wessel De Jonge/Rotterdam (Stellvertretender Vorsitzender); Alex Dill/Karlsruhe; Daniela Hammer-Tugendhat/Wien (Ehrenvorsitzende); Ivo Hammer/Wien (Vorsitzender); Petr Kroupa/Brünn; Karel Ksandr/Prag; Helmut Reichwald/Stuttgart; Arthur Rüegg/Zürich; Vladimír Šlapeta/Brünn;

Miloš Solař/Prag; Josef Štulc/Prag; Ana Tostões/Lissabon; Ruggero Tropeano/Zürich; Martin Zedniček/Brünn. Assistent des Vorsitzenden: Petr Dvořák, Brünn

Restaurierung des Hauses Tugendhat: Beteiligte Firmen, Kosten

Planer:	sdružení pro vilu tugendhat, Brno (Vereinigung für die Villa Tugendhat: OMNIA projekt, ARCHATT, ARCHTEAM: Marek Tichý, Vítek Tichý, Milan Rak, Alexandr Skalický, Petr Řehořka; RAW: Tomáš Rusín, Ivan Wahla).
Generalunternehmer:	UNISTAV a.s., Brünn, Generaldirektor Miroslav Friš. Örtlicher Bauleiter: Michal Malásek, Stellvertreter: Ladislav Chládek
Statik:	Jindřich Černík, Jiři Starý, Brünn
Geo- und Hydromonitoring:	AQUA ENVIRO s.r.o., Brünn
Wand:	ART KODIAK, Jiři Fiala, Michal Pech, Prag
Stein:	KRÁL-KÁMEN, s.r.o., Radovan Král, Mikulov/Nikolsburg
Onyxmarmor:	AF ART, Zbiroh
Metall und Glas:	ŽÁČEK A HANÁK, Milan Žáček, Brünn (SAINT GOBAIN GLASS, Auvelais, Belgien (Rohmaterial); ERTL GLAS AG, Amstetten/Österreich und ISOSKLO spol s.r.o., Débolin (Bearbeitung, Transport); DIPRO okna, s.r.o., Brünn und UPLIFTER CZ, s.r.o., Prag (Verglasung)
Historische Technische Ausstattung:	FLIREX, Tomáš Flimel, Brünn
Möbel und Holzeinbauten:	A.M.O.S. DESIGN s.r.o., Brünn, Vladimír Ambroz; Miroslav Ambroz; Libor Urbánek (Möbelrestaurator)
Xylolit:	DEVA, s.r.o., Jablonec nad Nisou
Linoleum:	BRIPO, s.r.o., Brünn
Teppiche:	CARPET WEAVERS ASSOC. Denizli/Türkei; Beratung: Josef Štulc (NPÚ Prag); MARKOVÁ MARKÉTA, Olomouc/Olmütz
Vorhänge:	Hynek Petřina, Prag
Fliesen:	Petr Miklíček (mit RAKO-Lasselsberger, s.r.o., Plzen; Petr Navrátil, Brünn; KROS-STAV, a.s., Brünn
Sanitärtechnik:	STUDIO PIRŠČ PORCELAIN, Daniel Piršč, Mikulov/Nikolsburg mit LAUFEN CZ, s.r.o., Znojmo/Znaim (Schlussbearbeitung)
Elektroinstallation:	ADDOX, s.r.o., Jihlava
Audiovisuelle Technik Ausstellung:	APS BRNO, s.r.o., Brünn
Trellage:	CABLETECH, s.r.o., Prag
Beleuchtung Ausstellung:	ERCO Lighting GmbH, Wien/Österreich
Bauarbeiten, Terrazzo, Terrazzo Platten:	FIRMITAS, s.r.o., Brünn
Gebrauchsmöbel:	FRAJT, s.r.o., Kremsier
Landvermessung:	G.K.S. spol. S.r.o., Brünn
Übertragung von historischem Verputz:	Josef Červinka, Nymburk

Neue Klimatechnik:	KLIMAKOM, s.r.o., Brünn
Treppenlift, Rollstuhl:	MANUS Prostěiov, spol. s.r.o., Prostěiov
Gebrauchsmöbel:	MICEVA, spol. s.r.o., Prag, SOLLUS NÁBYTEK, s.r.o., Tučapy – Rousínov u Vyškova
Dachabdichtung, Spengler:	MÜPO spol. s.r.o., Brünn
Repliken der Radiatoren und Badewannen:	REX, s.r.o., Brünn
Landschaftsgärtner, Baum schneiden:	RONDO SERVICE s.r.o., Brünn
Statische Stabilisierung:	SASTA CZ, a.s., Brünn
Bauarbeiten, Abbruch:	MARIAN SCHNEIDER, Brünn
Boden- und Deckenreparatur:	SlaP Speciální izolace a povrchy, s.r.o., Brünn
Mischbatterien, Armaturen:	Slezák–RAV CZ, s.r.o., Olomouc/Olmütz
Spengler:	ŠMERDA, spol. s.r.o., Kovalovice – Viničné Šumice
Heizung:	VASPO SK, s.r.o., Niederlassung Brünn
Überwachungskamera:	WOMBAT, s.r.o., Brünn
Landschaftsgärtner, Blumentröge, Wintergarten:	ZAHRADNICKÉ ÚPRAVY, s.r.o., Náměšt´ nad Oslavou
Garten:	Přemysl Krejčiřík, Kamila Krejčiříková
Transportbeton:	ZAPA UNISTAV, s.r.o., Brünn

Bauzeit und Kosten:

8. Februar 2010: Baubeginn

2. Februar 2012: Kollaudierung

Baukosten: 169 737 994 CZK K; ca. 6,5 Mio Euro; ca. 8,7 Mio Dollar (inklusive Supervision, Beratung, Verwaltung, Abschlusskonferenz, Publikation)

Kostenträger:

Budget (Integrated Operating Programme) :
147 838 825 CZK (ca. 5,75 Mio Euro; ca. 7,7 Mio Dollar)

davon:

125 663 001 CZK (85%) (ca. 4,9 Mio Euro, ca. 6,5 Mio Dollar):
Europäische Union, Regionalförderung

22 175 824 CZK (15%) (ca. 860 000 Euro; ca. 1,1 Mio Dollar):
Tschechische Republik, Ministerium für Kultur

Zusätzliche Kosten: Supervision, Verwaltung etc.: Statutarstadt Brünn
21 899 169 CZK (ca. 0,8 Mio Euro, ca. 1,1 Mio US- Dollar).

Anmerkung:
Angaben nach: Iveta Černá, Dagmar Černoušková (Hrsg.), Mies in Brno. The Tugendhat House, Brno 2013, S. 286–287.

16

Daniela Hammer-
Tugendhat, Ivo Hammer

Nachwort

Das vorliegende Buch erschien Ende 2013 bei Barrister & Principal Brünn in tschechischer Sprache.

Der Direktor der Staatlichen Denkmalpflege in Brünn, Phdr. Zdeněk Vácha, der Direktor des Museums der Stadt Brünn (MuMB), PhDr. Pavel Ciprian, und die Vizedirektorin der Mährischen Galerie, PhDr. Kateřina Tlachová, veröffentlichen im April 2014 auf den Internetseiten ihrer Institutionen – darunter auch der des Hauses Tugendhat – eine „Stellungnahme" zu dem hier vorliegenden Buch und präsentierten diese in einer Pressemitteilung der Öffentlichkeit.

Die erhobenen Vorwürfe: „factual errors and inaccuracies" (sachliche Irrtümer und Ungenauigkeiten; www.tugendhat.eu/en/news/statement-concerning-a-publication-289.html) wurden trotz mehrmaliger Aufforderung bis heute (2020) weder konkretisiert noch belegt. Nach drei Monaten, im Juli 2014, wurden die Behauptungen im Anschluss an ein Schreiben unseres Anwalts aus dem Netz genommen, und die schriftlich an den Verlag übermittelte Drohung, das Erscheinen der vorliegenden Publikation in Englisch und Deutsch zu verhindern, wurde aufgehoben.

Am 2. Februar 2016 verlieh uns Bürgermeister Petr Vokřál den Preis der Stadt Brünn für Verdienste im Bereich Internationale Zusammenarbeit für Verdienste um das Haus Tugendhat.

Unseren Vorschlag, einmal ein Treffen der Familie im Haus Tugendhat zu organisieren, griff der damalige Leiter des Außenamtes der Stadt Brünn, Mojmír Jeřábek, sofort mit Begeisterung auf. Die Stadt Brünn lud die überlebenden Mitglieder der für die Geschichte der Stadt bedeutenden Familien Stiassny, Löw-Beer und Tugendhat nach Brünn ein. Rahmen für das Treffen war die zivilgesellschaftliche Initiative ‚Meeting Brno', die bei ihrem zweiten Festival im Mai 2017 unter dem Motto ‚Unity in Diversity' stand. Mitglieder der Familie nahmen auch an dem Versöhnungsmarsch (‚Pilgrimage of Reconciliation') teil, der an die Vertreibung und den Todesmarsch der 20.000 deutschsprachigen Bewohner Brünns im Mai 1945 erinnert. Zu den Zielen des jährlich abgehaltenen Festivals gehört die Auseinandersetzung mit der Geschichte Brünns im europäischen Kontext und die Anerkennung der Bedeutung der deutschen und jüdischen Kultur für die Stadt Brünn. Bei einem Empfang der Familien im Rathaus durch Primátor Petr Vokřál berichtete Bernie Lambek, Sohn von Hanna Weiss, Grete Tugendhats Tochter aus erster Ehe, von einer Führung im Haus Tugendhat, an der er teilgenommen hatte. In der Führung wurde zu seinem Erstaunen mitgeteilt, dass von den Besitzern des Hauses Tugendhat niemand den Holocaust überlebt habe.

Die zahlreichen Events, die Besichtigung von ehemaligen Lebens- und Wirkungsstätten der Familie Löw-Beer in Svitávka, Brněnec und Boskovice, und das Treffen von Mitgliedern der Familie aus der Diaspora des Exils, die sich zum Teil noch nie gesehen hatten, sorgten für ein unvergessliches Erlebnis. Großes Publikumsinteresse fand eine Podiumsdiskussion im Ratssaal von Brünn. Radovan Kramář und Roman Zmrzlý produzierten den Film *Rozvzpomínání/Recollection*, der das Familientreffen von 2017 mit einer empathischen Grundhaltung dokumentiert.

338
Überlebende der Familien Löw-Beer, Tugendhat und Stiassny vor dem Haus Tugendhat am 21.5.2017 anlässlich des Festivals Meeting Brno. Foto: David Židlický

337
Verleihung des Preises der Statutarstadt Brünn durch Primátor Petr Vokřál an Daniela Hammer-Tugendhat und Ivo Hammer am 2.2.2016. Foto: Archiv der Stadt Brünn

337

338

339

339
Podiumsdiskussion im Ratssaal der Stadt Brünn am 22.5.2017, mit Daniel Low-Beer (Nachkomme des Besitzers der aus dem Film *Schindlers Liste* bekannten, heute stark beschädigten Fabrik in Brněnec/Brünnlitz), Anna Šabatová, Ombudsfrau der Tschechischen Republik; im Bild: Mojmír Jeřábek (Moderation), Ruth Guggenheim-Tugendhat, Daniela Hammer-Tugendhat. Foto: Michal Růžička, TICmB

17

Literatur-verzeichnis

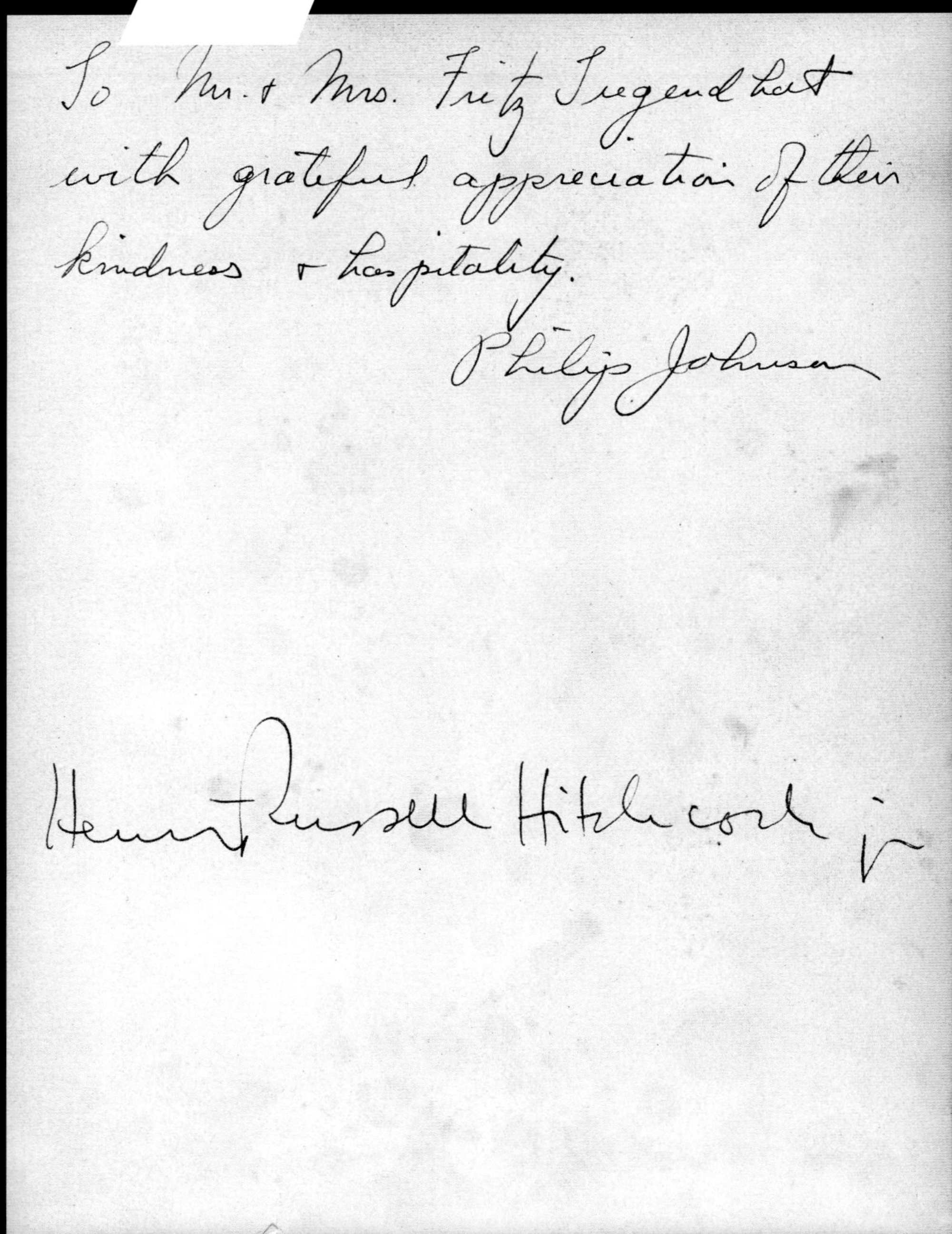
To Mr. + Mrs. Fritz Tugendhat
with grateful appreciation of their
kindness + hospitality.

Philip Johnson

Henry Russell Hitchcock jr

A. Monografien zum Werk Mies van der Rohes (in Auswahl; chronologisch)

Philip Johnson, *Mies van der Rohe*, Ausst.-Kat. New York 1947 (Neuaufl. New York 1978).

L[udwig] Hilberseimer, *Mies van der Rohe*, Chicago 1956.

Arthur Drechsler, *Ludwig Mies van der Rohe*, New York 1960 (dt. Ausg. Ravensburg 1960).

Ludwig Mies van der Rohe, Ausst. Kat. Berlin (Akademie der Künste) 1968.

Ludwig Glaeser, *Ludwig Mies van der Rohe: Furniture and Furniture Drawings from the Design Collection and the Mies van der Rohe Archive*, New York 1977.

Juan Pablo Bonta, *Architecture and its Interpretation: A Study of Expressive Systems in Architecture*, London 1979.

Wolf Tegethoff, *Mies van der Rohe: Die Villen und Landhausprojekte*, Ausst.-Kat. Krefeld (Museum Haus Lange/ Haus Esters) 1981, Essen 1981.

David Spaeth, *Mies van der Rohe*, New York 1985.

Franz Schulze, *Mies van der Rohe: A Critical Biography*, Chicago u. London 1985 (dt. Ausg. Berlin 1986).

Fritz Neumeyer, *Mies van der Rohe: Das kunstlose Wort. Gedanken zur Baukunst*, Berlin 1986.

John Zukowsky (Hrsg.), *Mies Reconsidered: His Career, Legacy, and Disciples*, Ausst.-Kat. Chicago (The Art Institute) 1986.

Franz Schulze (Hrsg.), *Mies van der Rohe: Critical Essays*, New York u. Cambridge, Mass. 1989.

Elaine S. Hochman, *Architects of Fortune: Mies van der Rohe and The Third Reich*, New York 1989.

Jean-Louis Cohen, *Ludwig Mies van der Rohe*, Basel, Berlin u. Boston 1995 .

Terence Riley, Barry Bergdoll (Hrsg.), *Mies in Berlin*, Ausst.-Kat. New York (The Museum of Modern Art) 2001 (dt. Ausg. *Mies in Berlin: Ludwig Mies van der Rohe. Die Berliner Jahre* 1907–1938, München, New York, London 2001).

Johannes Cramer, Dorothée Sack (Hrsg.), *Mies van der Rohe. Frühe Bauten. Probleme der Erhaltung – Probleme der Bewertung* (Berliner Beiträge zur Bauforschung und Denkmalpflege 1), Petersberg 2004, darin zum Haus Tugendhat:
Ivo Hammer, Zur materiellen Erhaltung des Hauses Tugendhat in Brünn und anderer Frühwerke Mies van der Rohes, S. 14–26.

Yilmaz Dziewior, *Mies van der Rohe. Blick durch den Spiegel*, Köln 2005.

Christiane Lange, *Ludwig Mies van der Rohe und Lilly Reich. Möbel und Räume*, Ostfildern 2006 .

Ruth Cavalcanti Braun, *Mies van der Rohe als Gartenarchitekt*, Berlin 2006.

Helmut Reuter, Birgit Schulte (Hrsg.), *Mies und das Neue Wohnen: Räume, Möbel, Fotografie*, Ostfildern 2008.

Franz Schulze, Edward Windhorst, *Mies van der Rohe: A Critical Biography*, neue, erw. Aufl., Chicago 2012.

B. Zeitgenössische Veröffentlichungen zum Haus Tugendhat (chronologisch)

Walter Riezler, „Das Haus Tugendhat in Brünn", *Die Form* VI, 9, Sept. 1931, S. 321–332.

J[ustus] B[ier], „Kann man im Haus Tugendhat wohnen?", *Die Form* VI, 10, Okt. 1931, S. 392–393.

W[alter] Riezler, [Kommentar zum Artikel von Justus Bier], *Die Form* VI, 10, Okt. 1931, S. 393–394.

Roger Ginsburger und Walter Riezler, „Zweckhaftigkeit und geistige Haltung", *Die Form* VI, 11, Nov. 1931, S. 431–437 .

Grete und Fritz Tugendhat, „Die Bewohner des Hauses Tugendhat äußern sich" (Zuschrift an die Redaktion), *Die Form* VI, 11, Nov. 1931, S. 437–438.

Ludwig Hilberseimer, [Nachwort zur Diskussion um das Haus Tugendhat], *Die Form* VI, 11, Nov. 1931, S. 438–439.

Ders., „Die ‚neue Linie' im alleinstehenden Einfamilienhaus: Großes Einfamilienhaus in Brünn von Ludwig Mies van der Rohe–Berlin", *Der Baumeister* XXIX, 11, Nov. 1931, S. 422 –431.

Leader [Eduardo Persico], „All'estrema della modernità: L'architetto van der Rohe", *La Casa Bella* IV, 10, Nov. 1931, S. 26–35.

Ders., „La maison Tugendhat à Brünn", *L'architecture vivante* IX, 1931, S. 28, Taf. 34–38.

O. A., „Stavba architekta Mies van der Rohe v Brné", *Žijeme*, 1931/32, S. 275.

Modern Architecture: International Exhibition, Ausst.-Kat. New York (The Museum of Modern Art) 1932, S. 116–118.

Max Eisler, „Mies van der Rohe: Eine Villa in Brünn", *Bau und Werkkunst* VIII, 2, Febr. 1932, S. 25 –30.

Jaromír Krejcar, „Hygiena bytu", *Žijeme* 11, 1932/33, S. 132–134.

Wilhelm Bisom, „Villa Arch. Mies van der Rohe", *Misíc*, Juni 1932, S. 2–7 (dt. Ausg. 1933, S. 522–527).

Peter Meyer, „Haus Tugendhat, Brünn/ Tschechoslowakei", *Das Werk* XX, Nr. 2, 1933, S. 41–47.

Agnoldomenico Picca, *Colosseo* XI, 1, 30. Aug. 1933, nicht pagin.

Louis Schoberth, „Zum Haus Tugendhat: Wirkung gegen die Zeit. Unzerstörbare Meisterschaft bestätigt durch einen Raum", *Baukunst und Werkform* I, 3, 1947, S. 16–21.

C. Monografien und Aufsätze zum Haus Tugendhat (chronologisch)

[Josef] Pechar, „Architektura dvacátého století a památková péče“, *Architektura ČSSR* XXIII, 3, 1964, S. 187–192.

Julius Posener, „Eine Reise nach Brünn“, *Bauwelt* LX, 36, Sept. 1969, S. 1244–1245.

Grete Tugendhat, „Zum Bau des Hauses Tugendhat“, *Bauwelt* LX, 36, Sept. 1969, S. 1246–1247 (leicht gekürzte Fassung des Brünner Vortrags vom Januar 1969).

František Kalivoda, „Haus Tugendhat: gestern – heute – morgen“, *Bauwelt* LX, 36, Sept. 1969, S. 1248–1249.

Grete Tugendhat, „Haus Tugendhat“, *Werk*, 1969, S. 511.

František Kalivoda, „Otázka vily Tugendhat je vyřešena“, *Architektura ČSSR* XXVIII, 4, 1969, S. 235–241.

Anna Zador, „An Early Masterpiece by Mies van der Rohe“, *New Hungarian Quarterly*, 10, Sommer 1969, S. 172–175.

Zdeněk Kudělka, *Vila Tugendhat Brno*, Brünn 1971.

František Kalivoda, „Vila Tugendhat v Brně – příklad restituce díla moderní architektury“, in: *Ochrana památek moderní architektury*, Sborník referátů přednesených na celostátní vědecké konferenci v Brně, březen 1970, Brünn 1972, S. 47–49.

Christian Norberg-Schulz, *Casa Tugendhat/Tugendhat House*, Rom 1984.

Sergius Ruegenberg, „Erinnerungen an das Haus Tugendhat“, in: Vladimír Slapeta (Hrsg.), *Die Brünner Funktionalisten: Moderne Architektur in Brünn (Brno)*, Ausst.-Kat. Innsbruck u. Wien 1985 , S. 85.

Arthur Drexler, *The Mies van der Rohe Archive*, Bd. 2, New York u. London 1986, S. 282–518, u. Bd. 5, hrsg. v. Franz Schulze, New York u. London 1990, S. 173–235.

Karel Menšík, Jaroslav Vodička, *Vila Tugendhat Brno*, Brünn 1986.

Jan Sapák, „Ludwig Mies van der Rohe. Villa Tugendhat, Brno“, *Domus* 678, Nr. 12, 1986, S. 25–37.

Jan Sedlák, „K rekonstrukci vily Tugendhat v Brne“, *Památky a príroda* XII, 1987, S. 261–270.

Jan Sapák, „Vila Tugendhat“, *Umění* XXXV, 2, 1987, S. 167–169.

Julie V. Iovine, „The Art of Living. A Visit to Mies's van der Rohe's early masterwork, the Tugendhat House, in Czechoslovakia“, *Connoisseur*, Sept. 1987, S. 113–119.

Jan Sapák, „Das Alltagsleben in der Villa Tugendhat“, *Werk, Bauen + Wohnen* LXXV(XLII), 12, 1988, S. 15–23.

Jan Sapák, „Das Haus Tugendhat in Brünn“, *Bauforum* XXII, 131, 1989, S. 13–25.

Iloš Crhonek, „Vila Tugendhat“, *Hlasy Brna*, 5, 1990, S. 6–8.

Jan Sapák, „Reconstruction of the Tugendhat House (Mies van der Rohe, 1930)“, *First International DOCOMOMO Conference*, Eindhoven 12.–15.09.1990: Conference Proceedings, Eindhoven 1991, S. 266–268.

Výtvarná kultura v Brně 1918–1938, Ausst. Kat. Brünn (Moravská Galerie) 1993, Kat. Nr. 235–238 .

[Dušan Riedl], *The Villa of the Tugendhats created by Ludwig Mies van der Rohe in Brno*, Brünn 1995.

Peter Lizon, *Vila Tugendhat. Světový mezník modernismu v Brně/Villa Tugendhat in Brno: An International Landmark of Modernism*, Knoxville, TN 1996 .

Miroslav Ambroz, „Vila Tugendhat. Obnovený interiér“, *Architekt* XI, 1996, S. 40–41.

Jan Dvořák, „Renesance vily Tugendhat“, *Bulletin* 53, Moravské galerie v Brně, 1997, S. 129–133.

Lorenzino Cremonini, Marino Moretti, Vittorio Pannocchia, *Casa Tugendhat. Mies van der Rohe*, Florenz 1997.

Daniela Hammer-Tugendhat, Wolf Tegethoff (Hrsg.), *Ludwig Mies van der Rohe: Das Haus Tugendhat*, Wien u. New York 1998 (engl. Ausg. Wien u. New York 2000), darin:
Daniela Hammer-Tugendhat, „Einleitung“, S. 1–4;
Grete Tugendhat, „Zum Bau des Hauses Tugendhat“, (1968), S. 5–9;
Daniela Hammer-Tugendhat, „Leben im Haus Tugendhat“, S. 11–28;
Daniela Hammer-Tugendhat, „Kann man im Haus Tugendhat wohnen“, S. 29–33;
Grete und Fritz Tugendhat, „Die Bewohner des Hauses Tugendhat äußern sich“, (1931), S. 35–37;
Grete Tugendhat, „Architekt und Bauherr“, (1934), S. 38f;
Wolf Tegethoff, „Ein Wohnhaus der Moderne im Spannungsfeld seiner Zeit“, S. 43–97;
Franz Schulze, „Mies van der Rohe: Werk und Denken, S. 101–115;
Ivo Hammer, „Surface is Interface: Geschichte und Kriterien der Erhaltung des Hauses Tugendhat“, S. 119–138;
Nina Franziska Schneider, Wolf Tegethoff, „Katalog der ursprünglichen Möblierung des Hauses Tugendhat“, S. 144–161.

Wolf Tegethoff, *Im Brennpunkt der Moderne: Mies van der Rohe und das Haus Tugendhat in Brünn*, München 1998 .

Lenka Kudělková, Otakar Mačel, „Die Villa Tugendhat“, Alexander von Vegesack, Matthias Kries (Hrsg.), *Mies van der Rohe: Möbel und Bauten in Stuttgart, Barcelona, Brno*, Ausst.-Kat. Weil am Rhein (Vitra Design Museum) 1998, S. 181–210.

Adolph Stiller (Hrsg.), *Das Haus Tugendhat. Ludwig Mies van der Rohe, Brünn 1930*, Architektur im Ringturm V, Ausst.-Kat. Wien (Architektur im Ringturm) 1999, darin:
Adolph Stiller, „Bemühungen um das Ursprüngliche: Bemerkungen zum roten Faden im Katalog“, S. 9–19;
Wolf Tegethoff, „Das Haus Tugendhat – ein Schlüsselwerk der Moderne in Brünn“, S. 21–51;
Bruno Reichlin, „Mies' Raumgestaltung: Vermutungen zu einer Genealogie und Inspirationsquellen“, S. 53–61;
Jan Sapák, „Umfeld und Entstehung eines berühmten Hauses: Der Architekt aus Berlin im Dialog mit Bau-

herren und Unternehmern in Brünn", S. 63–75;
Stephan Templ, „ Streiflichter auf die Baukultur in Brünn und Querverbindungen nach Wien", S. 77–83;
Jan Sapák, „ Atmosphäre durch wertvolle Materialien: eine Beschreibung", S. 84–93;
Arthur Rüegg, „ Für ein ‚Musée Imaginaire' der Wohnkultur: Aspekte einer zukünftigen Strategie für das Haus Tugendhat", S. 95 –11;
Wolf Tegethoff, „Die erhaltenen Zeichnungen und Pläne zum Haus Tugendhat", S. 113–143;
Jan Sapák, „Inventar zu den Ausführungsplänen im Museum der Stadt Brünn", S. 169–191.

Pavel Liška, Jitka Vitásková (Hrsg.), *Vila Tugendhat – význam, rekonstrukce, budoucnost/Villa Tugendhat – Bedeutung, Restaurierung, Zukunft*, Mezinárodní sympozium v Domě umění města Brna/Internationales Symposium im Haus der Kunst der Stadt Brünn 11.2.–13.2.2000, Haus der Kunst der Stadt Brünn in Zusammenarbeit mit der Stiftung Villa Tugendhat, Brünn 2000, (Tschechisch und Deutsch), darin:
Otakar Máčel, „Die Bedeutung der Villa Tugendhat in der Architekturgeschichte", S. 7–22;
Vladimír Šlapeta, „Eine ungewollte Begegnung – Das Haus Tugendhat und seine Rezeption in der Tschechoslovakei", S. 23–42;
Wolf Tegethoff, „Die Geschichte des Hauses", S. 43– 58;
Jan Sapák, „Die Rekonstruktion der Villa Tugendhat", S. 59 –81;
Ivo Hammer, „Zur Konservierung und Restaurierung des Hauses Tugendhat", S. 83–105;
Peter Noever, Fragen der Nutzung moderner Architekturdenkmäler, S. 107–111.

Zdeněk Kudělka, Libor Teplý, *Vila Tugendhat*, Brünn 2001.

Zdeněk Kudělka, Lenka Kudělková, „Nové poznatky o vile Tugendhat", *Bulletin* 57, Moravské galerie v Brně, 2001, S. 92–98.

Ilsebill Barta, *Wohnen in Mies van der Rohes Villa Tugendhat, fotografiert von Fritz Tugendhat 1930–1938*, Publikationen der Museen des Mobiliendepots, Bd. XIV, Wien 2002, darin:
Ilsebill Barta, „Einleitung: Kann man im Haus Tugendhat wohnen?", S. 7–9;
Monika Faber, „Eine Auseinandersetzung mit der Villa: Fritz Tugendhat als Amateurphotograph", S. 11–14.

Karel Ksandr, „Znovuobjevená Tugendhatova vila", *Architekt* I, 2003, S. 3–5.

Jiří Hlinka, „Zaslouží si Brno vilu Tugendhat?", *Era 21*, 1, 2005.

Dagmar Černoušková, „Bílé domy nemusely být vždycky bílé. Výstava a mezinárodní konference o vile Tugendhat", *Era 21*, roč. 5, č. 1, 2005, S. 50–51.

Ivo Hammer, „The White Cubes Haven't Been White. Conservators of the HAWK University of Applied Sciences and Arts in Hildesheim are investigating the facades of the Tugendhat House in Brno", *Biuletyn. Journal of Conservation- Restoration/Informacyjny Konserwatorow Dziel Sztuki* XV, 1, 2005, S. 32–35.

ders., „Konzervace především (Konservierung zuerst)", *Era 21*, Juni 2006, S. 127.

Jan Sedlák (Hrsg.), *Slavné brněnské vily*, Prag 2006, S 82–87.

Dagmar Černoušková, Jindřich Chatrný, „Architekt František Kalivoda a ‚kauza' vila Tugendhat (Několik poznámek)", *Prostor Zlín* XIV, 4, 2007, S. 36–43.

Alex Dill, Rüdiger Kramm (Hrsg.), *Villa Tugendhat Brno*, Tübingen und Berlin 2007 .

Daniela Hammer Tugendhat, „Μπορεὶ ἀραγε να κατοικηθεὶ η Οικία Tugendhat?/Is the Tugendhat House Habitable?", *ΔΟΜΕΣ. ΔΙΕΘΝΗΣ ΕΠΙΘΕΩΡΗΣΗ ΑΡΧΙΤΕΚΤΟΝΙΚΗΣ/INTERNATIONAL REVIEW OF ARCHITECTURE* 54 (Προτυπα κατοικίας Γ'/Residentia Models III), 1, 2007, S. 104–109.

Jan Sedlák (Hrsg.), *Slavné vily Jihomoravského kraje*, Prag 2007, S. 88–93.

Tatjana Bayerová, Martina Griesser-Stermscheg, „Conservation meets modern architecture: Technological study of the metal surfaces in the Tugendhat House in Brno, Czech Republic", J. H. Townsend, L. Toniolo, F. Cappitelli, (Hrsg.), *Conservation Science 2007. Papers from the conference held in Milan, Italy 10–11 May 2007*, London 2008, S. 277–278.

Iveta Černá, Ivo Hammer (Hrsg.), *Materiality* (Sborník příspěvků mezinárodního symposia o ochraně památek moderní architektury/Proceedings of the International Symposium on the Preservation of Modern Movement Architecture/Akten des internationalen Symposiums zur Erhaltung der Architektur des Neuen Bauens), Brno/Brünn: Muzeum města Brna/Brno City Museum und Hornemann Institut der HAWK, Hildesheim, 27.–29.04.2006, Hildesheim, Brünn 2008, (tschechisch, englisch, und deutsche Zusammenfassung), mit Beiträgen darin zum Haus Tugendhat:
Monika Wagner, „Materialien des ‚Immateriellen'. Das Haus Tugendhat im Kontext zeitgenössischer Materialästhetik", S. 26–32;
Iveta Černá, Dagmar Černoušková, „Černopolní 45, District No. 620, Brno – Černá Pole (Formerly the Horní and Dolní Cejl Cadastre). Investor: Fritz and Grete Tugendhat. Architect: Ludwig Mies van der Rohe, 1929-1930", S. 148–152;
Josef Janeček, „Erneuerung und Rekonstruktion des Hauses Tugendhat in den Jahren 1981–1985", S. 154–162;
Ivo Hammer, „Das Projekt der restauratorischen Befundsicherung des Hauses Tugendhat. Materialien und Oberflächen des Fassadenputzes, der Innenwände und der lackierten Holzoberflächen", S. 164–174;
Tatjana Bayerová, Martina Griesser-Stermscheg, „Die Metalloberflächen im Haus Tugendhat. Untersuchung und Befundung", S. 176–184;
Inga Blohm, Vanessa Kaspar, Kirsten Lauterwald, Silke Trochim, Nicole Thörner, „Die wandfesten holzsichtigen originalen Einbauten des Hauses Tugendhat", S. 186–192;
Karol Bayer, Zdeněk Štaffen, Jiří Novotný, Renata Tišlová, „Untersuchung der Elemente aus Stein des Hauses Tugendhat", S. 194–201;
Marek Tichý, Milan Rak, „Vorbereitung der Rehabilitation des Hauses Tugendhat. Kurze Vorstellung des Projektes", S. 202–207;
Iveta Černá, Dagmar Černoušková, „Das Haus Tugendhat als Forschungszentrum", S. 208–221.

Dagmar Černoušková, Josef Janeček, Karel Ksandr, Pavel Zahradník, „Nové poznatky ke stavební historii vily Tugendhat a k její obnově a rekonstrukci v letech 1981–1985", *Průzkumy památek* XV, Nr. 1, 2008, S. 89–126.

Ivo Hammer, „La casa Tugendhat. Investigación de materiales y superficies en el contexto de la conservación de la materialidad del monumento", *¿Renovarse o morir? Experiencias, apuestas y paradojas de la intervención en la arquitectura del Movimiento Moderno*, Actas del VI Congreso Fundación DOCOMOMO Ibérico, Cádiz 19–22.4.2007, Barcelona 2008, S. 25–34.

ders., „The Original Intention – Intention of the Original? Remarks on the Importance of Materiality Regarding the Preservation of the Tugendhat House and Other Buildings of Modernism", in: Dirk van den Heuvel, Maarten Mesman, Wido Quist, Bert Lemmens (Hrsg.), *The Challenge of Change. Dealing with the Legacy of the Modern Movement*, Proceedings of the 10th International DOCOMOMO Conference, Amsterdam 2008, S. 369–374.

Tatjana Bayerová, Martina Griesser-Stermscheg, „Die Metalloberflächen im Haus Tugendhat (Mies van der Rohe, 1928-30): Untersuchung und Befundung", in: Martina Griesser-Stermscheg, Gabriela Krist (Hrsg.), *Metallkonservierung – Metallrestaurierung: Geschichte, Methode und Praxis*, Wien, Köln, Weimar 2009, S. 241–251.

Iveta Černá, Dagmar Černoušková, Pavel Liška, *Vila Tugendhat*, Brünn 2008 (Englisch und Deutsch: 2009).

Marianne Eggler-Gerozissis, „Divide and Conquer: Ludwig Mies van der Rohe and Lilly Reich's Fabric Partitions at the Tugendhat House", *Studies in the decorative arts* XVI, 2009, 2, S. 66–90.

Ivo Hammer, „Handwerkliche Tradition und technologische Erneuerung. Das Haus Tugendhat als Resource", Europäisches Informationszentrum in der Thüringer Staatskanzlei (Hrsg.), *90 Jahre Bauhaus – neue Herausforderungen durch die europäische Energiepolitik, Europäisches Symposium Deutschland – Tschechien – Belgien*, Tagungsberichte Band 70, Erfurt 2010, S. 103–116.

ders., „Architektur als Oberfläche: Restauratorische Untersuchungen zur Erhaltung des Hauses Tugendhat in Brünn (Projektvorstellung)", in: Horst Bredekamp, Gabriele Werner, Matthias Bruhn (Hrsg.), *Bildwelten des Wissens, Kunsthistorisches Jahrbuch für Bildkritik,* Band 8,1: *Kontaktbilder*, Berlin 2010, S. 110–115.

ders., Peter Szalay, „Exemplárny prieskum: Reštaurátorská kampaň vo vile Tugendhat/Exemplary Restoration: House Tugendhat Restoration Campaign", *Architektúra & Urbanizmus. Časopis pre teóriu architektúry a urbanizmu/ Journal of Architectural and Town-Planning Theory* XLIV, 2010, 1/2, S. 150–61.

Iveta Černá, „Rodinný dům Grety a Fritze Tugendhatových v Brně", *Bulletin* 67, Moravské galerie v Brně, Brno 2011, S. 80–91.

Iveta Černá, Dagmar Černoušková, Ivan Wahla, Milan Žáček, David Židlický, „Vila Tugendhat v průběhu památkové obnovy", *Průzkumy památek* XVIII, 2011, S. 195–202.

Ivo Hammer, „Materiality of the Diaphane: Comments on the Tugendhat House by Ludwig Mies van der Rohe and Lilly Reich", in: Franz Graf, Francesca Albani (Hrsg.), *Il vetro nell'architettura del XX secolo: conservazione e restauro/Glass in the 20th Century Architecture: Preservation and Restoration*, Giornate di studi internazionali, Mendrisio, Accademia di architettura, Universita della Svizzera italiana 16./17.11.2010, Mendrisio 2011, S. 340–359.

ders., „La casa Tugendhat: entre la tradición artesanal y la innovación tecnológica", *revista ph* (Instituto Andaluz del Patrimonio Histórico) XIX, Nov. 2011, S. 103–115.

ders, „The Tugendhat House: Between Artisan Tradition and Technological Innovation. Preservation as Sustainable Building Policy", in: *Modern and Sustainable. Docomomo International Journal* 44, Nr. 1, 2011, S. 48–57.

Museum der Stadt Brünn / Brno City Museum (Hrsg.), *Tugendhat. Ludwig Mies van der Rohe Realisation in Brünn*, Brno 2011 (Deutsch, Englisch, Tschechisch: 2012).

Miroslav Ambroz, „Investigation and Production of Furniture for Villa Tugendhat 2009–2012", *Docomomo Journal* 46: Designing Modern Life, 2012, S. 26–31.

Iveta Černá, Dagmar Černoušková (Hrsg.), *Mies v Brně. Vila Tugendhat*, Brünn 2012, 2015 (2) (englische Ausgabe: *Mies in Brno: Tugendhat House,* Brünn 2013; überarbeitete englische Ausgabe 2018), mit Beiträgen von Dagmar Černoušková, Iveta Černá, Jindřich Chatrný, Rostislav Švácha, Přemysl Krejčiřík, Kamila Krejčiříková, Tomáš Zapletal, Josef Němec, Josef Janeček, Jarmila Kutějová, Marek Tichý, Vítek Tichý, Ivan Wahla, Tomáš Rusín, Ivo Hammer, Miloš Solař, Jiří Fiala, Michal Pech, Josef Červinka, Radovan Král, Milan Žáček, Tomáš Flimel, Libor Urbánek, Vladimír Ambroz, Josef Štulc, Hynek Petřina, Petr Miklíček, Daniel Piršč.

Dagmar Černoušková, „Brno's Villa Tugendhat: Eight Decades of a Modern Residence", *Journal of Architectural and Town-Planning Theory*, Bd. XLVI, 2012, Nr. 1–2, S. 24–51.

Christiana Chiorino, Ivo Hammer, „Un restauro così perfetto da espellere le tracce della storia" (Eine Restaurierung, die so perfekt ist, dass sie die Spuren der Geschichte verdrängt), *Giornale dell'Architettura* 105, Mai 2012, S. 10–11.

Martina Hrabová, „Gramatika krásy. Práce Ludwiga Miese van der Rohe pro Brno a Barcelonu" (Die Grammatik der Schönheit. Das Werk von Ludwig Mies van der Rohe für Brno und Barcelona), *ARCHITEKT*, Bd. LVII, Nr. 1, 2012, S. 58–67.

Carsten Krohn, „Die Restaurierung der Villa Tugendhat", *Bauwelt* 104, Nr. 14, 2012, S. 8–10.

Dietrich Neumann, „Can one live in the Tugendhat House? A Sketch", *Wolkenkuckucksheim / Cloud-Cuckoo-Land / Воздушный замок* 32, 2012, S. 87–99.

Jitka Pernesová (Hrsg.), *Iconic Details. Villa Tugendhat*, Brünn 2012.

Jan Sedlák, Libor Teplý, *Vila Tugendhat. Prostor ducha a umění* (Das Haus Tugendhat. Ein Raum für Kunst und Geist), Brünn 2012.

Monika Wagner, „Mies van der Rohes Tugendhat House – Weightless Living", *Docomomo Journal* 46, Nr. 1, 2012, S. 20–25.

Dagmar Černoušková, Jindřich Chatrný, Jitka Pernesová (Hrsg.), *Grete Tugendhat. František Kalivoda. Brno 1968–1969*, Brünn 2013.

Ivo Hammer, „The material is polychrome! From interdisciplinary study to practical conservation and restoration: the wall surfaces of the Tugendhat House as an example", Giacinta Jean (Hrsg.), *La conservazione delle policromie nell'architettura del XX secolo / Conservation of colour in 20th*

Century architecture, Scuola universitaria professionale della Svizzera italiana SUPSI, Lugano 2013, S. 317–332.

Daniela Hammer-Tugendhat, Ivo Hammer, Wolf Tegethoff, *Vila Tugendhat Ludwiga Miese van der Rohe : rodinný dům Tugendhatových, památka UNESCO* (Haus Tugendhat von Ludwig Mies van der Rohe: Wohnhaus der Familie Tugendhat, UNESCO Welterbe), Brünn 2013.

Lenka Maurerová, Jiří Hirš, „Villa Tugendhat – An Unique Air-conditioning System in Residential Hall", *Proceedings of CLIMA 2013*, Society of Environmental Engineering (STP), Prag, 2013, S. 1–11.

Dieter Reifarth, *Haus Tugendhat. Edition*, Köln (Pandora Film) 2013.

Jan Sapák, *Tugendhat. Dům na rozhraní dějin* (Tugendhat. Ein Haus an der Zeitenwende), Brünn 2013.

Vladimír Šlapeta, „Villa Tugendhat – Its Genesis and Reflection", *Piranesi* Nr. 33, Bd. 21, 2013, S. 6–15.

Dagmar Černoušková, Iveta Černá, Ivan Wahla, „Moderní dům jasných a jednoduchých tvarů – brněnská vila Tugendhat / A Modern House of Clear and Simple Forms. Brno's Villa Tugendhat", *Piranesi* 33, 2014, S. 16–31.

Ivo Hammer, „A Casa Tugendhat entre a tradição artesanal e a inovação tecnológica. A preservação do património enquanto política de construção sustentável"(Das Haus Tugendhat zwischen handwerklicher Tradition und technologischer Erneuerung. Denkmalpflege als Paradigma nachhaltigen Bauens), Vincenzo Riso (Hrsg.), *Modern Building Reuse: Documentation, Maintenance, Recovery and Renewal*, Proceedings of the Advanced Training Seminar Architecture: Sustainability, Conservation and Technology, Escola de Arquitetura da Universidade de Minho, Guimarães 2014 (http://hdl.handle.net/1822/28957), S. 260–278 (Englisch: S. 141–164).

Daniela Hammer-Tugendhat, Ivo Hammer, Wolf Tegethoff, *Haus Tugendhat. Ludwig Mies van der Rohe* (engl. Ausgabe: *Tugendhat House. Ludwig Mies van der Rohe*), Basel 2014.

Karel Ksandr, Müllerova vila versus vila *Tugendhatova – srovnání památkových obnov dvou modernistických objektů* (Haus Müller versus Haus Tugendhat – Ein Vergleich der Restaurierung von zwei modernistischen Bauten), diplomní práce (Diplomarbeit), Ústav pro dějiny umění FF UK (Institut für Kunstgeschichte, Fakultät für Kunst, Karls-Universität), Prag 2014.

Lenka Maurerová, Jiří Hirš, „Elements of Passive Solar Architecture in Villa Tugendhat", *Architecture and Civil Enineering*, Bd. 2, 2014, S. 420–424.

Lenka Maurerová, Jiří Hirš, „Villa Tugendhat as a Technical Monument – Elements of Passive Solar Architecture", *GSTF Journal of Engineering Technology*, Bd. 3, 2014, Nr. 1, S. 74–80.

Iveta Černá, Dagmar Černoušková (Hrsg.), *Villa Tugendhat. 1980–1985*, Brünn 2015.

Dagmar Černoušková, Jindřich Chatrný (Hrsg.), *Miloš Budík. Villa Tugendhat. 1956*, Brünn 2015.

Jan Obrtlík, Josef Chybík, „Funkcionalismus a energeticky úsporné stavění na příkladu vily Tugendhat"(Funktionalismus und energieeffiziente Bauweise: Das Haus Tugendhat als Beispiel), *ASB* 2015, Jg. XII., Bd. 6, S. 50–54.

Pavel Šimek, Roman Zámečník, *Památková obnova vilových zahrad založených v meziválečném období* (Restaurierung der Gärten von in der Zwischenkriegszeit gebauten Häusern), Brünn 2015

Ruggero Tropeano, „Casa Tugendhat Brno, Republica Checa", *Domus* Nr. 994, 2015, S. 86–103.

Iveta Černá, Lucie Valdhansová, „Vila Tugendhat – instalovaná památka moderní architektury" (Haus Tugendhat, ein eingerichtetes Denkmal der modernen Architektur), *Zprávy památkové péče*, Bd. 76, Nr. 6, 2016, S. 571–580.

Rudolf Fischer, Wolf Tegethoff (Hrsg.), *Modern Wohnen. Möbeldesign und Wohnkultur der Moderne*, Berlin 2016.

Yoshio Futagawa, *Mies van der Rohe : Villa Tugendhat :* Brno, Czech, 1928–30, Tokyo 2016 (japanisch).

Ivo Hammer, „Modern Movement Materiality. Remarks to Meaning and Methods of Preservation", in: SCHUNCK* Heerlen / Andrea Croé (Hrsg.), *Preservation of Monuments and Culture of Remembrance, using the example of Ludwig Mies van der Rohe*, Heerlen 2016, S. 54–61.

Ivo Hammer, „Leben im Haus Tugendhat und danach / Life in the Tugendhat House and Thereafter", JMB Journal (Jüdisches Museum Berlin), 2016, Nr. 16, S. 18–23.

Petr Pelčák, Ivan Wahla, Miroslav Ambroz, *Mies van der Rohe. Vila Tugendhat v Brně* (englische Ausgabe: *Mies van der Rohe. Villa Tugendhat in Brno*), Brünn 2016.

Iveta Černá, Lucie Valdhansová (Hrsg.), *Villa Tugendhat. Zahrada / The Garden*, Brünn 2017.

Jindřich Chatrný, Dagmar Černoušková, Lucie Valdhansová (Hrsg.), *Rudolf Sandalo. Villa Tugendhat. 1931*, Brünn 2017.

Ivo Hammer, „Zur Materialität des Neuen Bauens: Bedeutung und Methode der Erhaltung", *VDR Beiträge zur Erhaltung von Kunst- und Kulturgut*, Heft 1, 2017, S. 88–96.

Jaromír Hanák (Hrsg.), *Exploring the History of the Textile Industrialists in Brno: Löw-Beer / Stiassni / Tugendhat*, Brünn 2017.

Martin Horáček, *Architecture of Brno, 1900–1939, and Mies van der Rohe's Villa Tugendhat*, Sofia 2017.

Ana Tostões, Ivo Hammer, Zara Ferreira, „The Re-birth of the Tugendhat House", *Docomomo Journal 56*, Bd. 1, 2017, S. 44–55.

Ivo Hammer, „‚Weiß, alles weiß?' Josef Franks Haus Beer (1930) in Wien und seine Materialität im Kontext des Diskurses über die weißen Kuben", *VDR Beiträge zur Erhaltung von Kunst- und Kulturgut*, 2, 1918, S. 106–117.

Albert Kirchengast, *Das unvollständige Haus. Mies van der Rohe und die Landschaft*, Basel 2019.

Ivo Hammer, „White, everything white? Josef Frank's Villa Beer (1930) in Vienna, and its materiality in the context of the discourse on ‚White Cubes'", *Built Heritage Journal*, Bd. 4, 2020 (im Druck, https://built-heritage.springeropen.com/).

Für weitere Informationen siehe: www.angewandtekunstgeschichte.net/forschung/haus-tugendhat

18

Abbildungsnachweis

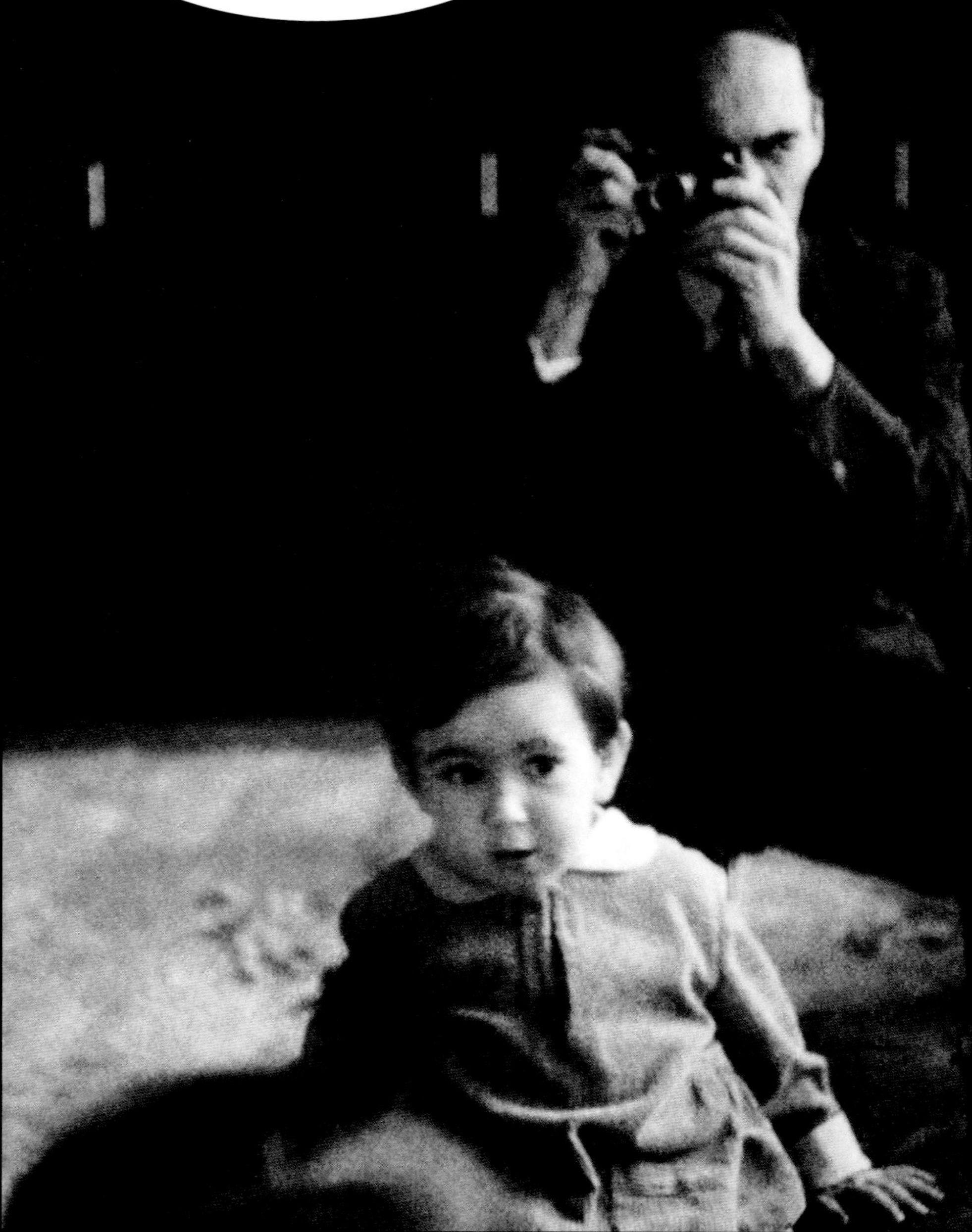

Miroslav Ambroz, Brünn: 220.

Archiv Daniela Hammer-Tugendhat, Wien: 13 (Unbekannt, von Berthilde Poledna, Wien, ehemals Köchin im Haus Löw-Beer in Brünn, Parkstraße 22).

Milos Budik, Brünn: 177, 141, 182–185, 236.

Ladislav Chládek, Brünn (UNISTAV): 272.

Elisabeth Delvai, Universität für angewandte Kunst Wien, Institut für Konservierung: 221.

Atelier Rudolf de Sandalo, Brünn (Archiv Daniela Hammer-Tugendhat, Wien): 2, 6, 40, 68, 71, 79–80, 90, 133, 140–143, 153–154, 158–168, 171–172, 174–175, 248, 253, 258, 266–267, 269–270, 326, 330, 332, 335, 336.

Volker Döhne, Krefeld: 134.

G, 2, Sept. 1923: 170.

Martina Griesser-Stermscheg und Tanja Bayerová, Universität für angewandte Kunst Wien: 260–261.

Josef Zwi Guggenheim, Zürich: 178–179, 186.

Ivo Hammer, Wien: 204–207, 211, 215, 218–219, 226, 232, 234–235, 237, 239, 243, 245–246, 249, 251–252, 254–256, 262–264, 268, 271, 273, 275–276, 278–282, 295, 300, 302, 305, 307, 309–310, 313–315, 317–320.

HAWK Hochschule für Angewandte Wissenschaft und Kunst, Hildesheim: 213–214, 240–241 (Christine Hitzler), 222, 257, 259 (Inga Blohm, Vanessa Kaspar, Kirsten Lauterwald, Silke Trochim, Nicole Thörner), 242 (Natalie Schaack).

Jong Soung Kimm, Seoul: 244, 274, 284–285, 287–294, 296–299, 301, 303–304, 306, 311.

Mogens S. Koch, Kopenhagen: 191–193.

Rainer Komers, Mühlheim a. d. Ruhr: 217, 321, 322.

Jitka Kučerová, Archiv der Stadt Brünn AMB: 194–195, 197–203.

Museum der Stadt Brünn MuMB, Brünn: 149 (Inv. Nr. 441), 180–181 (SDC–VT).

The Museum of Modern Art MoMA, New York:
144 (Ink on tracing paper, 22 1/4 × 34 1/2. The Mies van der Rohe Archive, gift of the architect. MI2.330. © 2014. Digital image Mies van der Rohe/Gift of the Arch./MoMA/Scala);
145 (Pencil on tracing paper, 16 3/4 × 28 1/4" (42.5 × 71.8 cm). Mies van der Rohe Archive, gift of the architect. Acc. n.: MR2.334. © 2014. Digital image Mies van der Rohe/Gift of the Arch./MoMA/Scala);
146 (Pencil and ink on paper, 24 3/4 × 34 1/2" (62.9 × 87.6 cm). Mies van der Rohe Archive, gift of the architect. Acc. n.: MR2.325.© 2014. Digital image Mies van der Rohe/Gift of the Arch./MoMA/Scala);
147 (Charcoal and pencil on tracing paper, 11 1/2 × 21" (29.2 × 53.3 cm) Mies van der Rohe Archive, gift of the architect MR2.328.© 2014. Digital image Mies van der Rohe/Gift of the Arch./MoMA/Scala);
148 (Print of MR2.190, 17 1/2 × 28 1/4" (44.5 × 71.8 cm). Mies van der Rohe Archive, gift of the architect. Acc. n.: MR2.8.© 2014. Digital image, The Museum of Modern Art, New York/Scala, Florence).

Miroslav Pavlinák, Brünn (Archiv Daniela Hammer-Tugendhat): 176.

Atelier RAW (Tomáš Rusín und Ivan Wahla), Brünn: 137–139.

Dieter Reifarth, Frankfurt am Main: 216, 277, 323.

Simone Rudloff, Kirchzarten: 312.

Marie Schmerková, Archiv der Stadt Brünn AMB: 316.

Margherita Spiluttini, Wien: 223–224, 229–230, 258.

Rudolf Štursa, Brünn (Archiv Daniela Hammer-Tugendhat Wien): 6 (?), 7 (Stempel), 190 (?).

Fritz Tugendhat (Archiv Daniela Hammer-Tugendhat Wien): 1, 3–5, 8–12, 14–17, 18 (?), 19–39, 41–67, 69–78, 81–87 (Brünn); 88 (St. Gallen); 89, 233 (Caracas); 90–92 (St. Gallen); 93–127, 132, 155–157, 169, 173, 233, 265, 324–325, 327–329, 331, 332–334.

Wasmuths Monatshefte Baukunst & Städtebau, XV. Jg., H. 6, 1931, S. 245: 151.

Zentralinstitut für Kunstgeschichte, München: 225, 227–228, 231 (Margrit Behrens); 131, 150 (Berliner Bild-Bericht); 136 (Friedrich Hirz); 130 (Dr. Lössen, Stuttgart-Feuerbach); 135 (Walter Lutkat, Stuttgart); 128, 151 (Unbekannt).

Peter Zerweck, Nürnberg: 187–189.

David Židlický, Brünn: 162,196, 208–210, 212, 238, 247, 283, 286, 308, 338.

19

Autoren

Ivo Hammer

Geb. 1944 in Ulm. Ausbildung zum Konservator/Restaurator. Studium der Kunstgeschichte und Archäologie in Freiburg/Br. und Wien. Promotion mit einer Arbeit über frühbürgerlichen Realismus. Von 1976 bis 1997 Leitender Restaurator des österreichischen Bundesdenkmalamtes; Schwerpunkte und zahlreiche Veröffentlichungen: Beethovenfries von Gustav Klimt (1902), die romanischen Wandmalereien von Lambach (um 1080) und Salzburg Nonnberg (Mi. 12. Jh.), historische Putze, z. B. die Fassaden der Festung Hohensalzburg (15./16. Jh.); Entwicklung von Methoden der Erhaltung in situ durch Therapie der Schadensursachen und physikalisch kompatible Materialien, (z. B. mineralische Konsolidierung, Salzverminderung, Gipsumwandlung, Nanokalk). Von 1997 bis 2008 Professor an der HAWK, Hildesheim; Einrichtung der international ersten Hochschulausbildung für die Konservierung/Restaurierung von Architekturoberfläche. 2010–12 Vorsitzender der internationalen Expertenkommission für die Restaurierung des Hauses Tugendhat THICOM.

ivohammer@me.com
www.tugendhat.eu/en/members/prof-dr-phil-ivo-hammer.html

Daniela Hammer-Tugendhat

Geb. 1946 in Caracas/Venezuela. Studium der Kunstgeschichte und Archäologie in Bern und Wien. Promotion mit einer Arbeit über Hieronymus Bosch und die Bildtradition, Habilitation über Studien zur Geschichte der Geschlechterbeziehung in der Kunst. Emeritierte Professorin für Kunstgeschichte an der Universität für angewandte Kunst Wien und Dozentin am Kunsthistorischen Institut der Universität Wien. Forschungsschwerpunkte: Malerei der Frühen Neuzeit und Kunstgeschichte als Kulturwissenschaft; zahlreiche Veröffentlichungen, u. a.: *Das Sichtbare und das Unsichtbare. Zur holländischen Malerei des 17. Jahrhunderts*, Köln, Weimar, Wien 2009. 2009–2013 Mitglied des European Research Council ERC. Mitglied des Vorstands des Internationalen Forschungszentrums Kulturwissenschaften Wien IFK. Österreichischer Gabriele-Possanner-Staatspreis 2009.

d.tugendhat@me.com
www.angewandtekunstgeschichte.net/lehrende/daniela_hammer_tugendhat

Wolf Tegethoff

Geb. 1953. Studium der Fächer Kunstgeschichte, Städtebau, Verfassungs-, Wirtschafts- und Sozialgeschichte in Bonn und New York (Columbia University). Promotion 1981 in Bonn über die Villen- und Landhausprojekte Mies van der Rohes. Hochschulassistent in Kiel, seit 1991 Direktor des Zentralinstituts für Kunstgeschichte in München. Lehrtätigkeit in München, Prag, Innsbruck und Regensburg, Vertretungs- und Gastprofessuren an den Universitäten Bonn, Haifa und Venedig. Seit 2000 Honorarprofessor an der Ludwig-Maximilians-Universität München. Zahlreiche Veröffentlichungen zum Werk Mies van der Rohes, darunter *Mies van der Rohe: Die Villen und Landhausprojekte* (1981, engl. Ausgabe 1984).

www.zikg.eu

Impressum

3., aktualisierte Auflage

Daniela Hammer-Tugendhat, Ivo Hammer,
beide: Wien, Österreich
Wolf Tegethoff, Zentralinstitut für Kunstgeschichte,
München, Deutschland

Content & Production Editor:
Katharina Holas, Birkhäuser Verlag, A-Wien
Gestaltung und Satz: studio VIE
Anouk Rehorek, Christian Schlager, Marie Artaker,
Lena Thomaka, A-Wien

Lithografie: Pixelstorm, A-Wien
Druck: GRASPO CZ, a.s., CZ-Zlín

Coverfoto: Haus Tugendhat, Brünn, Wintergarten
(Rudolf de Sandalo, Brünn, 1931)
Schriften: F Grotesk Demi / Super Grotesk OT, Medium
Papier Umschlag: Mohawk Via Linen
Papier Kern: GardaMatt, 135 g/m²

Bibliografische Information der Deutschen Nationalbibliothek
Die Deutsche Nationalbibliothek verzeichnet diese Publikation in der Deutschen Nationalbibliografie; detaillierte bibliografische Daten sind im Internet über http://dnb.dnb.de abrufbar.

ISBN 978-3-0356-2090-0

e-ISBN (PDF) 978-3-0356-2250-8

Englisch Print-ISBN 978-3-0356-2091-7

Postfach 44, 4009 Basel, Schweiz
Ein Unternehmen der Walter de Gruyter GmbH, Berlin/Boston

9 8 7 6 5 4 3
www.birkhauser.com